Elke Mack | Ulrich Rommelfanger

Sexkauf

Eine rechtliche und rechtsethische Untersuchung der Prostitution

Nomos

Onlineversion
Nomos eLibrary

Die Deutsche Nationalbibliothek verzeichnet diese Publikation in der Deutschen Nationalbibliografie; detaillierte bibliografische Daten sind im Internet über http://dnb.d-nb.de abrufbar.

ISBN 978-3-8487-7597-2 (Print)

ISBN 978-3-7489-3732-6 (ePDF)

1. Auflage 2023

Inhaltsverzeichnis

Abkürzungsverzeichnis

a.A.	andere Ansicht
AöR	Archiv des Öffentlichen Rechts (Zeitschrift)
a.a.O.	am angegebenen Ort
Anm.	Anmerkung
Az	Aktenzeichen
AKPAW	Abhandlungen der Königlich-Preußischen Akademie der Wissenschaften
Aufl.	Auflage
BGBl.	Bundesgesetzblatt
BK	Bonner Kommentar zum Grundgesetz
BMFSFJ	Bundesministerium für Familie, Senioren, Frauen und Jugend
BT-Drs.	Bundestags-Drucksache mit Wahlperiode und Dokumentennummer
BVerwG	Bundesverwaltungsgericht
BVerwGE	Amtliche Entscheidungssammlung mit Band und Nummer
BVerfG	Bundesverfassungsgericht
BVerfGE	Amtliche Entscheidungssammlung mit Band und Nummer
DÖV	Die Öffentliche Verwaltung (Zeitschrift)
DVBl.	Deutsches Verwaltungsblatt (Zeitschrift)
ebda.	ebenda
EP	Europäisches Parlament
EWiR	Entscheidungen zum Wirtschaftsrecht
Fn.	Fußnote
F.A.Z.	Frankfurter Allgemeine Zeitung
GS	Gesammelte Schriften von Immanuel Kant in AKPAW
GewArch	Gewerbearchiv (Zeitschrift)
GG	Grundgesetz
Hrsg.	Herausgeber
JZ	Juristenzeitung

JuS	Juristische Schulung
JR	Juristische Rundschau
KJ	Kritische Justiz
KriPoZ	Kriminalpolitische Zeitschrift
Lfg.	Lieferung (bei Loseblattkommentaren)
M.w.Nachw.	mit weiteren Nachweisen
NJW	Neue Juristische Wochenschrift
NVwZ	Neue Zeitschrift für Verwaltungsrecht
Prot.	Protokoll
Rdnr.	Randnummer
SG	Sozialgericht
VG	Verwaltungsgericht
vgl.	vergleiche
WiVerw	Zeitschrift für Wirtschaft und Verwaltung
WRV	Weimarer Reichsverfassung

Vorwort

Mit der Liberalisierung des Sexkaufs durch die Regulierung der Prostitution (Prostitutionsgesetz 2001 i.V.m. Prostituiertenschutzgesetz 2016) ist seit über zwei Jahrzehnten eine Debatte in der deutschen Gesellschaft entflammt, ob freier Sexkauf ein Ausdruck der Selbstbestimmung und einer freiheitlichen Gesellschaft ist, oder ob er substanziell zu Menschenhandel, Zwangsprostitution und zur systembedingten Würdeverletzung von Prostituierten[1], insbesondere von Frauen, beiträgt. Denn die Bundesrepublik Deutschland ist unbestritten mittlerweile zum größten europäischen Umschlagplatz von Menschenhandel und zu einer Drehscheibe der Zwangs- und Armutsprostitution geworden.[2] Jährlich werden geschätzte rund 15 Milliarden Euro in dieser Branche erwirtschaftet, von denen empirisch nachweislich nicht primär die Prostituierten profitieren, sondern die Gewinne zu einem erheblichen Anteil von Bordellbetreibern, Zuhältern, Schleppern und Schleusern abgeschöpft werden. Befürworter rechtfertigen die Liberalisierung von Sexkauf dennoch mit der Annahme der Freiwilligkeit bei AnbieterInnen und Nachfragern des Sexkaufs, wogegen Kritiker schwere Grund- und Menschenrechtsverletzungen an Prostituierten beklagen. Es ist deshalb überfällig, eine wissenschaftliche Klärung herbeizuführen und die sich widersprechenden Hypothesen einer Analyse zu unterziehen.[3] Insbesondere ist zu prüfen, ob der Gesetzgeber für eventuelle negative Rechtsfolgen mitverantwortlich ist, indem er die Freiwilligkeit der

1 Die Herausgeber haben sich entschieden, den Begriff „Prostituierte“ aus Gründen der genauen Identifizierung und Differenzierung beizubehalten, auch wenn er in den Augen von manchen Betroffenen stigmatisierend wirkt. Der Grund ist, dass er einerseits in den einschlägigen Gesetzen Verwendung findet und ohne ihn andererseits die Gruppe der Vulnerablen nicht mehr identifizierbar ist, wenn er durch den Begriff „Menschen in der Prostitution“ ersetzt wird. Denn auch Mitglieder der Organisierten Kriminalität, dirigistische Zuhälter und gewalttätige Freier sind Menschen in der Prostitution. Wir sind als Wissenschaftler aus Ethik und Recht sehr daran interessiert, potenzielle Täter und deren Opfer zu unterscheiden.

2 Vgl. die gegenwärtige gesellschaftliche und mediale Debatte um das „Bordell Europas“.

3 Die Herausgeber legen Wert auf die Feststellung, dass sie die Prostitutionsproblematik aus den verschiedenen Blickwinkeln, die ihrer unterschiedlichen Profession zu eigen sind, angehen. Daraus können zwar Überschneidungen als auch eventuell abweichende Ergebnisse resultieren, die diesem Spezifikum geschuldet, aber gleichwohl geeignet sind, die schillernde Komplexität der Thematik aufzuhellen.

Prostituierten generell voraussetzt, ohne sie wirklich garantieren zu können. Insbesondere die extreme Steigerung des Prostitutionsangebots durch überwiegend ausländische, bildungsferne und arme Frauen gibt Anlass zum Nachdenken, ob es sich hierbei um eine wertfreie Institution oder tendenziell um ein rassistisches und gender- bzw. geschlechterdiskriminierendes Gewerbe handelt.

Im ersten Teil wird zur Einschätzung der deutschen Gesetzgebung ein völkerrechtlicher und europarechtlicher Vergleich angestellt. Es werden jedoch auch die tatsächlichen Rechtsfolgen der beiden Prostitutionsgesetze durch aktuelle Studien und Gutachten aus der Sicht der Innenbehörden, der Sicht der Medizin und Psychotherapie, sowie der Sozialarbeit in rechtsethischer Hinsicht analysiert. Auch Betroffene und Freier kommen zur Sprache, denn diese äußern sich zu ihrer eigenen Wahrnehmung der Prostitution und ihrer Haltung gegenüber Prostituierten sehr eindeutig und frei im Netz. Es schließt sich eine rechtsethische Untersuchung zum Prinzip der Würde und der Autonomie im Rahmen der Prostitution an, in der insbesondere das Recht auf sexuelle Selbstbestimmung in prostitutiven Akten analysiert wird, ebenso wie die aus dem Würdeschutz folgenden Kriterien für eine grundrechtsadäquate Prostitutionsgesetzgebung aufzeigt werden.

Im zweiten Teil wird eine verfassungsrechtliche Prüfung vorgenommen, in der ausgehend von der Menschenwürdegarantie des Grundgesetzes deren Aussagekraft für die Lösung der aufgeworfenen Thematik ebenso erörtert wird wie die vornehmliche öffentlich-rechtliche Rechtsprechung dazu. Dem Bundesverfassungsgericht als „Hüter der Verfassung“ kommt dabei eine besondere Rolle zu, nachdem das Gericht das sexuelle Selbstbestimmungsrecht als Ausfluss der Persönlichkeitsentfaltung anerkennt. Dieses subjektive öffentliche Recht wird im Folgenden mit dem Begriff der Autonomie in rechtsphilosophischer und -soziologischer Hinsicht „verknüpft“. Neben Art. 1 Abs. 1 GG und Art. 2 Abs. 2 GG werden das Gleichberechtigungsgebot und die Berufsfreiheit angesprochen. Der verfassungsrechtliche Befund wird der rechtstatsächlichen Situation, in der sich Prostitution abspielt, gegenübergesetzt, wobei weitergehend auf den 1. Teil der Monografie verwiesen werden kann. Den Schluss bilden eine Bewertung und das Fazit mit einer Empfehlung an den Gesetzgeber.

Inwiefern die einschlägigen Bestimmungen des Grundgesetzes, insbesondere die Menschenwürde gemäß Art. 1 GG, gegenüber Prostituierten in Deutschland durch die konkrete Gesetzgebung tatsächlich verletzt wird, ist das eigentliche Thema. Denn die Herausgeber und Autoren dieses Buchs gehen davon aus, dass die Zuschreibung von Würde für alle Menschen, die nicht nur der deutschen Verfassung, sondern auch der Allgemeinen Erklärung der Menschenrechte zugrunde liegt, eine maßgebliche Rolle für die Beurteilung der geltenden Gesetzgebung spielt, jedoch bis heute in der juristischen und rechtsethischen Literatur nicht ausreichend besprochen wurde.

Prof. Dr. Elke Mack, Prof. Dr. Ulrich Rommelfanger, Dr. Jakob Drobnik

Teil 1: Eine rechtliche und rechtsethische Prüfung der Gesetzgebung zur Prostitution – Jakob Drobnik und Elke Mack

Seit Jahren bleibt das spezifische deutsche Modell des staatlichen Umgangs mit Prostitution innerhalb der Wissenschaften in internationalen Debatten, aber auch im gesellschaftlichen Problembewusstsein höchst umstritten. Nicht selten wird im öffentlichen Raum ein einseitiges und oft auch verzerrtes Bild der Prostitution vermittelt, welches ihrer sozialen und rechtlichen Komplexität kaum Rechnung trägt. Deshalb wird an dieser Stelle eine umfassende Betrachtung vorgenommen, welche die gesetzlich relevante Faktenlage aus einer rechtlichen und rechtsethischen Perspektive erörtert. Die Autoren dieser Studie prüfen hierzu ergebnisoffen die personenbezogene Sachlage und die Folgewirkungen gesetzlicher Regelungen.

Zunächst wird ein internationaler Vergleich stehen. Es werden einschlägige völkerrechtliche und europarechtliche Dokumente, welche Prostitution und Menschenhandel behandeln, einer sachbezogenen Interpretation und deren Kompatibilität mit der deutschen Gesetzgebung einer Prüfung unterzogen. Im Zuge dessen wird der Stand der deutschen Prostitutionsregelungen im internationalen Vergleich analysiert. Darüber hinaus werden die Folgewirkungen der deutschen Prostitutionsgesetzgebung für die Betroffenen aus allen möglichen Perspektiven – der Medizin, Psychotherapie, Sozialarbeit, Justiz, Innenbehörden, aber auch aus der Freierperspektive – dokumentiert und geprüft, inwiefern sich hieraus Handlungsbedarf ergibt.

Mithin gehört zum Forschungsgegenstand der vorliegenden Studie die rechtsethische Prüfung der reglementierten Prostitution nach dem Modell des Prostitutionsgesetzes (ProstG) von 2002[4] und dem Prostituiertenschutzgesetz (ProstSchG) von 2017[5] im Hinblick auf deren Vereinbarkeit mit den Grundrechten des Grundgesetzes (GG). Im Mittelpunkt der rechtsethischen Untersuchung dieses ersten Teils steht insbesondere die

4 Gesetz zur Regelung der Rechtsverhältnisse der Prostituierten – Prostitutionsgesetz (ProstG), erlassen am 20. Dezember 2001, trat am 1. Januar 2002 in Kraft; BGBl. I Nr. 74, 3893.

5 Gesetz zur Regulierung des Prostitutionsgewerbes sowie zum Schutz von in der Prostitution tätigen Personen – Prostituiertenschutzgesetz (ProstSchG), erlassen am 21. Oktober 2016, trat am 1. Juli 2017 in Kraft; BGBl. I Nr. 50, 2372.

erste Fundamentalnorm des Grundgesetzes, die sich in der Frage nach der Garantie der aktiven Schutzverpflichtung der Würde des Menschen seitens aller staatlichen Gewalt äußert. Denn nicht nur für die deutsche Verfassung genießt die Würde des Menschen höchste Relevanz (Art. 1 Abs. 1), sondern sie besitzt bereits eine lange Tradition in der Rechtsphilosophie und Ethiktradition.

1. Internationale Behandlung unter Einbeziehung der völkerrechtlichen und europarechtlichen Entwicklung – Jakob Drobnik

Den Ausgangspunkt dieser Untersuchung soll ein Vergleich der Prostitutionsregelungen in Deutschland mit internationaler Gesetzgebung bilden, unter Einbezug der Grundwerte der gesamten Völkergemeinschaft. Hierzu werden ausgewählte, einschlägige und aktuelle völkerrechtliche Abkommen und Gerichtsurteile herangezogen, ausgewertet und in ihrer Rechtsposition wiedergegeben. Ziel dieses Studienabschnitts ist es, die völkerrechtlichen Regelungstendenzen hinsichtlich des Phänomens der Prostitution wiederzugeben, die es von einer umfassenden Auswertung der jeweiligen Abkommen und Urteile zu unterscheiden gilt. Insofern findet keine Gesamtauswertung der angeführten Abkommen statt, sondern eine themenspezifische Rezeption. Indes soll auf die Grundlagen diverser internationaler Abkommen und Urteile hingewiesen und deren Erkenntnisse auf die geltende Prostitutionsgesetzgebung in Deutschland bezogen werden.

1.1. Grundsätze zur Prostitution im Völker- und Europarecht

In Rezeption der weltweit vorliegenden empirischen Befunde gehen die internationalen Rechtsdokumente grundsätzlich davon aus, dass in vielen Teilen der Erde Prostitution zu überproportional vielen (Menschen-)Rechtsverletzungen, vor allem bei Frauen, führt. Denn die überwiegende Anzahl der Menschen, die als Prostituierte tätig sind, sind weiblich. Sie weisen eine überproportional hohe Sterblichkeitsrate auf, gemessen am Durchschnitt ihrer jeweiligen MitbürgerInnen[6], werden überdurchschnitt-

6 Eine kanadische Studie geht davon aus, dass die Sterblichkeitsrate bei Prostituierten 40 Mal höher ist als die von normalen Frauen außerhalb der Prostitution. Fraserbericht,

lich häufig Opfer von Gewalt oder von berufsbedingten Erkrankungen und sind sehr häufig Opfer von Menschenhandel.[7] Amerikanische Studien gehen allgemein bei Prostituierten von der höchsten Viktimisierungsrate in der gesamten weiblichen Bevölkerung aus, was grundsätzlich die Prostitution für diejenigen, die sie anbieten, zum höchsten Lebensrisiko werden lässt.[8] Nach der Einschätzung deutscher Innenbehördenvertreter ist Prostitution „wegen unvergleichlich vielfältigen Gefahrenbereichen in summa die gefährlichste Tätigkeit überhaupt“[9].

Aus diesen Gründen darf das Thema der Prostitution nicht unabhängig von Menschenrechtsverletzungen betrachtet werden, insbesondere, wenn dies im Rahmen nationaler Gesetzgebung, wie der deutschen, bislang nicht geschehen ist. Hier scheint das Völkerrecht deutlich fortgeschrittener, denn es werden immer wieder auf völkerrechtlicher und europarechtlicher Ebene im Kontext der Prostitution die Zusammenhänge der Gefährdung der Menschenrechte und der Menschenwürde artikuliert und dokumentiert.

Seit der Aufklärung fanden die Menschenrechte, verstanden als grundlegende und unveräußerliche Rechte der Einzelperson bzw. des Individuums, Einzug in die Verfassungen westlicher Staaten (z.B. USA 1787, Frankreich 1789 und 1791). Auf nationaler Ebene wurde man sich – auch nach Einschätzung maßgeblicher deutscher Verfassungsrechtler – der Notwendigkeit ihrer Achtung und staatlichen Schutzgewährleistungspflicht erst nach den tragischen Erfahrungen beider Weltkriege bewusst (Weimarer Verfassung 1919, Art. 109–118, Grundgesetz 1948, Grundrechte in Analogie zu Menschenrechten).[10] Unter Berücksichtigung dessen bestand auch das Anliegen der Charta der Vereinten Nationen vom 26. Juni 1945 darin: „unseren Glauben an die Grundrechte des Menschen, an Würde und Wert

---

1985, 350 (Fußnote 14). Vgl. Auch: J.J. Potterat et al., Mortality in a Long-term Open Cohort of Prostitute Women, in: American Journal of Epidemiology 159/8 (2004), 778, 783.

7 Vgl. hierzu auch das 3. Kapitel.

8 Vgl. D. Brewer et al., Extent, Trends, and Perpetrators of Prostitution-Related Homicide in the United States, in: Journal of Forensic Sciences 51/5 (2006) 1101–1008 (insb. 1101 und 1107). Die Studienergebnisse beziehen sich auf die Zeit zwischen 1982 and 2000, in der die höchste Viktimisierungsrate unter Prostituierten im Vergleich zur Gesamtpopulation dokumentiert wird.

9 H. Sporer, Der neue Deutsche Weg. Für eine Neuordnung der Prostitutionsgesetzgebung, in: Hanns-Seidel-Stiftung e.V. (Hg.), Aktuelle Analysen 93, München 2022, 51.

10 Zur Entwicklung der Menschenrechte im Völkerrecht siehe: Dürig/Herzog/Scholz/Herdegen, GG. Art. 1 Abs. 2 Rn. 24–29.

der menschlichen Person, an die Gleichberechtigung von Mann und Frau sowie von allen Nationen, ob groß oder klein, erneut zu bekräftigen."[11]

Die Allgemeine Erklärung der Menschenrechte (AEMR) vom 10. Dezember 1948 stellt eine substantielle Ergänzung der UN-Charta dar, deren Ziel in der Entwicklung gemeinsamer Mindeststandards bestand, an denen sich alle Völker und Nationen orientieren sollten.[12] Obwohl sie nicht den formalen Status eines völkerrechtlichen Vertrags genießt und dadurch auch nicht als verbindliche Rechtsquelle des Völkerrechts gilt[13], wird sie mittlerweile aufgrund der ihr zugeschriebenen großen Bedeutung[14] in großen Teilen der Welt, so auch in Deutschland, als Völkergewohnheitsrecht begriffen.[15] Die AEMR liegt einer Vielzahl von Völkerrechtsabkommen, UN-Resolutionen und Bestimmungen zugrunde, wird von internationalen und nationalen Gerichtshöfen zitiert und wurde darüber hinaus von den Verfassungen mehrerer Staaten unmittelbar rezipiert. Insbesondere dem Begriff der Menschenwürde als regulatives Prinzip für die Menschenrechte wird eine immer größere Bedeutung im Völkerrecht zugeschrieben, da der angelsächsische Autonomiebegriff nur die individualistische Auslegung desselben betont.

Die Menschenrechte gelten als Rechtsansprüche aller Menschen, die seit der westlichen Aufklärung auf das Prinzip der menschlichen Würde zurückgeführt werden. Dies geschieht, auch wenn sich keine Übereinkunft über eine abschließende Definition des Begriffs der „Würde" selbst und der „Würde des Menschen" im Völkerrecht findet, da es sich hierbei um eine Fundamentalnorm handelt. Vielfältige Völkerrechtsabkommen und die internationale sowie nationale Rechtsprechung weisen explizit darauf hin, was mit der Würde von Menschen unvereinbar ist (sog. Definition *per negationem*). Dazu gehören jede Art von Freiheitsberaubung, Misshandlungen, Körperverletzungen, Versklavung, Menschenhandel (...), die durch

---

11 Die Charta der Vereinten Nationen vom 26. Juni 1945; online unter: https://www.un.org/en/about-us/un-charter (abgerufen am 5.10.22). Von der Bundesrepublik wurde die Charta von Gustav Heinemann am 6. Juni 1973 unterzeichnet.

12 Siehe: https://taz.de/70-Jahre-Erklaerung-der-Menschenrechte/!5553912/ (abgerufen am 5.10.22).

13 Siehe dazu: Bausback, BazVBl. 1999, 705ff.; Kissling, Humboldt Forum Recht 2001, 81 und 86f. Das BVerfG beruft sich sehr allgemein auf die Erklärung, vgl. etwa BVerfGE 18, 112 (118); 19, 342 (348), 112, 1 (34).

14 Kritisch dazu: Schmidt-Bleibtreu/Klein/Bethge/Bethge, BVerfGG § 90 Rn. 65. Allerdings sollen die Menschenrechte als Auslegungsmaßstab für Verfassungen und einfaches Recht dienen; siehe: Dürig/Herzog/Scholz/Herdegen, GG Art. 1 Abs. 2 Rn. 50.

15 Koch/MünchKomm-BGB Rn. 333.

völkerrechtliche Abkommen und in Europa durch die menschenrechtlichen Garantien der Europäischen Menschenrechtskonvention (EMRK)[16] verhindert werden sollen.

Insofern ist es konsequent, dass bezüglich der Prostitution der Fokus der geltenden völkerrechtlichen Abkommen vordringlich auf der Problematik des Menschenhandels, und hier besonders desjenigen zum Zweck der sexuellen Ausbeutung, liegt. Gemäß unserer Untersuchung wird *in allen einschlägigen Völkerrechtsdokumenten eine klare und inhärente Verbindung zwischen Prostitution und Menschenhandel ebenso wie mit der internationalen Organisierten Kriminalität festgestellt.*[17] Trotz dieses Zusammenhangs wird Prostitution völkerrechtlich noch keinem generellen rechtlichen Verbotsrahmen unterzogen.

Mit der Fokussierung auf Menschenhandel im Kontext von Prostitution stellt das Völkerrecht jedoch rechtliche Kriterien für physische und psychische Merkmale der Fremdbestimmung von Prostituierten bzw. Fremdeinwirkung auf Prostituierte fest, so dass Freiwilligkeit und Zwang (ggf. Zwangslage) generell unterschieden werden können. Dennoch besteht in der Rechtspraxis die Schwierigkeit, Letztere klar zu unterscheiden. Aufgrund dieser Unschärfe gilt der Tatbestand des Menschenhandels völkerrechtlich als vordringliche Menschenrechtsverletzung, so dass er auch unabhängig von einer vermeintlichen Äußerung der Freiwilligkeit zur Prostitutionsausübung als Rechtsdelikt identifiziert und verfolgt werden kann.

Im vorliegenden Abschnitt wird im Kontext der Prostitution deshalb auf relevante Regelungen verschiedener Abkommen hingewiesen, die auf die Unversehrtheit der Würde der Menschen abzielen und in diesem Kontext besonders den internationalen Menschenhandel und Menschenhandel zum Zweck der sexuellen Ausbeutung betreffen.

---

16 Vgl. EGMR, Urt. v. 29.4.2002 – 2346/02 (Pretty/Vereinigtes Königreich), NJW 2002, 2851.

17 Das EU-Parlament stellt beispielsweise in der Entschließung zur Bekämpfung des Frauenhandels vom 19.5.2000, Abl. C 59 vom 23.2.2001, 308, G, fest: "dass der Frauenhandel ein Zweig der organisierten Kriminalität ist, in dem hochorganisierte Netze riesige Gewinne aus der Ausbeutung von Menschen erzielen, wobei diese Netze oftmals an anderen kriminellen Aktivitäten wie dem Drogen- und Waffenhandel beteiligt sind und nur verhältnismäßig geringe Strafen befürchten müsse". Online einsehbar unter: https://eur-lex.europa.eu/legal-content/DE/TXT/PDF/?uri=OJ:C:2001:059:FULL&from=IT (abgerufen am 11.3.2023).

1.1.1. Allgemeine Erklärung der Menschenrechte 1948[18]

Die Artikel 1, 3, 4, 5 und 29 sind einschlägig in diesem Rechtskontext, weil sie die Menschenrechte der Prostituierten betreffen, die in jeder Verfassung eines demokratisch-freiheitlichen Rechtsstaates zu achten und zu schützen sind. Sie stellen universale Menschenrechtsstandards der Völkergemeinschaft dar, die von den Staaten und der nationalen Gerichtsbarkeit zu garantieren und umzusetzen sind, damit die Völker und Nationen untereinander in Frieden und Freiheit leben können.

Art. 1 AEMR bestimmt die Voraussetzungen, die zur Umsetzung dieser Ziele unabdingbar sind: „Alle Menschen sind frei und gleich an Würde und Rechten geboren. Sie sind mit Vernunft und Gewissen begabt und sollen einander im Geist der Brüderlichkeit begegnen." Die der Erklärung der Menschen- und Bürgerrechte von 1789 entnommene Formulierung der „Freiheit, Gleichheit und Brüderlichkeit", welche zur philosophischen Leitidee der Aufklärung wurde[19], vor dem Hintergrund des *von Immanuel Kant eingeführten Begriffs der Würde des Menschen*[20], begründen die universalen Menschenrechte in der Völkergemeinschaft und stellen die Grundlage internationaler und interpersonaler Beziehungen dar. Ergänzt werden sie durch weitere Bestimmungen der AEMR, wie etwa:

> Art. 3: Jeder hat das Recht auf Leben, Freiheit und Sicherheit der Person.
>
> Art. 4: Niemand darf in Sklaverei oder Leibeigenschaft gehalten werden; Sklaverei und Sklavenhandel sind in allen ihren Formen verboten.
>
> Art. 5: Niemand darf der Folter oder grausamer, unmenschlicher oder erniedrigender Behandlung oder Strafe unterworfen werden.

Art. 29 Abs. 2: Jeder ist bei der Ausübung seiner Rechte und Freiheiten nur den Beschränkungen unterworfen, die das Gesetz ausschließlich zu dem

---

18 Universal Declaration of Human Rights, UN General Assembly, A/RES/3/217A (10.12.1948), https://undocs.org/Home/Mobile?FinalSymbol=A%2FRES%2F217(III)&Language=E&DeviceType=Desktop&LangRequested=False (abgerufen am 28.9.22). Das Dokument findet man in fünf Amtssprachen der Vereinten Nationen: chinesisch, englisch, französisch, russisch und spanisch. Der vorstehende Text ist die in Deutschland gebilligte Fassung; siehe: https://www.ohchr.org/en/human-rights/universal-declaration/translations/german-deutsch?LangID=ger (abgerufen am 28.9.22).

19 Siehe dazu: https://www.conseil-constitutionnel.fr/de/erklaerung-der-menschen-und-buergerrechte-vom-26-august-1789 (abgerufen am 6.10.22).

20 Kant, Grundlegung zur Metaphysik der Sitten (GMS), Königsberg 1785, II. Abschnitt AA IV 428–440 (Hg., Preußische Akademie der Wissenschaften, Berlin 1903).

Zweck vorsieht, die Anerkennung und Achtung der Rechte und Freiheiten anderer zu sichern und den gerechten Anforderungen der Moral, der öffentlichen Ordnung und des allgemeinen Wohles in einer demokratischen Gesellschaft zu genügen. Absatz 3 besagt: Diese Rechte und Freiheiten dürfen in keinem Fall im Widerspruch zu den Zielen und Grundsätzen der Vereinten Nationen ausgeübt werden.

Letzteres bedeutet, dass das Rechtsprinzip des von Immanuel Kant begründeten Instrumentalisierungsverbotes aufgrund der vorstaatlichen Würde der Menschen in Gänze in das Völkerrecht Eingang gefunden hat. Kant sieht diese Unverfügbarkeit des Menschen in seiner Selbstzwecklichkeit und unverfügbaren Autonomie begründet, welche eine Verobjektivierung absolut verbietet.[21] Das Recht und die Freiheit des einen endet deshalb notwendigerweise am Recht und der Freiheit des anderen. Dies liegt darin begründet, dass ein Mensch nicht zum Mittel eines anderen gemacht werden kann, ohne dass seine Würde verletzt wird bzw. er oder sie ihre Würde aus ihrer eigenen Perspektive verliert. Völkerrechtlich müssen die Menschenrechte deshalb interpersonal miteinander in Einklang gebracht werden, so dass auch Freiheitsrechte nicht auf Kosten Dritter ausgeübt werden dürfen. Weiterhin ergibt sich hieraus das menschenrechtliche Verbot der Sklaverei und der Leibeigenschaft, so dass auch Menschenhandel zum Zweck der sexuellen Ausbeutung, ebenso wie sexuelle Ausbeutung für sich genommen, gegen die Menschenrechte verstößt und somit durch jedes nationale Recht unter Strafe zu stellen ist. Ganz grundsätzlich stehen diese Menschenrechte dafür, dass Menschen prinzipiell ein Instrumentalisierungs- und Verobjektivierungsverbot durch Dritte geltend machen können, wofür der jeweilige Rechtsstaat eine Schutz- und Gewährleistungspflicht hat.

21 Ebd.

1.1.2. UN-Konvention zur Unterbindung des Menschenhandels und der Ausnutzung der Prostitution anderer 1949[22]

Feierlich setzt die Konvention von 1949 bereits zu Anfang ihrer Bestimmungen in der Präambel fest, dass: „Prostitution und das sie begleitende Übel des Menschenhandels zum Zwecke der Prostitution mit der Würde und dem Wert der menschlichen Person unvereinbar sind (...)."[23] Signifikant ist hierbei der direkte Zusammenhang zwischen Prostitution und Menschenhandel, der von den Konventionsstaaten unmissverständlich erkannt wird. In den folgenden Artikeln 1 und 2 wird dieser Zusammenhang nochmals konkretisiert:

> Art. 1: Die Vertragsparteien dieser Konvention kommen überein, jede Person zu bestrafen, die, um die Leidenschaften einer anderen zu befriedigen: 1. eine andere Person, selbst mit deren Einwilligung, zu Zwecken der Prostitution beschafft, sie dazu verleitet oder verführt; 2. die Prostitution einer anderen Person, selbst mit deren Einwilligung, ausnutzt.
>
> Art. 2: Die Vertragsparteien dieser Konvention kommen weiter überein, jede Person zu bestrafen, die: 1. ein Bordell unterhält oder leitet oder wissentlich finanziert oder an dessen Finanzierung beteiligt ist; 2. wissentlich ein Gebäude oder eine andere Stätte oder irgendeinen Teil davon zum Zwecke der Prostitution anderer vermietet oder mietet.

Bislang (Stand 30.1.2023) wurde diese Konvention von 82 der 193 UN-Mitgliedsstaaten ratifiziert. *Die Bundesrepublik Deutschland gehört nicht zu den Signatarstaaten.* Dies ist rechtlich insoweit erheblich, als infolge der Liberalisierung der Prostitution *Deutschland seit 2002 ein explizit entgegengesetztes gesetzliches Modell verfolgt, das der Konvention der Vereinten Nationen von 1949 zuwiderläuft.* Dies geschah in Deutschland bewusst

22 The Convention for the Suppression of the Traffic in Persons and of the Exploitation of the Prostitution of Others, UN General Assembly, A/RES/317 (IV) (2.12.1949, seit 25.7.1951 in Kraft), https://treaties.un.org/Pages/ViewDetails.aspx?src=TREATY&mtdsg_no=VII-11-a&chapter=7&clang=_en (abgerufen am 30.1.23); Deutsche Fassung: https://www.un.org/depts/german/uebereinkommen/ar317-iv.pdf (abgerufen am 28.9.22). Zum 6.10.22 wurde die Konvention von 83 Staaten unterzeichnet. Unter Berufung auf die vorgeschriebene Strafbarkeit der freiwilligen Prostitution und seiner liberalen Regulierung des Prostitutionswesens ist die Bundesrepublik der Konvention nicht beigetreten; siehe dazu: https://www.bundestag.de/resource/blob/831412/abfde0e69fdd6b0159f4b9ab33aa9d6c/WD-2-013-21-pdf-data.pdf (abgerufen am 6.10.22).

23 Ebd.

und wurde 2017 durch das ProstSchG noch einmal bekräftigt, obwohl wissenschaftlichen Studien zufolge eindeutig in Ländern mit liberalisierten Prostitutionsgesetzen der Menschenhandel beständig steigt[24], sowie im umgekehrten Fall sinkt und beim sog. Nordischen Modell (Sexköpslagen) der Prostitution praktisch versiegt.[25]

Für eine häufig kolportierte Behauptung in der deutschen Öffentlichkeit, dass sich im Fall der Bestrafung von Prostitution das Dunkelfeld erhöhe und die Situation der Prostituierten verschlechtere, kann hingegen keinerlei wissenschaftlicher Nachweis gefunden werden. Diese Behauptung scheint ohne empirische Befunde zu sein. Denn empirisch verifizierten, kriminalpolizeilichen Erkenntnissen zufolge tritt vielmehr das Gegenteil ein. Prostitution bedarf nämlich einer gewissen Vermarktung (u.U. auch nur digital), d.h., sie muss den potenziellen Kunden auf das „Angebot der Prostitution" öffentlich (medial, digital, physisch, ...) aufmerksam machen, so dass er hierauf durch seine Antwort bzw. seine kommunikativ nachweisbare Handlung zurückgreifen kann. „Und dort, wo Freier hinkommen, kommt mit entsprechenden Instrumenten auch problemlos die Polizei hin."[26]

Nur durch nationalstaatliche gesetzliche Bestimmungen, die den, spätestens seit 1949 bekannten, grundsätzlichen Zusammenhang von Prostitution und Menschenhandel berücksichtigen, kann Menschenhandel wirksam eingedämmt werden. Der UN-Konvention zur Unterbindung des Menschenhandels sollte deshalb Rechnung getragen werden dadurch, dass der Gesetzgeber eines demokratischen Rechtsstaats, wie die Bundesrepublik Deutschland, dieselbe als völkerrechtliche Orientierungsgröße zur Kenntnis nimmt.

---

24 S.-Y. Cho/A. Dreher/E. Neumayer, Does Legalized Prostitution increase Human Trafficking?, in: World Development 41/1 (2013), 67–82; online einsehbar unter: https://papers.ssrn.com/sol3/papers.cfm?abstract_id=1986065 (abgerufen am 12.12.22).

25 Schwedischer Sonderbotschafter für die Bekämpfung von Menschenhandel Per-Anders Sunesson: „Der schwedische Markt für Menschenhandel ist quasi tot", in: Zeitschrift Emma, 27.2.2020. Siehe auch die Vergleichsstudie zur Prostitution in Deutschland und in Schweden: M. Söderberg, Let's talk about freedom and consent. Prostitution in Germany and Sweden, Department of Political Science Centre for European Studies, University of Gothenburg 2022, online unter: https://gupea.ub.gu.se/bitstream/handle/2077/73275/Malin%20Söderberg.pdf?sequence=1&isAllowed=y (abgerufen am 30.1.23).

26 M. Paulus, Menschenhandel und Sexsklaverei. Organisierte Kriminalität im Rotlichtmilieu, Wien 2020, 144ff. Analoge Aussagen gibt es von Helmut Sporer; siehe: H. Sporer, Der neue Deutsche Weg. Für eine Neuordnung der Prostitutionsgesetzgebung, in: Hanns-Seidel-Stiftung e.V. (Hg.), Aktuelle Analysen 93, München 2022, 63; sowie von Oberstaatsanwalt Peter Holzwarth: siehe dazu: Kap. 3.3.1.1.

1.1.3. Allgemeine Empfehlung Nr. 38 zum Frauen- und Mädchenhandel 2020 in Ergänzung zur UN-Konvention zur Beseitigung jeder Form von Diskriminierung der Frau 1981 (CEDAW)[27]

Das CEDAW-Übereinkommen (auch „Frauenrechtsübereinkommen" genannt) wurde am 18. Dezember 1979 von der UN-Generalversammlung verabschiedet und trat am 3. September 1981 in Kraft. Bislang wurde es von 189 Staaten ratifiziert, darunter auch Deutschland (am 10. Juli 1985).

Es ist das erste Völkerrechtsabkommen, das eine Bestimmung des Begriffs der Diskriminierung von Frauen unternommen hat und in Art. 17 einen speziellen Ausschuss für die Beseitigung der Diskriminierung der Frau (sog. CEDAW-Ausschuss) ins Leben gerufen hat. In Art. 1 heißt es: „‚Diskriminierung der Frau' [ist] jede mit dem Geschlecht begründete Unterscheidung, Ausschließung oder Beschränkung, die zur Folge oder zum Ziel hat, dass die auf die Gleichberechtigung von Mann und Frau gegründete Anerkennung, Inanspruchnahme oder Ausübung der Menschenrechte und Grundfreiheiten durch die Frau – ungeachtet ihres Zivilstands – im politischen, wirtschaftlichen, sozialen, kulturellen, staatsbürgerlichen oder jedem sonstigen Bereich beeinträchtigt oder vereitelt wird."

Zwecks einer beschleunigten Herbeiführung der Gleichberechtigung der Geschlechter wurde auch die Möglichkeit einer aktiven Gleichstellung vorgesehen (vgl. Art. 4 Abs. 1). Um dies zu gewährleisten „(...) treffen [die Signatarseiten] alle geeigneten Maßnahmen einschließlich *gesetzgeberischer Maßnahmen zur Abschaffung jeder Form des Frauenhandels und der Ausbeutung der Prostitution von Frauen* [Art. 6]."[28] Bestehende Gesetze, Verordnungen, sowie andere Praktiken, einschließlich Gepflogenheiten, die eine Diskriminierung der Frau darstellen, ggf. jene aufrechterhalten und/ oder fördern, sollten von den Signatarstaaten verurteilt und aufgehoben werden (vgl. Art. 2 lit. g).

Mit Blick auf die Prostitution begründet das CEDAW-Übereinkommen sogar eine vertragliche Verpflichtung der Signatarstaaten, Ausbeutung und Diskriminierung zu unterbinden. Dazu gehört auch, entsprechende finanzielle Mittel zur Verfügung zu stellen, um effektiv Diskriminierung zu be-

---

27 The Convention on the Elimination of all Forms of Discrimination Against Women (CEDAW), UN General Assembly, A/RES/34/180 (18.12.1979), https://www.un.org/en/development/desa/population/migration/generalassembly/docs/globalcompact/A_RES_34_180.pdf (abgerufen am 28.9.2022). Deutscher Text siehe: https://www.ris.bka.gv.at/Dokumente/BgblPdf/1982_443_0/1982_443_0.pdf (abgerufen am 28.9.2022).

28 Ebd.; keine Hervorhebung im Original.

kämpfen und Gleichberechtigung zu fördern. Indes stellt der Bereich der Sexindustrie und Prostitutionsdienstleistungen aufgrund seiner Geschlechterpolarisierung einen auf Ungleichheit und Diskriminierung besonders anfälligen Bereich dar. Denn im Wesentlichen geht es in der Prostitution um eine patriarchale Dominanz und die Unterwerfung der Frau und des weiblichen Geschlechts. Dies zeigt sich darin, dass eine Person ihren Körper einem Fremden zur Penetration zur Verfügung stellt, damit dieser seine sexuellen Vorstellungen, Wünsche und Bedürfnisse befriedigen kann – ungeachtet der sexuellen Bedürfnisse der sich zur Verfügung stellenden Person, die in aller Regel eine Frau ist.

Am 20. November 2020 legte der CEDAW-Ausschuss deshalb die Allgemeine Empfehlung Nr. 38 (2020) zum Frauen- und Mädchenhandel im Kontext der globalen Migration vor.[29] Darin bekräftig der CEDAW-Ausschuss seine bereits zuvor gewonnenen Erkenntnisse und konkretisiert sie. Er bekräftigt, dass „unter die Diskriminierung von Frauen und Mädchen auch *geschlechtsspezifische Gewalt* fällt, deren Verbot sich zu einem Grundsatz des Völkergewohnheitsrechts entwickelt hat [Nr. 10]."

Deshalb sei eine gezielte und weitreichende Abschaffung der kultur- und systembedingten Diskriminierung der Frau auch in diesem Bereich erforderlich, die von der übereinstimmenden Überzeugung der Rechtsverbindlichkeit dieser Abschaffung getragen wird (auf Völkerrechtsebene: *opinio iuris sive necessitatis*).[30] Die Bekämpfung diverser Formen der Diskriminierung der Frau sowie die Förderung der Gleichberechtigung der Geschlechter wurden bereits in verschiedene Abkommen aufgenommen, deren Umsetzung in innerstaatliche Gesetze den Signatarseiten auferlegt wurde. Deshalb gehört die Abschaffung aller Formen geschlechtsspezifischer Gewalt[31] und Diskriminierung von Frauen und Mädchen zum Anlie-

---

29 Allgemeine Empfehlung Nr. 38 (2020) zum Frauen- und Mädchenhandel im Kontext der globalen Migration, Ausschuss für die Beseitigung der Diskriminierung der Frau, CEDAW/C/GC/38 (20.11.2020), 5; https://www.un.org/depts/german/menschenrechte/CEDAW-C-GC-38.pdf (abgerufen am 28.9.2022).

30 Unter dem Begriff des Völkergewohnheitsrechts wird eine allgemeine Übung verstanden, die durch eine übereinstimmende Überzeugung ihrer Rechtsverbindlichkeit getragen wird; siehe Art. 38 Abs. 1 des Statuts des Internationalen Gerichtshofs (Anhang zur Satzung (Charta) der Vereinten Nationen) vom 26. Juni 1945 (IGH-Statut); online unter: www.staatsvertraege.de/uno/gerichtshofstatut45-i.htm (abgerufen am 16.10.22).

31 Im deutschen Sprachraum wird immer häufiger von *sexualisierter Gewalt* anstelle von *geschlechtsspezifischer Gewalt* gesprochen. Der deutsche Gesetzgeber hat bislang aber weder eine Bestimmung des Begriffs von „sexualisierten Gewalt" unternommen,

gen der Völkergemeinschaft. Tätigkeiten, die aufgrund ihres Charakters die Unterwerfung, den Gehorsam und die Diskriminierung von Frauen und Mädchen fördern oder ggf. bekräftigen, wie es die Prostitution tut, dürfen davon nicht ausgenommen werden.

In der Empfehlung Nr. 38 (2020) erkennt der CEDAW-Ausschuss, dass „der Handel mit Frauen und Mädchen und die Ausbeutung ihrer Prostitution eindeutig ein Phänomen ist, das in struktureller geschlechtsspezifischer Diskriminierung wurzelt, geschlechtsspezifische Gewalt darstellt und im Kontext von Vertreibung und Migration (...) oft verschärft auftritt" [Nr. 10]. Die Gefahren, welche damit verbunden sind und/oder daraus hervorgehen, reichen weit über das Hoheitsgebiet eines einzelnen Staates hinaus und stellen eine signifikante Bedrohung für die Werte der ganzen Völkergemeinschaft, sowie ihre Ordnung dar. Frauen- und Mädchenhandel und die sexuelle Ausbeutung von Frauen und Mädchen seien Menschenrechtsverletzungen und könnten den Weltfrieden und die internationale Sicherheit bedrohen.

Die positive Verpflichtung der Vertragsstaaten, den Menschenhandel zu verbieten, wird durch das internationale Strafrecht gestärkt, insbesondere auch durch *das Römische Statut des Internationalen Strafgerichtshofs*. „Hier wird anerkannt, dass Versklavung, sexuelle Sklaverei und Nötigung zur Prostitution der Gerichtsbarkeit des Gerichtshofs unterliegende Verbrechen sein können [Nr. 14]."[32] In diesem Zusammenhang wird erstmals auf die potenzielle Zuständigkeit der Gerichtsbarkeit des Internationalen Strafgerichtshofs von Den Haag hingewiesen, der Fälle von Zwangsprostitution und Menschenhandel zum Zweck der sexuellen Ausbeutung betrachten könne. Gemäß Art. 5 Abs. 1 des IStGH-Statuts beschränkt sich die Gerichtsbarkeit des Internationalen Gerichtshofes zwar auf die „schwersten Verbrechen", worunter auch „Verbrechen gegen die Menschlichkeit" fallen (Art. 5 Abs. 1 lit. b). Allerdings wird, wie Art. 7 Abs. 1 lit. g des IStGH-Status[33] zu

die in einer Legaldefinition münden würde, noch wurde der Begriff ins deutsche Strafrecht aufgenommen, siehe dazu: https://www.gesis.org/cews/themen/geschlechtsbezogene-und-sexualisierte-gewalt/rechtliche-situation-in-deutschland (abgerufen am 17.10.22).

32 Allgemeine Empfehlung Nr. 38 (2020) zum Frauen- und Mädchenhandel im Kontext der globalen Migration, Ausschuss für die Beseitigung der Diskriminierung der Frau, CEDAW/C/GC/38 (20.11.2020), 6, https://www.un.org/depts/german/menschenrechte/CEDAW-C-GC-38.pdf (abgerufen am 28.9.22).

33 Rome Statute of the International Criminal Court v. 17.7.1998, https://www.icc-cpi.int/sites/default/files/Publications/Rome-Statute.pdf (abgerufen am 17.10.22).

entnehmen ist, Zwangsprostitution (die deutsche Version benutzt den Begriff der „Nötigung zur Prostitution“)[34], sexuelle Sklaverei (Ausbeutung) oder jede andere Form sexueller Gewalt als „Verbrechen gegen die Menschlichkeit“ anerkannt, welche die internationale Gemeinschaft als Ganzes berühren (Art. 5 Abs. 1). Mithin kann ihre Verfolgung zum Anliegen der internationalen Gemeinschaft gezählt werden.

Unter Berücksichtigung dessen empfiehlt der CEDAW-Ausschuss explizit, eine erhöhte Nachfrage nach Prostitution, welche die Ausbeutung von Frauen begünstigt und häufig zu Menschenhandel führt, durch Mittel der nationalen Rechtsstaaten zu unterbinden (Empfehlung Nr. 38 (2020), Nr. 61).[35] Gleichzeitig wird aber auch darauf hingewiesen, dass die Feststellung, Bekämpfung und Beseitigung der Ursachen, welche „die Nachfrage, die Ausbeutung begünstigt und zu Frauen- und Mädchenhandel führt“ (Nr. 18), Grundelemente der Verpflichtung der Vertragsstaaten aus dem CEDAW-Übereinkommen sind.

Weltweit findet sich bislang nur ein gesetzliches Modell, das diesen Verpflichtungen in Bezug auf Prostitution wirksam Rechnung tragen kann, weil es auch gemäß empirischen Studien die Nachfrage nach Prostitution in kürzester Zeit stark und nachhaltig reduziert, nämlich das Nordische Modell (Sexköpslagen). Nachweise hierfür lassen sich in zahlreichen wissenschaftlichen Studien finden.[36]

---

34 Siehe: BGBl. II 1998, Nr. 35, https://www.bgbl.de/xaver/bgbl/start.xav?startbk=Bundesanzeiger_BGBl&jumpTo=bgbl200s1393b.pdf#__bgbl__%2F%2F*%5B%40attr_id%3D%27bgbl200s1393b.pdf%27%5D__1666041520347 (abgerufen am 17.10.22).

35 Allgemeine Empfehlung Nr. 38 (2020) zum Frauen- und Mädchenhandel im Kontext der globalen Migration, Ausschuss für die Beseitigung der Diskriminierung der Frau, CEDAW/C/GC/38 (20.11.2020), 17, https://www.un.org/depts/german/menschenrechte/CEDAW-C-GC-38.pdf (abgerufen am 28.9.22).

36 Studie der Konrad-Adenauer-Stiftung zum Nordischen Modell, in: https://www.kas.de/documents/259586/9803819/KAS+Report+-+Perspectives+on+the+Swedish+Model+to+prevent+and+combat+Prostitution+and+Trafficking+for+purposes+of+sexual+Exploitation.pdf/6f42fe6c-5d37-ced2-8570-123b3bba184e?version=1.0&t=1624672823123 (abgerufen am 28.9.2022) und Internationale Sozialwissenschaftliche Studien: Vgl. S.-A. Mansson, The History and Rationale of Swedish Prostitution Policies, in: Dignity: A Journal of Analysis of Exploitation and Violence 2/4 (2017); online unter: https://digitalcommons.uri.edu/dignity/vol2/iss4/1/ (abgerufen am 28.9.22); Die Schwedische Regierung, Gender Equality Policy in Sweden (2016), in: https://www.government.se/49469a/contentassets/2bfd917d30b64fe9a46d787e575e3eab/161219-infokit-uppdatering2.pdf (abgerufen am 28.9.2022); vgl. S.-Y. Cho/A. Dreher/E. Neumayer, Does Legalized Prostitution increase Human Trafficking?, in: World Development 41/1 (2013), 67–82; online einsehbar unter: https://papers.ssrn.com/sol3/papers.cfm?abstract_id=1986065 (abgerufen am 12.12.22).

1.1.4. UN-Resolution über die Beseitigung der Gewalt gegen Frauen 1993 (DEVAW in Verbindung mit CEDAW)[37]

Die Erklärung über die Beseitigung der Gewalt gegen Frauen vom 20. Dezember 1993 (DEVAW) stellt eine Ergänzung und Stärkung der UN-Resolution zur Beseitigung jeder Form von Diskriminierung der Frau vom 18. Dezember 1979 dar (CEDAW)[38], welche die Bundesrepublik Deutschland bereits am 10. Juli 1985 ratifiziert hat (siehe: Kap. 1.1.4.). In Art. 1 gibt sie eine universale Definition des Begriffs von Gewalt gegen Frauen, welche den Signatarstaaten die rechtliche Verantwortung dafür auferlegt, körperliche, sexuelle und psychologische Gewalt, worunter psychischer Schaden oder Leiden verstanden werden, nicht zu dulden, egal wo sie vorkommt. Die Staaten sollten alle notwendigen Maßnahmen ergreifen, um Bräuche, Traditionen oder religiöse Begründungen für Gewalt zu verurteilen und zu verhindern (Art. 4) und Frauen das Recht auf ein Höchstmaß an körperlicher und geistiger Gesundheit zu garantieren. Insgesamt wird hier völkerrechtlich anerkannt, dass gerade sexualisierte Gewalt in überwiegendem Maße geschlechtsspezifisch ist und in den allermeisten Fällen Frauen als Opfer betrifft.

Insbesondere die ersten drei Artikel sind für die Prostitutionsgesetzgebung in Deutschland von hoher Relevanz:

> Art. 1: Im Sinne dieser Erklärung bedeutet der Ausdruck ‚Gewalt gegen Frauen' jede gegen Frauen auf Grund ihrer Geschlechtszugehörigkeit gerichtete Gewalthandlung, durch die Frauen körperlicher, sexueller oder psychologischer Schaden oder Leiden zugefügt wird oder zugefügt werden kann (...).
>
> Art. 2: Unter Gewalt gegen Frauen sind, ohne darauf beschränkt zu sein, folgende Handlungen zu verstehen (...) b) körperliche, sexuelle und psychologische Gewalt im Umfeld der Gemeinschaft, einschließlich Vergewaltigung, sexueller Missbrauch, sexuelle Belästigung (...) Einschüchterung am Arbeitsplatz, (...) Frauenhandel und Zwangsprostitution;

---

37 The Declaration on the Elimination of Violence Against Women, General Assembly A/RES/48/104 (20/12/1993), https://www.ohchr.org/en/instruments-mechanisms/instruments/declaration-elimination-violence-against-women (abgerufen am 29.9.2022).

38 The Convention on the Elimination of all Forms of Discrimination Against Women, General Assembly A/RES/34/180 (18.12.1979), https://www.ohchr.org/sites/default/files/Documents/ProfessionalInterest/cedaw.pdf (abgerufen am 6.10.22).

> c) staatliche oder staatlich geduldete körperliche, sexuelle und psychologische Gewalt, gleichviel wo sie vorkommt.
>
> Art. 3: Frauen haben gleichberechtigten Anspruch auf den Genuss und den Schutz aller politischen, wirtschaftlichen, sozialen, kulturellen, bürgerlichen und sonstigen Menschenrechte und Grundfreiheiten. Dazu gehören unter anderem die folgenden Rechte: i) das Recht auf das erreichbare Höchstmaß an körperlicher und geistiger Gesundheit.

Als besonders gefährdet von Gewalt und Diskriminierung identifiziert die UN-Resolution explizit Frauen, die Angehörige von Minderheiten sind, sowie indigene, flüchtende und mittellose Frauen und deren Ausbeutung in Bordellen, die deshalb schon seit Jahrzehnten in vielen europäischen Nachbarländern verboten sind (z.B. in Italien seit 1958 und in Frankreich seit 1946, in Norwegen bereits seit 1884, das Land mit der historisch mit Abstand höchsten Gleichberechtigung zwischen den Geschlechtern).

Mit Blick auf die Prostitution in Deutschland sind insbesondere Frauen der benannten vulnerablen Gruppen betroffen, denn die Opfer von Gewalt und Diskriminierung in der Prostitution sind zu über 90 % Migrantinnen und Ausländerinnen mit kaum vorhandenen Deutsch- oder Englischkenntnissen, so dass die meisten von Ihnen diese Tätigkeit aus Gründen einer ökonomischen oder kriminologisch relevanten Zwangslage ausüben.[39]

Deshalb steht die Liberalisierung der Prostitution durch Gewerbebetriebe im Rahmen einer liberalisierten Prostitutionsgesetzgebung (ProstG) den Grundsätzen von DEVAW und CEDAW entgegen. Denn die deutsche Gesetzgebung steht im krassen Kontrast zu den nationalen und internationalen polizeilichen Erkenntnissen über die generellen Gefährdungen und Vulnerabilitäten von Frauen in der Prostitution, ebenso wie zu den volkswirtschaftlichen Gesetzen, nach denen freie Angebotsmärkte sich ihre Nachfrage schaffen und damit entsprechend der Kaufkraft in der jeweiligen Gesellschaft immer weiter expandieren.

Sich prostituierende ausländische und aus Armut und Not kommende Frauen, die in wohlhabendere Staaten migrieren oder verschleppt werden, sind besonders von sexueller Gewalt und strafrechtlich relevanter Diskriminierung betroffen, weil auch in Deutschland das Gefährdungsspektrum

39 M. Paulus, Menschenhandel und Sexsklaverei. Organisierte Kriminalität im Rotlichtmilieu, Wien 2020, 188f. Siehe dazu Ergebnisse des Forschungsprojekts PRIMSA aus dem Jahr 2016; online unter: https://www.blick-aktuell.de/Berichte/Forschungsprojekt-PRIMSA-vorgestellt-230212.html (abgerufen am 17.1.23).

nicht vom international repräsentativen Gefährdungsspektrum abweicht und durch die Legalität des Gewerberechtes gemäß dem Sayschen Theorem[40] immer weiter expandieren kann. Auch in Deutschland sind *Menschen in der Prostitution nachweislich fast ausschließlich durch drei Kriterien gekennzeichnet: weiblich, (bildungs-)arm und ausländisch.* Ebenso ist die Nachfrage nach derartig vulnerablen Frauen durch das ProstG juristisch und ökonomisch hausgemacht, was einer gesetzlichen Nicht-Berücksichtigung der UN-Resolution über die Beseitigung der Gewalt gegen Frauen gleichkommt, die von der Bundesrepublik Deutschland eigentlich bereits vor der Verabschiedung des ProstG 2001 ratifiziert worden war. Innenexperten im Feld gehen nämlich davon aus, dass „die vorhandenen Gesetze, seien es das ProstG, das ProstSchG oder auch die derzeitigen strafrechtlichen Vorschriften, zur wirksamen Bekämpfung dieser Missstände untauglich sind."[41]

1.1.5. UN-Konvention gegen die grenzüberschreitende organisierte Kriminalität 2000 (Palermo-Konvention mit Zusatzprotokoll)[42] in Verbindung mit einer Begutachtung durch die OSZE im Jahr 2022

Das Übereinkommen der Vereinten Nationen gegen die grenzüberschreitende Organisierte Kriminalität wurde am 15. November 2000 verabschiedet, trat am 29. September 2003 in Kraft und wurde am 14. Juni 2006 von der Bundesrepublik ratifiziert. Zusätzlich zur Palermo-Konvention wurden von der UN-Generalversammlung drei Protokolle verabschiedet,

40 Dieses volkswirtschaftliche Theorem, das seit über 200 Jahren unter Ökonomen bekannt ist, besagt, dass jedes Angebot sich seine Nachfrage schafft. Vgl. J.-B. Say, A treatise on political economy or the production, distribution and consumption of wealth, Michigan 2006 (Erstausgabe: Philadelphia 1803). Es wird heute noch als richtig erachtet; vgl.: https://www.forbes.com/sites/louiswoodhill/2013/03/13/sorry-paul-krugman-but-we-still-need-says-law/?sh=1c5c352c7040 (abgerufen am 12.12.2022).

41 H. Sporer, Der neue Deutsche Weg. Für eine Neuordnung der Prostitutionsgesetzgebung, in: Hanns-Seidel-Stiftung e.V. (Hg.), Aktuelle Analysen 93, München 2022, 43.

42 The Convention Against Transnational Organized Crime (UNTOC), General Assembly A/RES/55/25 (15.11.2000), https://www.unodc.org/documents/treaties/UNTOC/Publications/TOC%20Convention/TOCebook-e.pdf (abgerufen am 29.9.2022). Eine Zusammenfassung der Resolutionen findet sich unter: https://www.unodc.org/documents/treaties/UNTOC/Publications/TOC%20Convention/TOCebook-e.pdf (abgerufen am 29.9.2022); BGBl. III 2005, Nr. 84, https://www.un.org/Depts/german/uebereinkommen/ar55025anlage1-oebgbl.pdf (abgerufen am 7.10.22).

von denen insbesondere auf das Protokoll zur Verhütung, Bekämpfung und Bestrafung des Menschenhandels, insbesondere des Frauen- und Kinderhandels (vom 15. November 2000) hinzuweisen ist.[43]

Die international anerkannte rechtliche *Legaldefinition des Menschenhandels* wurde in Art. 3 des Zusatzprotokolls zur Verhütung, Bekämpfung und Bestrafung des Menschenhandels, insbesondere des Frauen- und Kinderhandels, zum Übereinkommen der Vereinten Nationen gegen die grenzüberschreitende Organisierte Kriminalität bestimmt. Darin heißt es: „Der Ausdruck ‚Menschenhandel' bezeichnet die Anwerbung, Beförderung, Verbringung, Beherbergung oder Aufnahme von Personen durch die Androhung oder Anwendung von Gewalt oder anderen Formen der Nötigung, durch Entführung, Betrug, Täuschung, Missbrauch von Macht oder Ausnutzung besonderer Hilflosigkeit oder durch Gewährung oder Entgegennahme von Zahlungen oder Vorteilen zur Erlangung des Einverständnisses einer Person, die Gewalt über eine andere Person hat, zum Zweck der Ausbeutung. Ausbeutung umfasst mindestens die Ausnutzung der Prostitution anderer oder andere Formen sexueller Ausbeutung, Zwangsarbeit oder Zwangsdienstbarkeit, Sklaverei oder sklavereiähnliche Praktiken, Leibeigenschaft oder die Entnahme von Organen."[44]

---

43 BGBl. III 2005, Nr. 84. Am 15. November 2000 wurde ebenfalls das Protokoll gegen die Schleusung von Migranten auf dem Land-, See- und Luftweg verabschiedet. Am 31. Mai 2001 wurde von der UN-Generalversammlung mit der Resolution 55/255 ergänzend das Protokoll gegen die unerlaubte Herstellung von Schusswaffen, dazugehörigen Teilen und Komponenten und Munition und gegen den unerlaubten Handel damit verabschiedet. Im Oktober 2021 wurde dieses Protokoll von der Bundesrepublik und im Februar 2022 von der EU unterzeichnet; einsehbar unter: https://www.unodc.org/unodc/en/organized-crime/intro/UNTOC.html#GA (abgerufen am 7.10.22).

44 Protocol to Prevent, Suppress and Punish Trafficking in Persons, especially Women and Children, supplementing the United Nations Convention against Transnational Organized Crime, General Assembly A/RES/55/25 (15.11.2000), 32, https://treaties.un.org/doc/source/docs/A_RES_55_25-E.pdf (online abgerufen am 28.9.2022); Deutsche Fassung: Zusatzprotokoll zur Verhütung, Bekämpfung und Bestrafung des Menschenhandels, insbesondere des Frauen- und Kinderhandels zum Übereinkommen der Vereinten Nationen gegen die grenzüberschreitende organisierte Kriminalität, BGBl. 2005 II, Nr. 995, hier: 996f., https://www.bgbl.de/xaver/bgbl/start.xav?startbk=Bundesanzeiger_BGBl&jumpTo=bgbl205s0954.pdf#__bgbl__%2F%2F*%5B%40attr_id%3D%27bgbl205s0954.pdf%27%5D__1664388224713 (abgerufen am 28.9.22).

Analog zur Resolution zur Beseitigung von Gewalt gegen Frauen von 1993 (DEVAW)[45] wird in dieser Konvention den Signatarseiten eine rechtliche Verantwortung aufgetragen, Menschenhandel und Gewalt gegenüber Frauen nicht zu dulden. Denn gemäß Art. 5 gilt: „(1) Jeder Vertragsstaat trifft die erforderlichen gesetzgeberischen und sonstigen Maßnahmen, um die in Artikel 3 genannten Handlungen, wenn vorsätzlich begangen, als Straftaten zu umschreiben."[46]

Sofern eines der hier genannten Merkmale des Menschenhandels erfüllt ist, bleibt sogar die Einwilligung des Opfers oder eine gegenüber Drittpersonen formell zum Ausdruck gebrachte Freiwilligkeit unerheblich. *Die Einwilligung der betroffenen Person hebt den Menschenhandel nicht auf.* In diesem Sinne sind die Signatarseiten dieses völkerrechtlichen Abkommens, auch Deutschland, dazu verpflichtet, dem Menschenhandel nicht nur aktiv durch seine Gesetzgebung vorzubeugen, sondern eventuelle widersprüchliche Gesetze aufzuheben und zu ersetzen. Unter Berücksichtigung der Bestimmungen des Begriffs der Gewalt, welcher gemäß der DEVAW-Konvention nicht nur körperliche, sondern ebenfalls psychische Gewalt miteinbezieht (darunter psychischen Schaden und Leid), sowie kriminalpolizeilichen und wissenschaftlichen Erkenntnissen hinsichtlich der mit der Prostitution einhergehenden Begleiterscheinungen, der psychischen Ausgangslage von Prostituierten und den psychosomatischen Folgewirkungen der Prostitutionsausübung, erscheint eine nominell liberale Gesetzgebung so, wie es in Deutschland der Fall ist, höchst problematisch zu sein.

Diesbezüglich ist die internationale Einschätzung der Vereinigten Staaten gegenüber der Bundesrepublik Deutschland zu erwähnen, die von einer mangelhaften Verantwortungsübernahme des deutschen Rechtsstaats bezüglich sexualisierter Gewalt und Zwang in der Prostitution und der Vermeidung von Menschenhandel ausgeht. Deutschland wurde deshalb im weltweiten Sicherheitsranking wegen unzureichender Maßnahmen gegen den ansteigenden Menschenhandel 2019 auf Stufe 2 herabgesetzt. In der Einschätzung des amerikanischen Außenministeriums spielt sich dieser

45 The Declaration on the Elimination of Violence Against Women, General Assembly A/RES/48/104 (20/12/1993), https://www.ohchr.org/en/instruments-mechanisms/instruments/declaration-elimination-violence-against-women (abgerufen am 29.9.2022).

46 Protocol to Prevent, Suppress and Punish Trafficking in Persons, Especially Women and Children, supplementing the United Nations Convention against Transnational Organized Crime General Assembly A/RES/55/25 (15.11.2000), 32, https://treaties.un.org/doc/source/docs/A_RES_55_25-E.pdf (abgerufen am 28.9.2022).

Menschenhandel in Deutschland insbesondere im Bereich der Zwangsprostitution ab.[47]

Dic mangelnde Bekämpfung in der politischen Praxis ist auf die vorherrschende juristische Einschätzung und Bewertung der deutschen Prostitutionsgesetzgebung zurückzuführen, die von der generellen Annahme der Freiwilligkeit in der Prostitution ausgeht. Diese ist jedoch nach Art. 3 (b) des Zusatzprotokolls der Palermo-Konvention zur Bekämpfung des Menschenhandels irrelevant. Denn wie bereits gesagt „*ist die Einwilligung eines Opfers des Menschenhandels (...) unerheblich*“[48], insofern die völkerrechtlichen Merkmale des Menschenhandels gemäß der Konventionsbestimmungen erfüllt sind; dies gilt insbesondere dann, wenn von kriminellen Voraussetzungen bzw. von den Begleiterscheinungen internationaler Organisierter Kriminalität ausgegangen werden kann, was in Deutschland nach Aussagen der Innenbehörden definitiv der Fall ist.[49]

Diese völkerrechtlichen Bestimmungen sind höchst relevant für die rechtsethische Beurteilung der deutschen Prostitutionsgesetzgebung, welche die Autonomie gerade in der anfänglichen Zustimmung zur Prostituti-

---

47 Siehe: https://www.welt.de/politik/ausland/article195614955/Kriminalitaet-USA-kritisieren-Deutschland-wegen-mangelnder-Bekaempfung-des-Menschenhandels.html?wtrid=socialmedia.email.sharebutton (abgerufen am 29.9.2022). Siehe auch: Trafficking in Persons Report, July 2022, 82f., 161, 245–250, 276, 401, 408, 443, 453, 461, 482 u.a.: https://www.state.gov/wp-content/uploads/2022/08/22-00757-TIP-REPORT_072822-inaccessible.pdf (abgerufen am 6.10.22). Unter der liberalen Prostitutionsregelungen wird Deutschland als eines der Hauptziele für Menschenhändler benannt, die vorwiegend Frauen und Mädchen zur Prostitution zwingen.

48 Siehe: https://www.welt.de/politik/ausland/article195614955/Kriminalitaet-USA-kritisieren-Deutschland-wegen-mangelnder-Bekaempfung-des-Menschenhandels.html?wtrid=socialmedia.email.sharebutton (abgerufen am 29.9.2022).

49 Siehe dazu: https://www.kriminalpolizei.de/ausgaben/2011/juni/detailansicht-juni/artikel/rotlicht-und-organisierte-kriminalitaet.html (abgerufen am 7.10.22); https://www.welt.de/regionales/nrw/article239483207/Das-Rotlicht-Milieu-und-die-Verbindung-zu-kriminellen-Clans.html (abgerufen am 7.10.22); https://www.dw.com/de/bka-organisierte-kriminalität-ist-ein-milliardengeschäft/a-63194554 (abgerufen am 7.10.22). Der Generalstaatsanwalt und Anti-Mafia-Experte Roberto Scarpinato sieht Deutschland als Zielland internationaler Organisierter Kriminalität aufgrund seiner liberalen Prostitutionsgesetze; siehe dazu: https://www.wired.it/economia/business/2014/04/12/mafia-germania/?refresh_ce= (abgerufen am 7.10.22); https://heigos.hypotheses.org/7559 (abgerufen am 7.10.22). Der Vortrag von Roberto Scarpinato an der Universität Heidelberg einzusehen auf: https://www.youtube.com/watch?v=kZuwrtoT5aY&t=7s (abgerufen am 7.10.22). Siehe auch: M. Paulus, Menschenhandel und Sexsklaverei. Organisierte Kriminalität im Rotlichtmilieu, Wien 2020, 118–125 (hier insb. 120).

on sieht und damit einen weiten Autonomie- sowie Würdebegriff verwirft. Die angenommene freiwillige Ausübung der Prostitution sei bereits ein Ausdruck der qualifizierten personellen Autonomie der Grundrechtsträgerin.[50] Hier wird die ungeprüfte Annahme der Erfüllung vollständiger Autonomiekriterien, die einer empirischen Verifikation im Sinne eines belegbaren „informed consensus“ niemals standhalten würde, sogar zum Grundrechtsäquivalent erklärt. Dies führt dazu, dass in Deutschland, wo der Gesetzgeber vom Prinzip der Freiwilligkeit bei der Tätigkeit in der Prostitution ausgeht, das, was in der Prostitution an potenziellen Rechtsverletzungen oder sogar an Menschenhandel, Zwang oder Gewalt nach dem konkludenten Vertragsschluss passiert, nicht mehr näher betrachtet oder sogar als rechtlich irrelevant erachtet wird.[51]

Es wird bei manchen aktuellen Rechtsauslegungen in Deutschland nicht bedacht, dass jemand selbst bei anfänglicher Freiwilligkeit der Tätigkeit in der Prostitution in die eigene darauffolgende Verobjektivierung und damit auch in die substanzielle Autonomieaufgabe im Prozess der Prostitution einwilligen muss. Die deutsche Angst vor Paternalismus in der Gesetzgebung führt in der Folge dazu, dass Delikte wie Sklaverei und Menschenhandel durch eine vermeintliche, vorgängige Freiwilligkeit der Betroffenen *ex lege* nachträglich sanktioniert werden, so dass Menschenrechtsverstöße, sexuelle Gewaltakte oder Vergewaltigung während prostitutiver Akte gar nicht mehr geahndet werden können. Hier entlastet sich der Rechtsstaat zu Lasten der Grundrechte von Rechtssubjekten selbst. Die enge und formelle Auslegung des Autonomie- und Würdebegriffs in der nationalen (rein deutschen) Grund- und Menschenrechtsinterpretation ist das rechtliche Gegenteil dessen, was im CEDAW und in der Palermo-Konvention völkerrechtlich festgelegt wurde. Denn ebenso wenig wie ein Mensch in seine eigene Versklavung rechtswirksam einwilligen kann, darf dies gemäß

50 Vgl. T. Harrer, Einführung einer Strafbarkeit von Prostitution? Zum Verhältnis von Sex-Arbeit und Menschenwürde, KriPoZ 2/2021, 287–293, 292. Dies führt bei manchen aktuellen Rechtsauslegungen in Deutschland dazu, dass jemand selbst bei anfänglicher Freiwilligkeit der Tätigkeit in der Prostitution in die eigene darauffolgende Verobjektivierung und damit auch in die substanzielle Autonomieaufgabe im Prozess der Prostitution einwilligen muss. Diese enge Auslegung des Autonomie- und Würdebegriffs in der nationalen (rein deutschen) Grund- und Menschenrechtsinterpretation ist das rechtliche Gegenteil dessen, was im CEDAW völkerrechtlich festgelegt wurde.

51 Siehe dazu: M. Paulus, Menschenhandel und Sexsklaverei. Organisierte Kriminalität im Rotlichtmilieu, Wien 2020, 135ff.; vgl. dazu: SGH, Urt. v. 23.6.2016 – S 26 U 118/14.

der Palermo-Konvention bei Menschenhandel, sexueller Ausbeutung[52] oder analogen Sachverhalten geschehen, insofern völkerrechtlich bereits durch die Anerkennung der Menschenrechte festgeschrieben wurde, dass es sich bei beiden Sachverhalten *ipso facto* um menschenrechtswidrige Delikte handelt.

Innerhalb der regionalen Völkerrechtsgemeinschaften Europas – insbesondere des Europarats und der Europäischen Union – werden diese völkerrechtlichen universalen Vorgaben rezipiert und in entsprechende Verordnungen, Entschließungen und/oder Entscheidungen implementiert, die anschließend von den Mitgliedstaaten in deren nationale Gesetzgebung eingebunden und umgesetzt werden sollen (unter Berücksichtigung von Art. 288 AEUV und Art. 44–47 EMRK). Deutschlands Prostitutionsgesetzgebung scheint aber diesen Vorgaben nicht in adäquater Weise nachzukommen, bzw. sich verfassungs- und europarechtlich zu isolieren.

Um eventuellen Unstimmigkeiten der Deutschen Gesetzgebung zum Völkerrecht vorzubeugen, ersuchte am 22. Juni 2021 die Vorsitzende des Ausschusses für Familie, Senioren, Frauen und Jugend des Deutschen Bundestags das Büro des OSZE, um ein Rechtsgutachten, das die Übereinstimmung des ProstG und des ProstSchG i.V.m. den Bestimmungen des Strafgesetzbuchs (insb. §§ 232, 232a, 180a, 184f und 181a) mit dem Völkerrecht überprüfen sollte.[53] Vornehmlich sollte die Übereinstimmung mit den Vorgaben des Art. 9 des Zusatzprotokolls zur Verhütung, Bekämpfung und Bestrafung des Menschenhandels, insbesondere des Frauen- und Kinderhandels, zum Übereinkommen der Vereinten Nationen gegen die grenzüberschreitende Organisierte Kriminalität, überprüft werden.

Ohne eine juristische Bewertung der deutschen Prostitutionsregelungen vornehmen zu wollen, weist das Gutachten auf die weitgefasste Bestim-

52 Nach dem Glossar der Vereinten Nationen wird unter dem Begriff „sexuelle Ausbeutung" verstanden: „jegliche tatsächliche oder versuchte Ausnutzung besonderer Hilflosigkeit, eines Macht- oder Vertrauensgefälles für sexuelle Zwecke, insbesondere zur Erlangung eines finanziellen, sozialen oder politischen Vorteils aus der sexuellen Ausbeutung einer anderen Person" („*Any actual or attempted abuse of position of vulnerability, differential power or trust, for sexual purposes, including, but not limited to, profiting monetarily, socially or politically from the sexual exploitation of another*"); siehe: UN Glossary on Sexual Exploitation and Abuse, 24.7.2017, Nr. 7; online unter: https://hr.un.org/sites/hr.un.org/files/SEA%20Glossary%20%20%5BSecond%20Edition%20-%202017%5D%20-%20English_0.pdf (abgerufen am 18.1.23).

53 M. Achler, Gutachten zu deutschen Gesetzen zum Thema Prostitution und Menschenhandel, Warschau 15. Dezember 2022, OSCE Office for Democratic Institutions and Human Rights.

mung des Begriffs Menschenhandel hin, der von den Vertragsstaaten nicht nur eine aktive Verfolgung von Straftaten im Kontext der Prostitution erfordert, sondern entsprechende Maßnahmen zur Verhütung des Menschenhandels sowie zum Schutz der Opfer (siehe: Nr. 19 und 22). Insoweit wird auf die Bestimmungen von Art. 9 Abs. 5 des Palermo-Protokolls hingewiesen, welche den Signatarstaaten auferlegen, nicht bloß „,der Nachfrage nach Menschenhandel' oder der ,Nachfrage nach sexueller Ausbeutung' sondern der Nachfrage entgegenzuwirken, ,die zum Menschenhandel führende Ausbeutung begünstigt'" (Nr. 28).

Maßgeblich sind die dahingehenden Bemerkungen des Ausschusses für die Beseitigung der Diskriminierung der Frau, der im Kontext des bestehenden Zusammenhangs zwischen Menschenhandel und Prostitution eine „Verringerung der Nachfrage nach Prostitution als Maßnahme zur Verhütung des Menschenhandels und der Ausbeutung der Frauen fordert" (Nr. 29).[54] Dies wird vom Ausschuss für die Beseitigung der Diskriminierung der Frau auch in der jüngsten Empfehlung zum Frauen- und Mädchenhandel im Kontext der globalen Migration explizit empfohlen.[55] Im Bericht zu Finnland sieht der Ausschuss als erforderliche Maßnahme zur effizienten Beseitigung der Diskriminierung der Frau sogar die Kriminalisierung der Nachfrage nach Prostitution als notwendig an (Nr. 38).[56]

Mit Blick auf die deutschen Regelungen kommt das OSZE-Gutachten zur dringenden Empfehlung, dass das Prostituiertenschutzgesetz 2017 und das Prostitutionsgesetz 2002 mit den Verpflichtungen der Staaten gemäß Art. 9 Abs. 4 des Palermo-Protokolls in Einklang stehen sollten (Nr. 60) und auch auf die Verpflichtungen nach Art. 9 Abs. 5 des Palermo-Protokolls eingehen müssten (Nr. 61). Ohne dies ausdrücklich verbalisiert zu haben, stellt das OSZE-Gutachten mithin die Inkongruenz der deutschen

---

54 Siehe dazu: Committee on the Elimination of Discrimination against Women, Concluding comments of the Committee on the Elimination of Discrimination against Women: Denmark, 25 August 2006, CEDAW/C/DEN/CO/6, Nr. 23; online unter: https://www.refworld.org/docid/453778461.html (abgerufen am 16.1.23).

55 General recommendation No. 38 (2020) on trafficking in women and girls in the context of global migration, 20 November 2020, CEDAW/C/GC/38, Nr. 30; online unter: https://documents-dds-ny.un.org/doc/UNDOC/GEN/N20/324/45/PDF/N2032445.pdf?OpenElement (abgerufen am 16.1.23).

56 Concluding observations on the seventh periodic report of Finland, 28 February 2014, Nr. 21d; online unter: docstore.ohchr.org/SelfServices/FilesHandler.ashx?enc=6QkG1d%2FPPRiCAqhKb7yhsjuNjw8cUF3pRrdCdanf79mQ2z2sYWEiVo8S2udvvsFdFCHrnR4LIcwBpE0k4iEdrrc67Jgyq8ghAWyxblV3bQh0Pdr9SnxGhIvBV%2B7wEU9m (abgerufen am 16.1.23).

Prostitutionsregelungen zum Völkerrecht fest. Zwar werden die jüngsten Bemühungen des deutschen Gesetzgebers, insbesondere mit Blick auf die Änderungen von § 232a Abs. 6 StGB (Leichtfertigkeit der Käufer sexueller Handlungen) im Kampf gegen den Menschenhandel zum Zweck der sexuellen Ausbeutung, gewürdigt. Um jedoch in Einklang mit dem Völkerrecht und insbesondere Art. 9 des Palermo-Protokolls zu kommen, werden seitens der OSZE *weitere gesetzgeberische und nicht-gesetzgeberische Maßnahmen, die „zur Eindämmung der Nachfrage, die die zu Menschenhandel führende Ausbeutung begünstigt" als notwendig erachtet* (Nr. A.1 und A.2). Ferner empfiehlt das Gutachten ebenfalls die „Klärung und Bereitstellung besserer Leitlinien und Kriterien für die Identifizierung von Personen, die unter Zwang oder Ausbeutung durch einen Dritten zur Aufnahme oder Fortsetzung der Prostitution ‚gebracht' werden" (Nr. A.4) und „die Einführung wirksamerer oder alternativer Maßnahmen zur Identifizierung und Unterstützung derjenigen, die ausgebeutet, zur Prostitution genötigt oder gezwungen werden, weil sie nicht in der Lage sind, alle gesetzlichen Regierungsvorschriften einzuhalten" (Nr. A.6).

1.1.6. Übereinkommen des Europarats zur Bekämpfung des Menschenhandels (2005)[57]

Das Übereinkommen des Europarats zur Bekämpfung des Menschenhandels vom 16. Mai 2005 schließt an die Begriffsbestimmung der Palermo-Konvention an und übernimmt deren Definition von Menschenhandel gemäß Art. 4a. Zudem bestätigt auch dieses Völkerrechtsabkommen, dass, solange die in Art. 4a bestimmten Merkmale des Menschenhandels erfüllt sind, die Einwilligung eines Opfers des Menschenhandels unerheblich ist (vgl. Art. 4b).

Im Einklang zu den Einschätzungen der Vereinten Nationen verpflichtet auch der Europarat seine Mitgliedstaaten, entsprechende innerstaatliche Regelungen zu verabschieden, um Menschenhandel zu bekämpfen und seinen Begleiterscheinungen entgegenzuwirken. In Art. 5 des Übereinkom-

57 Das Übereinkommen des Europarats zur Bekämpfung des Menschenhandels (16.5.2005), BGBl. II 2012, 1107, https://www.bundesgerichtshof.de/SharedDocs/Downloads/DE/Bibliothek/Gesetzesmaterialien/17_wp/Menschenhandel/bgbl1221107.pdf;jsessionid=6A89AC89987B1BF901E8EE2F4F5B2862.2_cid294?__blob=publicationFile&v=1 (abgerufen am 28.9.2022). Obwohl die Bundesrepublik das Übereinkommen bereits am 17. November 2005 unterzeichnet hat, wurde es erst Ende 2012 ratifiziert und trat am 1. April 2013 in Kraft.

mens zur Bekämpfung des Menschenhandels wird konstatiert: (1) Jede Vertragspartei trifft Maßnahmen für die Aufnahme oder Verstärkung der innerstaatlichen Abstimmung zwischen den verschiedenen Stellen, die für die Verhütung und Bekämpfung des Menschenhandels zuständig sind. (2) Jede Vertragspartei legt wirksame politische Konzepte und Programme fest und/oder verstärkt diese, um Menschenhandel unter anderem durch folgende Mittel zu verhüten: Forschung, Informations-, Bewusstseinsschärfungs- und Bildungskampagnen, soziale und wirtschaftliche Initiativen und Schulungsprogramme, insbesondere für Personen, die gefährdet sind, Opfer zu werden, sowie für Berufsgruppen, die mit Menschenhandel befasst sind.

Die praktische Umsetzung dieser Bestimmungen in Form konkretisierter Maßnahmen bleibt den Mitgliedstaaten weitestgehend überlassen. Das Übereinkommen formuliert jedoch diverse, in Bezug auf den Menschenhandel besonders relevante Schwerpunktbereiche, in denen alle Signatarstaaten gesetzgeberische, administrative, erzieherische, soziale, kulturelle oder sonstige Maßnahmen ergreifen sollen, um jeglicher geschlechtsspezifisch bedingter Diskriminierung und jeder Form des Menschenhandels entgegenzuwirken. Auch vorbeugende Maßnahmen der Bewusstseinsbildung sind eingeschlossen, „in denen die Unannehmbarkeit und die verheerenden Folgen von Diskriminierung aufgrund des Geschlechts sowie die Bedeutung der Gleichstellung von Mann und Frau und der Würde und Unversehrtheit des Menschen vermittelt werden."[58]

Zwecks Überwachung der Umsetzung des Übereinkommens seitens der Signatarstaaten wurde die Expertengruppe für die Bekämpfung des Menschenhandels (GRETA) durch den Europarat gegründet (vgl. Art. 36 Abs. 1). Sie erstellt Berichte und Schlussfolgerungen bezüglich der von der betroffenen Vertragspartei zur Durchführung der Bestimmungen dieses Übereinkommens ergriffenen Maßnahmen (vgl. Art. 38 Abs. 6). Im zweiten Evaluierungsbericht, der am 20.6.2019 veröffentlicht wurde[59], rief der Europarat die Bundesrepublik dazu auf, alle Opfer von Menschenhandel,

58 Vgl. ebd., Art. 6 d).

59 Siehe unter: https://www.ssoar.info/ssoar/bitstream/handle/document/63940/ssoar-2019-rabe-Bekampfung_des_Menschenhandels_Empfehlungen_an.pdf?sequence=3&isAllowed=y&lnkname=ssoar-2019-rabe-Bekampfung_des_Menschenhandels_Empfehlungen_an.pdf (abgerufen am 12.10.22). Der Gesamtbericht einsehbar unter: https://rm.coe.int/greta-2019-07-fgr-deu-en/1680950011 (abgerufen am 13.10.22). Der erste Bericht einsehbar unter: https://www.frauenrechte.de/images/downloads/frauenhandel/GRETA_Bericht_englisch.pdf (abgerufen am 12.10.22).

unabhängig der Form der Ausbeutung, effizienter zu schützen. Trotz Novellierung des Strafrechts (insb. §§ 232 und 233 StGB, sowie der Einführung des ProstSchG von 2017) und diverser anderer Maßnahmen, die von der Bundesrepublik ergriffen wurden, wird Prostitution weiterhin als ein besonders anfälliger Bereich für Menschenhandel identifiziert.[60] Die Experten des Europarates weisen deshalb indirekt darauf hin, dass die deutsche Legalisierung der Prostitution den Menschenhandel zum Zweck der sexuellen Ausbeutung erleichtert, da es den Strafverfolgungsbehörden nicht möglich ist, einer legalen Anwerbung und Ausbeutung der Opfer entgegenzuwirken.[61] Um den Bestimmungen des Übereinkommens zur Bekämpfung des Menschenhandels gerecht zu werden, wurde der Bundesrepublik die Erarbeitung einer politischen Gesamtstrategie („*national action plan or strategy*"), zur Bekämpfung aller Formen des Menschenhandels, als dringend notwendig empfohlen.[62]

1.1.7. Entschließung des Europäischen Parlaments zur sexuellen Ausbeutung und Prostitution und deren Auswirkungen auf die Gleichstellung der Geschlechter (2014)[63]

Die inhärente Verbindung zwischen Menschenhandel und Prostitution (ggf. Menschenhandel zum Zweck der sexuellen Ausbeutung) wird auch von der Europäischen Union sehr deutlich erkannt und dokumentiert.[64]

60 Zu den von der Bundesrepublik ergriffenen Maßnahmen und sogleich Antwort auf die Empfehlungen GRETAs siehe: https://rm.coe.int/cp-2020-10-germany/1680a09ae3 (abgerufen am 13.10.22).

61 Report concerning the implementation of the Council of Europe Convention on Action against Trafficking in Human Beings by Germany, Nr. 252, https://rm.coe.int/greta-2019-07-fgr-deu-en/1680950011 (abgerufen am 13.10.22).

62 Ebd., Issues for immediate action, 62. Eine Kurzfassung der Empfehlungen findet sich unter: https://rm.coe.int/recommendation-on-the-implementation-of-the-council-of-europe-conventi/16809860fa (abgerufen am 17.12.22).

63 Sexuelle Ausbeutung und Prostitution und ihre Auswirkungen auf die Gleichstellung der Geschlechter, Entschließung des Europäischen Parlaments vom 26. Februar 2014 zur sexuellen Ausbeutung und Prostitution und deren Auswirkungen auf die Gleichstellung der Geschlechter (2013/2103(INI)), https://www.europarl.europa.eu/doceo/document/TA-7-2014-0162_DE.pdf (abgerufen am 29.9.2022).

64 Siehe auch: ABl. C 59 vom 23.2.2001, 307; Entschließung des Europäischen Parlaments zu der Mitteilung der Kommission an den Rat und das Europäische Parlament „Weitere Maßnahmen zur Bekämpfung des Frauenhandels" (KOM(1998) 726 – C5-0123/1999 – 1999/2125(COS)), A5-0127/2000, B. Darin heißt es: „dass im allgemeinen niemand sich frei für die Prostitution als Lebensform entscheidet, sondern dass diese

Unter Berücksichtigung der von der EU-Kommission gesammelten Daten zum Menschenhandel in der EU, denen zufolge es sich bei über 60 % aller Fälle (!!!) um Menschenhandel zum Zweck der sexuellen Ausbeutung handelt und 90 % der Opfer Frauen und Mädchen sind[65], wurde die Entschließung des EU-Parlaments vom 26. Februar 2014 zur sexuellen Ausbeutung und Prostitution und deren Auswirkungen auf die Gleichstellung der Geschlechter verabschiedet.

Darin wurde die Stellung des Europäischen Parlaments erörtert, das die klare Auffassung vertritt, „dass Prostitution, Zwangsprostitution und sexuelle Ausbeutung stark geschlechtsspezifisch determiniert sind und Verstöße gegen die Menschenwürde sowie einen Widerspruch gegen die Menschenrechtsprinzipien wie beispielsweise die Gleichstellung der Geschlechter darstellen und daher mit den Grundsätzen der Charta der Grundrechte der Europäischen Union, einschließlich des Ziels und des Grundsatzes der Gleichstellung der Geschlechter, unvereinbar sind“[66].

Weiter wird im Dokument auf das Recht auf gesundheitliche Unversehrtheit sowie auch auf die mit der Prostitution einhergehenden, geschlechterspezifischen Gefahren und die Folgen der Prostitution hingewiesen. Das EU-Parlament „betont, dass die Gesundheitsrechte aller Frauen respektiert werden müssen, darunter auch das Recht auf ihren Körper und auf Sexualität ohne Zwang, Diskriminierung und Gewalt [Nr. 2]“.

---

eine Phänomen darstellt, das eng mit den wirtschaftlichen, sozialen, politischen und kulturellen Möglichkeiten der Frauen in einer gegebenen gesellschaftlichen Wirklichkeit zusammenhängt; dass diejenigen, die sie ausüben, auf die eine oder andere Weise dazu gezwungen werden und dass sexuelle Ausbeutung ein Verbrechen ist; (...) dass es notwendig ist, dem Kampf gegen die Zwangsprostitution und den Menschenhandel, insbesondere den Frauenhandel, zum Zwecke der sexuellen Ausbeutung größere Anstrengungen und umfangreichere Mittel zu widmen“. Ferner stimmt das EU-Parlament zu, dass: „viele Opfer des Menschenhandels von internationalen Banden gekidnappt wurden, während andere von ihren Familien verkauft oder mit falschen Versprechungen bezüglich eines Arbeitsplatzes weggelockt wurden.“

65 Auch nach dem neuesten, im September 2020 veröffentlichten Bericht zum Menschenhandel in der EU, hat sich an diesen Erkenntnissen nichts verändert. Bei ca. 60 % der erfassten Personen (!) handelt es sich um Opfer zum Zweck der sexuellen Ausbeutung. Und mit einer Quote von 92 % sind die absolute Mehrheit dieser Opfer Frauen: https://op.europa.eu/en/publication-detail/-/publication/5b93c49f-12a0-11eb-9a54-01aa75ed71a1, 6, 22, 39 (abgerufen am 25.11.22).

66 Vgl. Entschließung des Europäischen Parlaments vom 26. Februar 2014 zur sexuellen Ausbeutung und Prostitution und deren Auswirkungen auf die Gleichstellung der Geschlechter, Nr. 1, https://www.europarl.europa.eu/doceo/document/TA-7-2014-0162_DE.pdf (abgerufen am 29.9.2022).

Denn es ist für das EU-Parlament erwiesen, dass Prostitution ein Gesundheitsproblem für die Prostituierten darstellt, „da sie nachteilige Auswirkungen auf die Gesundheit der im Bereich der Prostitution tätigen Personen hat, die etwa unter sexuellen, physischen und psychischen Krankheiten, Drogen- und Alkoholsucht und Verlust der Selbstachtung leiden und eine höhere Sterblichkeitsrate haben als die Bevölkerung im Allgemeinen; [deshalb] fügt [das EU-Parlament] hinzu und betont, dass viele Sexkäufer ungeschützten kommerziellen Sex fordern, wodurch das Risiko negativer Auswirkungen auf die Gesundheit der im Bereich der Prostitution tätigen Personen und auch der Käufer steigt [Nr. 5]".

Das Parlament stellt im Weiteren fest, dass es sich hierbei auch um psychische Krankheiten als Folge der Prostitution handelt: „Zwangsprostitution, Prostitution und Ausbeutung in der Sexindustrie – abgesehen davon, dass sie sowohl Ursache als auch Folge der Ungleichbehandlung von Frauen und Männern sind und Geschlechterklischees und stereotype Denkweisen über Frauen, die Sex verkaufen, zementieren, wie zum Beispiel die Ansicht, dass die Körper von Frauen und Mädchen zum Verkauf anstehen, um die männliche Nachfrage nach Sex zu befriedigen – verheerende und dauerhafte psychologische und physische Folgen für die beteiligten Personen haben können, besonders für Kinder und Jugendliche, selbst nach dem Ausstieg aus der Prostitution [Nr. 6]." Das EU-Parlament erkennt damit die Ergebnisse wissenschaftlicher Studien an (siehe dazu: Kap. 3.4. und 3.5.), die unabhängig voneinander, in verschiedenen Kulturkreisen und Rechtsordnungen, auf die verheerenden psychosomatischen und gesellschaftlichen Folgewirkungen hinweisen, aber auch auf psychische Ursachen, die der Entscheidung für die Prostitutionsausübung häufig zugrunde liegen.

Zwangsprostitution und Menschenhandel zum Zweck der sexuellen Ausbeutung multiplizieren und steigern nach Auffassung des EU-Parlaments das Faktum der ohnehin negativen Folgewirkungen der Prostitution für die Betroffenen. Das EU-Parlament verweist in diesem Zusammenhang darauf, dass 80 bis 95 % aller Prostituierten differenzierten Formen von Gewalt in ihrem Vorleben ausgesetzt waren: „(Vergewaltigung, Inzest, Pädophilie) [liegen vor], bevor sie anfingen, sich zu prostituieren, so dass 62 % der betreffenden Personen vergewaltigt wurden und 68 % unter posttraumatischen Belastungsstörungen leiden – was in etwa dem Anteil von Folteropfern entspricht, die entsprechende Störungen aufweisen [Nr. 14]." Deshalb sind Prostituierte auch „sozial, wirtschaftlich, physisch, psychisch, emotional und hinsichtlich ihrer Familienbindungen besonders schutzbedürftig und stärker Gewalt ausgesetzt oder können eher zu Schaden kommen als Personen, die eine andere Tätigkeit ausüben [Nr. 11]".

Entgegen den Meinungen der Befürworter einer reglementierten bzw. liberalisierten Prostitution[67] betont das EU-Parlament, „dass die Normalisierung der Prostitution Auswirkungen auf Gewalt gegen Frauen hat"; es weist besonders auf die empirischen Belege hin, „dass Männer, die Sex kaufen, eher Frauen sexuell misshandeln oder andere Gewalttaten gegen Frauen begehen sowie frauenfeindliche Verhaltensweisen zeigen [Nr. 13]" und auch häufiger ein herabsetzendes Frauenbild besitzen.[68]

Das EU-Parlament warnt deshalb vor einer weit verbreiteten Prostitution und Zwangsprostitution, „die Auswirkungen auf Gewalt gegen Frauen [in der Gesellschaft] im Allgemeinen haben können [Nr. 10]." Deshalb sei den zuständigen nationalen Behörden vielmehr geraten, „eine Kampagne zur Sensibilisierung von Männern und zum Verbot von Sexkäufen durch[zu]führen [Nr. 10]."

Aufgrund des bestehenden Zusammenhangs zwischen Prostitution und Menschenhandel sollten die EU-Mitgliedstaaten davon absehen, Prostituierte zu kriminalisieren und repressive Strafvorschriften gegen sie zu erheben.[69] Andernfalls würden die Mitgliedstaaten die Gefahr einer doppelten Viktimisierung der Opfer von Menschenhandel zum Zweck der sexuellen Ausbeutung riskieren, wodurch die Axiologie des Strafrechts in Frage gestellt wäre. Opfer Organisierter Kriminalität würden nämlich zugleich zu Opfern des Staates, der sie dafür kriminalisiere, dass sie gegen ihren Willen

67 Vgl. J. Renzikowski, Überfällige Reglementierung der Prostitution, ZRP 2014, 75–78.

68 Vgl. Studien unter: http://www.womenlobby.org/spip.php?article1948&lang=en (abgerufen am 15.4.2022). Dies wird ebenfalls von der jüngsten Farley-Studie, auf welche noch in Kap. 3.5. eingegangen wird, bekräftigt; siehe dazu: M. Farley/I. Kleine/K. Neuhaus/Y. McDowell/S. Schulz/S. Nitschmann, Männer in Deutschland, die für Sex zahlen – und was sie uns über das Versagen der legalen Prostitution beibringen: Ein Bericht über das Sexgewerbe in sechs Ländern aus der Perspektive der gesellschaftlich unsichtbaren Freier, Berlin 2022; online zugänglich unter: https://prostitutionresearch.com/wp-content/uploads/2022/11/Freier-Germany-11-8-22.pdf (abgerufen am 30.1.23).

69 Vgl. Die Entschließung des Europäischen Parlaments vom 26. Februar 2014 zur sexuellen Ausbeutung und Prostitution und deren Auswirkungen auf die Gleichstellung der Geschlechter (2013/2103(INI)), Nr. 26f., online unter: https://www.europarl.europa.eu/doceo/document/TA-7-2014-0162_DE.pdf (abgerufen am 29.9.2022). Das EU-Parlament fordert die EU-Mitgliedstaaten dazu auf, die Kriminalisierung und die Bestrafung von Prostituierten zu unterlassen und vielmehr Programme zu entwickeln, die Prostituierte/Sexarbeiter effizient dabei unterstützen, aus der Prostitution auszusteigen, insofern sie das wünschen.

der Prostitution nachgehen und Opfer von Menschenhandel sind. Dies käme einer Bestrafung der Opfer und nicht der Täter gleich.

Indes können die Regelungen von § 33 Abs. 1 Nr. 1 i.V.m. § 33 Abs. 3 ProstSchG, in der eine nicht, nicht richtig, nicht vollständig oder nicht rechtzeitig angemeldete Prostitutionsausübung mit einer Geldbußstrafe von bis zu eintausend Euro sanktioniert wird, im weitesten Sinne als Kriminalisierung potenzieller Opfer von Menschenhandel gesehen werden.[70]

Unter Berücksichtigung dieser Erkenntnisse „vertritt [das EU-Parlament] die Auffassung, dass eine Methode, den Handel mit Frauen und Mädchen zum Zwecke der sexuellen Ausbeutung zu bekämpfen und die Geschlechtergleichstellung zu verbessern, das in Schweden, Island und Norwegen umgesetzte und derzeit in verschiedenen europäischen Ländern geprüfte Modell (das sogenannte „Nordische Modell") ist, nach dem der Kauf von sexuellen Dienstleistungen eine Straftat darstellt, die Dienstleistungen von Prostituierten hingegen nicht strafbar sind [Nr. 29]."

Schließlich spricht sich das EU-Parlament gegen eine reglementierte Prostitution (wie sie gemäß ProstG in Deutschland gilt) aus und konstatiert, dass „die Einstufung der Prostitution als legale ‚Sexarbeit', die Entkriminalisierung der Sexindustrie im Allgemeinen und die Legalisierung der Zuhälterei keine Lösung darstellen, wenn es darum geht, schutzbedürftige Frauen und Mädchen vor Gewalt und Ausbeutung zu schützen, sondern dass sie diese im Gegenteil der Gefahr schlimmerer Gewalt aussetzen, den Prostitutionsmarkt fördern und so die Anzahl der misshandelten Frauen und Mädchen sogar erhöhen [Nr. 34]."

In Übereinstimmung mit einer Vielzahl von Internationalen Organisationen, völker- und europarechtlichen Abkommen, sowie anderen Dokumenten, erkennt das EU-Parlament an, dass das multiple Angebot zum Kauf sexueller Handlungen und die Ursachen, welche den Einstieg der Betroffenen in die Prostitution begünstigen, häufig mit Menschenhandel zu tun haben. *Völker- und europarechtliche Abkommen empfehlen deshalb*

70 „Die gegenwärtig in den deutschen Milieus anzutreffenden Mädchen und Frauen sind in hohem Maße Ausländerinnen und damit mit großer Wahrscheinlichkeit keine Prostituierten, sondern nur eines: Opfer. Sie erbringen somit auch keine sexuellen Dienstleistungen, sondern erleben fortgesetzte sexuelle Gewalt. Wie schmerzhaft und entwürdigend muss es für die Opfer sein, vom Gesetzgeber als Prostituierte und von der Gesellschaft als Huren bezeichnet und behandelt zu werden?"; M. Paulus, Menschenhandel und Sexsklaverei. Organisierte Kriminalität im Rotlichtmilieu, Wien 2020, 125.

mehrheitlich ein grundsätzliches Sexkaufverbot (i.d.S. Verbot der Prostitution, aber nicht Kriminalisierung der Prostituierten). Dies geschieht zum einen, weil Prostitution, infolge diverser Taten der Zuhälter und Freier, per se Opfer von sexueller Gewalt produziert; zum anderen, weil Prostitution inhärent mit dem internationalen Menschenhandel und folglich der internationalen Organisierten Kriminalität verbunden ist. Bei einer reglementierten Prostitution sind die meisten mit ihr verbundenen Verbrechen jedoch noch viel schwerer nachweisbar, u.a. aufgrund der Hilflosigkeit, Unterdrückung, Gewaltanwendung, Angst, Abhängigkeit der Opfer, die vor offiziellen Behörden (wie bspw. der Polizei) unter unsichtbarem Druck mehrheitlich ihre angeblich „freiwillige" Prostitutionsausübung bekunden.

Die Gründe für ein Anwachsen von Menschenhandel in der Prostitution liegen vor allem darin begründet, dass die Nachfrage in einem legalen Prostitutionsmarkt höher ist als das Angebot der inländischen Frauen in westlichen, reichen Gesellschaften, als Prostituierte tätig zu sein.[71] Deshalb lässt sich von gesetzlich initiierten, ökonomischen Anreizen und prostitutionsgesetzlich bedingten Pull-Faktoren für Menschenhandel in liberalisierte Prostitutionsmärkte hinein sprechen, die wiederum durch Organisierte Kriminalität bedient und dominiert werden.[72]

1.1.8. Entschließung des Europäischen Parlaments zur Umsetzung der Richtlinie 2011/36/EU zur Verhütung und Bekämpfung des Menschenhandels und zum Schutz seiner Opfer (2021)[73]

Das grundlegende Anliegen der Richtlinie 2011/36/EU bestand darin, auf EU-Ebene abgestimmte, einheitliche und kohärente Mindeststandards zur Verhütung und Bekämpfung des Menschenhandels festzulegen, mit besonderer Berücksichtigung des geschlechtsspezifischen Menschenhandels und der Migration. Das Ziel dieser Maßnahmen besteht in einer „vollständigen Beseitigung des Menschenhandels"[74] auf der Gesamtebene der Europä-

---

71 Vgl. H. Mau, Entmenschlicht. Warum wir Prostitution abschaffen sollten, Hamburg 2022, 170f.

72 M. Paulus, Menschenhandel und Sexsklaverei. Organisierte Kriminalität im Rotlichtmilieu, Wien 2020, 118–125, 145.

73 Entschließung des Europäischen Parlaments vom 10. Februar 2021 zur Umsetzung der Richtlinie 2011/36/EU zur Verhütung und Bekämpfung des Menschenhandels und zum Schutz seiner Opfer (2020/2029(INI)), https://www.europarl.europa.eu/doceo/document/TA-9-2021-0041_DE.html (abgerufen am 29.9.2022).

74 Ebd., Nr. 1.

ischen Union. Um dies zu erreichen wird eine koordinierte Zusammenarbeit aller EU-Mitgliedstaaten gefordert, da es sich bei Menschenhandel um eine grenzüberschreitende Straftat handelt, in welche die internationale Organisierte Kriminalität involviert ist.

Innerhalb des Menschenhandels stellt nach wie vor der Menschenhandel zum Zweck der sexuellen Ausbeutung das lukrativste Geschäft für die internationale Organisierte Kriminalität dar. Wie Nr. 19 der Entschließung des Europäischen Parlaments vom 10. Februar 2021 zu entnehmen ist, ist die „sexuelle Ausbeutung seit 2008 nach wie vor die am häufigsten vorkommende und gemeldete Form von Menschenhandel in der EU, (...) da 60 % der Opfer zum Zwecke der sexuellen Ausbeutung gehandelt werden; (...) mehr als 92 % dieser Opfer Frauen und Mädchen und (...) über 70 % der Menschenhändler Männer sind. [Dadurch wird deutlich], dass der Menschenhandel zum Zweck der sexuellen Ausbeutung auf die Ungleichbehandlung der Geschlechter zurückzuführen ist."[75]

In Anbetracht dessen hat das Europäische Parlament die Kommission in Zusammenarbeit mit den Mitgliedstaaten dazu aufgefordert, die Korrelation zwischen Nachfrage nach sexuellen Dienstleistungen und Menschenhandel zu untersuchen. Nach Erkenntnissen von Europol ist es in jenen Staaten, in denen Prostitution legal ist, für Menschenhändler leichter, ein legales Umfeld für die Ausbeutung ihrer Opfer zu finden.[76]

Zwecks effizienter Bekämpfung des Menschenhandels wurden die EU-Mitgliedstaaten und die EU-Kommission dazu aufgefordert, ihren „Fokus auf wiederkehrende und neu entstehende Muster von Menschenhandel zum Zwecke der sexuellen Ausbeutung [zu] setzen, wie die zunehmende Ausbeutung von Kindern und Frauen, unter anderem durch Grooming und sexuelle Erpressung und durch die Loverboy-Methode als das häufigste Mittel, um Opfer durch die Nutzung von Technologien des Internets für sich zu gewinnen und zu Zwecken der Prostitution gefügig zu machen."[77]

Die Einführung entsprechender Bildungsprogramme zur Verhütung jeglicher Form von Gewalt gegen Frauen und Mädchen, insbesondere von Menschenhandel und sexueller Ausbeutung, wird vom EU-Parlament als eine der wichtigsten Präventivmaßnahmen erkannt. Dadurch soll „eine gesunde Einstellung des Respekts und der Gleichstellung bei allen Interak-

75 Ebd., Nr. 19.
76 Ebd., Nr. 21.
77 Ebd., Nr. 23.

tionen"[78] zwischen den Geschlechtern erreicht und die Gleichberechtigung gefördert werden.

Derweil widerspricht eine liberalisierte Prostitution, die wissenschaftlichen Erkenntnissen zufolge inhärent mit Menschenhandel zum Zweck der sexuellen Ausbeutung verbunden ist, der Förderung der Gleichberechtigung der Geschlechter.[79] Ferner kann auch eine liberalisierte Prostitution mit den intendierten Zielen der Europäischen Union – insbesondere der „vollständigen Beseitigung des Menschenhandels" nicht in Einklang gebracht werden. Obgleich nun viele der Opfer (insb. der sexuellen Ausbeutung) nach außen hin ihre Zwangslage und Ausbeutung, sei es aus Angst vor den Tätern, Unwirksamkeit des Strafverfolgungssystems oder gesellschaftlicher Ächtung, nicht zum Ausdruck bringen[80], kann aufgrund der vorhandenen Erkenntnisse arbiträr von einer freiwillig ausgeübten Prostitution in keiner Weise ausgegangen werden.

Wie allerdings im Kommentar zum Prostitutionsgesetz (ProstG) bereits dargelegt wurde, liegt den deutschen Prostitutionsregelungen eben die gesetzliche Annahme einer freiwilligen Prostitutionsausübung zugrunde. Es gibt vielfältige juristische Äußerungen in Deutschland, die infolgedessen auch auf die Unbedenklichkeit und Wertfreiheit der Prostitution schließen und davon ausgehen, dass es sich hierbei um ein privates und freies Recht auf Sex handelt, deren nähere juristische Betrachtung deshalb ausgeschlos-

---

78 Ebd., Nr. 25.

79 M. Farley, Theory versus Reality: Commentary on four Articles about Trafficking for Prostitution, in: Women's Studies International Forum 32 (2009), 311–315: „Wherever prostitution is legalized, trafficking to sex industry marketplaces in that region increases" (313); S.-Y. Cho/A. Dreher/E. Neumayer, Does legalized prostitution increase human trafficking? World Development 41/1 (2013), 67–82: "Our quantitative empirical analysis for a cross-section of up to 150 countries shows that the scale effect dominates the substitution effect. On average, countries with legalized prostitution experience a larger degree of reported human trafficking inflows!" (hier: 25), online unter: https://eprints.lse.ac.uk/45198/1/Neumayer_Legalized_Prostitution_Increase_2012.pdf (abgerufen am 21.10.22).

80 Siehe dazu: M. Paulus, Menschenhandel und Sexsklaverei. Organisierte Kriminalität im Rotlichtmilieu, Wien 2020, 118–125, 128f., 135ff. 147, 152–156, 166ff.: „Den Opfern wird mit einem milden Urteil gegen ihre Peiniger signalisiert, dass es nicht ganz so schlimm war, was ihnen angetan wurde. Hinzu kommen oft panische Ängste, die dadurch entstehen, dass die Täter in Bälde wieder freikommen und sich (...) an den Zeuginnen rächen (S. 155)." Zum System des Frauenhandels berichtet aus eigener Erfahrung Huschke Mau: H. Mau, Entmenschlicht. Warum wir Prostitution abschaffen müssen, Hamburg 2022, 155–162.

sen sei.[81] Wer dies dennoch tut, dem wird nicht selten das Stigma des Moralisierens aufgedrückt.

In Ansehung der völkerrechtlichen und europarechtlichen Dokumente stellt dies eine durchweg isolierte und nicht weiter differenzierende Rechtsposition dar, die der des Europäischen Parlamentes und der Europäischen Kommission, wie gezeigt wurde, vollständig widerspricht. Denn es werden rechtliche Freiräume und blinde Flecke bewusst juristisch zugelassen, ohne ein viel tiefer und weitergehenderes Grundrecht auf sexuelle Selbstbestimmung auch nur ansatzweise zu reflektieren und einzubeziehen.[82] Vor allem wird vorschnell präjudiziert, dass die vordergründige Äußerung der Freiwilligkeit einiger weniger deutscher Prostituierter, die unter den Bedingungen des Menschenhandels zustande gekommene Unfreiwilligkeit der absoluten Mehrheit der ausländischen und der Sprache gar nicht mächtigen Prostituierten heilt bzw. rechtfertigt und damit der gesamte Sachverhalt der Prostitution verfassungsrechtlich unangreifbar sei, ebenso wie strafrechtlich unerheblich. Es kommt nahezu einer absichtlichen Verhüllung von strafbaren Taten gleich, wenn deren Nachprüfung pauschal unter Moralisierungsverdacht gestellt wird.

Es ist deshalb zu empfehlen, die nationale Gesetzgebung nicht nur auf ihre Verfassungsgemäßheit zu überprüfen, sondern auch auf die Strafbarkeit von Prostitution bei nicht vorhandener qualifizierter Einwilligung der Prostituierten.[83]

---

81 Renzikowski/MünchKommStGB, § 174, Rn. 45: „Die Ausübung der Prostitution als solche verletzt keine rechtlich geschützten Interessen anderer. Inwieweit die Prostituierte gegen ihr wohlverstandenes Eigeninteresse verstößt, ist unbeachtlich. Grundsätzlich ist es nicht Aufgabe des Rechts, moralische Verhaltensstandards durchzusetzen oder Menschen vor den Folgen ihrer Lebensentscheidungen zu bewahren, die sie in freier Selbstverantwortung getroffen haben. Die *Straffreistellung der Ausübung der Prostitution* beruht also nicht nur auf der mangelnden Wirksamkeit eines entsprechenden Verbotes, sondern ist *Ausdruck eines freiheitlichen Rechtsverständnisses*."

82 Vgl. D.-S. Valentiner, Das Grundrecht auf sexuelle Selbstbestimmung. Zugleich eine gewährleistungsdogmatische Rekonstruktion des Rechts auf die freie Entfaltung der Persönlichkeit, Baden-Baden, 2020.

83 Nach neusten Erkenntnissen konnte die Novellierung der strafrechtlichen Regelungen zur Bekämpfung des Menschenhandels (§§ 180a, 181a und 232 bis 233a StGB), den vom Gesetzgeber intendierten Zielen in der Praxis nicht gerecht werden; siehe dazu: T. Bartsch/N.L. Greven/J. Schierholt/L. Treskow/R. Küster/L. Deyerling/B. Zietlow, Evaluierung der Strafvorschriften zur Bekämpfung von Menschenhandel (§§ 232 bis 233a StGB). Kriminologisches Forschungsinstitut Niedersachsen e.V, September 2021, online unter: https://www.bmj.de/DE/Ministerium/ForschungUndWissenschaft/Evaluierung_Strafvorschriften_Bekaempfung_Menschenhandel/Bericht_E

1.1.9. Rahmenbeschluss des Europäischen Rates zur Bekämpfung des Menschenhandels 2002[84]

Der Rat der Europäischen Union (im Vertragstext *landläufig* „Rat" genannt) vertritt die Regierungen der EU-Mitgliedstaaten und gehört gemeinsam mit dem EU-Parlament zu den beiden Hauptrechtssetzungsorganen der Europäischen Union (Art. 16 Abs. 1 und 2 EUV). Neben dem Erlass von Verordnungen, Richtlinien und Beschlüssen, sowie dem Abschluss internationaler Abkommen zwischen der EU und Drittstaaten (Internationalen Organisationen u.a.), fällt in den Zuständigkeitsbereich des Rates ebenfalls die Festlegung der Politik und die Koordination der Maßnahmen der Europäischen Union zu Zwecken der Synergiebildung zwischen den Regierungen der EU-Mitgliedstaaten und der EU-Kommission.[85] Damit gehört der Rat neben dem Europäischen Rat (Art. 15 EUV) zu den beiden Unionsorganen, die politisch richtungsweisend tätig sind und infolgedessen eine erhebliche politische, aber auch rechtliche Wirkungskraft besitzen.[86]

Bei Ausübung dieser Zuständigkeit wurde, gemäß anderen aus den verbindlichen Völkerrechtsabkommen resultierenden Verpflichtungen, die Bekämpfung des Menschenhandels und Menschenhandels zum Zweck der sexuellen Ausbeutung gestärkt und zur politischen Agenda der gesamten EU sowie rechtlichen Verpflichtung seiner Mitgliedstaaten. Es wurde die Notwendigkeit erkannt, dass alle Mitgliedstaaten gemeinsam stärker gegen sexuelle Gewalt, Missbrauch und Ausbeutung durch Prostitution vorgehen müssen. Deshalb fordert der Rat die EU-Mitgliedstaaten in Art. 1 Abs. 1 des Rahmenbeschlusses vom 19. Juli 2002 zur Bekämpfung des Menschenhandels unmissverständlich dazu auf:

Die Anwerbung, Beförderung, Weitergabe, Beherbergung und spätere Aufnahme einer Person, einschließlich Tausch der Kontrolle oder Weitergabe der Kontrolle über sie solle mit allen erforderlichen Maßnahmen, insbesondere mit wirksamen, angemessenen und abschreckenden Strafen belegt werden. Dies betrifft folgende Tatbestände im Einzelnen: a) Anwendung oder Androhung von Gewalt oder anderen Formen der Nötigung,

---

valuierung_Strafvorschriften_Bekaempfung_Menschenhandel.pdf?__blob=publicationFile&v=3 (abgerufen am 17.12.22).

84 Rahmenbeschluss des Rates vom 19. Juli 2002 zur Bekämpfung des Menschenhandels (2002/629/JI), Abl. L 203, https://eur-lex.europa.eu/legal-content/DE/TXT/PDF/?uri=CELEX:32002F0629&from=DE (abgerufen am 29.9.2022).

85 A. Haratsch/Ch. Koenig/M. Pechstein, Europarecht, Tübingen 2010, Rn. 250.

86 Ebd.

einschließlich Entführung, oder b) arglistige Täuschung oder Betrug, oder c) Missbrauch einer Machtstellung oder Ausnutzung einer Position der Schwäche, in einer Weise, dass die betroffene Person keine wirkliche und für sie annehmbare andere Möglichkeit hat, als sich dem Missbrauch zu beugen, oder d) Gewährung oder Entgegennahme von Zahlungen oder Vergünstigungen. Dies alles müsse strafbar sein, weil es mit dem Zwecke der Ausbeutung der Person durch Arbeiten oder Dienstleistungen verbunden ist oder weil es um unter Zwang geleistete Arbeiten oder Dienstleistungen, Sklaverei oder der Sklaverei oder der Knechtschaft ähnliche Verhältnisse geht, die zum Zwecke der Ausbeutung einer Person mittels Prostitution oder anderer Formen der sexuellen Ausbeutung einschließlich Pornografie geschehen.

Folgende Straftaten sollten nach Art. 1 sogar mit Freiheitsstraften im Höchstmaß von mindestens acht Jahren geahndet werden (Art. 3 Abs. 2): wenn es sich gemäß Art. 1 um eine besonders schutzbedürftige Person handelt, worunter eine Person zu verstehen ist, die nach nationalem Recht das Alter der sexuellen Selbstbestimmung noch nicht erreicht hat; oder wenn „die Straftat zum Zweck der Ausbeutung einer Person mittels Prostitution oder anderer Formen der sexuellen Ausbeutung einschließlich Pornografie begangen wurde“ (Art. 3 Abs. 2 lit. b); oder wenn das Leben des Opfers durch die Straftat nach Art. 1 vorsätzlich oder leichtfertig gefährdet wurde (Art. 3 Abs. 2 lit. a); oder die Straftat unter Anwendung schwerer Gewalt begangen oder dem Opfer durch die Straftat ein besonders schwerer Schaden zugefügt (Art. 3 Abs. 2 lit. c) oder die Straftat im Rahmen einer kriminellen Vereinigung (Organisierter Kriminalität) begangen wurde.

Die mutmaßliche Zustimmung der Opfer spielt für die Straftatbestände nach Art. 1 Abs. 1 des Rahmenbeschlusses keine Rolle. Damit bestätigt auch der Rat die bestehende Kohärenz zwischen den bereits angeführten Völkerrechtsabkommen und den politischen Anliegen sowie rechtlichen Vorgaben der Europäischen Union.

Weiterhin dürfe die Beurteilung des Sachverhaltes der Prostitution *keinesfalls auf die Frage der vorherigen Zustimmung eingeengt werden,* denn:

„Das Einverständnis eines Opfers von Menschenhandel zur beabsichtigten oder tatsächlich vorliegenden Ausbeutung ist unerheblich, wenn eine der in Absatz 1 aufgeführten Voraussetzungen gegeben ist“ (Art. 1 Abs. 2).

Zwecks innerstaatlicher Umsetzung dieser Rahmenbedingungen wurden alle Mitgliedstaaten dazu aufgefordert, die erforderlichen Maßnahmen zu treffen, damit auch „die Anstiftung oder Beihilfe zur Begehung einer Straftat sowie die versuchte Begehung einer Straftat nach Art. 1 unter Strafe gestellt" (Art. 2) und nicht etwa entkriminalisiert werden.

Unter Berücksichtigung wissenschaftlicher Erkenntnisse aus den Fachbereichen der Medizin, Psychologie und Psychiatrie, sowie den Praxiserfahrungen der in- und ausländischen Strafverfolgungsbehörden ist eine reglementierte Prostitution nach dem deutschen Modell mit den Anliegen jeglicher Völkerrechtsabkommen zur Bekämpfung des Menschenhandels und Menschenhandels zum Zweck der sexuellen Ausbeutung (und darin der politisch-rechtlichen Agenda der EU) nicht in Einklang zu bringen. Denn Prostituierte sind nicht nur in der absoluten Überzahl Opfer von Menschenhandel und Menschenhandel zum Zweck der sexuellen Ausbeutung (siehe: Kap. 3.3.), sondern vermehrt Opfer Organisierter Kriminalität und schwerer Gewalt, wodurch ihr Leben leichtfertig gefährdet wird. Letztere Tatsache wird von allen medizinischen Gutachten bestätigt (siehe: Kap. 3.4.) und mitunter sogar von einigen Freiern (wie dokumentierten Freierforen zu entnehmen ist; siehe: Kap. 3.7.) selbst goutiert und intendiert. Allzu oft sind die physischen Folgewirkungen einer längerfristigen Prostitutionsausübung kaum mehr zu beheben, von den psychischen und sozialen Folgewirkungen ganz abgesehen.

Dies sollte eigentlich einen Weckruf und eine konkrete Handlungsverantwortung an den deutschen Gesetzgeber darstellen.

1.1.10. Empfehlung des Ministerkomitees an die Mitgliedstaaten über die Maßnahmen zur Bekämpfung des Menschenhandels zum Zwecke der sexuellen Ausbeutung[87]

In Anbetracht des zunehmenden Menschenhandels zum Zweck der sexuellen Ausbeutung, der weit über die nationalen Grenzen einzelner Staaten hinausreicht und in welchen vermehrt die Organisierte Kriminalität involviert ist, rief das Ministerkomitee des Europarats in der Empfehlung Nr. R (2000) 11 vom 19. Mai 2000 die Mitgliedstaaten dazu auf, eine gesamteuropäische Strategie zur Bekämpfung des Menschenhandels zum Zweck der sexuellen Ausbeutung und zum Schutz seiner Opfer zu erarbeiten. Die

87 Empfehlung Nr. R (2000) 11 des Ministerkomitees an die Mitgliedstaaten über die Maßnahmen zur Bekämpfung des Menschenhandels zum Zwecke der sexuellen Ausbeutung (angenommen vom Ministerkomitee am 19. Mai 2000, auf der 710. Sitzung der Ministerdelegierten). Online einsehbar unter: https://rm.coe.int/16804fda79 (abgerufen am 27.10.22).

Grundlage dazu sollten einheitliche Rechtsvorschriften bilden, die grenzüberschreitend wirksam angewandt werden können. Unter Berücksichtigung der Tatsache, dass Menschenhandel zum Zweck der sexuellen Ausbeutung hauptsächlich Frauen und Jugendliche betrifft und eine Verletzung der Menschenrechte und der unveräußerlichen Würde des Menschen darstellt, empfiehl das Ministerkomitee den Mitgliedstaaten, ihre innerstaatlichen Gesetzgebungen einer Prüfung mit der Praxis zu unterziehen. Im Anhang zu dieser Empfehlung benennt das Ministerkomitee konsolidierte Maßnahmen, die zu deren Umsetzung anzuwenden sind.

Der Begriff des Menschenhandels zum Zweck der sexuellen Ausbeutung wird aus den vorangegangenen Völkerrechtsabkommen übernommen und als Grundlage einer einheitlichen Strategie zur dessen Bekämpfung auf gesamteuropäischer Ebene gesehen. Er umfasst die Beschaffung (Kuppelei und Zuhälterei), Anwerbung, Beförderung und Ausbeutung von Personen (auch mit deren Einverständnis) zum Zweck der sexuellen Ausbeutung, durch Androhung oder Anwendung von Gewalt oder anderer Formen der Nötigung, wie etwa Drohungen, Täuschung, Missbrauch oder Ausnutzung der Hilflosigkeit (Nr. 1).

Mit Blick darauf werden die Mitgliedstaaten dazu ersucht, angemessene Maßnahmen zu ergreifen, die die Opfer von Menschenhandel schützen (insb. vor den Tätern) und ihre Rechte gewährleisten werden (Nr. 2 und 3). Solche Tätigkeiten, die diverse Formen des Menschenhandels begünstigen, zu denen explizit Sextourismus gezählt wird, sollten von den Mitgliedstaaten verhindert werden (Nr. 4). Das Ministerkomitee erkennt, dass der Menschenhandel zum Zweck der sexuellen Ausbeutung mittlerweile in den Bereich des internationalen Organisierten Verbrechens fällt, weswegen die Mitgliedstaaten auch dazu aufgefordert werden, koordinierte und angepasste Maßnahmen auf nationaler und internationaler Ebene zu unternehmen (Nr. 5).

Um sicherzustellen, dass die eingeleiteten Maßnahmen auf solide und verlässliche Daten zurückgreifen können, sollten die Mitgliedstaaten jene Forschungsinstitute (Projekte, Untersuchungen u. dgl.) unterstützen, die sowohl den Einfluss der Medien und anderer Kommunikationsmittel (Nr. 8) als auch den Einfluss der Kunden der Sexindustrie in Bezug auf

Trends in der Nachfrage und deren Folgewirkungen auf den Menschenhandel zum Zweck der sexuellen Ausbeutung untersuchen (Nr. 9).[88]

Neben diesen substanziellen Maßnahmen legt das Ministerkomitee den Mitgliedstaaten nahe, Aufklärungskampagnen und Erziehungsprogramme an Schulen einzuleiten (Nr. 16ff.), die das öffentliche Bewusstsein auf die mit dem Menschenhandel zum Zweck der sexuellen Ausbeutung verbundenen Gefahren und deren Auswirkungen (bspw. Gesundheitsrisiken – siehe: Nr. 14) aufmerksam machen. Insbesondere sollte die Vorstellung entkräftet werden, nach der sich mit Prostitution leichtes Geld verdienen lasse (Nr. 11). Zum besonderen Anliegen der Aufklärungskampagnen sollte die Diskreditierung des Sextourismus gehören, um potenzielle Teilnehmer davon abzuhalten, sich am Leid der Opfer zu bereichern (vgl. Nr. 12). Dazu bedarf es allerdings auch entsprechender politischer Maßnahmen in den Bereichen der Wirtschafts-, Sozial- und Migrationspolitik, um die Lage der Frauen zu verbessern und Menschenhandel sowie Sextourismus zu verhindern (Nr. 23ff.).

Das Ministerkomitee sieht auch die Notwendigkeit, angemessene Schulungsprogramme für Polizeibeamte, Beamte der Einwanderungsbehörde, des Grenzschutzes sowie für medizinisches und justizielles Personal einzuleiten, um Opfer des Menschenhandels zum Zweck der sexuellen Ausbeutung effizienter erkennen und angemessen reagieren zu können (Nr. 19f.).

Zu den erforderlichen gesetzgeberischen Maßnahmen, die von den Mitgliedstaaten ergriffen werden sollten – neben der Verschärfung strafrechtlicher Regelungen, die tatsächlich eine abschreckende Wirkung auf die Täter hätten (Nr. 43) –, zählt das Ministerkomitee auch die Verabschiedung solcher Regelungen, die die Ermittlungen der Strafverfolgungsbehörden, wie etwa die Überwachung der Einrichtung, in denen Opfer des Menschenhandels ausgebeutet werden, erleichtern würden (Nr. 45).

Zum grundsätzlichen Anliegen der Empfehlung Nr. R (2000) 11 vom 19. Mai 2000 gehört die Stärkung des Kampfes gegen Menschenhandel zum Zweck der sexuellen Ausbeutung durch deren Überführung auf die internationale Ebene aller Mitgliedstaaten des Europarates. Unerlässlich dafür bleibt die Einführung und politisch-rechtliche Umsetzung einheitlicher Standards und koordinierter Maßnahmen, die auf jene Bereiche ausgerichtet sein werden, die von Menschenhandel besonders betroffen sind. Und Prostitution gehört zu diesen Bereichen.

---

88 Diese wurde in der Bundesrepublik Deutschland unseres Kenntnisstandes nach bislang nicht untersucht.

Trotz der bereits angesprochenen Reform des Strafrechts in Form des „Gesetzes zur Verbesserung der Bekämpfung des Menschenhandels und zur Änderung des Bundeszentralregisters sowie des Achten Buches Sozialgesetzbuch", das am 15.10.2016 in Kraft trat[89], konnte der deutsche Gesetzgeber die bereits im Jahr 2000 formulierten Ziele des Ministerkomitees nicht umsetzen. Das geringe Strafmaß und die geringe Aufklärungsquote für Menschenhandelsdelikte üben in Deutschland nach wie vor keine wirklich abschreckende Wirkung auf Menschenhändler aus. Zum einen liegt das an der schwer zu erbringenden Beweislage in einem legalisierten Prostitutionsmarkt, zum anderen an der geringen Aussagebereitschaft der Opfer, die unter Zwang und Druck stehen, und zum dritten an den überproportionalen Gewinnen im Prostitutionsgeschäft bei gleichzeitigen geringen Kosten der eingesetzten, ausländischen Frauen. Alle drei Gründe besitzen zudem eine verstärkende Wechselwirkung aufeinander. Denn geringe Erfolgsaussichten für eine Verurteilung und milde Strafen mit kurzer Haft im Falle einer Verurteilung, entmutigen nicht nur die Strafverfolgungsbehörden, sondern wirken sich negativ auf die Aussagebereitschaft und Kooperation mit den Strafverfolgungsbehörden durch die Opfer von Menschenhandel aus. Paradoxerweise wird deren Angst hierdurch eher erhöht.

Mit Blick auf die Empfehlung Nr. R (2000) und die Richtlinie 2011/36/EU ist des Weiteren hinzuzufügen, dass es auch nach der Einführung des ProstSchG von 2017 nach wie vor an koordinierten und systematischen Schulungen von Beamten in der Verwaltung bei der Registrierung von Prostituierten fehlt. Die angebotenen Schulungsmaßnahmen des Personals können keine erkennbaren Erfolge verzeichnen, was auch inhärent den Regelungen des ProstSchG selbst zuzuschreiben ist, das zwar ein obligatorisches Beratungsgespräch bei Registrierung auferlegt, sich aber weder zum Personal, dessen Schulungskriterien (ggf. -maßnahmen), noch zum Verlauf dieses Gespräches verpflichtend äußert – ob beispielsweise deren Identifikation, Herkunft und vor allem wie ihre Freiwilligkeit zweifelsfrei festgestellt werden kann. Zudem fehlt es den Mitarbeitern der Registrierungszentren nicht nur an gegenstandsorientierten kriminologischen und psychologischen Schulungen, um Merkmale des Menschenhandels bei den Opfern tatsächlich ausmachen zu können, sondern auch an Erfahrung im Bereich von Menschenhandel, sowie Kooperation (z.B. Vernetzung) mit anderen Behörden.

89 Gesetz vom 11.10.2016, BGBl. I Nr. 48, 2226.

Durch die gesetzliche Annahme der freiwilligen Prostitutionsausübung sind die Registrierungszentren auch nicht weiter dazu verpflichtet, die deklarierte Freiwilligkeit einer Person bei Registrierung zu hinterfragen, auch wenn die betroffene Person weder der deutschen Sprache noch irgendeiner anderen gängigen Fremdsprache mächtig ist (oder in einem Maße, dass an ihrer Selbstbestimmung zweifeln lässt). Die deutsche reglementierte, aber liberalisierte Prostitution erschwert den Strafverfolgungsbehörden auch die internationale Zusammenarbeit im Bereich der Bekämpfung des Menschenhandels und Menschenhandels zum Zweck der sexuellen Ausbeutung. Auch die Verschärfung der strafrechtlichen Regelungen konnte diesem Anliegen nicht gerecht werden, weil die Legalität durch das ProstG und ProstSchG überwiegt und eine Sonderstellung im Rahmen vieler demokratischer Rechtsstaaten darstellt, die mit einer koordinierten Zusammenarbeit auf der internationalen Ebene unvereinbar ist. Bei Erhalt dieser Regelungen kann die Bundesregierung den Völkerrechtsabkommen weder angemessen, geschweige denn vollends gerecht werden.

1.2. Internationale und europäische Gerichtsbarkeit

In diesem Kapitel werden einschlägige Urteile zur Prostitution durch andere europäische Verfassungsgerichtshöfe, aber auch einschlägige europarechtliche Urteile mit ihrer Begründung wiedergegeben, da hierdurch ein Vergleich mit deutschem Recht und eventuelle Abweichungen in der Intention des Gesetzgebers deutlich werden.

1.2.1. Urteil des Europäischen Gerichtshofs vom 20.11.2001 – Rs. C-268/99[90]

In der Rechtssache C-268/99 prüfte der EuGH die potenziell bestehende Homogenität zwischen einer selbstständig ausgeübten Prostitution und dem Begriff der selbstständigen Erwerbstätigkeit. Dem Urteil des EuGH lag ein Ausgangsverfahren voraus, in dem eine polnische und eine tschechische Staatsangehörige auf die Anerkennung ihrer Aufenthaltserlaubnis geklagt haben. Sie hatten nach dem niederländischen Ausländergesetz ihren Wohn-

90 EuGH, Urt. v. 20.11.2001 – Rs. C-268/99 (Aldona Malgorzata Jany u.a./Staatssecretaris van Justitie), EuR 2003, 458; online einsehbar auch unter: https://curia.europa.eu/juris/document/document.jsf?text=&docid=46850&pageIndex=0&doclang=DE&mode=lst&dir=&occ=first&part=1&cid=935901 (abgerufen am 2.11.22).

sitz in den Niederlanden und gingen zwischen 1993 und 1996 der Fensterprostitution nach. Daraufhin wurde Ihnen die Aufenthaltserlaubnis als unbegründet zurückgewiesen (von der Regionalpolizei und anschließend vom zuständigen Staatssecretaris von Justice), die sie für die Prostitutionsausübung beantragt hatten. Die Ablehnung (Widerspruchsbescheid) wurde u.a. dadurch begründet, dass Prostitution „eine verbotene Tätigkeit sei oder jedenfalls keine gesellschaftlich akzeptierte Form der Arbeit darstelle und weder als regelmäßige Beschäftigung noch als freier Beruf angesehen werden könne."[91]

Gegen diesen Bescheid haben die Betroffenen erfolgreich geklagt und im Urteil vom 01.07.1997 wegen Begründungsmangel von der Arrondissementsrechtbank Den Haag eine Aufhebung erreichen können. 1998 wies der Staatssecretaris von Justice die Widersprüche der Klägerinnen erneut als unbegründet zurück. Gegen die Bescheide legte die Arrondissementsrechtbank Den Haag dem EuGH Fragen zur Auslegung der Aufnahme und Ausübung selbstständiger Erwerbstätigkeiten vor.

Am 20. November 2001 entschied der EuGH, dass *Prostitution* im Sinne einer gegen Entgelt erbrachten Dienstleistung als *selbstständige Erwerbstätigkeit* i.S.v. Art. 43 EGV und Art. 44 Abs. 4 des Assoziierungsabkommens mit Polen und Art. 45 des Assoziierungsabkommens mit der Tschechischen Republik betrachtet werden könne.[92]

Die selbstständige Ausübung der Prostitution müsse allerdings dieselben Voraussetzungen erfüllen, die an den Begriff der selbstständigen Erwerbstätigkeit gestellt werden. Unter Berücksichtigung dessen, ist als selbstständig jene Ausübung der Prostitution zu betrachten, die:

a) nicht im Rahmen eines Unterordnungsverhältnisses in Bezug auf die Wahl der Tätigkeit, die Arbeitsbedingungen und das Entgelt,

b) in eigener Verantwortung und

c) gegen ein Entgelt ausgeübt wird, das vollständig und unmittelbar an die Prostituierte gezahlt wird.[93]

Der EuGH erkennt in dieser Entscheidung Prostitution ausdrücklich als *entgeltliche Dienstleistung* im Sinne des Gemeinschaftsrechts und als *Teil*

---

91 Ebd., 462.
92 Ebd., 473.
93 Siehe auch online: EuGH, Rs. C-268/99, Rn. 70f.

des Wirtschaftslebens der Gemeinschaft im Sinne von Art. 2 EGV an.[94] Zum Betrachtungsgegenstand des EuGH gehörte allerdings die potenzielle Einordnung der Ausübung der Prostitution als selbstständige Erwerbstätigkeit im Sinne einer wirtschaftlichen Tätigkeit. Die mit der Prostitution einhergehenden Begleiterscheinungen sowie die Vereinbarkeit der Prostitution mit der personalen Würde des Menschen oder weitergehenden Grund- und Menschenrechten wurden hier vom EuGH keiner näheren Betrachtung unterzogen. Mithin wurde auch kein Vergleich zwischen einer selbstständigen Erwerbstätigkeit in genere und der konkreten Wirklichkeit der selbstständigen Ausübung der Prostitution vorgenommen.

In der Bundesrepublik Deutschland werden die meisten Prostituierten dementsprechend bislang in Bordellen steuerlich und rechtlich als selbstständige „SexarbeiterInnen" bezeichnet, von denen auf der Seite des deutschen Gesetzgebers angenommen wird, dass sie diese Tätigkeit freiwillig und eigenverantwortlich ausüben. Im weiteren Verlauf wird die Einschätzung der deutschen Ordnungs- und Innenbehörden genauer dokumentiert werden (3.3.), die eine gegensätzliche Einschätzung belegt. Mehrheitlich gehen sie von einer Tätigkeit der Frauen in der Prostitution in Deutschland aus, die keinesfalls ohne Unterordnung, Abschöpfung oder Abhängigkeit ausgeübt wird.[95] Chefermittler im Bereich Menschenhandel gehen vielmehr überwiegend davon aus, „dass sich 95 % der Frauen in der Prostitution *nicht* freiwillig prostituieren"[96] (...), sondern „fortgesetzt sexuelle Gewalt"[97] erleiden.

Es steht diesbezüglich aus, dass diese Einschätzung der eigenen Beamtenschaft im Bereich des Inneren staatlicherseits auch durch den Gesetzgeber oder die Gerichte zur Kenntnis genommen wird und die entsprechenden rechtlichen Folgen daraus abgeleitet werden. Gemäß dem EuGH dürfte in den meisten Betrieben und Wohnungen, in denen in Deutschland Prostitution angeboten wird, mehrheitlich eine weisungsgebundene Tätigkeit mit Unterordnungsverhältnis vorliegen, die keinesfalls ohne direktive

---

94 EuGH, Rs. C-268/99, Rn. 33, 49.

95 Vgl. M. Paulus, Menschenhandel und Sexsklaverei. Organisierte Kriminalität im Rotlichtmilieu, Wien 2020, 166.

96 So die Einschätzung von D. Ubben (Chefermittler im Bereich Menschenhandel und Sexsklaverei Hamburg), siehe: ebd., 122. Vgl. dazu auch die Stellungnahmen aus den Innenbehörden unter Kap. 3.3.

97 So die Einschätzung von M. Paulus, 125. Und vgl. in diesem Buch die Stellungnahmen aus den Innenbehörden unter 3.3.

Vorgaben oder sogar potenzielle Gewalt, Bedrohungen oder Zwang durch Zuhälter oder Bordellbetreiber vor sich geht.

Die empiriegestützte Hypothese der Recherchen bei den Innenbehörden ist die, dass neben den kriminellen Abhängigkeitsverhältnissen demgemäß bereits Scheinselbstständigkeitsprüfungen durch die Sozialversicherungsträger in allen Bordellen Deutschlands zu Nachzahlungen von Sozialversicherungsbeiträgen in hundertfacher Millionenhöhe führen würden. Würde der Staat wenigstens hierfür sorgen, wäre ab dem Zeitpunkt der obligatorischen Deklaration als abhängige Beschäftigung, die Arbeitnehmerseite, nämlich die der Prostituierten, in ihren Schutzrechten erheblich gestärkt. Zudem würde den überproportionalen Gewinnmargen im Rotlichtmilieu bereits ein erheblicher Einhalt geboten und die finanziellen Anreize der Ausbeutung von Frauen in der Prostitution deutlich reduziert – nicht zu reden von den zusätzlichen Beiträgen, welche die Sozialversicherungsträger rechtmäßig generieren könnten. Es würden auch die Arbeitgeberfürsorgepflichten in erheblichem Maße stärker kontrollierbar, was jedoch unserer Einschätzung nach noch nicht zu einem Ende der Entwürdigung von Prostituierten führen würde, wie noch zu erläutern sein wird. Allerdings sind alle Schritte für mehr Rechte der Betroffenen in der Prostitution – selbst die von Finanzämtern, Zoll und Sozialversicherungsträgern – bereits aus einer rechtsethischen Perspektive sehr zu begrüßen.

1.2.2. Urteil des Europäischen Gerichtshofs für Menschenrechte (EGMR) vom 29.4.2002 – 2346/02 (Pretty/Vereinigtes Königreich)[98]

In der Rechtssache Nr. 2346/02 gehörte zum Betrachtungsgegenstand des EGMR, unter Berücksichtigung von Art. 2, 3, 8, 9, 14 EMRK, die Strafbarkeit der Beihilfe zum Selbstmord. Die 43-jährige Diane Pretty (im Folgenden: Beschwerdeführerin) litt an der unheilbaren Motoneuron-Krankheit (MND) und blieb vom Hals abwärts gelähmt. Sie befand sich bereits im fortgeschrittenen Stadium der Krankheit, mit einer Lebenserwartung von einigen Wochen bis Monaten (Nr. 8). Das Endstadium der Krankheit ist qualvoll und der Beschwerdeführerin zufolge erniedrigend (vgl. Nr. 54f.), weshalb sie Selbstmord begehen wollte. Obgleich in England und Wales seit 1961 Selbstmord straffrei bleibt, stand die Beihilfe zum Selbstmord wei-

98 EGMR, Urt. v. 29.4.2002 – 2346/02 (Pretty/Vereinigtes Königreich), NJW 2002, 2851. Online auf Englisch einsehbar unter: https://hudoc.echr.coe.int/eng#{"itemid":["001-60448"]} (abgerufen am 14.11.22).

terhin unter Strafe (Nr. 9). Aufgrund ihrer Lähmung konnte die Beschwerdeführerin diesen Schritt aber selbst nicht vornehmen, sondern war auf die Hilfe anderer angewiesen. Deshalb wandte sie sich durch ihren Anwalt an den Generalstaatsanwalt (Director of Public Prosecution), damit ihr Ehemann für die Beihilfe zum Selbstmord (Sterbehilfe) strafrechtlich nicht verfolgt werde (Nr. 32). Dies wurde vom Generalstaatanwalt und anschließend vom *House of Lords* in letzter Instanz abgelehnt. Daraufhin wandte sich die Beschwerdeführerin an den EGMR zwecks Überprüfung, ob in ihrem Fall nicht eine Verletzung der Art. 2, 3, 8, 9 und 14 EMRK vorliege.

Der Gerichtshof hielt die Beschwerde für zulässig und nahm sich sogleich einer Konkretisierung des Begriffs der „erniedrigenden Behandlung" i.S.v. Art. 3 EMRK an, welche mit der Würde des Menschen unvereinbar ist (vgl. Nr. 51–54). Die Ausführungen des Gerichtshofs können ggf. auch entsprechend auf andere Bereiche Anwendung finden und sich zur Urteilsfindung einer gesetzlich reglementierten Prostitution als hilfreich erweisen.

Schon zu Beginn der Urteilsfindung erkennt der EGMR die besondere Bedeutung an, welche innerhalb aller Konventionsregelungen Art. 2 und 3 EMRK beigemessen wird (Nr. 37 und 49). Allen voran die vorrangige Pflicht der Staaten, „das Recht auf Leben durch Erlass effektiver Strafvorschriften zu schützen, um vor dem Begehen von Straftaten gegen die Person abzuschrecken und dies durch ein System zur Durchsetzung des Gesetzes mit dem Ziel der Prävention, der Unterdrückung und der Bestrafung von Verletzungen dieser Vorschriften zu unterstützen. (...) [Art. 2 EMRK] kann unter bestimmten und genau umschriebenen Umständen auch eine positive Verpflichtung der Behörden umfassen, präventiv praktische Maßnahmen zu treffen, um eine Person zu schützen, deren Leben durch Straftaten einer anderen Person gefährdet ist" (Nr. 38). In diesem Sinne kann unter anderen Umständen Art. 2 EMRK auch als Verpflichtung gegenüber den Konventionsstaaten angesehen werden, entsprechende Maßnahmen zu ergreifen, um Opfer von Menschenhandel und Zwangsprostitution vor ihren Peinigern zu schützen, ohne Vorbehalt gegenüber anderen völkerrechtlichen Verpflichtungen.[99]

99 Siehe dazu: EGMR, Urt. v. 24.10.2002 – 37703/97 (Mastromatteo/Italien), NJW 2003, 3259. Der Gerichthof stellt fest: „Nach der Rechtsprechung [...] besteht eine solche positive Verpflichtung zum Handeln, wenn bewiesen ist, dass die Behörden das Bestehen einer wirklichen und unmittelbaren Gefahr für das Leben einer oder mehrerer Personen kannten oder hätten kennen müssen, und dennoch nicht im Rahmen ihrer Möglichkeiten Maßnahmen getroffen haben, die nach vernünftiger Beurteilung die Gefahr hätten vermeiden können", Rn. 68.

Art. 3 EMRK wird vom Gerichtshof zu den grundlegendsten Vorschriften der Konvention gezählt. „Anders als andere Konventionsartikel ist Art. 3 EMRK absolut gefasst, ohne Ausnahmen und Vorbehalte und ohne die Möglichkeit der Abweichung nach Art. 15 EMRK“ (Nr. 49). Mithin darf selbst in Kriegszeiten oder bei anderen öffentlichen Notständen von diesem wesentlichen Grundwert demokratischer Gesellschaften, der im Folterverbot oder einer anderen unmenschlichen oder erniedrigender Behandlung oder Strafe festgesetzt wurde, nicht abgewichen werden.

Der Gerichtshof konkretisiert, dass „Art. 3 EMRK (...) in allgemeiner Form so verstanden werden [kann], dass er den Staaten primär die negative Verpflichtung auferlegt, ihrer Hoheitsgewalt unterstehenden Personen keinen schweren Schaden zuzufügen“ (Nr. 50). Dieser Schaden kann aber nicht nur durch Tun- oder Unterlassen der staatlichen Gewalten entstehen (wovon die gesetzgeberische Tätigkeit arbiträr nicht ausgenommen werden kann), die Personen nicht im erforderlichen und den Umständen entsprechenden Maße Schutz gewährleistet. Gleichermaßen kann der Schaden von Privatpersonen ausgehen, die sogar im Einvernehmen mit bestehenden Regelungen handeln. Deshalb entschied der Gerichtshof, dass „Art. 3 EMRK von den Staaten Maßnahmen verlangt, die sicherstellen, dass ihrer Hoheitsgewalt unterstehende Personen nicht Folter oder unmenschlicher oder erniedrigender Strafe oder Behandlung unterworfen werden, einschließlich einer solchen Behandlung durch Privatpersonen“ (Nr. 51).

In seiner Rechtsprechung weist der Gerichthof auf jene „Behandlungen“ hin, die unter Art. 3 EMRK fallen. Grundsätzlich geht es dabei um eine „Misshandlung“, „die ein Mindestmaß an Schwere erreicht und körperliche Verletzungen oder intensives physisches oder psychisches Leid mit sich bringt (...). Wenn eine Behandlung eine Person erniedrigt oder entwürdigt, indem sie es an Achtung für die Menschenwürde fehlen lässt oder diese angreift oder Gefühle der Angst, des Schmerzes oder der Unterlegenheit erweckt, die geeignet sind, den moralischen und körperlichen Widerstand der Person zu brechen, kann die Behandlung als erniedrigend angesehen werden und damit unter das Verbot von Art. 3 EMRK fallen (...). Das auf einer natürlich ausgebrochenen körperlichen oder geistigen Krankheit beruhende Leid kann von Art. 3 EMRK erfasst werden, wenn es durch eine Behandlung verschlimmert wird oder zu werden droht, die auf Haftbedingungen, Ausweisung oder andere Maßnahmen zurückgeht, für die Behörden verantwortlich gemacht werden können“ (Nr. 52).

Nicht unerheblich bleibt die Rechtsprechung des EGMR für die nationale Gesetzgebung und Rechtsprechung der Konventionsstaaten. Wenngleich die endgültigen Urteile des EGMR in allen Rechtssachen nur für jene Vertragsparteien rechtlich verbindlich sind, in denen sie Partei sind (vgl. Art. 46 Abs. 1 EMRK)[100], so haben die Urteile eine besondere Bedeutung für die aktuelle Entwicklung der Konventionsauslegung und können für andere Konventionsstaaten wegweisend sein.

In diesem Sinne konstatiert das BVerfG im Beschluss vom 14.10.2004 – 2 BvR 1481/04: „Die Entscheidungen des *Gerichtshofs* in Verfahren gegen andere Vertragsparteien geben den nicht beteiligten Staaten lediglich Anlass, ihre nationale Rechtsordnung zu überprüfen und sich bei einer möglicherweise erforderlichen Änderung an der einschlägigen Rechtsprechung des *Gerichtshofs* zu orientieren."[101]

Die Umsetzung der Erkenntnisse, die sich aus der Rechtsprechung des EGMR zu Art. 3 EMRK ergeben, böten Anlass zu solch einer Orientierung. Denn Art. 3 EMRK erstreckt sich nicht nur auf Folter, sondern auch auf unmenschliche und erniedrigende Behandlungen, die von staatlicher Seite sowie von Privatpersonen ausgehen können. Diese Aufzählung lässt eine Stufenfolge der verbotenen Maßnahmen erkennen, von denen Folter den am weitreichendsten Eingriff darstellt, der zugleich aber eine unmenschliche und erniedrigende Behandlung miteinbezieht.[102] Eine erniedrigende Behandlung liegt vor, wenn das Opfer intentional körperlich verletzt oder physischem oder psychischem Leid unterzogen wird. Dieser Umstand besteht grundsätzlich dann, wenn das Opfer vorsätzlich gedemütigt wird, mit der Absicht, ihren moralischen oder körperlichen Widerstand zu brechen[103], um durch Angst, Schmerz, Beklemmung oder Unterlegenheit das Opfer gegen seinen Willen oder sein Gewissen zu einer Handlung zu bringen.[104] Allerdings muss nicht immer das Merkmal der Absicht erfüllt sein, damit eine Behandlung für das Opfer erniedrigend ist. Nicht außer Acht dürfen die Umstände der Behandlung des Opfers gelassen werden, die aus seiner Sicht erniedrigend sind.[105] Insoweit sind die Merkmale einer erniedrigenden Behandlung auch dann erfüllt, wenn die Gesamtumstände,

---

100 Vgl. HK-EMRK/J. Meyer-Ladewig/K. Brunozzi, EMRK Art. 46, Rn. 12–20.
101 BVerfG, Beschluss v. 14.10.2004 – 2 BvR 1481/04, NJW 2004, 3409.
102 BeckOK StPO/Valerius, EMRK Art. 3, Rn. 2–6.4.
103 BeckOK MigR/Letsche/Rössler, EMRK Art. 3, Rn. 10.
104 BeckOK StPO/Valerius, EMRK Art. 3, Rn. 4.
105 Ebd.

insbesondere die Intensität und Dauer der Behandlung, im Opfer Gefühle der Angst, Beklemmung, Unterlegenheit wecken, das Opfer sich gedemütigt und in seiner Würde als Mensch herabgesetzt fühlt[106], aber auch dann, wenn die Behandlung Schmerzen hervorruft.[107]

Eine unmenschliche Behandlung oder ggf. Strafe liegt indes dann vor, wenn dem Opfer körperliche Verletzungen oder ein intensives physisches oder psychisches Leid zugefügt wurde.[108] Ausschlaggebend für die Qualifizierung bleiben sowohl Schweregrad[109] und Dauer der Behandlung sowie Alter, Geschlecht und Konstitution des Opfers.[110]

Die sich aus Art. 3 EMRK ergebenden Gewährleistungs- und Schutzpflichten nationaler Rechtsstaaten können aber den Konventionsstaaten (und folglich den innerstaatlichen Behörden) keine unverhältnismäßige Last aufbürden.[111] Menschliches Verhalten bleibt unberechenbar, weshalb die Behörden auch nicht verpflichtet sein können, jeder bestehenden Gefahr einer erniedrigenden oder unmenschlichen Behandlung entgegenzuwirken.[112] Die Konventionsstaaten sind aber verpflichtet in jenen Fällen ggf. Bereichen Maßnahmen zu ergreifen, von denen die Behörden wussten oder wissen hätten müssen, dass die Gefahr einer erniedrigenden oder

106 BeckOK Strafvollzug Bund/Gerhold, EMRK Art. 3, Rn. 8. Siehe dazu: EGMR, Urt. v. 24.7.2001 – 44558/98 (Valašinas v. Lithuania), BeckRS 2001, 165107, Rn. 102, 117.

107 Siehe dazu: EGMR, Urt. v. 28.2.2019 – 12267/16 (Khan/Frankreich), NVwZ 2020, 617. In Nr. 72 stellt der Gerichtshof fest: „Um unter Art. 3 EMRK zu fallen, muss eine Misshandlung ein Mindestmaß an Schwere erreichen. Dessen Beurteilung ist relativ und hängt von allen Umständen des Einzelfalls ab, insbesondere die Dauer der Misshandlung, ihre körperlichen und geistigen Wirkungen sowie manchmal das Geschlecht, das Alter und der Gesundheitszustand des Opfers. Der *Gerichtshof* hat eine Behandlung als ‚erniedrigend' angesehen, weil sie in den Opfern Gefühle der Angst, Beklemmung oder Unterlegenheit wecken konnte, geeignet, sie zu demütigen und zu erniedrigen."

108 Vgl. EGMR, Urt. v. 7.7.1989 – 1/1989/161/217 (Soering/Vereinigtes Königreich), NJW 1990, 2183.

109 EGMR, Urt. v. 25.04.1978 – 5856/72 (Tyrer/Vereinigtes Königreich), BeckRS 1978, 108297, Rn. 29: „(…) it remains true that the suffering occasioned must attain a particular level before a punishment can be classified as „inhuman" within the meaning of Article 3 (art. 3)."

110 BeckOK Strafvollzug Bund/Gerhold, EMRK Art. 3, Rn. 8.

111 EGMR, Urt. v. 28.10.1998 – 87/1997/871/1083 (Osman/Vereinigtes Königreich), Rn. 116. Einsehbar unter: https://hudoc.echr.coe.int/eng#{"tabview":["document"],"itemid":["001-58257"]} (abgerufen am 17.11.22).

112 BeckOK MigR/Letsche/Rössler, EMRK Art. 3, Rn. 20.

unmenschlichen Behandlung besteht.[113] Mithin wird das Maß der Schutzpflicht an der „Vorhersehbarkeit und Zurechnung“[114] bemessen.

Unter Berücksichtigung der mit der Prostitution einhergehenden negativen Begleiterscheinungen und den wissenschaftlichen Erkenntnissen über die Gesundheits- und Lebensrisiken für Menschen in der Prostitution, in Verbindung mit den Erkenntnissen der internationalen Strafverfolgungsbehörden, müssten die bestehenden Prostitutionsgesetze der Bundesrepublik Deutschland einer dringenden und grundsätzlichen Prüfung unterzogen werden, die sich i.S.v. Art. 3 EMRK an der menschen- und grundrechtlich hoch problematischen Realität des Prostitutionswesens orientiert.

1.2.3. Urteil des Europäischen Gerichtshofs für Menschenrechte (EGMR) vom 11.9.2007 - 37194/02 (V.T./France)[115]

Das Dilemma einer einheitlichen Einstufung der Ausübung der Prostitution auf gesamteuropäischer Ebene und die damit einhergehende Problematik einer kongruenten Konventionsauslegung wurde auch vom Europäischen Gerichtshof für Menschenrechte (EGMR) erkannt. Im Urteil Nr. 37194/02 befasste sich der Gerichtshof mit der Individualbeschwerde nach Art. 34 EMRK (Europäische Menschenrechtskonvention) einer französischen Staatsangehörigen (Klägerin), der der Ausstieg aus der Prostitution durch die Maßnahmen französischer Behörden praktisch unmöglich gemacht wurde. Im Rahmen eines Projekts, das der Klägerin den Ausstieg ermöglichen sollte, hat sie am 20. August 1990 bei der Union de recouvrement des cotisations de sécurité sociale et d'allocations familiales de Paris (URSSAF) ihre Registrierung als selbstständige Dekorateurin beantragt. Aufgrund unvollständiger Daten leitete die URSSAF eine Untersuchung ein, in deren Zusammenhang die Klägerin in einer eidesstattlichen Erklärung bekundete, der Prostitution nachgegangen und nie als selbstständige Dekorateurin gearbeitet zu haben. Anhand dieser Erklärung registrierte die URSSAF die selbstständige Tätigkeit der Klägerin unter der Bezeichnung „Beruf X“ rückwirkend ab dem 1. Januar 1986. Infolgedessen forderte die URSSAF die Klägerin mehrfach dazu auf, die Beiträge auch rückwirkend zu

113 EGMR, Urt. v. 28.10.1998 - 87/1997/871/1083 (Osman/Vereinigtes Königreich), Rn. 116. Einsehbar unter: https://hudoc.echr.coe.int/eng#{"tabview":["document"],"itemid":["001-58257"]} (abgerufen am 17.11.22).

114 BeckOK MigR/Letsche/Rössler, EMRK Art. 3, Rn. 20.

115 EGMR, Urt. v. 11.9.2007 - 37194/02 (Affaire V.T./France), in: BeckRS 2007, 149511.

begleichen, samt Säumniszinsen. Mitte März 1991 forderte die URSSAF die Klägerin bspw. zur Zahlung von 40.954 FRF auf. Zwischenzeitlich holte die URSSAF Auskunft über die Berufsbezeichnung der Klägerin beim Nationalen Institut für Statistik und Wirtschaftsstudien ein (l'Institut national de la statistique et des études économiques – INSEE). Nach Bescheinigung des Nationalen Unternehmens- und Niederlassungsregisters falle die Tätigkeit der Klägerin ab dem 1. Januar 1991 unter die Kategorie des „freien Berufs".

Auf der Grundlage dessen richtete die URSSAF an die Klägerin weitere Beitragszahlungsforderungen. Die Klägerin widersetzte sich diesen Forderungen und wies sie als unbegründet ab. Zwischen 1991 und 1999 wurden der Klägerin mindesten 15 Zahlungsaufforderungen zugestellt, die sich samt Zinsen mittlerweile auf eine Summe von fast 40.000 € beliefen. In dem angeführten Zeitraum leitete die URSSAF mindestens drei Pfändungen gegen die Klägerin ein, um die geforderten Beiträge einzuholen. Nach Ausschöpfung der inländischen Verwaltungs- und Gerichtsverfahren unterschiedlicher Instanzen (u.a. vom Sozialversicherungsgericht in Bobigny über das Sozialversicherungsgericht in Créteil und Sozialgericht von Paris), richtete sich die Klägerin an den EGMR, der am 16. Mai 2006 eine Klage auf Verletzung von Art. 3 und Art. 4 Abs. 2 EMRK für zulässig erklärte.

Den französischen Behörden warf die Klägerin unmenschliche und erniedrigende Behandlung vor, weil die Höhe der geforderten Beiträge für die in der Prostitution verbrachte Zeit (insb. Kindergeldbeiträge) ihr den Ausstieg aus der Prostitution und die Wiedereingliederung in die Gesellschaft unmöglich machen würden. Trotz Ausstiegswillen müsse die Klägerin weiterhin der Prostitution nachgehen, da sie mit den Einkünften aus anderen Beschäftigungen die geforderten Beiträge nicht begleichen könne und die Klägerin auch keine anderen Einkünfte als die aus der Prostitution habe. Dadurch würden aber die Behörden die Klägerin weiterhin zwingen, die Prostitution auszuüben. Prostitution würde für sie folglich zu einer „Zwangs- und Pflichtarbeit" (vgl. Nr. 19).

Vor dem Hintergrund der Europäischen Menschenrechtserklärung, und insb. mit Blick auf Art. 3 EMRK, stellt der Gerichtshof fest, dass es keinen europäischen Konsens über die menschenrechtliche Einstufung der Prostitution gebe (Nr. 24). Allerdings gilt der Art. 3 der Europäischen Menschenrechtserklärung unabhängig hiervon: „Niemand darf der Folter oder unmenschlicher oder erniedrigender Behandlung oder Strafe unterworfen werden." Die Frage, ob Prostitution generell als menschenrechtswidrig zu gelten hat, beantwortete der Gerichtshof bislang nicht. Mit Verweis auf unterschiedliche Regelungsmodelle der Prostitution in den Mitgliedstaaten, stellt der Gerichtshof lediglich fest, dass die erzwungene Prostitution (Zwangsprostitution) unvereinbar mit den Rechten und der Würde der menschlichen Person ist, welche die Europäische Menschenrechtserklärung garantiert (Nr. 25). Damit stimmt der Gerichtshof der Parlamentarischen Versammlung des Europarates zu, nach welcher Frauenhandel und Zwangsprostitution als eine „Form unmenschlicher und erniedrigender Behandlung sowie eine flagrante Verletzung der Menschenrechte" zu gelten hat.[116] Der Gerichtshof folgt der Empfehlung Nr. R (2000) 11 und verurteilt den Menschenhandel zum Zweck der sexuellen Ausbeutung, weil er eine Verletzung der Menschenrechte und ein Angriff auf die Würde und die Integrität des Menschen sei.[117]

Der Gerichtshof konstatierte aber, dass das Thema Prostitution umstritten bleibt, *da einige der Auffassung sind, dass Prostitution niemals freiwillig erfolgt*, sondern immer zumindest durch sozioökonomische Bedingungen eingeschränkt wird (Nr. 26). Der Gerichtshof nimmt keine Stellung in der Debatte ein, stellt aber fest, dass er davon überzeugt ist, dass die Tatsache, dass eine Behörde, Verwaltung oder andere öffentliche Einrichtung eine Person auf die eine oder andere Weise zur Prostitution oder zur weiteren Fortsetzung der Prostitutionsausübung zwingen kann, einer *„unmenschlichen oder erniedrigenden Behandlung"* i.S.v. Art. 3 EMRK gleichkommt (Nr. 26). Zugleich aber sah der Gerichtshof weder den Tatbestand nach Art. 3 noch Art. 4 Abs. 2 EMRK erfüllt. Zum einen fordere die URSSAF, oder irgendeine andere Behörde, die Klägerin nicht dazu auf, die ausstehenden Zahlungen durch weitere Prostitutionsausübung zu begleichen. Zum anderen konnte die Klägerin keine Gründe dafür liefern, weshalb sie nicht in der Lage war, einer anderen Tätigkeit nachzugehen (Nr. 33). Deshalb entschied der Gerichtshof mit sechs zu einer Stimme, dass keine Verletzung von Art. 3 EMRK vorlag und einstimmig, dass sich nach Art. 4 EMRK keine gesonderten Fragen stellen.

---

116 Recommendation 1325 (1997) On Traffic in Woman and Forced Prostitution in Council of Europe Member States (20.10.1998), https://rm.coe.int/09000016804e1450 (abgerufen am 8.11.22).

117 Empfehlung Nr. R (2000) 11 des Ministerkomitees an die Mitgliedstaaten über die Maßnahmen zur Bekämpfung des Menschenhandels zum Zwecke der sexuellen Ausbeutung (angenommen vom Ministerkomitee am 19. Mai 2000, auf der 710. Sitzung der Ministerdelegierten), https://rm.coe.int/16804fda79 (abgerufen am 27.10.22).

Eine abweichende Meinung hinsichtlich des Verstoßes gegen Art. 3 EMRK vertrat indes Richterin E. Fura-Sandström. Sie teilte die Ansicht der Klägerin, die sich trotz Ausstiegswillen zur weiteren Prostitutionsausübung durch die französischen Behörden genötigt sah. Entscheidend war die Höhe der auferlegten Rückzahlungen, die von der Klägerin, der keine anderen Einkünfte als die aus der Prostitutionsausübung stammenden zur Verfügung standen, nur durch weitere Prostitutionsausübung beglichen werden können. Diese Ansicht wird paradoxerweise von der URSSAF selbst begründet, die der Klägerin bis Januar 1999 weitere Auflagen berechnete und somit systematisch ihre Schulden erhöhte. Darüber hinaus wies Richterin Fura-Sandström auf die UN-Konvention zur Unterbindung des Menschenhandels und der Ausnutzung der Prostitution anderer vom 2. Dezember 1949 hin. In deren Präambel heißt es, dass Prostitution „mit der Würde und dem Wert der menschlichen Person unvereinbar" ist[118], wobei Frankreich diese Konvention am 19. November 1960 ratifiziert hat. Es stehe im Widerspruch, Prostituierte einerseits als Opfer zu betrachten, so dass der Staat ihnen Rehabilitations- und Umschulungsmaßnahmen anbietet, und andererseits die Ausübung der Prostitution zu versteuern. Der französische Staat hat dies im Jahr 2016 unabhängig von diesem Fall anerkannt, indem er die Wahrnehmung der Prostitution auf dem Hoheitsgebiet der französischen Nation verbot und den Verstoß mit sehr hohen Strafen belegte, so dass die Ausübung der Prostitution keine lohnende Beschäftigung mehr darstellt.

Die Problematik, dass Zwang für die einzelne Person nicht nur aufgrund von Armut, Abhängigkeit von Clans und Großfamilien, Migration oder traumatischen psychologischen Vorprägungen in Kindheit und Jugend, sondern auch aus neu entstandenen Schulden und Zahlungsaufforderungen öffentlicher Behörden entstehen kann, wird durch den Europäischen Gerichtshof für Menschenrechte bislang im Kontext der Prostitution nicht anerkannt. Ebenso wenig erkennt der Gerichtshof bislang in seinen Urteilen an, dass bei einer Tätigkeit, die gegen Entgelt darauf abzielt, dass eine Person einer anderen zur sexuellen Befriedigung zur Verfügung steht, eine

---

118 The Convention for the Suppression of the Traffic in Persons and of the Exploitation of the Prostitution of Others, UN General Assembly, A/RES/317 (IV) (2.12.1949, seit 25.7.1951 in Kraft), https://treaties.un.org/Pages/ViewDetails.aspx?src=TREATY&mtdsg_no=VII-11-a&chapter=7&clang=_en (abgerufen am 8.11.22); deutsche Fassung: https://www.un.org/depts/german/uebereinkommen/ar317-iv.pdf (abgerufen am 8.11.22).

akute Gefahr der sexualisierten Gewalt und des Zwangs zu unfreiwilligen Handlungen besteht, die der Staat nicht verhindern kann.

1.2.4. Urteil des Europäischen Gerichtshofs für Menschenrechte (EGMR) vom 7.1.2010 – 25965/04 (Rantsev/Zypern u. Russland)[119]

Im Fall Rantsev/Zypern u. Russland vom 7.1.2010 befasste sich der EGMR mit dem Kampf gegen Menschenhandel, dessen rechtliche Qualifizierung er insbesondere mit Blick auf Art. 2, 3, 4, 5 EMRK als Angriff auf den Schutz der Würde des Menschen weitergeführt hat. Der Gerichtshof bestätigt die aus Art. 4 EMRK resultierende positive Verpflichtung der Vertragsstaaten gegen Menschenhandel vorzugehen und Personen vor jenen Handlungen zu schützen, die darauf abzielen, sie in Sklaverei, Leibeigenschaft oder Zwangs- oder Pflichtarbeit zu halten (Nr. 285).[120] Diese Schutzverpflichtung reicht über die bloße Kriminalisierung und strafrechtliche Verfolgung des Menschenhandels hinaus.[121] Art. 4 der EMRK verpflichtet die Vertragsstaaten, „dass sie zusätzlich zu Vorschriften über die Strafbarkeit von Menschenhandel angemessene Maßnahmen zur Regelung von geschäftlichen Tätigkeiten treffen, die oft als Deckmantel für Menschenhandel benutzt werden. Außerdem müssen die staatlichen Einwanderungsvorschriften Besorgnissen wegen der Ermutigung, Erleichterung oder Toleranz des Menschenhandels Rechnung tragen“ [Nr. 285].

Unter Berücksichtigung der Erkenntnisse des *Internationalen Kriegsverbrechertribunals für das frühere Jugoslawien* (Urt. v. 12.6.2002 – Rs. IT-96–23& IT-96–23/1-A, Prosecutor/Kunarac, Kovac u. Vukovic)[122] und des Erläuternden Berichts zum Übereinkommen des Europarates zur Bekämp-

119 EGMR, Urt. v. 7.1.2010 – 25965/04 (Rantsev/Zypern u. Russland), NJW 2010, 3003. Auf Englisch einsehbar unter: https://rm.coe.int/16806ebd5e (abgerufen am 8.11.22).

120 Siehe dazu: EGMR, Urt. v. 26.7.2005 – 73316/01 (Siliadin/Frankreich), NJW 2007, 41.

121 R. Pati, Der Schutz der EMRK gegen Menschenhandel, NJW 2011, 131.

122 Judgement of 12.6.2002 of the International Tribunal for the Prosecution of Persons Responsible for Serious Violations of International Humanitarian Law Committed in the Territory of the Former Yugoslavia since 1991, Case No.: IT-96–23& IT-96–23/1-A, Prosecutor v. Dragoljub Kunarac, Radomir Kovac and Zoran Vukovic, https://www.icty.org/x/cases/kunarac/acjug/en/kun-aj020612e.pdf (abgerufen am 10.11.2022).

fung des Menschenhandels vom 16. Mai 2005[123], in welchem Menschenhandel, der zumeist in der Sexindustrie stattfinde, als *moderne Form des Sklavenhandels* bezeichnet wird, sieht der Gerichtshof Menschenhandel als „eine Bedrohung für Menschenwürde und Grundfreiheiten seiner Opfer und mit der demokratischen Gesellschaft und den Grundwerten der Konvention unvereinbar" (Nr. 282). Insofern falle „Menschenhandel selbst i.S.v. Art. 3a des Palermo-Protokolls und Art. 4a der Konvention gegen Menschenhandel (...) in den Anwendungsbereich von Art. 4 EMRK" (Nr. 282).

Mithin führt der Gerichtshof die bestehende Rechtsprechung weiter und erkennt die positiven Handlungspflichten der Konventionsstaaten an, welche sich aus Art. 2 und 3 EMRK, aber auch Art. 4 EMRK ergeben. Der Gerichthof verfolgt einen ganzheitlichen Ansatz, der sich von der Kriminalisierung, über tatsächliche strafrechtliche Verfolgung und Bestrafung der Täter, ebenfalls auf Präventionsmaßnahmen und Schutz der Opfer und möglicher Opfer des Menschenhandels erstreckt (vgl. Nr. 285f.). Die Konventionsstaaten sind auch dazu verpflichtet gegen die Tatumstände möglichen Menschenhandels zu ermitteln und vorzugehen (Nr. 288). „Diese Ermittlungspflicht hängt nicht von dem Antrag des Opfers oder eines Verwandten ab, die Behörden müssen vielmehr von Amts wegen tätig werden, wenn sie Kenntnis von der Angelegenheit erhalten haben." (Nr. 288) Und besonders im Bereich der Prostitution sind Ermittlungen entscheidend, denn gerade hier tritt der meiste Menschenhandel in westlichen Ländern auf und die Infiltration des Prostitutionsmarktes durch Organisierte Kriminalität mit dem gewinnträchtigen Menschenhandel zum Zweck der sexuellen Ausbeutung ist allen Behörden des Inneren bekannt.

Der EGMR sieht vor allem, wenn Gefahr in Verzug ist – und dies ist vielfältig bei den betroffenen Menschen in der Prostitution der Fall, da Gefahren für Leib und Leben bestehen –, diese Pflicht zur staatlichen Ermittlung und die Notwendigkeit, die Opfer von Menschenhandel in die Ermittlungen einzubeziehen. Für alle Fälle gelte die Erfordernis der Schnelligkeit und angemessener Beschleunigung; wenn aber die Möglichkeit bestehe, die Betroffenen aus der gefährlichen Lage zu befreien, müssten die Ermittlungen vorrangig geführt werden. „Das Opfer oder seine Verwandten müssen an dem Verfahren beteiligt werden, soweit das notwendig ist, ihre berechtigten Interessen zu wahren" (Nr. 288). Das würde für Deutschland ganz konkret

123 Explanatory Report to the Council of Europe Convention on Action against Trafficking in Human Beings, Warsaw 16.5.2005, Nr. 3; einsehbar unter: https://rm.coe.int/16800d3812 (abgerufen am 12.11.22).

bedeuten, das keine sofortige Abschiebung von Frauen stattfinden darf, die sich illegal in Deutschland aufhalten, sondern alle potenziellen Opfer von Menschenhandel zu Zwecken der Zeugenaussage beherbergt und von Seiten der staatlichen Behörden vor der Organisierten Kriminalität geschützt werden müssen – gegebenenfalls auch durch Zugang zu entsprechenden Zeugenschutzprogrammen. Zwar wird dieser Schutzverpflichtung nominell Rechnung getragen, wie schon aus der Reform des Strafrechts von 2016 zu entnehmen ist[124], in der Praxis kommt ihr jedoch kaum eine Bedeutung zu. Dies geht bspw. aus dem Bundeslagebild „Menschenhandel und Ausbeutung“ und den Erkenntnissen der Strafverfolgungsbehörden hervor.[125]

1.2.5. Urteil des Europäischen Gerichtshofs für Menschenrechte (EGMR) vom 25.6.2020 – 60561/14 (S.M./Kroatien)[126]

In der Rs. 60561/14 behandelte der Gerichtshof die Beschwerde einer 1990 geborenen Kroatin (S. M. – der Name der Klägerin bleibt geheim), die behauptete, von einem Mann (T. M.) 2011 über mehrere Monate hindurch zur Prostitution gezwungen worden zu sein. 2012 erstattete sie gegen den Mann eine Strafanzeige. Aufgrund inkohärenter Aussagen hielt aber das inländische Gericht die Klägerin für unglaubwürdig und sprach den Angeklagten vom Vorwurf der Zwangsprostitution frei. Eine Verfassungsbeschwerde der Klägerin wurde für unzulässig befunden. Deshalb legte die Klägerin am 17.8.2014 beim EGMR Beschwerde ein, u.a. erhebend, dass die inländischen Strafverfolgungsbehörden ihre Anschuldigungen fälschlicherweise als Zwangsprostitution eingestuft haben, währenddessen sie Opfer von Menschenhandel war (Nr. 250). Zudem wurde der Klägerin und ihrer Familie vom Angeklagten mehrfach gedroht. In diesem Zusammenhang warf die Klägerin den Strafverfolgungsbehörden (Polizei und

124 Siehe dazu: T. Bartsch/N.L. Greven/J. Schierholt/L. Treskow/R. Küster/L. Deyerling/B. Zietlow, Evaluierung der Strafvorschriften zur Bekämpfung von Menschenhandel (§§ 232 bis 233a StGB). Kriminologisches Forschungsinstitut Niedersachsen e.V., September 2021, online unter: https://www.bmj.de/DE/Ministerium/ForschungUndWissenschaft/Evaluierung_Strafvorschriften_Bekaempfung_Menschenhandel/Bericht_Evaluierung_Strafvorschriften_Bekaempfung_Menschenhandel.pdf?__blob=publicationFile&v=3 (abgerufen am 31.1.2023).

125 Vgl. Kap. 3.3.

126 EGMR, Urt. v. 25.6.2020 – 60561/14 (S.M./Kroatien), NVwZ-RR 2021, 785. Online einsehbar unter: https://hudoc.echr.coe.int/fre#{"fulltext":["GRETA"],"sort":["kpdate%20Descending"],"languageisocode":["ENG"],"documentcollectionid2":["GRANDCHAMBER","CHAMBER"],"itemid":["001-203503"]} (abgerufen am 13.11.22).

Staatsanwaltschaft) Untätigkeit vor. Entsprechende Maßnahmen, um die Klägerin zu schützen und den Angeklagten zu überführen, wurden nicht vorgenommen (Nr. 254). Laut Klägerin können die innerstaatlichen Mechanismen den positiven Verpflichtungen nach Art. 4 EMRK nicht gerecht werden (Nr. 255). Der Gerichtshof befasste sich mit dem Anwendungsbereich von Art. 4 EMRK in Bezug auf die Begriffe Sklaverei, Leibeigenschaft, Zwangs- oder Pflichtarbeit, Menschenhandel und Ausbeutung der Prostitution (Nr. 278).

Der Gerichtshof erkennt die ethische und rechtliche Ambiguität in der Beurteilung der Prostitution, die sich – je nach Verständnis in nationalen Gesellschaften – in den unterschiedlichen Regelungen der Mitgliedsstaaten widerspiegeln. Ganz konkret sehen die Richter, dass es im beginnenden 21. Jahrhundert in Europa eine große Kontroverse und sich widersprechende Meinungen gibt, *„ob Prostitution jemals einvernehmlich sein kann oder nicht vielmehr stets eine Form zwangsweiser Ausbeutung ist“* (Nr. 298). Hier zeigen die Richter, dass sie sowohl soziologisch auf der Höhe der Zeit sind, als auch die europäischen *Debatten, über Sex-Positivity einerseits und über sexualisierte Gewalt und ein Recht auf sexuelle Selbstbestimmung andererseits,* die im Vorfeld jeweiliger gesetzlicher Modifikationen in verschiedenen Staaten geführt werden, genau zur Kenntnis genommen haben. In jedem Fall wird auf dieser Ebene des EGMR auch deutlich, dass den Richtern die völkerrechtliche Hypothese des potenziellen Zwangs und der Unmöglichkeit einer konsensuellen und qualifizierten Übereinkunft über käuflichen Sex bekannt ist und angesichts der widersprüchlichen Prostitutionsgesetzgebungen der Nationalstaaten in Europa als ungeklärt und offen gelten muss. Dieser Kenntnisstand über unterschiedliche Fortschritte im rechtlichen Bewusstsein zivilisierter Gesellschaften des Westens steht in manchen Mitgliedsstaaten des Europarats, selbst unter Verfassungsrechtlern, noch aus, weil häufig eine exklusiv auf die eigene geschriebene Verfassung fokussierte Rechtsauslegung dominiert und der Standard der internationalen Rechtsentwicklung bezüglich sexualisierter Gewalt in der Prostitution nur bedingt rezipiert wird.

Der Europäische Gerichtshof für Menschenrechte hat auch in rechtsethischer Hinsicht in diesem Urteil von 2020 klar im Blick, dass die Begriffe ‚Zwangs- oder Pflichtarbeit‘ Menschen vor schwerwiegender Ausbeutung schützen sollen und dass Zwangsprostitution auch stattfinden kann, wenn sie nicht in Verbindung mit Menschenhandel steht (Nr. 300). Er geht davon aus, dass Zwangsprostitution (so wie Zwangs- und Pflichtarbeit) auch solche Aspekte erfüllen kann, die sie „als Sklaverei oder Leibeigenschaft i.S.v. Art. 4 EMRK qualifizieren oder die Fragen nach anderen Artikeln der Konvention aufwerfen" (Nr. 300).

Der Europäische Gerichtshof für Menschenrechte macht weiterhin deutlich, „dass ‚Zwang' auch in subtilen Formen der Gewalt auftreten kann, wie sie der *Gerichtshof* in seiner Rechtsprechung zu Art. 4 EMRK (so Nr. 281 ff.), die ILO sowie andere völkerrechtliche Texte identifiziert haben" (Nr. 301). Mit Verweis auf den Fall Chowdury u.a./Griechenland[127], in welchem sich der Gerichtshof mit dem Begriff der Freiwilligkeit auseinandergesetzt und festgestellt hat, dass Freiwilligkeit „eine Tatsachenfrage [ist], die im Lichte aller wesentlichen Umstände des Falls zu prüfen ist"[128], gilt das gleiche bei Prüfung des Vorliegens von Menschenhandel oder Zwangsprostitution (Nr. 303). Insoweit reicht eine vorher bestehende Einwilligung nicht aus, um eine nachträgliche Zwangslage auszuschließen.

Der Gerichtshof definiert Zwangsarbeit in folgender Weise: „Wenn ein Arbeitgeber seine Macht missbraucht oder Vorteil aus der Verletzlichkeit seiner Arbeiter zieht, um sie auszubeuten, leisten die Betroffenen ihre Arbeit nicht freiwillig."[129] Insofern würde auch nach diesem Urteil aus Straßburg die generelle Annahme einer vordergründigen Einwilligung in die Prostitution durch die Betroffenen den potenziellen Tatbestand der Zwangsprostitution oder des Menschenhandels nicht aufheben, wenn dieser vorliegt. Vielmehr muss die eigenständige und individuelle Situation des Opfers berücksichtigt werden und ihre subjektive Sicht auf eine bestehende Zwangslage.[130]

Diese europarechtliche (i. Ü. auch völkerrechtliche) Vorgabe ist auch für die verfassungsrechtliche Einschätzung der Prostitution in Deutschland sehr bedeutsam: einerseits, dass die beiden Sachverhalte (Einwilligung und prostitutiver Akt) strikt zu trennen sind, und andererseits, dass eine potenzielle, individuelle Einwilligung das strafbare Delikt, das jeweiligen Dritten (Menschenhändlern, Zuhältern oder Freiern) anzulasten ist, nicht aufheben kann.

---

127 Siehe: EGMR, Urt. v. 30.3.2017 – 21884/15 (Chowdury ua/Griechenland), NJOZ 2018, 1394. Im französischen Original ist das Urteil einsehbar unter: https://hudoc.echr.coe.int/fre#{"itemid":["001-172365"]} (abgerufen am 14.11.22).

128 Ebd., Nr. 96.

129 Ebd.

130 Ch. Lindner/L. Lupascu, Menschenhandel – Arbeitsausbeutung – Zwangsarbeit. Alphabetisches Glossar für die Praxis der Strafverfolgung, Berlin 2019, 31; online unter: https://www.servicestelle-gegen-zwangsarbeit.de/wp-content/uploads/2020/01/2019_Glossar_Strafverfolgung.pdf (abgerufen am 14.11.22).

1.2.6. Entscheidung des Französischen Verfassungsrats Nr. 2018-761 QPC vom 1. Februar 2019[131]

Die Realität der Prostitution und die mit ihr einhergehenden Gefahren wurden mittlerweile von der Französischen Republik erkannt. Die von ihr ergriffenen Maßnahmen haben das Ziel, Opfer und potenzielle Opfer zu schützen, nicht etwa durch Kriminalisierung der Opfer, sondern der Täter. Unter diesen Voraussetzungen trat nach dem Beschluss Nr. 423892 vom 12. November 2018 der Französische Verfassungsrat zusammen, um über die Vereinbarkeit von Artikel 131-16, Ziffer 9o bis, Artikel 225-12-1, Artikel 225-20, Absatz I, Ziffer 9 und Artikel 611-1 des Strafgesetzbuchs[132] in der Fassung des Gesetzes Nr. 2016-444 vom 13. April 2016 zur besseren Bekämpfung des Prostitutionswesens und zur Betreuung von Prostituierten mit den von der Verfassung verbürgten Rechten und Freiheiten, zu urteilen. Zum Betrachtungsgegenstand des Verfassungsrats gehörte die Prüfung, ob eine grundsätzliche Kriminalisierung jeder Form des Kaufes von sexuellen Handlungen, darunter auch solcher, die einvernehmlich in privaten Räumlichkeiten zwischen zwei Erwachsenen geschehen, einen Eingriff in die Freiheiten, die Privatsphäre und das sexuelle Selbstbestimmungsrecht der Prostituierten und Freier darstellen. Nach Meinung der Antragsteller bilden die bestehenden Regelungen, die zur besseren Bekämpfung des Menschenhandels und der Zuhälterei, sowie zum Schutz der Prostituierten erlassen wurden, einen unverhältnismäßigen Eingriff in die vorbehaltenen Rechte. Zudem seien auch die Geldstrafen von einigen Tausend Euro unverhältnismäßig hoch.

131 Siehe unter: https://www.conseil-constitutionnel.fr/de/decision/2019/2018761QPC.htm (abgerufen am 17.11.22).

132 Siehe dazu: Buch VI: Vergehen (Artikel 611-1 bis 621-1), Titel I: Inanspruchnahme von Prostitution. Art. 611-1: „Wer sexuelle Beziehungen von einer Person, die, auch nur gelegentlich, der Prostitution nachgeht, gegen ein Entgelt, ein Entgeltversprechen, die Gewährung eines geldwerten Vorteils oder das Versprechen eines solchen Vorteils fordert, annimmt oder erlangt, wird mit einem für Vergehen fünfter Klasse vorgesehenen Bußgeld belegt [siehe: Art. 131-13 - grundsätzlich 1.500 €]. Natürliche Personen, die ein in diesem Artikel genanntes Vergehen begangen haben, werden auch mit einer oder mehreren der in Artikel 131-16 und Artikel 131-17 Absatz 2 genannten zusätzlichen Strafen belegt." Siehe auch: Abschnitt 2: Zuhälterei und damit zusammenhängende Straftaten (Artikel 225-5 bis 225-12) und Abschnitt 2 b: Inanspruchnahme von Prostitution (Artikel 225-12-1 bis 225-12-4). Die Förderung der Prostitution in Form der Zuhälterei wird ebenfalls im Code Pénal kriminalisiert. Abschnitt 2: Zuhälterei und damit zusammenhängende Straftaten (Artikel 225-5 bis 225-12).

Bei der Entscheidungsfindung wurde der französische Verfassungsrat von der Wirklichkeit der Prostitution geleitet. Schon zu Beginn erklärte der Verfassungsrat sein grundsätzliches Anliegen, welches mit der Implementierung des nordischen Prostitutionsmodells verfolgt wurde. „Als der Gesetzgeber jede Art der Inanspruchnahme von Prostitution unter Strafe gestellt hat, selbst wenn der Geschlechtsverkehr einvernehmlich, zwischen Erwachsenen und in privaten Räumlichkeiten vollzogen wird, so hat er die Auffassung vertreten, dass Menschen, die der Prostitution nachgehen, in ihrer überwiegenden Mehrheit Opfer von Zuhälterei und Menschenhandel seien und diese gegen diese Personen verübten Straftaten dadurch ermöglicht würden, dass es eine Nachfrage nach sexuellen Handlungen zu festgesetzten Preisen gebe“ (Nr. 12).

Der französische Gesetzgeber habe bei seiner Entscheidung durchaus die Rechte und Freiheiten aller betroffenen Parteien in Betracht gezogen und verhältnismäßig abgewogen. Der Verfassungsrat wies darauf hin, „dass der Gesetzgeber eine Abwägung zwischen der Gewährleistung der öffentlichen Sicherheit und Ordnung und der Verhinderung von Straftaten sowie dem Schutz der Menschenwürde auf der einen Seite und der persönlichen Freiheit auf der anderen Seite vorgenommen hat“ (Nr. 13). Der Gesetzgeber erkannte die offensichtliche Unverhältnismäßigkeit, die zwischen der Gewährleistung persönlicher Rechte und Freiheiten gegenüber dem Risiko von Ausbeutung, Zwangsprostitution und Menschenhandel besteht. Aus diesen Gründen entschied sich der französische Gesetzgeber 2016 zur Verabschiedung eines neuen restriktiveren Prostitutionsgesetzes in Anlehnung an das Nordische Modell.

In diesem Sinne entschied dann auch der Verfassungsrat, der dieses Gesetz überprüfte, dass der erste Absatz von Artikel 225-12-1 sowie der Artikel 611-1 des Strafgesetzbuches, in der Fassung des Gesetzes Nr. 2016-444 vom 13. April 2016 zur besseren Bekämpfung des Prostitutionswesens und zur Betreuung von Prostituierten, verfassungskonform sind.

1.2.7. Urteil des italienischen Verfassungsgerichts Nr. 141 v. 6. März 2019[133]

Seit Inkrafttreten des sog. *Legge Merlin* (L75/1958) vom 20. Februar 1958[134], benannt nach der Abgeordneten Angelina Merlin, verfolgt Italien ein abolitionistisches Modell staatlichen Umgangs mit Prostitution. Das Gesetz kriminalisiert die Ausbeutung der Prostitution anderer (it. „*sfruttamento della prostituzione*" – siehe Art. 3 Nr. 7) und organisierte Formen der indoor-Prostitution in Bordellen oder anderen Prostitutionsgewerben („*case di prostituzione*" – siehe Art. 3 Nr. 3), sowie die Vermittlung in die Prostitution (Beteiligung von Drittpersonen an der Prostitution anderer – siehe Art. 3 Nr. 8) und die Verleitung und Anwerbung in öffentlichen oder der Öffentlichkeit zugänglichen Orten (vgl. Art. 5). Die freiwillige Prostitution ohne gewerbliche Organisationsstruktur (ggf. individueller Verkauf von sexuellen Handlungen) blieb nach Art. 2 und Art. 13 der italienischen Verfassung straffrei und legal. Auch der Kauf von sexuellen Handlungen wurde nicht weiter kriminalisiert, wobei die Outdoor-Prostitution (Straßenprostitution) dem Zuständigkeitsbereich der Gemeinden unterfällt, von denen einige sie an gewissen Orten verbieten.

Trotz mehrerer Novellierungsversuche, die sowohl eine Liberalisierung wie auch eine Verschärfung des Umgangs mit Prostitution verfolgten, bliebt das Merlin-Gesetz weitestgehend unverändert.[135] 2019 wurde das Merlin-Gesetz ein weiteres Mal zum Prüfgegenstand des italienischen Verfassungsgerichtshofs (it.: *La Corte Constitutzionale*) mit der Intention, es zugunsten eines liberaleren Modells abzuschaffen (Intention des Klägers: Escort-Service und Bordelle zulassen).

Im Urteil Nr. 141/2019 hat sich der italienische Verfassungsgerichtshof auf Fragen des Appellationsgerichts (Oberlandesgericht D) von Bari bezogen, welches die Bestimmungen des Merlin-Gesetzes hinsichtlich der Anwerbung und der auf freiwilliger Basis erfolgenden Beihilfe zur Prostitu-

133 Online einsehbar unter: https://www.cortecostituzionale.it/actionSchedaPronuncia.do?anno=2019&numero=141 (abgerufen am 18.11.22).

134 Das Merlin-Gesetz im Original einsehbar unter: https://web.archive.org/web/20160120061105/http://www.pariopportunita.gov.it/images/stories/documenti_vari/UserFiles/L_20-2-1958_n75.pdf (abgerufen am 18.11.22).

135 Im Urt. v. 17.12.2009 – 3.3.2010, Nr. 8286, entschied der Oberste Kassationsgerichtshof, dass ein Freier, der nach dem vollzogenen Geschlechtsverkehr die vereinbarte Entgeltsumme nicht bezahlt, sich der sexuellen Nötigung strafbar macht; siehe dazu: https://www.altalex.com/documents/news/2010/07/16/e-stupro-non-versare-il-compenso-alla-prostituta (abgerufen am 18.11.22).

tionsausübung (Art. 3, Komma 1, Nummer 4 erster Teil und Art. 8) für nicht mehr zeitgemäß[136] und unbegründet erklärt hat. Seine Argumentation stützte das Gericht von Bari auf eine potenziell bestehende Inkompatibilität der Bestimmungen des Merlin-Gesetzes mit der *Freiheit der sexuellen Selbstbestimmung* nach Art. 2 der italienischen Verfassung.[137] Die Anwerbung und die Beihilfe zur Prostitutionsausübung könnten – nach Auffassung des Gerichts von Bari – das Recht auf Privatinitiativen nach Art. 41[138] i.V.m. Art. 13, Art. 25(2) und Art. 27 der italienischen Verfassung verletzen. Die Freiheit der sexuellen Selbstbestimmung, so das Appellationsgericht, könnte sich zudem (bspw. im Falle eines Escort-Services) ebenfalls in der vertraglich festgelegten und freiwillig einer Drittperson zugesprochenen Verfügungsgewalt über die eigene Person ausdrücken.[139] In diesem Sinne wären die „Anwerber" und „Vermittler", die eine der Prostitution nachgehende Person unterstützen, insoweit tätig, als sie potenziellen Kunden die Auswahl erleichtern würden, um einen finanziellen Vorteil für die der Prostitution nachgehende Person zu erreichen.[140] Deshalb sollten die 1958 vom Gesetzgeber erlassenen Bestimmungen im Lichte einer zeitgenössischen Gesellschaftsentwicklung auf ihre verfassungsmäßige Legitimität einer Prüfung unterzogen werden.

Schon zu Anfang der Urteilsfindung stellte der italienische Verfassungsgerichtshof die Absicht des Gesetzgebers klar, der mit dem Merlin-Gesetz keine Freiheitseinschränkung der in der Prostitution tätigen Personen ver-

136 Siehe: https://www.cortecostituzionale.it/actionSchedaPronuncia.do?anno=2019&numero=141, Nr. 1.2 (abgerufen am 18.11.22).

137 Art. 2: *„Die Republik anerkennt und gewährleistet die unverletzlichen Rechte des Menschen, sei es als Einzelperson, sei es innerhalb der gesellschaftlichen Gebilde, in denen sich seine Persönlichkeit entfaltet, und fordert die Erfüllung der unabdingbaren Pflichten politischer, wirtschaftlicher und sozialer Verbundenheit.*" Online unter: www.verfassungen.eu/it/ital48.htm (abgerufen am 28.6.2022).

138 Art. 41: „(1) Die Privatinitiative in der Wirtschaft ist frei. (2) Sie darf sich aber nicht im Gegensatz zum Nutzen der Gesellschaft oder in einer Weise, die die Sicherheit, Freiheit und menschliche Würde beeinträchtigt, betätigen. (3) Das Gesetz legt die Wirtschaftsprogramme und geeignete Kontrollen fest, damit die öffentliche und private Wirtschaftstätigkeit nach dem Allgemeinwohl ausgerichtet und abgestimmt werden kann."

139 Siehe: https://www.cortecostituzionale.it/actionSchedaPronuncia.do?anno=2019&numero=141, Nr. 1.2 (abgerufen am 18.11.22).

140 Siehe: https://www.cortecostituzionale.it/actionSchedaPronuncia.do?anno=2019&numero=141, Considerato in diritto, Nr. 1 (abgerufen am 18.11.22).

folge[141], sondern explizit die der Prostitution nachgehenden Personen vor Ausbeutung und Gewalt anderer (Drittpersonen) schützen wolle.[142] Insoweit stimmt der Gerichtshof dem Argument der Antragsteller, wonach jeder Mensch seine Sexualität als Mittel zum Ausdruck der eigenen Persönlichkeit frei gebrauchen kann, zu, aber nur, solange er dabei auch die Rechte und Freiheiten anderer achtet.[143] Wiederum kann aber dem positiven Recht des Einzelnen auf sexuelle Selbstbestimmung in der konkreten Form der Prostitutionsausübung nicht Rechnung getragen werden. Denn das Anbieten von sexuellen Dienstleistungen gegen Entgelt biete keineswegs ein Instrument zum Schutz oder zur Entfaltung der menschlichen Person. Vielmehr stelle es eine besondere Form der wirtschaftlichen Tätigkeit dar.[144]

Der Verfassungsgerichtshof führt weiter aus, dass das Merlin-Gesetz, welches dem Prinzip des abolitionistischen Regelungsmodells folgt, auf der grundsätzlichen Annahme fundiert sei, nach der die Entscheidung zur Prostitutionsausübung aus einer primär vorhandenen individuellen oder gesellschaftlichen Opfereigenschaft („Vulnerabilität“) resultiert. Mithin sind Personen, die sexuelle Dienstleistungen zum Kauf anbieten, potenziell selbst Opfer, wobei der Aggressor die Gesellschaft als Ganzes ist.[145] Und allen Erkenntnissen zufolge, die Grundlage für die Entscheidung des Verfassungsgerichtshofs bilden, hat sich an dieser Sachlage bis heute nichts geändert. Die Entscheidung Sex zu verkaufen, fällt weiterhin in den allermeisten Fällen auf Umstände zurück, die die Freiheit der Selbstbestimmung des Einzelnen drastisch einschränken.[146] Im Wesentlichen sind es wirtschaftliche, soziale, emotionale oder diverse familiäre Umstände, die Menschen in die Prostitution bringen. Bereits auf dieser Ebene sei die Grenze zwischen freiwilligen und unfreiwilligen Entscheidungen für die Prostitution fließend.[147]

Unter Berücksichtigung der aktiven Schutzverpflichtung des Staates für die Würde der Menschen stellt der italienische Verfassungsgerichtshof klar,

---

141 Unter dem Begriff der Prostitution versteht das italienische Verfassungsgericht (ähnlich wie das BVerfG), die Erbringung sexueller Dienstleistungen gegen Entgelt mit unterschiedlichen Partnern. Siehe: https://www.cortecostituzionale.it/actionSchedaPronuncia.do?anno=2019&numero=141, Nr. 4.1 (abgerufen am 18.11.22).

142 Ebd., Nr. 1.2.

143 Ebd., Nr. 5.1.

144 Ebd., Nr. 5.2.

145 Ebd., Nr. 4.3.

146 Ebd., Nr. 6.1.

147 Ebd., Nr. 6.1.

dass es durchaus im Ermessensbereich des Gesetzgebers liegt, dieser Verpflichtung durch ein bestimmtes regulatives Modell Rechnung zu tragen. Nicht ausgeschlossen davon bleibt die Wahl solch eines Modells, das bereits auf der Ebene der bloß bestehenden Möglichkeit der Gefährdung eines bestimmten Wertes (hier: der Würde) effizient greift, noch bevor es überhaupt zur Verletzung eines verfassungsgeschützten Rechtsguts kommt.[148] Das Merlin-Gesetz folgt diesem Ansatz, indem es die der Prostitution nachgehenden Personen als „schwächere Partei" in der Beziehung zwischen Sex-Käufer und Sex-Vermittler sieht. Deshalb kriminalisiert es auch nicht die Prostituierten, sondern jene, die sich an ihrer Prostitution bereichern wollen.[149]

Der italienische Verfassungsgerichtshof stellt auch klar, dass – i.S.v. Art. 41 Abs. 2 der italienischen Verfassung – der Begriff der „Würde" objektiv zu verstehen ist.[150] Infolgedessen muss ein subjektives Verständnis, das der Eigeninterpretation des Individuums unterliegt, verworfen werden. Die Beurteilung, ob es sich bei der Prostitutionsausübung um eine Tätigkeit handelt, die trotz potenziell bestehender Freiwilligkeit die Einzelne erniedrigt und entwürdigt, indem die Intimität des menschlichen Körpers zur Ware wird, die dem Kunden frei zur Verfügung steht, obliegt dem Gesetzgeber. Und dieser fungiert bei seiner Beurteilung als „Ausleger" der allgemeinen Bewusstseinsentwicklung der Gesellschaft unter Einbeziehung der internationalen Tendenzen zur Einschätzung des Prostitutionswesens[151], die eher stärker in Richtung Restriktion gehen. Insofern trägt das Merlin-Gesetz diesen Tendenzen in der Gesetzgebung nach wie vor Rechnung.[152]

Insoweit hat der italienische Verfassungsgerichtshof die Anfrage des Appellationsgerichts von Bari für unbegründet erachtet.

148 Ebd., Nr. 7.1.
149 Ebd., Nr. 6.2.
150 Ebd., Nr. 6.1.
151 Ebd., Nr. 6.1.
152 Ebd., Nr. 6.2.

1.3. Internationale Modelle des rechtlichen Umgangs mit der Prostitution

Es können grundsätzlich vier verschiedene Modelle staatlichen Umgangs mit der Problematik des Prostitutionswesens unterschieden werden.[153] Dazu gehören:

1) Prohibition von Prostitution
2) (Neo-)Abolitionistisches Modell
3) Regulationsmodell
4) Legalisierung von Sexkauf

Eine andere Typologie spricht von: voller oder umfassender Kriminalisierung, partieller Kriminalisierung, Entkriminalisierung und Legalisierung. Die Reihung wird in dieser Hinsicht vorgenommen.

1.3.1. Prohibition von Prostitution

Dem Modell der Prohibition liegt die Absicht des Gesetzgebers zugrunde, alle Aspekte der Prostitution und der mit ihr einhergehenden oder verbundenen negativen Begleiterscheinungen zu unterbinden und die gesamte Institution unter Strafe zu stellen (weswegen es auch als „kriminalisierendes Modell" bezeichnet wird). Das Ziel ist es, Prostitution und Sexkauf rechtsstaatlich bei allen potenziell Beteiligten zu verhindern. Sowohl der Kauf wie der Verkauf von sexuellen Handlungen sind verboten und werden oftmals unter strenge Freiheitsstrafen gestellt. Demgemäß machen sich sowohl die Prostituierten als auch Freier, Zuhälter und Schlepper strafbar. Verboten sind auch die wirtschaftliche Organisation der Prostitution, die Beihilfe oder die Anstiftung zur Prostitution, das direkte Werben um Kunden ebenso wie die Werbung für Prostitution. Sexkauf gilt sowohl als unsittlich als auch als rechtswidrig, da von einer inhärenten Verbindung von Prostitution und sexueller Ausbeutung ausgegangen wird, die sich aufgrund mangelnden Angebots von freiwilligen Anbieterinnen im Inland zumeist in Menschenhandel und Zwangsprostitution niederschlägt.

Das prohibitionistische Rechtsmodell besitzt die größte Verbreitung weltweit und gilt als restriktivstes Modell gegen Prostitution. Es gilt mit starken

153 Siehe: https://www.nswp.org/sex-work-laws-map (abgerufen am 15.6.2022); https://worldpopulationreview.com/country-rankings/countries-where-prostitution-is-legal (abgerufen am 15.6.2022); https://www.europarl.europa.eu/RegData/etudes/STUD/2021/695394/IPOL_STU(2021)695394_EN.pdf (abgerufen am 11.7.2022).

Abweichungen in der rechtlichen Implementierung in den USA, China, Russland, Japan, in der gesamten muslimischen Welt, in großen Teilen Afrikas, in Teilen Südeuropas, vor allem in den Balkanländern.

1.3.2. (Neo-)abolitionistisches Modell

1.3.2.1. Abolitionistisches Modell

Beim Abolitionismus in klassischer Hinsicht wird die Einwirkung Dritter auf die sich Prostituierenden unter Strafe gestellt. Dies betrifft deshalb vor allem Zuhälter und Freier, Prostitutionsgewerbetreibende, verschiedene Formen der Organisation eines Prostitutionsgewerbes, aber auch dirigistische Prostitution, Kuppelei, das Betreiben eines Bordellgewerbes (oder bordellähnlichen Betriebs), die Anstiftung und Beihilfe zur Prostitution – ebenso wie alle, die sich an anderen Menschen sexuelle Dienste gegen Entgelt erwerben und damit Sexkauf betreiben.

Deshalb wird in vielen klassisch abolitionistischen Ländern jede organisierte Prostitution unter Strafe gestellt, so dass Prostitution als legaler Wirtschaftszweig ausgeschlossen ist. Allerdings wird im Abolitionismus grundsätzlich keine Kriminalisierung der Prostituierten angezielt. Vor allem der Sexkauf durch einzelne Individuen bleibt in Teilen der Länder mit Abolitionismus legal, weil vom Gesetzgeber keine generellen Verbote gegen Prostituierte erlassen werden. Die Abolitionsabsicht richtet sich primär gegen kriminelle Sachverhalte innerhalb der Prostitution, die jedoch heute in den meisten Ländern nicht mehr bei den Prostituierten selbst gesucht werden. Dies wird vor allem durch die Ablösung des klassischen Abolitionismus im Neo-Abolitionismus deutlich. Das Modell des klassischen Abolitionismus findet sich grundsätzlich in Ländern wie Italien, Polen, Portugal, Belgien, Slowakei, Lichtenstein, Finnland, Indien, großen Teilen Afrikas, Lateinamerika (Brasilien), West-Australien.

1.3.2.2. Neoabolitionistisches Modell

Der Neo-Abolitionismus stellt eine neue Variante des Abolitionismus dar. Zugrunde liegt die Annahme, dass der Gesetzgeber nicht generell von einer selbstbestimmten und freiwilligen Entscheidung bei Prostituierten und auch nicht von einer unbedenklichen Ausübung der Prostitution als Lebensunterhalt ausgehen kann, da in aller Regel erhebliche medizinische und psychiatrische Folgen bei den Betroffenen auftreten. Um eine Entstigmatisierung der betroffenen Prostituierten zu erreichen und sie zu entkriminalisieren, wird hier zu ihrem Schutz eine differenzierte neoabolitionistische Lösung gewählt, die zwischen Tätern und Opfern rechtlich klar unterscheidet. Prostitution wird deshalb per se nicht verboten, um zu verhindern, dass die sich Prostituierenden stigmatisiert und kriminalisiert werden. Der Verkauf von sexuellen Diensten bleibt daher legal, so dass vom Gesetzgeber kein generelles Verbot der Prostitution stattfindet.

Allerdings bedroht Prostitution, insofern sie als einseitige Bedürfnisbefriedigung am anderen verstanden wird, das „Grundrecht auf sexuelle Selbstbestimmung“[154] und das allgemeine Persönlichkeitsrecht[155] der sich Prostituierenden, weil dieses auch Schranken für den letzten unantastbaren Bereich menschlicher Freiheit und den Würdeschutz impliziert, ebenso wie für die Interaktion zwischen Menschen.[156] Insofern geht der Neo-Abolitionismus davon aus, dass die vollständige Legalisierung von Sexkauf auf Anbieter- und Nachfragerseite ein System der Prostitution begründet, indem staatlicherseits keine Abwesenheit von Zwang durch Dritte garantiert werden kann. In der klassischen Prostitution muss der Körper der Prostituierten, insbesondere die Geschlechtsorgane bei Frauen ebenso wie Mund oder Anus bei Frauen, Männern oder Transpersonen, somit also in jedem Fall das verletzliche Körperinnere, zur Befriedigung sexueller Bedürfnisse und der einseitigen Befriedigung Dritter – ohne Garantie der gewaltfreien Nutzung bzw. unter Absehung der eigenen sexuellen Selbstbestimmung und Befriedigung – zur Verfügung gestellt werden.[157] Ein Abbruch der sexuellen

154 D.-S. Valentiner, Das Grundrecht auf sexuelle Selbstbestimmung, Baden-Baden 2021, 103.

155 Vgl. ebd., 201–204.

156 Vgl. ebd., 211.

157 Außer dem deutschen Gesetzgeber geht kaum ein anderer internationaler Gesetzgeber in seiner Prostitutionsgesetzgebung davon aus, dass Prostitution im weitesten Sinne sowohl klassischen Beischlaf als auch intime Massagen oder psychologische Hilfe zur Selbstbefriedigung von Männern beinhalten kann. Die klassische internationale Definition von Prostitution ist eine enge, welche die Penetration im prostitutiven sexuellen Akt in aller Regel voraussetzt. Vgl.: https://en.wikipedia.org/wiki/Prostitution (abgerufen am 28.10.2022). Indirekt wird dies von der deutschen Justiz trotz der weiten Definition im Gesetz und trotz nicht vorliegender schriftlicher Dienstleistungsverträge auch getan, wenn die Erfüllung der Penetration auf der Seite der Frau mittels Schadensersatz (aufgrund eines Betrugsvorwurfs) wegen fehlendem Orgasmus oder einer zu schnellen Ejakulation auf der Seite der Freier geltend gemacht werden kann; siehe: https://www.spiegel.de/panorama/saarland-18-jaehriger-verklagt-prostituierte-weil-er-zu-frueh-kam-a-00000000-0003-0001-0000

Interaktion ist bei Widerspruch der Betroffenen aufgrund des vorher geschlossenen Vertrages nicht garantiert, sondern aufgrund des Faktums der durchschnittlichen körperlichen Überlegenheit von Männern gegenüber Frauen meist ausgeschlossen (relevant, da es sich zu über 90 Prozent um Frauen handelt).[158] Außerdem ist die medizinisch und psychiatrisch nachhaltig pathogene Wirkung einer seriellen Verobjektivierung durch sexuelle Dienstleistungen mit vielfältigen wechselnden Partnern durch internationale Studien belegt.[159]

Neoabolitionistische Modelle gehen deshalb davon aus, dass die Wahrnehmung der Prostitution durch Dritte eine Verletzung der Menschenwürde und konsekutiv auch der Menschenrechte der betroffenen Personen darstellt. Die Täterschaft betrifft alle Freier, jedoch auch die Zuhälter, die sich der Beihilfe schuldig machen. Denn es ist davon auszugehen, dass Freier und Zuhälter grundsätzlich eine Instrumentalisierung und Verobjektivierung des Körpers der sich prostituierenden Menschen vornehmen. Analog stimmen sie dem Kauf des menschlichen Körpers als Konsumgut (und folglich Konsumgegenstand) explizit zu. Diese Zustimmung wird jedoch nicht dadurch geheilt, dass die Betroffenen ihrer eigenen Verobjektivierung im Dienstleistungsvertrag vorab selbst auch zustimmen. Denn es wird im neoabolitionistischen Modell davon ausgegangen, dass eine potenzielle Einwilligung zur eigenen Verobjektivierung rechtlich unwirksam ist, es sei denn, sie wäre mit einem erklärten Wunsch zur bewussten Beendigung des eigenen Lebens verbunden (vgl. Urteile zum Suizid und Studien, die die lebensverkürzende Wirkung von Prostitution belegen; vgl. Analogie in Palermo-Konvention Art. 3 b) und Übereinkommen des Europarats zur Bekämpfung des Menschenhandels 2005).

In Analogie für eine Begrenzung und Schranken der freien Entfaltung der Persönlichkeit durch Dritte wird auch das Verbot der Sklaverei angeführt, der theoretisch jemand zustimmen kann; diese Zustimmung gilt jedoch in den meisten Rechtsstaaten als unwirksam, da die Zustimmung zur eigenen Versklavung für den Straftatbestand des zuvor identifizierten

---

-000001481159 (abgerufen am 1.12.22); https://www.kontextwochenzeitung.de/debatte/465/der-staat-als-zuhaelter-6533.html (abgerufen am 1.12.22).

158 Die mittelbare Drittwirkung von Grundrechten ist in Deutschland zwar eingeschränkt, aber grundsätzlich auch durch den Gesetzgeber unter Privaten zu gewährleisten, so dass die staatliche Schutzpflicht Untermaßverboten unterliegt. Vgl. D.-S Valentiner, Das Grundrecht auf sexuelle Selbstbestimmung, Baden-Baden, 2021, 222–223.

159 Vgl. Kap. 1, 3.5.

Tatbestands eines Verbrechens durch Dritte rechtlich unerheblich ist. Denn demokratische Rechtsstaaten, deren Verfassungen die Würde menschlicher Personen und das Leben von Menschen als fundamentales Menschenrecht zu schützen haben, besitzen auch die primäre Verantwortung hierfür, dies im Rahmen ihrer untergeordneten Gesetze einzuhalten und Verbrechen nicht indirekt durch eventuelle Zustimmung des Opfers doch zu legitimieren.[160]

Insofern gewinnt das Modell des Neoabolitionismus immer mehr an Attraktivität in westlichen demokratischen Rechtsstaaten mit garantiertem Würde- und Autonomieschutz in ihren Verfassungen. Das Modell des Neoabolitionismus wird auch als „schwedisches Modell“ oder „Nordisches Modell“ (Sexkjøpsloven) bezeichnet.[161] Derartige Modelle gibt es in Schweden (1999), Norwegen (2009), Island (2009), Nordirland (2015), Frankreich (2016), Irland (2017), Kanada (2014) und Israel (2018) und werden derzeit in Spanien heftig diskutiert.[162] Generell ist in den letzten Jahrzehnten in der Prostitutionsgesetzgebung westlicher demokratischer Rechtsstaaten die Tendenz zu beobachten, dass Modelle des Neoabolitionismus aufgrund verschärften Unrechtsbewusstseins und einer, auch in sexueller Hinsicht, sich ausdifferenzierenden Zivilmoral – so ist soziologisch seit den 2010er Jahren ein deutlich höheres Bewusstsein bezüglich sexualisierender Gewalt in westlichen Ländern zu beobachten – immer mehr übernommen werden.

1.3.3. Regulationsmodell

Im Regulationsmodell (auch als legalistisches oder ordnungspolitisches Modell bezeichnet) unterliegt die Ausübung der Prostitution einer vielfältigen und unterschiedlichen Regelung durch den Staat, wobei Prostitution per se als legale Tätigkeit betrachtet wird. Vom Staat wird dennoch der Versuch unternommen, in liberalisierten Prostitutions- und Sexkaufmärkten Gewalt einzuhegen und Prostituierte zu schützen. Insofern werden unterschiedliche gesetzliche Rahmenbedingungen für den Verkauf und Kauf sexueller Handlungen geschaffen, darunter u.a.: Organisations- und Gewer-

160 Vgl. BVerfG 6, 32 (37f); Udo di Fabio, Maunz/Dürig, 93.

161 Vgl. https://www.frauenrechte.de/unsere-arbeit/themen/frauenhandel/nordisches-modell (abgerufen am 28.10.2022).

162 Siehe dazu: https://www.publico.es/politica/congreso-aprueba-debatir-ley-prostitucion-psoe-apoyo-aliados-gobierno.html (abgerufen am 31.1.2023); https://www.elconfidencial.com/espana/2022-06-07/psoe-saca-adelante-ley-prostitucion-podemos-dividido_3438438/ (abgerufen am 31.1.2023).

beanforderungen, Rechtsform und Ausgestaltung von Bordellen, Auflagen für Veranstaltungen, Anwerbungsverbote, Verbot der dirigistischen Zuhälterei, Anmeldeauflagen für Prostituierte, obligatorische Gesundheitsuntersuchungen, Sozialversicherungspflichten ... usw.

Das Maß an Regulation variiert je nach Staat. Die gesetzlichen Auflagen können *einerseits im Vorfeld* des Sexkaufs situiert sein und von Pflichtregistrierung (auch temporärer Art) der Prostituierten oder dem prostitutionsartigen Gewerbe, über medizinische und polizeiliche Kontrollen, bis hin zu Lizenzen oder Quasi-Lizenzen (Plicht einen Pass mit sich zu tragen – sog. Hurenpass), Gewerbeanmeldungen und konkreten Auflagen für die Wohnungsprostitution, Prostitutionsbezirks(-stätten)-Verordnungen oder Sperrzonen für den Sexkauf reichen. *Andererseits* wird staatlicherseits der Versuch unternommen, der *Durchführung der Prostitution Regularien* aufzuerlegen, wie beispielsweise eine Kondompflicht (wie etwa § 32 Abs. 1 und 2 ProstSchG), Feststellung des wechselseitigen Einverständnisses zwischen Prostituierten und Freiern, Verbot von Flatrate-Sexkauf und (Rape-)Gang-Bang-Events bzw. -Partys, obligatorische Notrufmöglichkeiten, bestimmte hygienische Standards usw. Allerdings ist die Durchführung des Sexualverkehrs im abgeschlossenen Raum, unter vier oder mehr Augen, durch den Staat nicht mehr kontrollierbar und die versuchte Regulierung zugunsten der Prostituierten in der Regel reine Makulatur. Trotz des Versuches der Vertreter des Regulationsmodells, vielfältige gesetzliche Regeln für die Ausübung der Prostitution aufzustellen, verbleiben für die Prostituierten nachweislich extrem hohe Risiken der sexualisierten Gewalt, der Wahrnehmung von Sex sowie der sexuellen Penetration unter Schmerzen für die Prostituierte, der Weigerung von Freiern, auf Grenzsetzungen durch die Prostituierte einzugehen bis hin zu Stealthing, Vergewaltigung und gewaltsamen und degradierenden Praktiken.[163] Der Gesetzgeber und die

163 Eine kanadische Studie schätzt die Mortalitätsrate von Prostituierten vierzig Mal höher ein als die durchschnittliche Mortalitätsrate anderer Frauen, US-amerikanische sehen auch die Mordrate als die höchste an, die jemals unter einer spezifischen Gruppe von Frauen gemessen wurde: Vgl. Fraser Report, supra note 14, at 350 (1985): „Homicide of women in prostitution vastly exceeds that of any other cohort in the United States." Siehe auch: H. Kinnell, Murder Made Easy: The Final Solution to Prostitution?, in: R. Campbell/M. O'Neill (Hg.), Sex Work Now, Cullompton 2006; D. Brewer et al., Extent, Trends, and Perpetrators of Prostitution-Related Homicide in the United States, in: Journal of Forensic Sciences 51/5 (2006), 1101–1108 (estimating conservatively that 2.7 % of female homicide victims in the United States between 1982 and 2000 were prostitutes—the highest rate of victimization for any set of women ever studied); J.J. Potterat et al., Mortality in a Long-term Open

Polizeibehörden können durch Regulierung aufgrund der abgeschlossenen, intimen Situation und der in aller Regel körperlichen Unterlegenheit bzw. Vulnerabilität der Frauen gegenüber den nahezu ausschließlich männlichen Freiern, die Prostituierten nicht schützen. Die verheerenden medizinischen und psychiatrischen Folgen berufsmäßiger Prostitution, die eine kurze Lebenserwartung und hohe Sterblichkeit inkludieren, sind trotz Reglementierung eindeutig nachweisbar.[164]

Mithin kann das Regulationsmodell zwar für die Betroffenen etwas besser sein als eine vollständig unregulierte Situation, weist jedoch alle Defizite der Liberalisierung von Sexmärkten auf, die in 1.3.4. genannt werden, wie etwa die Zunahme des Menschenhandels ebenso wie die Probleme der Würde- und Körperverletzung für die Prostituierten, die im Anschluss noch aufgezeigt werden.

Das Modell des Regulationismus (ggf. Legalismus) mit Legalisierung findet sich in den Niederlanden, Österreich, Griechenland, Lettland, Belgien und der Schweiz (in Verbindung mit 1.3.4.) wieder.

1.3.4. Legalisierung von Sexkauf

Das Modell der Liberalisierung finden wir in Deutschland in Verbindung mit einer starken Regulierung (1.3.3.) vor.

Diese Modelle sind die liberalsten und am wenigsten restriktiven Rechtsmodelle. Zielrichtung ist die vollständige Entkriminalisierung von Prostitution und damit auch die Straffreiheit von Kauf und Verkauf sexueller Handlungen sowie die rechtliche Legalisierung von Sexkauf als solchem. Der Intention nach liegt diesem rechtlichen Modell das Ziel der Entstigmatisierung von Prostituierten, Freiern und Unternehmern im Sexbusiness zugrunde, in der Annahme, dass Sexkauf eine privatrechtliche Vereinbarung zwischen Erwachsenen ist, die frei zustande kommt und weder Körperverletzung, Vergewaltigung, sexualisierte Gewalt, geschlechtsspezifische

---

Cohort of Prostitute Women, in: American Journal of Epidemiology 159/8 (2004), 778, 783; „concluding, based on a study of prostituted women in Colorado Springs, Colo., that '[t]o our knowledge, no population of women studied previously has had a crude mortality rate, standardized mortality ratio, or percentage of deaths due to murder even approximating those observed in our cohort'"; J.A. Dudek, When Silenced Voices Speak: An Exploratory Study of Prostitute Homicide (2002) (unpublished Ph.D. dissertation, Hahnemann University).

164 Ebd. und Kap. 3.4., 3.5.

Unterdrückung, noch eine ökonomische Ausnutzung bzw. kriminelle Unterdrückung von Menschen stattfinde – und wenn sie stattfinde, dann Privatsache sei. In der Bejahung der grundsätzlichen Entkriminalisierung von Sexkäufern und SexanbieterInnen ohne weitergehende Regulierungen und Kontrollen durch den Staat wird von den Verfechtern eines solchen Modells (z.B. Amnesty International)[165] angenommen, dass der Gesetzgeber und die Exekutive freiwilligen Sexkauf auf der einen Seite von Menschenhandel und Zwangsprostitution auf der anderen Seite trennen und Letztere unter Kontrolle halten können, so dass letztlich die Entkriminalisierung der beteiligten Personen zur Erhöhung des Hellfeldes im Bereich des Sexkaufs beitragen könne.

Die von den Befürwortern dieses Modells vorgebrachte Hypothese einer solchen positiven Entwicklung im Sinne sexueller Liberalisierung, die in offenen westlichen Gesellschaften häufig und oft vorgebracht wird, ist jedoch bislang den Beweis der menschlichen, kriminalistischen, strafrechtlichen und menschenrechtlichen Verbesserung bei den vulnerablen Gruppen schuldig geblieben. Dies gilt insbesondere mit Rücksicht auf alle betroffenen Prostituierten (auch die Opfer von Zwangsprostitution, Armutsprostitution und Menschenhandel), obwohl liberalisierte Sexmärkte in Deutschland, der Schweiz und Österreich seit bald zwanzig Jahren vorliegen. Alle dahingehenden Behauptungen der vermeintlichen Humanisierung im Sexkaufmarkt sind ohne empirische Verifikation geblieben. Vielmehr liegen vermehrt Beweise von seriellem und strukturellem sexuellen Missbrauch, kriminellen Handlungen, Menschenhandel und Zwangsprostitution vor.[166] Aufgrund empirischer Recherchen über die Kriminalität im Rotlichtmilieu wird zudem von den Innenbehörden attestiert, dass die durch die Liberalisierung intendierte Entkriminalisierung leider den gegenteiligen Effekt hat, nämlich *zu erhöhten internationalem Menschenhandel beiträgt*, vor allem von Frauen aus ärmeren Staaten als Opfer des globalen Wohlstandsgefälles, die in westliche Wohlfahrtsstaaten mit liberalisierten Sexmärkten verschleppt werden.[167] Bei Kritikern dieses Modells wird deshalb

165 Unter dem Begriff der Legalisierung will Amnesty International die Einführung entsprechender Gesetze und einer Politik verstehen, die Rahmenbedingungen für die Prostitutionsausübung schaffen, unter welchen auch der Schutz der Menschenrechte gewährleistet bleibt. Dieser Ansatz entspricht allerdings mehr dem regulatorischen Modell; siehe dazu: https://www.amnesty.org/en/documents/pol30/4173/2016/en/ (abgerufen am 31.1.23).

166 Vgl. Kap. 3.3.

167 Ebd.

strikt unterschieden zwischen dem sinnvollen Ziel der Entkriminalisierung von Prostituierten und dem menschenrechtlichen Problem, das durch die Wahrnehmenden, die Unternehmer der Sexindustrie, die Zuhälter bzw. die Profiteure der Prostitution vorhanden ist.[168]

Westliche Wohlfahrtsstaaten mit offenen Sexmärkten kennzeichnet nämlich ein verifizierbares rechtliches Problem, weil die positiv intendierte Entkriminalisierung mit andersartigen kriminellen Folgen im Prostitutionsgewerbe verbunden ist. Der eigentliche Grund liegt in den ökonomischen Gesetzen von Angebot und Nachfrage, ebenso wie der üblichen Überwindung von Knappheiten auf Märkten, hier auch Arbeitsmärkten. Dadurch, dass der Markt des Sexkaufs liberalisiert ist, steigt die Nachfrage nach Sex durch Freier stark an – auch ein internationaler Sexkauftourismus, nicht nur innerhalb Europas, sondern international, wird beobachtet.[169] Diese einheimische und internationale Nachfrage kann jedoch in westlichen Wohlfahrtsstaaten mit einem relativ hohem Ausbildungsniveau bei einheimischen Frauen, Facharbeitermangel und geringen Arbeitslosenquoten nicht durch das freiwillige Angebot an inländischen Prostituierten ausreichend befriedigt werden.[170] Insofern entsteht durch liberalisierte Sexmärkte ein künstlicher Bedarf und ein Pull-Effekt für die Migration ausländischer Frauen, die nicht durch legale Einreisemöglichkeiten in das jeweilige Land kommen können.[171] Dies verstärkt den Effekt eines Marktversagens und die Schieflage zu einem Sex*käufer*markt, in dem die Marktmacht fast ausschließlich bei Unternehmern und Freiern liegt. Die Stillung dieser kaufkräftigen Nachfrage wird insofern in den meisten Ländern, so auch in Deutschland, durch Organisierte Kriminalität und Menschenhändler bedient, denn legal lässt sie sich aufgrund der heimischen Frauenbildung

168 Vgl. Deutsches Institut für angewandte Kriminalitätsanalyse, in: https://www.diaka.org/ und Bündnis Nordisches Modell, in: https://www.bündnis-nordischesmodell.de/ (abgerufen am 28.10.2022).

169 Als Beispiel siehe dazu: https://www.dw.com/de/sextourismus-wenn-das-gewissen-urlaub-macht/a-62697048 (abgerufen am 25.11.22); https://www.zdf.de/dokumentation/zdfinfo-doku/deutschlands-sex-industrie-prostitution-102.html (abgerufen am 25.11.22); https://www.nzz.ch/schweiz/prostitution-kennt-keine-grenzen-ld.1435257?reduced=true (abgerufen am 25.11.22).

170 H. Mau, Entmenschlicht. Warum wir Prostitution abschaffen müssen, Hamburg 2022, 171.

171 Das Asylrecht ist ausgeschlossen, da es mit hohen Kontrollen verbunden ist. Legale Einwanderung hingegen ist mit hohen Hürden einer abgeschlossenen Berufsausbildung in Mangelberufen verbunden. Es bleibt nur die illegale Einwanderung, die grundsätzlich mit Schleppertum und Menschenhandelskriminalität verbunden ist.

und der bestehenden Asyl- und Einwanderungsgesetze technisch und ökonomisch nicht organisieren. Diese dilemmatische Situation ist durch die Liberalisierung und Entkriminalisierung von Sexkauf von westlichen Demokratien nicht lösbar, sondern verschärft sich vielmehr zusehends, je länger sie anhält.

2. Definition des Prüfgegenstandes: Prostitution gemäß ProstG und ProstSchG – Jakob Drobnik

Den Ausgangpunkt der Untersuchung bilden die vom deutschen Gesetzgeber intendierten Ziele, die mit beiden Gesetzen (ProstG und ProstSchG) erreicht werden sollten und deren Erfüllung es zu prüfen gilt. Dies schließt an eine Dokumentation der bekannten internationalen Konventionen, völkerrechtlichen Regelungen und der europarechtlichen Entwicklung der Regelung des Prostitutionswesens an, die hinsichtlich ihrer Kompatibilität mit dem deutschen Prostitutionsrecht und der derzeitig geläufigen juristischen Auslegung einer kritischen Betrachtung unterzogen werden.

2.1. Begriffsbestimmung nach dem ProstG

Nach § 1 ProstG werden unter dem Begriff der Prostitution *„sexuelle Handlungen gegen Entgelt"* im weitesten Sinne verstanden. Der Begriff der handelnden Personen als *„Prostituierte"*, der ein engeres Verständnis von Prostitution nahelegt, wird erst in § 3 Abs. 2 benutzt. In § 3 Abs. 1 erfolgt sogleich eine Konkretisierung der in § 1 benutzten Bestimmung und die Einführung eines bislang rechtlich noch nicht gebräuchlichen Begriffes. Es wird gesetzlich festgelegt, dass es sich bei Prostitution um eine *„sexuelle Dienstleistung"* im gewerblichen Sinne handelt, was der in § 1 Satz 2 neu geschaffenen rechtlichen Möglichkeit eines regulären Beschäftigungsverhältnisses – auch in sozialversicherungstechnischer und sozialrechtlicher Hinsicht – Rechnung trägt. Mithin werden mit dem Begriff der Prostitution expliziter Geschlechtsverkehr gegen Entgelt und sexuelle Dienstleistungen im weiteren Sinne gleichgesetzt.[172] Dies führt faktisch zu einer Erweiterung sexualitätsbezogener Handlungen gegen Entgelt im Gesetz, dem die

172 Im Gesetzentwurf zum ProstSchG v. 2016 wurden schließlich alle Zweifel an einer Gleichstellung der Begriffe „Prostitution" und „sexuelle Dienstleistung" – unter

Realität auch nach 20 Jahren Praxis jedoch nicht Rechnung trägt. Denn nahezu alle bis 2022 öffentlich zugelassenen gewerblichen Betriebe gemäß dem Prostitutionsgesetz sind Bordelle, die explizit mit dem Angebot des Geschlechtsverkehrs an und mit Frauen werben. Insofern wird sich diese Studie maßgeblich mit dem klassischen Sachverhalt der Prostitution im engeren Sinne beschäftigen, da dies der Realität in Deutschland entspricht.[173]

Auch gemäß einschlägiger Rechtsprechung in Bezug auf das ProstG und ProstSchG wird unter dem Begriff der Prostitution weiterhin die entgeltliche Vornahme intimer sexueller Interaktion mit wechselnden Partnern verstanden.[174] Die Bestandteile jener Definition finden sich bereits im Beschluss des BGH von 17.2.1954[175] oder im Urteil des OLG Neustadt/Weinstraße vom 12.1.1955[176] wieder. Im Urteil vom 28.5.1974 befand das OLG Köln, dass Prostitution voraussetze, „dass jemand zu Erwerbszwecken wiederholt an oder vor wechselnden Partnern sexuelle Handlungen (...) vornimmt oder an sich vornehmen lässt (...)."[177]

2.2. Ziele der deutschen Prostitutionsregelungen

Zum grundlegenden politischen Ziel der Gesetzesinitiative zur Regelung der Prostitution gehörte die Verbesserung der sozialen und rechtlichen Lebensverhältnisse der Prostituierten. Erreicht werden sollte dies durch:

1) die Einführung eines zivilrechtlich einklagbaren Rechtsanspruchs auf ein vereinbartes Entgelt für die sich prostituierende Person;
2) die Aufhebung des Verdikts der Sittenwidrigkeit, um eine Entstigmatisierung der sich prostituierenden Personen zu ermöglichen;
3) die Eröffnung und Erleichterung des Zugangs zum deutschen Sozialversicherungssystem für Prostituierte;

---

welchen alle sexuellen Handlungen, die gegen Entgelt vorgenommen werden, zu verstehen sind – ausgeräumt; BT-Drs. 18/8556, 59.

173 Die er vor Kurzem ergangene Verpflichtung von Studios mit dem Angebot der Tantra Massage, gemäß dem ProstSchG eine Zulassung zu erlangen, fällt insofern nicht unter den Gegenstand dieser Untersuchung.

174 MüKoStGB/Renzikowski StGB § 232a Rn. 28.

175 BGH, Beschluss v.17.2.1954 – GSSt 3/53, NJW 1954, 766.

176 OLG Neustadt/Weinstr., Urt. v. 12.1.1955 – Ss 176/54, NJW 1955, 1729.

177 OLG Köln, Urt. v. 28.5.1974 – Ss 85/74, NJW 1974, 1831.

4) die Schaffung von Umschulungsmaßnahmen für ausstiegswillige Prostituierte;[178]

5) den Entzug der Grundlagen für kriminelle Begleiterscheinungen der Prostitution.[179]

Durch die Regulierung der Prostitution und die Einführung einer rechtswirksamen Forderung auf das vereinbarte Entgelt für die erbrachten sexuellen Handlungen sollten ferner:

6) bessere Arbeitsbedingungen und ein besseres Arbeitsumfeld für die in der Prostitution tätigen Personen geschaffen werden.[180]

Weil diese Ziele nur bedingt erreicht werden konnten und weite Teile der Prostitution weiterhin unreguliert blieben, entschied sich der Gesetzgeber 2016, weitere gesetzliche Maßnahmen zu ergreifen.[181] Insbesondere sollte die gewerbliche Prostitution, die als Wirtschaftszweig mit Milliarden Euro an Jahresumsätzen geschätzt wurde,[182] sowie anderes unternehmerisches Handeln im Bereich der Prostitution reguliert werden.[183] Auch sollten die neuen Regelungen effektiv und praxistauglich „die in der Prostitution Tätigen“[184] schützen und die mit der Prostitution verbundenen kriminellen Begleiterscheinungen, wie Ausbeutung, Menschenhandel, Gewalt und Zuhälterei bekämpfen. Mit Blick darauf wurden die intendierten Ziele des neuen Gesetzes wie folgt festgesetzt:

- Das sexuelle Selbstbestimmungsrecht von Menschen in der Prostitution sollte gestärkt werden.

178 BT-Drs. 14/5958, 4f.

179 BT-Drs. 14/4146, 43f.

180 Reglementierung von Prostitution: Ziele und Probleme – eine kritische Betrachtung des Prostitutionsgesetzes, Bundesministerium für Familie, Senioren, Frauen und Jugend, 8. Online unter: https://publikationen.uni-tuebingen.de/xmlui/bitstream/handle/10900/64233/prostitutionsgesetz-gutachten-1.pdf?sequence=1&isAllowed=y (abgerufen am 23.2.2022).

181 Siehe dazu die Bundestagsdebatte v. 7. Juli 2016: Deutscher Bundestag, Plenarprotokoll 18/183, Berlin 7. Juli 2016, 18046; siehe unter: https://dserver.bundestag.de/btp/18/18183.pdf#P.18046 (abgerufen am 23.1.23).

182 Der Jahresumsatz der Prostitutionsdienstleistungen in Deutschland wird auf einen zweistelligen Milliardenbetrag geschätzt (Statistisches Bundesamt 2013, 14,6 Milliarden Euro).

183 Siehe: BT-Drs. 18/8556, 1.

184 BT-Drs. 18/8556, 2.

- Verträgliche Arbeitsbedingungen und der Schutz der Gesundheit für Prostituierte sollten sichergestellt werden.
- Ordnungsrechtliche Instrumente zur Überwachung der gewerblichen Prostitution sollten verbessert werden.
- Rechtssicherheit für legale Prostitutionsausübung sollte geschaffen werden.
- Gefahren in der Prostitution und sozial unverträgliche oder jugendgefährdende Auswirkungen der Prostitutionsausübung sollten ausgeschlossen werden.
- Kriminalität in der Prostitution wie Menschenhandel, Gewalt und Ausbeutung von Prostituierten sollte eingedämmt und verhindert werden.[185]

Das Prostituiertenschutzgesetz (ProstSchG) sollte diesen politischen und rechtlichen Zielen Rechnung tragen. Ob und inwieweit sie erreicht wurden, ist Gegensand der stattfindenden Evaluation des ProstSchG, die der Deutsche Bundestag bis zum Jahr 2025 vorlegen wird. Die folgende Untersuchung stellt jetzt bereits unter Beweis, dass diese Ziele unter Ansehung vielfältiger empirischer Daten und Untersuchungen zu den rechtlichen Folgen dieser doppelten Gesetzgebung der Prostitution in Deutschland nicht erreicht wurden.

2.3. Definition der Prostitution nach dem ProstSchG

Im ProstSchG schließt der Gesetzgeber an die Bestimmungen des ProstG an und setzt Prostitution mit sexuellen Dienstleistungen gegen Entgelt gleich, die allerdings von rein darstellerischen Tätigkeiten zu unterscheiden sind.[186]

In § 2 Abs. 1 Satz 1 stellt der Gesetzgeber fest: „Eine sexuelle Dienstleistung ist eine sexuelle Handlung mindestens einer Person an oder vor mindestens einer anderen unmittelbar anwesenden Person gegen Entgelt oder das Zulassen einer sexuellen Handlung an oder vor der eigenen Person gegen Entgelt." Der Begriff sexueller Handlungen solle diesbezüglich extensiv verstanden werden.[187] Denn erfasst werden alle sexuellen Handlungen,

185 BT-Drs. 18/8556, 33.
186 Siehe: BT-Drs. 18/8556, 59.
187 Ebd., 58.

die gegen Entgelt vorgenommen werden, so dass nicht nur die sexuelle Penetration im engeren Sinne dazugehört. Die üblicherweise der Prostitution zugerechneten Formen sexueller Handlungen einschließlich sexualbezogener sadistischer oder masochistischer Handlungen gegen Entgelt, unter mindestens zwei Personen, fallen unter die Regelungen der Prostitutionsgesetzgebung – unabhängig davon, ob es dabei zu körperlichen Berührungen oder zur Ausübung des Geschlechtsverkehrs zwischen den beteiligten Personen kommt.[188]

Auch die im ProstSchG vom deutschen Gesetzgeber vorgenommene Begriffsbestimmung der *„sexuellen Dienstleistungen"* wird bezüglich der Prostitution rechtlich nicht mehr unterscheiden, ob eine intime geschlechtliche Interaktion bzw. eine Penetration (anal oder oral) der sich prostituierenden oder prostituierten Person stattfindet oder nicht (z.B. auch Sexualassistenz und Massagen im Intimbereich sind definitorisch inkludiert).[189] Der Gesetzgeber intendiert damit, dass der Begriff der „sexuellen Dienstleistung" den Begriff der Prostitution ablöst.

Das Ziel des Gesetzgebers ist es mit dieser positiven, neuen Begrifflichkeit Prostitution zu entstigmatisieren und zu einem legalen Berufsbild zu erheben, ebenso wie Menschen in der Prostitution als gleichwertig zu respektieren. Letzteres ist grundgesetzgemäß und von der Zielsetzung her zu billigen. Allerdings hat sich gezeigt, dass der Gesetzgeber durch diese erweiterte Definition der sexuellen Dienstleistung auf maßgebliche rechtliche und ethische Kriterien für die Beurteilung der konkreten sexuellen Handlungen und der Tätigkeit per se, die fast immer im Dunkelfeld verbleibt und vom Staat im Einzelnen nicht kontrolliert werden kann, zusätzlich verzichtet hat. Denn durch diese begriffliche Neuerung wird rechtlich nicht mehr differenziert, ob es bei sexuellen Dienstleistungen für die Betroffenen – die je nach spezifischer Bandbreite und Variante ihrer Ausübung auftreten, nämlich von intimer Massage ohne Einsatz der eigenen Sexualorgane bis hin zu aggressiver Penetration mit potenzieller Vergewaltigungsabsicht – nicht auch zu extrem abweichenden und unterschiedlichen rechtsrelevanten Folgewirkungen bei den Menschen in der Prostitution kommt.[190]

Dies war durch den Begriff der Prostitution, die einen prostitutiven bzw. sexuellen Akt notwendigerweise einschloss, gesetzlich noch möglich, weil eine eindeutige Identifikation der Subjekt-Objekt-Relation vorgenom-

188 Ebd., 59.
189 Ebd.
190 Ebd., 33f.

men wurde und klar war, wer als Wahrnehmender der Prostitution unter welchen Umständen die Sexualorgane der jeweils anderen Person zum Zweck der eigenen Befriedigung gegen Entgelt nutzte. Der Ersatz des Prostitutionsbegriffs durch den erweiterten Begriff der sexuellen Dienstleistungen, in denen nicht mehr zwischen der Durchführung von konkretem Geschlechtsverkehr zur sexuellen Befriedigung des Freiers und weitergehenden sexuellen Dienstleistungen ohne Körpereinsatz der Prostituierten unterschieden wird, entspricht nicht internationalen Standards der Gesetzgebung in Europa oder der Gesetzgebung im internationalen Vergleich, in der weiterhin vom Begriff der Prostitution ausgegangen wird. Vielmehr werden konkrete Probleme, die mit der Prostitution exklusiv verbunden sind, hierdurch verwischt und intransparent gemacht.

3. Folgewirkungen der Prostitutionsgesetzgebung in Deutschland – Jakob Drobnik

3.1. Abweichungen von der rechtlichen Zielsetzung und die Folgen

Zu den rechtlichen Folgewirkungen der Reglementierung der Prostitutionsausübung seit 2002 und der grundsätzlichen Entkriminalisierung der Zuhälterei,[191] des Anwerbens und Anbietens sexueller Handlungen (ggf. Dienstleistungen) und der Legalisierung des Prostitutionsgewerbes gehören folgende Sachverhalte:

3.1.1. Gesetzliche Annahme der Freiwilligkeit

Vorab soll eine kurze Klärung erfolgen, denn innerhalb der Rechtswissenschaften bleibt die Ermittlung des Vorhandenseins der Freiwilligkeit umstritten. Im Wesentlichen können zwei Betrachtungsmethoden ausgemacht werden, eine psychologisierende und eine zweckorientierte Betrachtung, die Freiwilligkeit normativ (d. h. juristisch) verstehen will.[192] Innerhalb dieser beiden Betrachtungsmethoden herrscht allerdings Uneinigkeit, was die Auswahl der ihnen zugrundeliegenden Kriterien angeht.

191 In § 232a StGB findet sich das Wort „veranlassen“, worunter jede Verursachung der Aufnahme oder Fortsetzung der Prostitution auf irgendeine Weise fällt. Bei ausbeuterischer Zuhälterei muss die persönliche oder wirtschaftliche Ausnutzung der Prostituierten vorliegen oder ihre Hilflosigkeit, die zu beweisen ist.

192 NK-StGB/Rainer Zaczyk, StGB § 24, Rn. 64–66.

Zum einen geht es in der psychologisierenden Betrachtungsweise um ein nachweisliches Faktum der autonomen Selbstbestimmung der einzelnen Person als zentraler Faktor der Ermittlung der Freiwilligkeit, z.B. auch in Prostitution. Darunter wird einerseits eine „echte oder freie Wahlmöglichkeit“ der betroffenen Person verstanden und andererseits deren Einwilligung im Handlungsprozess, welche sich darin konstituiert, dass sie auch dann noch verweigert oder zurückgezogen werden kann, ohne davon Nachteile zu haben. Entscheidend für eine vollumfängliche empirisch-sozialwissenschaftliche Bewertung von Freiwilligkeit sind auch die einer Tat zugrundeliegenden Handlungsmotive und die tatsächliche Handlungsbereitschaft im Prozess der Durchführung der Prostitution.[193]

Zum zweiten geht es bei der normativen Betrachtung nicht um die wahrhafte Prüfung des Vorhandenseins der realen Freiwilligkeit der Handlung, sondern um die formal-juristische Bestätigung einer vorherigen, einmaligen Zustimmung z. B. in einem Vertrag oder auch nur in einer Aussage bzw. Anmeldung, von der angenommen wird, dass sie vor dem sexuellen Akt erfolgt ist (Analogie zum Vertragsrecht). Eine Mehrheit der Rechtswissenschaftler, vor allem aus dem Strafrecht, spricht sich mittlerweile für eine eingehende psychologisierende Betrachtungsweise zur Ermittlung der Freiwilligkeit aus, um der Faktenlage tatsächlich gerecht zu werden, andere bleiben bei einer normativen Betrachtung, die vorab erfolgt.[194]

Der Gesetzgeber geht von der grundsätzlichen Annahme aus, dass es eine autonome und freiwillige Entscheidung der der Prostitution nachgehenden Person gibt, ihren Lebensunterhalt durch Tätigkeit in der Prostitution zu bestreiten, liefert jedoch keine empirischen und sozialwissenschaftlich belastbaren Belege als Beweis für die freie Wahl. Faktisch kam es zu einer vorschnellen Annahme der grundsätzlichen Freiwilligkeit jeglichen

193 Schönke/Schröder/Eser/Bosch, StGB § 24, Rn. 42; st. Rspr., BGHSt 7, 296, 299; siehe auch: Lackner/Kühl/Heger, § 24, Rn. 18; Jescheck/Weigend, AT § 51 III 2; Kühl, AT § 16, Rn. 54, 55; Otto, AT § 19, Rn. 35; Maurach/Gössel, AT/2 § 41, Rn. 182; S/S-*Eser/Bosch*, § 24, Rn. 43f.

194 Vgl. Schönke/Schröder/Eser/Bosch, StGB § 24, Rn. 43; Matt/Renzikowski/Heger/Petzsche, StGB § 24, Rn. 23; BGH Urt. v. 13. Januar 1988 – 2 StR 665/87, BGHSt 35, 184 (187), NJW 1988, 1603 (1604); Lackner/Kühl/Heger, § 24, Rn. 18; Jescheck/Weigend, AT § 51 III 2; Kühl, AT § 16, Rn. 54, 55; Otto, AT § 19, Rn. 35; Maurach/Gössel, AT/2 § 41, Rn. 182; S/S-Eser/Bosch, § 24, Rn. 43f.; EuArbRK/Franzen EU (VO) 2016/679 Art. 7 Rn. 7. Umso erstaunlicher ist es, dass dem ProstG und ProstSchG noch ein normatives Verständnis der freiwilligen Prostitutionsausübung zugrunde liegt, das auch von Strafrechtlern, die sich damit beschäftigen, nicht wirklich kritisiert wird. Vgl. Renzikowski/MünchKommStGB, § 174, Rn. 47.

Angebotes der Prostitution, so dass nachfolgende Risiken der Rechtsverletzungen oder sexuellen Gewalterfahrung als Folgen eines „regulären Berufsrisikos“ oder als Folgen der „Berufsfreiheit“ gemäß Art. 12 GG gelten.

Beide Prostitutionsgesetze, ebenso wie manche der diese auslegenden Rechtwissenschaftler, gehen davon aus, dass die Freiwilligkeit für die Einhaltung des Art. 1 GG in Bezug auf die den Sex anbietenden Prostituierten *ipso facto* besteht, ohne diese sehr schwerwiegende Hypothese zuvor oder während der über zwanzigjährigen Geltung des Prostitutionsgesetzes einer Prüfung unterzogen zu haben, welche sozialwissenschaftlichen Standards oder einer rechtsphilosophischen Betrachtung Stand halten würde. Es liegt deshalb ein gravierender Mangel der Prüfung von Freiwilligkeit und Autonomie bei den entscheidenden Betroffenen vor, ebenso wie eine fahrlässige Fortführung der Reglementierung der Prostitution durch das ProstSchG, ohne Berücksichtigung eventueller Menschen- und Grundrechtsverletzungen für die betroffenen Prostituierten. Es werden im Folgenden viele Expertenaussagen zur Freiwilligkeit gehört, die sie stark infrage stellen lassen.

Mit dem ProstG wurde faktisch die Prostitution per se vollständig reglementiert und legalisiert, jedoch nicht nur auf der Seite der Prostituierten (legalisiert war sie da seit 1927), sondern auch auf der Seite der nachfragenden Freier sowie bei Dritten, die die Prostitution fördern, davon profitieren oder sie gewerbsmäßig betreiben, ohne selbst Prostituierte zu sein. Ursprüngliches Ziel des Gesetzes war es, wie bereits dargelegt, den früheren „Dirnenlohn“, der nicht einklagbar war, zu einem einklagbaren Entgelt für eine vertraglich vereinbarte sexuelle Dienstleistung zu machen. Deshalb wird die Tätigkeit der Prostitution seit ihrer Reglementierung von vielen Befürwortern und Teilen der Justiz als „sexuelle Dienstleistung“ bezeichnet (wohingegen in § 3 Abs. 1 ProstG und in § 1 Satz 1 von sexuellen Handlungen die Rede ist) und damit anderen Dienstleistungen ebenso wie beruflichen und gewerblichen Tätigkeiten nominell gleichgestellt. Dass der Tätigkeit als „SexdienstleisterIn“ nicht auch noch staatlicherseits eine Vermittlung in Arbeit erfolgt oder der Beruf erlernbar ist, bleibt aber ein aporetisches Phänomen, das die verbleibende Ambiguität dieser Tätigkeit belegt und beweist, dass er kein „normaler Beruf“ wie jeder andere ist.[195]

195 Siehe dazu: BSG, Urt. v. 6.5.2009 – B 11 AL 11/08 R, NJW 2010, 1627. Im vorliegenden Urteil stellt das LSG Rheinland-Pfalz in Nr. 23 fest: „Gemäß Art. 1 I GG ist die Würde des Menschen unantastbar. Sie zu achten und zu schützen ist Verpflichtung aller staatlichen Gewalt. Die Garantie der Menschenwürde verpflichtet gem. Art. 1 I 2 GG die gesamte ‚staatliche Gewalt‘, was den in Art. 1 III GG ver-

Die besondere Schutzbedürftigkeit der Betroffenen als vulnerable Gruppe, die durch die Ausübung dieser spezifischen Tätigkeit in der Prostitution entsteht, wurde bis zum Jahr 2016 vom Gesetzgeber nicht anerkannt. Ob ihr Schutz seither durch das Prostituiertenschutzgesetz (ProstSchG) gewährleistet ist, wird im Moment im Auftrag des Deutschen Bundestages evaluiert, kann jedoch im Rahmen aktueller europäischer Studien und im Rahmen der noch folgenden Untersuchungen, die wir hier zusammenfassen, bereits stark bezweifelt werden. Viele Exekutivorgane von Bund und Ländern scheinen dies bereits zu erkennen, wie noch zu zeigen sein wird.

Empirische und statistische Daten, ebenso wie staatsanwaltschaftliche und polizeiliche Untersuchungen, sind im Rahmen dieser Arbeit wissenschaftlich ausgewertet worden. Sie haben einheitlich und gleichlautend, auch für die Zeit nach der Einführung des ProstSchG ergeben, dass es sich um eine zutiefst vulnerable Gruppe von Menschen in der Prostitution handelt, die nach Erfahrung der Strafverfolgungsbehörden sogar bis zu 95 Prozent Frauen sind, und fast ausschließlich ausländische Frauen oder Frauen mit Migrationshintergrund. Hier stimmen die Einschätzungen der deutschen Innenbehörden eins zu eins mit den Studien des Europäischen Parlaments, der Europäischen Union[196], ebenso wie internationalen Studien überein.

Global und national betrachtet ist die Prostitution nachweislich auf das Engste mit der Kriminalität des Menschenhandels und dem Tatbestand des sexuellen Missbrauchs, sexueller Ausbeutung und sexualisierter Gewalt verbunden. Denn *die Nachfrage* auf liberalisierten Prostitutionsmärkten übersteigt *das Angebot* an deutschen bzw. inländischen Frauen, die diese Tätigkeit ausüben wollten, bei Weitem.

---

wandten Begriffen entspricht, wonach die Grundrechtsbindung für Gesetzgebung, vollziehende Gewalt und Rechtsprechung gilt (...). Demzufolge ist die Bundesagentur für Arbeit im Rahmen ihrer gesetzlichen Aufgabenstellung zur Wahrung der Grundrechte verpflichtet. Eine Arbeitsvermittlung in die Prostitution, die – wie im Fall des Vermittlungsauftrags des Kl. – mit der entgeltlichen Vornahme sexueller Handlungen oder anderer Dienstleistungen mit eindeutig sexuellem Bezug verbunden ist, beraubt den Anbietenden, auch wenn er nicht zur Leistung verpflichtet ist, seiner Subjektqualität und der Freiheit in seiner Intimsphäre (...). Eine Vermittlungstätigkeit der Bundesagentur für Arbeit für, nach den Feststellungen des *LSG* auf den Sexualbereich, bezogene Dienstleistungen – über anderes ist hier nicht zu entscheiden – ist deshalb mit dem Schutz aus Art. 1 I GG und auch Art. 2 I GG unvereinbar." Siehe auch: SG Speyer, Urt. v. 4.5.2006, S 10 AL 1020/04 und SG Dresden, Urt. v. 6.6.2005, S23 AL 1207/03.

196 Vgl. The European Parliament, The Differing EU-Member States´ regulations on Prostitution and their cross border implications on women's rights, 2021.

Die internationale „Beschaffungskriminalität" erstreckt sich primär auf das Anwerben von Frauen aus ärmsten Verhältnissen Südosteuropas oder des Globalen Südens (Afrika, aber auch bis nach Südostasien).[197] Die unvergleichlich hohen Renditen der Gewerbetreibenden und Unternehmer in Bordellen oder spezifischen Wohnungen, die mit der Liberalisierung des Prostitutionsmarktes in Deutschland erwirtschaftet werden,[198] haben einen ökonomischen Anreiz gesetzt, *Deutschland zum „Bordell Europas"*[199] werden zu lassen. Der hierauf basierende Umsatz wird auf über 10 Mrd. Euro[200] und sogar über 15 Mrd. Euro jährlich geschätzt; das Bundesamt für Statistik geht von bis zu 14,6 Mrd. Euro in DE aus.[201] Es ist jedoch davon auszugehen, dass die meisten Gewinne durch professionelle Arbeitgeber bzw. Vermieter von Wohnungen und Bordellen illegal und schwarz abgeschöpft werden, definitiv nicht zu einem größeren Anteil bei den Prostituierten verbleiben, welche jedoch alleine die gesundheitlichen und psychischen Einbußen ebenso wie die verkürzte Lebenserwartung zu tragen haben.[202]

197 Siehe dazu: M. Paulus, Menschenhandel und Sexsklaverei. Organisierte Kriminalität im Rotlichtmilieu, Wien 2020, 43–106.

198 Ein Experte aus der Strafverfolgung kommentiert hierzu sehr drastisch: „»Kühe«, so lautet ein Sprichwort, »werden gemolken, solange sie Milch geben.« Das Milieu gibt seine Opfer in aller Regel erst dann frei, wenn sie gesundheitlich ruiniert und zu menschlichen Wracks verkommen sind"; siehe: M. Paulus, Menschenhandel und Sexsklaverei. Organisierte Kriminalität im Rotlichtmilieu, Wien 2020, 168.

199 Vgl. verschiedene Presseorgane Deutschlands, so u.a. ZDF, Arte, Spiegel online: https://www.spiegel.de/panorama/gesellschaft/prostitution-in-deutschland-das-system-layla-gehoert-verboten-meinung-a-a92e53b2-baf7-445d-ac46-bebbd7a00797 (abgerufen am 4.11.22).

200 The European Parliament, The Differing EU-Member States´ regulations on Prostitution and their cross border implications on women's rights, 2021, 31; Deutsche Zusammenfassung, 2.

201 Siehe: https://www.caritas.de/neue-caritas/heftarchiv/jahrgang2014/artikel/das-geschaeft-mit-dem-sex-bleibt-lukrativ (abgerufen am 25.11.22); https://www.berufsverband-sexarbeit.de/index.php/sexarbeit/zahlen-zur-sexarbeit/ (abgerufen am 25.11.22); https://www.theeuropean.de/ansgar-lange/13403-prostitution-die-moral-hat-ein-dreckiges-gesicht (abgerufen am 25.11.22).

202 Die staatlichen FAQs der Wiedereingliederungskurse für Freier in Frankreich, die sich strafbar gemacht haben, gehen von einer Lebenserwartung von nicht mehr als 40 Jahren bei Posituierten aus: https://taz.de/Antiprostitutionsgesetz-in-Frankreich/!5862212/ (abgerufen am 4.11.22).

3.1.2. Inkaufnahme von Unrecht und mangelnde Beseitigung

Trotz der Kenntnis dieser andauernden Rechtsverletzungen wurde das Prostitutionsgesetz 2016 nicht im Grundsatz revidiert,[203] obwohl vom Gesetzgeber selbst nach ausführlichen Untersuchungen und Befragungen von Experten erkannt werden musste, dass es zu andauernden schwerwiegenden Rechtsverletzungen gegenüber Prostituierten im Rahmen dieser Gesetzgebung kommt.[204] Auch dem Verdacht menschenunwürdiger Bedingungen durch Organisierte Kriminalität im Rotlichtmilieu wurde bis heute nicht genügend nachgegangen. Polizei und Strafverfolgungsbehörden fehlt es, trotz der staatlichen Kenntnis über schwerwiegende strafbare Handlungen und sexuelle Ausbeutung von Menschen in der Prostitution, an den entsprechenden gesetzlich zu schaffenden Eingriffsbefugnissen durch die Poli-

---

203 Siehe dazu: Deutscher Bundestag, Plenarprotokoll 18/183, Berlin 7. Juli 2016; online unter: https://dserver.bundestag.de/btp/18/18183.pdf#P.18046 (abgerufen am 31.1.23).

204 Siehe dazu: BMFSFJ, Bericht der Bundesregierung zu den Auswirkungen des Gesetzes zur Regelung der Rechtsverhältnisse der Prostituierten (Prostitutionsgesetz – ProstG), Januar 2007, 10, 32, 42, 48; https://www.bmfsfj.de/resource/blob/84046/f0c60f25ee8cd96f2560be3b070d7b05/bericht-bureg-auswirkungen-prostitutionsgesetz-data.pdf (abgerufen am 2.12.22); BMFSFJ, Vertiefung spezifischer Fragestellungen zu den Auswirkungen des Prostitutionsgesetzes: Ausstieg aus der Prostitution. Kriminalitätsbekämpfung und Prostitutionsgesetz, Januar 2007, 16f., 25, 27f.; https://www.bmfsfj.de/resource/blob/84536/cb6b16fb2f01c74dfe0de108cca335ed/prostitutionsgesetz-gutachten-2-data.pdf (abgerufen am 2.12.22); EU-Parlament, Generaldirektion Interne Politikbereiche Fachabteilung C: Bürgerrechte und konstitutionelle Angelegenheiten. Gleichstellung der Geschlechter. Sexuelle Ausbeutung und Prostitution und ihre Auswirkungen auf die Gleichstellung der Geschlechter, Januar 2014; https://www.europarl.europa.eu/RegData/etudes/STUD/2014/493040/IPOL-FEMM_ET(2014)493040_DE.pdf (abgerufen am 2.12.22). Entschließung des Europäischen Parlaments vom 26. Februar 2014 zur sexuellen Ausbeutung und Prostitution und deren Auswirkungen auf die Gleichstellung der Geschlechter (2013/2103(INI)); https://www.europarl.europa.eu/doceo/document/TA-7-2014-0162_DE.pdf (abgerufen am 2.12.22). Auch die neuen Regelungen des ProstSchG, die eine weitere Verbesserung der in der Prostitution Tätigen beabsichtig haben, konnten laut dem Zwischenbericht des BMFSFJ von Mai 2020 nur einen „Informationsausschnitt über die legale Prostitution in Deutschland unter der Anwendung des ProstSchG“ liefern, der das Dunkelfeld nicht beleuchtet; siehe: BMFSFJ, Zwischenbericht zum Prostituiertenschutzgesetz, Mai 2020, 37; online unter: https://www.bmfsfj.de/resource/blob/156998/bfc0e8295e1bcc04b08159e32e95281f/zwischenbericht-zum-prostituiertenschutzgesetz-data.pdf (abgerufen am 2.12.22). Siehe auch die Erkenntnisse aus dem „Paradise-Prozess“, insb. was den modus operandi der Bordellbetreiber und ihre Verbindungen zur OK angeht: LG Stuttgart, Urt. v. 26.2.2019 – Az.: 7 KLs 200 s 115430/13.

zei- und Innenbehörden.[205] Bei Kenntnis der Verwerfungen würde man dies im juristischen Kontext normalerweise als billigende Inkaufnahme von Unrecht werten und als fahrlässiges Unterlassen des Staates, hier grundlegende gesetzgeberische Abhilfe zu schaffen.[206] Dies bedeutet, dass die bundesdeutsche Gesetzgebung, trotz der exakten Kenntnis von Unrechtsstrukturen, billigend in Kauf nimmt, dass sexuelle Ausbeutung und unfreiwillige sexuelle Dienstleistungen in Deutschland seit Einführung des Prostitutionsgesetzes (ProstG) in unverhältnismäßiger Weise im Rahmen der Prostitution stattfinden bzw. dieselbe durch die nur unterschwellige Wirkung eines zweiten Gesetzes (ProstSchG) verstetigt wird, da die Anzahl derer, die sich der Prostitution ursprünglich freiwillig zuwenden, nach Auskunft aller Experten, die von uns befragt wurden, in jedem Fall nur den geringsten Anteil der Prostituierten ausmacht.

Der Gesetzgeber räumte 2016 ein, dass es bei den verschiedenen Erscheinungsformen der Prostitution lediglich „Abstufungen von autonomer, aufgeklärter Entscheidung“[207] der betroffenen Prostituierten gibt und, aufgrund der vielfältigen sozialen und psychischen Situationen, in der sich viele Prostituierte befinden, es oft sehr in Frage steht, ob sie sich „wirklich frei und autonom für oder gegen diese Tätigkeit entscheiden können.“[208]

Noch vor der Verabschiedung des ProstSchG, welches das ProstG ergänzt und damit voraussetzt, hat der Gesetzgeber eingeräumt, dass es in diesem Bereich der Prostitution auch „organisierte Formen der sexuellen

205 W. Schmidbauer (bayrischer Landespolizeipräsident a.D. 2013–2022): Das Prostitutionsgesetz zwischen Anspruch und Wirklichkeit aus polizeilicher Sicht, NJW 2005, 871f.

206 Von den Folgewirkungen einer legalisierten Prostitutionsausübung für die Prostituierten berichtete u.a. Wolfgang Heide, Facharzt für Gynäkologie und Geburtshilfe am 30. Mai 2016 in einer Stellungnahme zur Regulierung des Prostitutionsgewerbes im Deutschen Bundestag; siehe: https://www.bundestag.de/resource/blob/425132/8d5f5d287762d764f17a9c1996b36b0e/18-13-76e_wolfgang-heide-data.pdf (abgerufen am 9.12.22).

207 BT-Drs. 18/8556, 33.

208 Paradoxerweise bestätigen Freier sogar diese Erkenntnisse. In der Farley-Studie von 2022 gab ein Freier an: „In Deutschland machen ca. 10 Prozent das freiwillig, das andere ist Armutsprostitution oder aber Zwangsprostitution. Armutsprostitution ist auch nicht freiwillig“; M. Farley/I. Kleine/K. Neuhaus/Y. McDowell/S. Schulz/S. Nitschmann, Männer in Deutschland, die für Sex zahlen – und was sie uns über das Versagen der legalen Prostitution beibringen: ein Bericht über das Sexgewerbe in 6 Ländern aus der Perspektive der gesellschaftlich unsichtbaren Freier, Berlin 2022, 34; online zugänglich unter: https://prostitutionresearch.com/wp-content/uploads/2022/11/Freier-Germany-11-8-22.pdf (abgerufen am 17.1.23).

Ausbeutung“[209] gegenüber vulnerablen Gruppen in Deutschland gibt, welche im Kontext unterschiedlicher Formen von sexuellen Dienstleistungen stattfinden.[210] Darüber hinaus räumt der Gesetzgeber zugleich ein, dass es organisierte Formen der sexuellen Ausbeutung in der Sexindustrie in Deutschland gibt,[211] die sich seiner Hoheitsgewalt entziehen und die er folglich nicht kontrollieren kann bzw. bei denen der Gesetzgeber einen den Umständen entsprechenden und notwendigen Schutz nicht gewährleisten kann. Trotz des Bewusstseins über die häufig, bis heute auftretenden schwerwiegenden Straftaten gegenüber Menschen in der Prostitution, die durch die bestehende Prostitutionsgesetzgebung nicht ausreichend geschützt werden – *a contrario* sie sogar begünstigen –, wird nach wie vor durch den Gesetzgeber an ihr festgehalten.[212]

Diese Fahrlässigkeit und u.U. sogar Billigung des Gesetzgebers, ungeachtet nachweislich vorliegender, erdrückender Beweislast[213], kann nur damit erklärt werden, dass es beim damaligen Gesetzgeber sowie in der Exekutive und bei den politisch hierfür Verantwortlichen keinen mehrheitlichen politischen Willen gab, Verstöße gegen Grundrechte im Bereich der Prostitution durch Revidierung der gesetzlichen Liberalisierung zu beheben und somit eine grundsätzliche verfassungsgemäße Schutz- und Gewährleistungsverantwortung gegenüber Menschen im deutschen Staat zu erfüllen. Denn die politische Auffassung, man könne mit zusätzlicher Regulierung durch ein Prostituiertenschutzgesetz die akuten Gefahren für Leib und Leben in, während und nach der Prostitution beheben, die Prostituierte immer wieder durch Freier und Zuhälter ausgesetzt sind, wird weder durch empirische Fakten noch durch Experten der Innenbehörden, der Medizin oder der Sozialen Arbeit geteilt, was hier noch gezeigt werden wird. Im folgenden Abschnitt wird deshalb eine aktuelle Bestandsaufnahme vorge-

---

209 BT-Drs. 18/8556, 34.

210 Ebd.

211 Ebd., 58.

212 Vgl. M. Paulus, Menschenhandel und Sexsklaverei. Organisierte Kriminalität im Rotlichtmilieu, Wien 2020, 138–143.

213 Siehe dazu: BMFSFJ, Lebenssituation, Sicherheit und Gesundheit von Frauen in Deutschland. Eine repräsentative Untersuchung zu Gewalt gegen Frauen in Deutschland. II. Teilpopulationen – Erhebung bei Prostituierten. „Lebenssituation, Sicherheit und Gesundheit von Frauen in Deutschland. Dr. Monika Schröttle / Prof. Dr. Ursula Müller, Interdisziplinäres Zentrum für Frauen- und Geschlechterforschung der Universität Bielefeld, September 2004; https://www.bmfsfj.de/resource/blob/84328/0c83aab6e685eeddc01712109bcb02b0/langfassung-studie-frauen-teil-eins-data.pdf, hier: 465–557 (abgerufen am 9.12.22).

nommen, die die Rechtsfolgen für die Betroffenen nach der Einführung des ProstSchG empirisch analysiert.[214]

3.1.3. Schlussfolgerungen für die Abweichung von der rechtlichen Zielsetzung

Bereits kurz nach der Jahrtausendwende wurde im Zuge der neuen deutschen Prostitutionsgesetzgebung auch die internationale Organisation der Prostitutionsbeschaffung legalisiert und mit anderen seriösen Geschäftsbranchen und Geschäftsmodellen im Dienstleistungsbereich faktisch gleichgesetzt. Zuhälter wurden zu Geschäftsleuten gemacht, trotz des den Innenbehörden bekannten kriminellen Umfeldes und der länderübergreifenden Organisierten Kriminalität, welche dieses Milieu dominiert, sowie des erpresserischen, ausbeuterischen, gewalttätigen und menschenrechtsverletzenden Potenzials, das im Prostitutionsgewerbe weltweit vorherrschend ist. Die im Völkerrecht eingegangene Erkenntnis des Zusammenhangs von Prostitution und Menschenhandel von Frauen und Mädchen[215] ebenso wie wissenschaftliche Erkenntnisse, welche grundsätzlich belegen, dass sich Menschenhandel im legalisierten Modell der Prostitutionsgesetzgebung stark erhöht,[216] wurde vom deutschen Gesetzgeber im Jahr 2001, ebenso wie im Jahr 2016, bewusst ignoriert.

Die Gründe hierfür liegen in der vom deutschen Rechtsstaat geschaffenen realen Möglichkeit, Menschenhandel, Zwangsprostitution und erpresserische Zuhälterei unter dem Deckmantel legaler Gewerbetätigkeiten in der Prostitution zu verdecken. In der Praxis haben die Regelungen seit über 20 Jahren dazu geführt, dass sich die Machtstellung der Zuhälter, aus der heraus sie einen Menschen gegen seinen Willen zur Prostitution (ggf. zur Aufnahme oder Fortführung der Prostitution) zwingen können, durch das Prostitutionsgesetz erheblich verbessert und verfestigt hat. Die Prostituierte könne nach der neuen Gesetzeslage vom Zuhälter deutlich mehr dirigiert und ausgebeutet werden als früher, so die Erfahrung und erklärte

214 Vgl. Kap. 3.2.

215 Vgl. Kap. 1.1.

216 S.-Y. Cho/A. Dreher/E. Neumayer, Does Legalized Prostitution increase Human Trafficking?, in: World Development 41/1 (2013), 67–82; online einsehbar unter: https://papers.ssrn.com/sol3/papers.cfm?abstract id=1986065 (abgerufen am 12.12.22).

Auffassung des Bayerischen Landespolizeipräsidenten Schmidtbauer (2013–2022).[217]

Der Staat hat mit der Gesetzgebung darüber hinaus selbst seine eigene strafrechtliche Handhabe eingeschränkt und sich entscheidender und multipler Kontrollmöglichkeiten durch die Innenbehörden beraubt, wie etwa der uneingeschränkten Möglichkeit von Überwachungen, der polizeilichen Razzien und unangekündigter Kontrollen.[218] Zwar sind Kontrollen weiterhin möglich, jedoch nicht vorbehaltlos und unter erheblichem Auffand durchzuführen. Unvermittelt und ohne Ankündigung dürfen sie nur dann stattfinden, wenn ein belegter Anfangsverdacht und damit auch richterlicher Beschluss vorliegen. Denn da das Prostitutionsgewerbe legalisiert wurde, muss der Umstand des Tatverdachts bzw. ein Anfangsverdacht gegenüber einer bestimmten Person, eines Gewerbes oder einer Gruppe erfüllt sein, damit die Organe der Strafverfolgungsbehörden tätig werden können. Gegenwärtig ist selbst dieses jedoch nur unter großem Personal- und Mittelaufwand möglich, so dass die Organisierte Kriminalität im Rotlichtmilieu immer weiter anwächst und dort eine unbeaufsichtigte Parallelgesellschaft aufbauen konnte, die weiter blüht.[219] Ermittlungsverfahren werden, im Vergleich zur Zeit vor der jetzigen Gesetzgebung, wesentlich eingeschränkter durchgeführt und die Innenbehörden durchwegs in ihrer Überwachungsaufgabe gehemmt. Denn Prostituierte wechseln auf Geheiß ihrer Zuhälter sehr häufig, auch unter Zwang, ihren Aufenthaltsort innerhalb Deutschlands ebenso wie die Orte der Prostitutionsausübung; sie verweigern bzw. widerrufen Aussagen gegenüber der Polizei und Staatsanwaltschaft aufgrund der existierenden psychischen, ökonomischen sowie auch milieuspezifischen Abhängigkeiten und der Ängste vor sofortiger Abschiebung und Bestrafung.[220]

Das gesetzliche Vakuum, das hier im Rotlichtmilieu existiert, ließe sich aufgrund seiner Tragweite nur durch eine grundsätzliche Revision der beiden Prostitutionsgesetze rechtsstaatlich beherrschen, weil es bei einem Weiterbestehen der beiden Prostitutionsgesetze keinen grundsätzlichen Weg vom Dunkelfeld ins erwünschte Hellfeld gibt. Die Prostitution ist beim Fortbestand der prinzipiellen Legalität in Deutschland außerhalb

217 W. Schmidbauer, Das Prostitutionsgesetz zwischen Anspruch und Wirklichkeit aus polizeilicher Sicht, NJW 2005, 871f.

218 Vgl. M. Paulus, Menschenhandel und Sexsklaverei. Organisierte Kriminalität im Rotlichtmilieu, Wien 2020, 135ff., 149–152.

219 Ebd., 151f.

220 Ebd., 154ff.

der gesetzlichen Kontrolle, denn die Kontrollrechte durch das ProstSchG erstrecken sich entweder auf wirkungslose Regeln (Anmeldepflicht ohne Identitätsnachweis oder wirksame Freiwilligkeitsüberprüfung; Kondompflicht ohne Überprüfungsmöglichkeiten; Erlaubnis von Gewerbeanmeldungen ohne Überprüfung spezifischer Arbeitnehmerschutzrechte bzw. ohne Überprüfung der jeweiligen Beschaffungskriminalität in der Form des Nachschubs an ausländischen Frauen ...). Die Regelungen des deutschen Rechtsstaats wirken im ProstG und im ProstSchG denkbar naiv, realitätsfern und, trotz gegenteiliger Intention, kriminalitätsfördernd, dass dies international höchste Verwunderung hervorruft.

3.1.4. Entkriminalisierung des Prostitutionsgewerbes

Letztendlich wurde mit § 1 Satz 1 ProstG den zivilrechtlichen Vereinbarungen über sexuelle Handlungen gegen ein vorher vereinbartes Entgelt eine weitreichende legale Rechtswirksamkeit erteilt. Infolgedessen entfiel in diesem Kontext konkludent das Verdikt der Nichtigkeit eines sittenwidrigen Rechtsgeschäfts nach § 138 BGB, was sich allerdings nicht unmittelbar auf die Erbringung (bestimmter) sexueller Handlungen gegen Entgelt erstreckt. Entsprechend entfiel das Verdikt der Sittenwidrigkeit des Rechtsgeschäfts der Prostitution.[221] Dies geschah im Sinne einer allgemeinen Rechtskultur in einer modernisierten, offenen Gesellschaft, in der das moralische Problem der Sittenwidrigkeit nicht mehr als Rechtsthema erachtet wird, weil die individuell entscheidbaren Werte des Lebens im Privaten von den dem Rechtsstaat zugrundeliegenden Rechtsprinzipien stark getrennt werden, insofern nur Letztere mit Allgemeingültigkeit festgelegt werden können.[222]

Mit dem Wegfall der Sittenwidrigkeit der Rechtsgeschäfte innerhalb der Prostitution folgte eine Änderung des StGB. Anstelle der Strafbarkeit der Förderung der Prostitution unter der alten Fassung des § 180a Abs. 1 Nr. 2 StGB trat die Kriminalisierung der Ausbeutung von Prostituierten. Gemäß der neuen Regelung bleibt die Vermittlung in die Prostitution ggf. Vermittlung von sexuellen Handlungen straffrei, sofern sie die „persönliche oder wirtschaftliche" Unabhängigkeit der Prostituierten nicht einschränken. Mit der Streichung des Verbots der Zuhälterei und ferner der Legalisie-

221 MüKoBGB/Armbrüster ProstG § 1 Rn. 30–34; Landmann/Rohmer GewO/Marcks GewO § 14 Rn. 15–15h. Zu den Kriterien der Sittenwidrigkeit siehe: MüKoBGB/Armbrüster BGB § 138.

222 Vgl. E. Mack, Gerechtigkeit und gutes Leben, Paderborn, 2002.

rung des Prostitutionsgewerbes beabsichtigte der Gesetzgeber eine Verbesserung der Sozialsituation der Prostituierten, sowie eine Verbesserung der Hygieneverhältnisse in Bordellen.[223] Zum einen sollte dadurch den Bordellbetreibern die Möglichkeit geschaffen werden, rechtsgültige Arbeitsverträge mit Personen abzuschließen, die in ihren Gewerben sexuelle Dienstleistungen erbringen. Im Rahmen dieser Beschäftigungsverhältnisse sollten die neuen Regelungen, zum anderen, den Prostituierten auch den „Zugang zu den Sozialversicherungen ermöglichen ggf. erleichtern."[224]

Der Gesetzgeber wollte damit erreichen, dass Bordellbetreiber Prostituierte bei der Sozialversicherung anmelden, ohne sich durch die Anmeldung aufgrund des damals geltenden § 180a Abs. 1 Nr. 2 StGB selbst der Gefahr der Strafverfolgung wegen Förderung der Prostitution auszusetzen.[225] Die neuen Regelungen sollten damit ebenfalls die „Eigenverantwortlichkeit der Prostituierten"[226] stärken, die nur durch § 180a Abs. 1 Nr. 2 StGB und die Sanktionierung der Förderung der Prostitution eingeschränkt werden sollte. Der Erfolg blieb jedoch aus, denn die allerwenigsten Prostituierten in Deutschland stehen in einem Sozialversicherungsverhältnis oder besitzen überhaupt eine Krankenversicherung.[227]

Zusätzlich wurde § 181a Abs. 2 StGB novelliert und auf Fälle der Beeinträchtigung der „persönlichen oder wirtschaftlichen Unabhängigkeit" der Prostituierten beschränkt. Strafbar bleibt indes eine *dirigistische Zuhälterei*. Darunter sind jene Maßnahmen zu verstehen, die zum Zweck des eigenen Vermögensvorteils ergriffen werden, um eine andere Person bei der Ausübung der Prostitution zu überwachen und den Ort, die Zeit und das

---

223 BT-Drs. 14/5958, 4, 6.

224 Ebd., 5.

225 Ebd. „Daher genügt die Streichung des § 180a Abs. 1 Nr. 2, um zu gewährleisten, dass ein Bordellbesitzer, der eine bei ihm beschäftigte Prostituierte zur Sozialversicherung anmeldet, sich nicht automatisch der Strafverfolgung aussetzt."

226 Ebd., 4.

227 Siehe: BMFSFJ, Bericht der Bundesregierung zu den Auswirkungen des Gesetzes zur Regelung der Rechtsverhältnisse der Prostituierten (Prostitutionsgesetz – ProstG), Januar 2007, S. 21–28; https://www.bmfsfj.de/resource/blob/84046/f0c60f25ee8cd96f2560be3b070d7b05/bericht-bureg-auswirkungen-prostitutionsgesetz-data.pdf (abgerufen am 7.12.22). Auch das ProstSchG zeigte sich hierin wirkungslos. Laut einem Bericht der *Welt* waren 2018 lediglich 76 Prostituierte bei Sozialversicherungen angemeldet; siehe: https://www.welt.de/politik/article188939849/Sexarbeit-in-Deutschland-Prostitutionsgesetze-wirken-so-gut-wie-gar-nicht.html (abgerufen am 7.12.22); https://taz.de/Nur-wenige-Prostituierte-sozialversichert/!5573866/ (abgerufen am 7.12.22); https://www.sueddeutsche.de/politik/prostitution-sozialversicherung-schutz-wirkung-1.4334659 (abgerufen am 7.12.22).

Ausmaß, sowie andere Umstände der Prostitutionsausübung bestimmen sollen. Unter diesen Begriff fallen auch Maßnahmen, die darauf ausgerichtet sind, eine Person von der Aufgabe der Prostitution abzuhalten. Diese gute Intention des Gesetzgebers, die erpresserische Zuhälterei zu bestrafen, unterliegt jetzt jedoch der vollen Beweispflicht eines eventuellen Klägers und lässt sich in der Praxis fast nicht nachweisen.

„Nach Auffassung des BGH muss bei der Auslegung des § 181a Abs. 1 Nr. 2 StGB der Regelungszusammenhang zu den durch das ProstG veränderten §§ 180a Abs. 1, 181a Abs. 2 StGB und zum gesetzgeberischen Ziel, die Prostitutionsausübung als sozialversicherungspflichtige Tätigkeit zu legalisieren und jedenfalls teilweise einem normalen Arbeitsverhältnis anzugleichen, berücksichtigt werden."[228] Dies entspricht den Bestimmungen von § 1 ProstG, das neben der Rechtswirksamkeit der geschlossenen Verträge bezüglich sexueller Handlungen zwischen Prostituierten und Freiern und Arbeitsverträgen zwischen Prostituierten und Betreibern eines Prostitutionsgewerbes auch die Legalisierung der Zuhälterei mittels des Betreibens eines Bordells (ggf. eines anderen Prostitutionsgewerbes), sowie die organisierte Vermittlung von selbstständigen Prostituierten nach sich zog. Die Grenze zur Illegalität wird fortan durch die Unabhängigkeit, Freiwilligkeit und ein Selbstbestimmungsrecht der Prostituierten gesetzt, durch den Tatbestand der persönlichen oder wirtschaftlichen Ausbeutung und das Faktum der dirigistischen Zuhälterei. Alle drei Rechtsverstöße müssen jedoch vollumfänglich nachgewiesen werden.

Folglich änderte sich mit dem Inkrafttreten des ProstG v. 1. Januar 2002 die bisherige Rechtslage von Bordellbetreibern und bordellähnlichen Betrieben substanziell. Sie sind jetzt Unternehmer *„wie jeder andere"*, und ihre Betriebe (nach § 2 ProstSchG v. 2016) unterliegen offiziell dem Gewerberecht.[229] *„Bordellbetreiber sind als Gewerbetreibende anzuerkennen und haben ihr Gewerbe anzuzeigen."*[230] Zu den damit einhergehenden Konsequenzen gehörte die bereits angesprochene Entkriminalisierung der Ver-

---

228 BMFSFJ, Bericht der Bundesregierung zu den Auswirkungen des Gesetzes zur Regelung der Rechtsverhältnisse der Prostituierten (Prostitutionsgesetz – ProstG), 41; online unter: https://www.bmfsfj.de/resource/blob/84046/f0c60f25ee8cd96f2560be3b070d7b05/bericht-bureg-auswirkungen-prostitutionsgesetz-data.pdf (abgerufen am 30.4.2022).

229 Vgl. § 5 Abs. 1 Nr. 2 GastG oder § 35 GewO i.V.m. § 266a StGB.

230 Siehe: Empfehlung des Bund-Länder-Ausschusses „Gewerberecht" v. 18./19.6.2002, https://www.kommunen.nrw/informationen/mitteilungen/datenbank/detailansicht/dokument/gewerberecht-und-prostitutionsgesetz.html (abgerufen am 25.11.22). Dies steht im vollständigen Gegensatz zu anderen großen europäischen Nationen

mittlung und Förderung der Prostitution, d. h. Streichung des bisherigen § 180a Abs. 1 Nr. 2 und Änderung des § 181a StGB.

Dem einschlägigen Gesetzentwurf lässt sich des Weiteren entnehmen, dass der Gesetzgeber im ProstG die explizite Absicht verfolgte, welche in der Verbesserung der *„materielle[n] und soziale[n] Existenzsicherung der Betroffenen“*[231] bestand. Vor dem Inkrafttreten des ProstG am 1. Januar 2002 hatten nämlich die Prostituierten keinen rechtswirksamen Anspruch auf Entgelt für eine geleistete sexuelle Handlung gegen einen Freier. Dies schien dem Gesetzgeber ein derart wesentliches Anliegen zu sein, dass er die bestehenden Rechtsverhältnisse geändert hat – ganz offensichtlich ohne Kenntnis der Tatsache, dass im Rotlichtmilieu Vorauskasse grundsätzlich die Regel war/ist, und dass jede nachträgliche Bezahlung die Erpressbarkeit der Prostituierten und ihr potenzielles Ausgeliefertsein gegenüber Freiern und Zuhältern deutlich erhöht. In unbedarfter bzw. naiver Abarbeitung des Kaufvertrags- und Gewerberechts der Bundesrepublik Deutschland wurde für die neu angestrebten gesetzlichen Vorgaben vom Gesetzgeber klargestellt, „(...) dass Prostituierte einen Anspruch auf das vereinbarte Entgelt haben, wenn sie ihre Leistung erbracht haben.“[232] Das bedeutet also, dass ihr Gewohnheitsrecht auf Vorauskasse hierdurch vom Gesetzgeber ganz nebenbei zu ihrem Nachteil und zugunsten ihrer Erpressbarkeit während des prostitutiven Aktes selbst ausgehebelt wurde.

Als Folge des einklagbaren Rechtsanspruchs auf das vorher vereinbarte Entgelt für eine erbrachte sexuelle Handlung (ggf. Dienstleistung) wurde die konkludente Abschaffung des Sittenwidrigkeitsverdikts solcher Verträge vom Gesetzgeber angenommen. Mithin legte das ProstG fest, dass die Vereinbarung des Sexkaufs nicht gegen die guten Sitten verstoße und somit eine Anwendung von § 138 Abs. 1 BGB ausgeschlossen sei. „Indem hierbei der Weg eines einseitig verpflichtenden Vertrages gewählt wurde, wird deutlich gemacht, dass es dem Gesetzgeber um Rechtsansprüche der Prostituierten, nicht aber um Rechtsansprüche zugunsten von Kunden und Bordellbetreibern gegen die Prostituierten geht.“[233]

Ein sehr deutliches und eindeutiges Ziel des Gesetzgebers war, „die rechtliche Stellung der Prostituierten – nicht die der Kunden, der Bordell-

---

wie Italien, Schweden und Frankreich, in dem Bordelle seit 1946 bereits verboten sind und die Wahrnehmung der Prostitution seit 2016 unter Strafe gestellt ist.

231 BT-Drs. 14/5958, 4; vgl. auch: BT-Drs. 16/4146, 6.

232 BT-Drs. 14/5958, 4.

233 Ebd.

betreiber und anderer – [zu] verbessern."[234] Damit sollte erreicht werden, den „in diesem Bereich oftmals vorherrschenden kriminellen Begleiterscheinungen, die auch dem Bereich der Organisierten Kriminalität zugerechnet werden müssen, die Grundlage"[235] zu entziehen. Dass diese, eigentlich gut gemeinte, human intendierte Zielsetzung gänzlich unerfüllt blieb und das ProstG nach zwanzig Jahren jetzt nachweislich zum Gegenteil der eigentlichen gesetzgeberischen Intention geführt hat, nämlich zur seriellen und systemimmanenten sexuellen Ausbeutung von Frauen durch Zuhälter und Freier, zur erheblichen Erhöhung der Organisierten Kriminalität im Milieu und zu einer Anreizstruktur des Schleppertums von überwiegend ausländischen, verarmten, bildungsarmen Migrantinnen, wird hier noch dokumentiert werden.

3.1.5. Berichte der Bundesregierung zum Prostitutionsgesetz (ProstG)[236]

Gemäß dem angenommenen Antrag in der Beschlussempfehlung sollte nach drei Jahren über die Auswirkungen des ProstG berichtet werden.[237] In dem im Januar 2007 vorgelegten 81-seitigen Bericht der Bundesregierung wird zunächst auf die gesetzgeberische Absicht, die der Verabschiedung des ProstG und der Schaffung neuer Rechtsverhältnisse zugrunde lag, hingewiesen. Daraus geht unmissverständlich hervor, dass vom Gesetzgeber weder eine Abschaffung noch eine Aufwertung der Prostitution beabsichtigt wurde. Vielmehr wurde Prostitution als *gesellschaftliches Phänomen* und „als gegebene Tatsache angesehen", mit der es umzugehen galt.[238] Prostitution sollte allerdings kein ‚Beruf wie jeder andere' werden.[239]

Mit der in § 1 ProstG angewandten Formulierung wollte der Gesetzgeber das pauschale Sittenwidrigkeitsverdikt aus § 138 BGB auf die Entgeltforde-

234 Ebd.

235 Ebd.

236 BMFSFJ, Bericht der Bundesregierung zu den Auswirkungen des Gesetzes zur Regelung der Rechtsverhältnisse der Prostituierten (Prostitutionsgesetz – ProstG), Januar 2007; online unter: https://www.bmfsfj.de/resource/blob/84046/f0c60f25ee8cd96f2560be3b070d7b05/bericht-bureg-auswirkungen-prostitutionsgesetz-data.pdf (online abgerufen am 9.7.2022).

237 BT-Drs. 14/7174, 7.

238 BMFSFJ, Bericht der Bundesregierung zu den Auswirkungen des Gesetzes zur Regelung der Rechtsverhältnisse der Prostituierten (Prostitutionsgesetz – ProstG), Januar 2007, 6.

239 Ebd.

rung aus einer Vereinbarung über sexuelle Handlungen aufheben. Der angesprochene Bericht kommt allerdings zur Schlussfolgerung, dass das ProstG die vom Gesetzgeber gewünschte Abkehr vom Sittenwidrigkeitsverdikt bislang kaum bewirkt hat, zumal die Frage der Sittenwidrigkeit in der juristischen Fachliteratur selbst umstritten bleibt.[240]

Der Bericht der Bundesregierung führt weiter aus, dass zu einem freiheitlichen Rechtsstaat der Respekt vor der autonomen Entscheidung der Einzelnen gehöre, solange keine rechtlich geschützten Interessen anderer verletzt werden.[241] Der Bericht geht in der Schlussfolgerung davon aus, dass eine eigenverantwortlich ausgeübte Prostitution nicht „automatisch gegen die Menschenwürde der Prostituierten" verstoße.[242] Der Bericht besagt, dass die freie Selbstbestimmung Ausdruck der Menschenwürde sei, der oder die Einzelne zuallererst selbst bestimmen solle, was ihre Würde ausmacht. Selbst durch moralisch unwürdiges Verhalten würde die Menschenwürde nicht verloren gehen. „Die individuelle Freiheit stößt erst dann an ihre Grenzen, wenn rechtlich geschützte Interessen anderer oder der Allgemeinheit beeinträchtigt werden."[243] Der korrekte Sinn des letzten Satzes wird allerdings vom Gesetzgeber in diesem Kontext nur auf eine vermeintlich freie Anfangsentscheidung der Prostituierten bezogen, jedoch nicht auf die Entscheidung Dritter hin ausgeführt, welche die Rechte der Prostituierten gegebenenfalls im Laufe des prostitutiven Aktes verletzen.

Faktisch führt diese gesetzgeberische Annahme dazu, dass die Existenz eines freien und vollständig autonomen Willens bei allen Prostituierten ungeprüft und ohne weitergehende empirische Untersuchung der Betroffenen im Prostitutionsgewerbe vom Gesetzgeber unterstellt wird. Es bedeutet auch, dass potenzielle Tatbestände der Vergewaltigung, der Körperverletzung, der psychischen Unterdrückung oder überhaupt der menschlichen Instrumentalisierung und Verobjektivierung durch die vorherige Annahme der Freiwilligkeit außer Kraft gesetzt werden können. Ganz einfach formuliert: Es wird gesetzlich angenommen, dass eine Prostituierte im Extremfall der Verletzung ihrer eigenen Menschenrechte zustimmen kann und darf, wenn sie dies wollte, und diese Fremdeinwirkung Dritter dann gerechtfertigt ist, selbst wenn sie sonst durch den Rechtsstaat strafbar wäre.

---

240 Ebd., 12, 13.
241 Ebd., 8.
242 Ebd.
243 Ebd.

Konsequent weitergedacht entsteht somit eine rechtliche Grauzone, die der Gesetzgeber selbst schafft.

Auch nach wie vor wird davon ausgegangen, dass man mit Mitteln des Arbeitsrechts die soziale und rechtliche Lage der Prostituierten verbessern könne. Die intendierte soziale Absicherung und die Verbesserung der Arbeitsbedingungen wird an den Abschluss von Arbeitsverträgen zwischen Prostituierten und Bordellbetreibern geknüpft. Bordellbetreiber sollten die Prostituierten nach Inkrafttreten des ProstG anmelden und in einem abhängigen Beschäftigungsverhältnis sozialversichern.

Gemäß dem Bericht der Bundesregierung sind allerdings nahezu keine derartigen Arbeitsverträge existent. So stellen auch Anfang 2023 derartige Arbeitsverträge die absolute Ausnahme dar. Dies beruht nach Einschätzung der Prostituierten selbst vor allem darauf, dass sie durch den Abschluss von Arbeitsverträgen den Verlust ihres Rechts auf sexuelle Selbstbestimmung und andere Abhängigkeiten fürchten müssten.[244] Denn die Auszahlung des Lohnes würde ja erst nach getaner Arbeit anstehen, und bis zu diesem Zeitpunkt läge eine sehr hohe Erpressbarkeit ohne die Garantie von Arbeitsschutzrechten oder Sicherheitsmaßnahmen am Arbeitsplatz vor.

Dies wird zudem von Seiten der Bordellbetreiber aus ihrer Warte bestätigt, denn diese lehnen Arbeitsverträge ab, weil sie für Arbeitgeber ein eingeschränktes Weisungsrecht beinhalten würden, das ihnen gegenüber den Prostituierten nicht ausreichend erscheint. „Zentrales Argument gegen den Abschluss von Arbeitsverträgen war auf Betreiberinnen- und Betreiberseite das eingeschränkte Weisungsrecht [nach § 3 ProstG]. Sie sahen das betriebswirtschaftliche und rechtliche Risiko allein auf ihrer Seite. Ein Arbeitsvertrag würde sie zur Zahlung eines Gehaltes verpflichten, ohne dass sie das Recht hätten, ihren Angestellten Anweisungen zur Bedienung eines Kunden zu geben."[245] Dies führt zu der Schlussfolgerung, dass auf der Seite der Bordellbetreiber die Zugriffs- und Interventionsmöglichkeiten gegenüber Prostituierten, wenn man die Selbstaussage im logischen Umkehrschluss betrachtet, in ungeregelten Verhältnissen wohl deutlich größer und umfangreicher ist, und der dirigistische Zugriff auf die Ausführung prostitutiver Akte eher den Wünschen und Interessen der Betreiber bzw. Zuhälter entspricht.

244 Ebd., 17.
245 Ebd., 16.

Weiterhin seien Arbeitsverträge aus betriebswirtschaftlichen Gründen nicht sinnvoll, denn sie würden regulierte Höchstarbeitszeiten mit Pausen sowie zusätzliche Arbeitgeberbeiträge zur Sozialversicherung inklusive Kranken- und Urlaubsansprüche auf Arbeitnehmerseite beinhalten, es müssten berufsbedingte Erkrankungen rechtlich anerkannt werden, und die jetzt garantierten Mietzahlungen für Räumlichkeiten würden sich reduzieren; denn jetzt sind aufgrund der vermeintlichen Selbstständigkeit der meisten Prostituierten zusätzliche hohe Mieteinnahmen garantiert. Folglich zeigt sich, dass es den meisten Betreibern von Bordelleinrichtungen um eine maximale Gewinnabschöpfung ohne Arbeitgeberschutzpflichten geht. Dies ist auch gesetzlich für die Betreiber bis heute ohne größere Probleme möglich, da aufgrund ihres Erlaubnischarakters die Prostitution in der Praxis eine unkontrollierbare Instanz ist, was die Überprüfung von Arbeitsverhältnissen angeht.[246] Ohne Kontrollen sei jedoch nicht zu erwarten, dass Bordellbetreiber von den bisher gewohnten und aus ihrer Sicht „bewährten Routinen des Agierens in einer rechtlichen Grauzone Abstand nehmen und die ihnen als Arbeitgeber auferlegten neuen Pflichten (z. B. Lohnfortzahlung, bezahlter Urlaub, Sozialversicherungsabgaben, usw.) künftig problemlos erfüllen."[247] Der Gesetzgeber dokumentiert damit bereits im Jahr 2007, dass die deutsche gesetzliche Regelung der Prostitution in der allergrößten Mehrheit zu prekären Arbeitsverhältnissen führt, wenngleich er weitergehende Risiken für Leib und Leben der betroffenen Prostituierten noch nicht anerkennt.

Trotz der vom Gesetzgeber beabsichtigten Abschaffung des Sittenwidrigkeitsverdikts wurde Prostitution deshalb rechtlich nicht mit anderen Erwerbstätigkeiten gleichgestellt. So sehen die Bundesagentur für Arbeit sowie die Bundesregierung eine Arbeitsvermittlung in die Prostitution als

---

246 Vgl. Nach dem Urteil des Berliner Kammergerichts in einem Berufungsprozess muss das Land Berlin zwei Betreibern des Großbordells „Artemis" jeweils 50.000 € nebst Zinsen Schadensersatz zahlen. Das Urteil ist allerdings noch nicht rechtswirksam. Nach einer Razzia im April 2016, an der 900 Strafverfolgungsbehörden (Polizisten, Zollfahnder und Staatsanwälte), in der den Bordell-Betreibern von der Staatsanwaltschaft direkte Verbindungen zur organisierten Kriminalität, Ausbeutung von Prostituierten und Gewaltanwendung vorgeworfen wurde, die allerdings zu keiner Anklage führten, gingen die Betreiber gegen die Staatanwaltschaft juristisch vor; siehe dazu: https://www.zeit.de/news/2022-12/19/razzia-im-bordell-gericht-entscheidet-ueber-schadenersatz (abgerufen am 11.1.23).

247 BMFSFJ, Bericht der Bundesregierung zu den Auswirkungen des Gesetzes zur Regelung der Rechtsverhältnisse der Prostituierten (Prostitutionsgesetz – ProstG), Januar 2007, 16f.

unzulässig an.[248] Bei Prostitution handelt es sich unterhaltsrechtlich zudem immer um eine unzumutbare Tätigkeit, die jederzeit ohne unterhaltsrechtliche Nachteile beendet werden könne.[249] Eine Bindung oder gar Verpflichtung zur Prostitution sollte generell ausgeschlossen sein, da sie dem Schutzgedanken und Schutzzweck des ProstG, die soziale und rechtliche Lage der Prostituierten und ihr Selbstbestimmungsrecht zu stärken, widerspricht.[250]

Hier liegt ein Selbstwiderspruch des Gesetzgebers vor. Gesetzlich wird im Prostitutionsgesetz eine Tätigkeit legitimiert und reglementiert, die in Einschätzung der eigenen nachgeordneten Behörde des Bundesarbeitsministeriums rechtlich nicht zumutbar ist. Denn eine Vermittlung in diese Tätigkeit hinein wird von der Bundesanstalt für Arbeit als unzumutbar für Arbeitslose anerkannt. Damit beweisen die Exekutive und ihre nachgeordnete Behörde durch ihre Entscheidungen, dass die praktische Tätigkeit als Prostituierte – und dieser vermeintliche „Beruf" unter den gesetzlichen Bedingungen für die Betroffenen grundsätzlich – ein erhebliches rechtliches und soziales Problem darstellt.

Weiterhin wird in dem Bericht der Bundesregierung aus dem Jahr 2007 verdeutlicht, dass das Gebot der staatlichen Zurückhaltung in weltanschaulichen Fragen nicht bedeutet, dass Prostitution von staatlicher Seite als erwünschte Form wirtschaftlicher Betätigung und in jeder Hinsicht neutral behandelt werden dürfe. Vielmehr sei ein differenzierender Umgang mit den sozialen Ausprägungen und Folgen von Prostitution auch vor dem Hintergrund der Wertvorstellungen des Grundgesetzes geboten. Auch im Rahmen der Gleichstellungspolitik betrachtet die Bundesregierung es als ihre Aufgabe, der Prostitution entgegenzusteuern. Die Bundesregierung sieht dies vor allem vor dem Hintergrund der problematischen Risiken und Folgen der Ausübung der Prostitution: „So dürfen empirische Befunde nicht außer Acht bleiben, wonach die in diesem Bereich Tätigen empirisch belegbar erheblichen psychischen und physischen Gefährdungen ausgesetzt sind. Prostitution ist überwiegend eine physisch und psychisch belastende, risikoreiche und auch gefährliche Tätigkeit, die nicht selten von besonders vulnerablen Gruppen ausgeübt wird. Dies wird durch die Befragung der Teilpopulation Prostituierte im Rahmen der im Auftrag des Bundesministeriums für Familie, Senioren, Frauen und Jugend durchgeführten Untersuchung zu Lebenssituation, Sicherheit und Gesundheit von Frauen

---

248 Ebd., 28ff.
249 Ebd., 31.
250 Vgl. ebd., 29f. Siehe auch: BT-Drs. 16/4146, 4.

in Deutschland nachdrücklich bestätigt. Diese Gruppe wies deutlich mehr Belastung durch Gewalt in der Kindheit, sexuelle Gewalt, Gewalt in Beziehungen und am Arbeitsplatz auf."[251]

Entgegen ihrer eigenen gesetzlichen Annahme, der auf einem freien Willen beruhenden Tätigkeit in der Prostitution, kommt die Bundesregierung bereits 2007 zu dem Ergebnis, „dass viele Prostituierte sich in einer sozialen und psychischen Situation befinden, in der es fraglich ist, ob sie sich wirklich frei und autonom für oder gegen diese Tätigkeit entscheiden können."[252] Mehr Selbstwiderspruch kann es in einem gesetzlichen Kontext eigentlich kaum geben. Dennoch geschah die weiteren zehn Jahre, also bis zum Jahr 2017 und der Einführung des Prostituiertenschutzgesetzes, nichts. Und auch im ProstSchG wurde die Annahme der Freiwilligkeit der Entscheidung zur Prostitution und der Autonomie in der Prostitution nicht in Frage gestellt, sondern aufrechterhalten. Die einzige Konzession, welche die Bundesregierung machte, ist die, dass jegliche Form der Verpflichtung zur Prostitution, auch von Seiten des Gesetzgebers, abgelehnt werden müsse.

Wie bereits zuvor dargelegt, wurden im Rahmen der Einführung des ProstG die §§ 180a Abs. 1 Nr. 2 StGB a.F. und 181a Abs. 2 StGB a.F. gestrichen, und § 181a Abs. 1 Nr. 2 StGB entsprechend der neuen, gesetzlichen Regelung ausgelegt. Derweil wurde schon zuvor, wie auch noch während der Diskussionen rund um die Einführung des ProstG, die Sorge laut, dass die Streichung dieser Strafvorschriften die Strafverfolgung von Menschenhandel, Ausbeutungs- und Zwangsverhältnissen in der Prostitution erschweren und verschlechtern würde, was sich bis heute bestätigt hat.[253] Deshalb umfasste eine Bayerische Bundesratsinitiative zusätzlich den Vorschlag, „die mit dem ProstG eingeführten Änderungen der §§ 180a und 181a StGB wieder zurückzunehmen"[254], was jedoch keine Mehrheit beim bundesdeutschen Gesetzgeber fand.

Mit dem ProstG und der damit einhergehenden Streichung der Strafvorschriften wollte der Gesetzgeber durch eine transparentere Ausgestaltung legaler Prostitution eine klarere Abgrenzung zur Zwangsprostitution und zum Menschenhandel sowie weniger Kriminalität erreichen. Es geschah wiederum mit vollständig unrealistischen Annahmen von Seiten der Bun-

251 Ebd., 9.
252 Ebd.
253 Ebd., 48.
254 Ebd., 7.

desregierung: „Dies könnte etwa im Idealfall eine Entwicklung mit folgender Tendenz bedeuten: Verbrechen lohnt sich im ‚Milieu' nicht mehr, weil die Kosten zur Vermeidung der Strafverfolgung im Verhältnis zu der Gewinnerzielung in der legalen Prostitution zu hoch sind. ‚Gute' Bordellbetreiber grenzen sich von den ‚schwarzen Schafen' ab, um ihre Betriebe als seriös darzustellen und dadurch den Umsatz zu steigern. Damit verbunden könnte eine Erhöhung der Anzeigebereitschaft aus dem Milieu heraus sein."[255]

Falscher könnte eine Annahme von Seiten des Gesetzgebers nicht sein. Denn im Laufe der nun über 20-jährigen Liberalisierung der Prostitution in Deutschland hat sich nach Aussagen von Vertretern der Innenbehörden die Kriminalität im Rotlichtmilieu verdichtet und vor allem die Organisierte Kriminalität mit vielfältigen Vergehen von Menschenhandel in den Unternehmen der Prostitution festgesetzt.[256] Die realitätsferne politische Einschätzung, dass sich die Kriminalität unter Zuhältern und Menschenhändlern verflüchtigen würde oder dass auf Seiten der Exekutive strafrechtlich problematische Prostitutionsstätten von freier Prostitution unterschieden werden könnten, hat sich auch nach der Selbstauskunft der Innenbehörden (Staatsanwaltschaft und Polizei) als gänzlich falsch erwiesen. Obwohl trotz gestrichener Strafvorschriften nach dem ProstG die dirigistische und die ausbeuterische Zuhälterei strafbar bleibt, lässt sie sich von einer scheinbar legalen Prostitutionsorganisation nur schwerlich unterscheiden.

Nach Einschätzung der damit befassten Verantwortlichen ist durch die veränderten Straftatbestände der §§ 180a und 181a StGB die Bekämpfung von typischen Milieu-Straftaten wie Menschenhandel und Organisierter Kriminalität vielmehr deutlich erschwert worden. Denn die Einführung des ProstG führte zu einer Beweisumkehr zulasten der Strafverfolgungsbehörden. Die Polizei und die Staatsanwaltschaft müssen nämlich nun den schwierigen Beweis führen, dass die Prostitution in jedem Einzelfall unfreiwillig ausgeübt wird, ohne dass sie dabei auf die vorher in den Strafgesetzen bestehenden objektiven Anhaltspunkte wie die Festlegung von Preisen sowie Arbeitszeiten und -orten zurückgreifen können. Vor Einführung des ProstG waren die Tatbestände der Zuhälterei ein wesentlicher Einstieg in die Ermittlungen gegen Strukturen Organisierter Kriminalität gewesen. Aufgrund der Streichung und damit Entkriminalisierung der Förderung

255 Ebd., 43. Diese Annahme ist der Realität dermaßen fremd, dass es dem Leser unklar ist, ob dies wirklich ernst gemeint ist.

256 Die Belege werden in Kap. 3.3.2. ausgeführt.

der Prostitution könne die Polizei das Rotlichtmilieu nicht mehr so kontrollieren, wie es geboten wäre.[257]

Die Untersuchung der Bundesregierung belegt dies im Wortlaut selbst: „Wenn ein Zusammenhang [schlechtere Verfolgungsmöglichkeit] mit dem Inkrafttreten des Prostitutionsgesetzes gesehen wird, dann nennen die Polizeivertreterinnen und Polizeivertreter als Ursache einhellig den Wegfall der objektiven Kriterien in den §§ 180a, 181a Abs. 2 StGB a.F. für die Beweisbarkeit von Straftaten. Die reine Organisation und Unterstützung von Prostitution sowie das Festsetzen von Preisen oder Arbeitszeiten konnte vor Inkrafttreten des ProstG die Grundlage für eine Verurteilung wegen Zuhälterei sein. Diese Aspekte waren zum Teil unabhängig von den Aussagen der Opfer nachweisbar und stellen nun nach der neuen Rechtslage allein keinen Anknüpfungspunkt für eine Anklage mehr dar. Hier stimmen die empirischen Ergebnisse mit der Kritik an den strafrechtlichen Veränderungen des ProstG in Teilen der juristischen Fachliteratur überein."[258]

Die überwiegend ablehnende Einschätzung der Polizeivertreter zum ProstG und dessen Auswirkungen belegt bereits 2006 die vom Bundeskriminalamt veröffentlichte Untersuchung „Straftatbestand Menschenhandel" (BKA 2006). Zur Aufklärung der Gründe für diese Kritik der Innenbehörden am Gesetz bedürfe es einer umfassenden qualitativen Untersuchung der Möglichkeiten polizeilicher Praxis in Bezug auf die Kriminalitätsbekämpfung im Umfeld der Prostitution.[259] „Der Sonderausschuss für die Strafrechtsreform (7. Wahlperiode) hatte sich der Auffassung angeschlossen, es bedürfe eines leichteren nachweisbaren Auffangtatbestandes im Vorfeld feststellbarer Abhängigkeiten des in §§ 181a, 240 StGB bezeichneten Grades."[260]

257 BMFSFJ, Bericht der Bundesregierung zu den Auswirkungen des Gesetzes zur Regelung der Rechtsverhältnisse der Prostituierten (Prostitutionsgesetz – ProstG), Januar 2007, 43.

258 Ebd., 48.

259 Ebd., 49f.

260 BT-Drs. 14/7174, 11. zitiert nach der Bundestagsdrucksache 7/514,9: „Allerdings ist in der Praxis der Nachweis derartiger Abhängigkeiten besonders schwierig und in vielen Fällen unmöglich. Für sich allein könnte diese umfassende und damit verhältnismäßig allgemein gehaltene Formel ihren Zweck nicht erfüllen. Es muss deshalb – in Nummer 2 – zusätzlich der Weg beschritten werden, typische Verhaltensweisen, hinter denen sich derartige Abhängigkeiten regelmäßig verbergen, herauszuarbeiten und zu pönalisieren. Nach den vorhandenen Erkenntnissen gehören zu diesen Verhaltensweisen prostitutionsfördernde Maßnahmen, die über das bloße Gewähren von Wohnung, Unterkunft oder Aufenthalt und die damit üblicherweise verbunde-

Es wird in diesem Zusammenhang noch weiter belegt werden, dass das ProstG zu einer Gefährdung und Verletzung wichtiger Grund- und Menschenrechte bei vielen Prostituierten geführt hat, die durch die fahrlässige und ungeprüfte Annahme der Freiwilligkeit nicht gerechtfertigt werden dürfen. Rechtsgüter sind verfassungsgemäß abzuwägen (i.S.d. Verhältnismäßigkeitsprinzips), wenn sie sich in bestimmten Kontexten ausschließen, und zwar zugunsten des Rechtsgutes, das existenziell für Leib und Leben von Menschen unverzichtbar ist. Eine als falsch erkannte Annahme der Autonomie von Prostituierten rechtfertigt keine fundamentalen Rechtsverletzungen Dritten Ersteren gegenüber.

3.2. Rechtliche Folgewirkungen des ProstSchG

Am 01. Juli 2017 trat schließlich das Prostituiertenschutzgesetz in Kraft, das erstmals umfassende Regelungen für das Prostitutionsgewerbe vorsieht. Das Gesetz formuliert rechtliche Voraussetzungen und Rahmenbedingungen für die Ausübung der Prostitution sowie für den Betrieb von Prostitutionsstätten und anderen Prostitutionsgewerben, wobei dem Gesetz *grundsätzlich ein weites Verständnis von Prostitution* zugrunde liegt, das möglichst alle Angebotsformen entgeltlicher sexueller Kontakte und deren gewerbsmäßige Organisation dem Bereich der Prostitution zurechnet und entsprechend seinem Schutzzweck das Ziel verfolgt, den Anwendungsbereich auf eine möglichst große Bandbreite an Geschäftsmodellen im Bereich der sexuellen Dienstleistung zu erstrecken.[261]

Das bisherige Fehlen behördlicher Aufsichtsinstrumente infolge des ProstG führte nach eigener Recherche des Gesetzgebers zu Intransparenz im Rotlichtmilieu und begünstige Strukturen, deren Defizit sich Kriminelle zunutze machen. Zugleich müsse allerdings berücksichtigt werden, „dass Prostitution nicht selten von Personen ausgeübt wird, die sich in einer besonders verletzlichen oder belastenden Situation befinden und die deshalb nicht in der Lage sind, selbstbestimmt für ihre Rechte einzutreten."[262] Aus vielfältigen Gründen sah der Gesetzgeber deshalb im Jahr 2016 trotz ProstG selbst erneuten gesetzgeberischen Handlungsbedarf. Das Prostitu-

nen Nebenleistungen hinausgehen." Zum Auffangtatbestand siehe: www.rechtslexikon.net/d/auffangtatbestand/auffangtatbestand.htm (abgerufen am 8.12.22).

261 BT-Drs. 18/8556, 58.

262 Ebd., 1.

iertenschutzgesetz (ProstSchG) ist darüber hinaus auch als Folge der im Jahr 2007 erfolgten Evaluierung zum Prostitutionsgesetz zu sehen.[263]

Dem Prostituiertenschutzgesetz liegt vor allem die Absicht zugrunde, bessere Rahmenbedingungen für das Prostitutionsgewerbe zu schaffen und „gefährliche Erscheinungsformen in der Prostitution wie Menschenhandel, Zwangsprostitution und Zuhälterei einzudämmen, ohne dabei vor allem die Stärkung des sexuellen Selbstbestimmungsrechts von Prostituierten aus dem Blick zu verlieren."[264]

Das Prostituiertenschutzgesetz enthält als wichtigste Hauptneuerungen eine Anmeldepflicht für Prostituierte, wobei die Anmeldung gemäß dem Ideal des Gesetzes mit einem Informations- und Beratungsgespräch sowie einer gesundheitlichen Beratung verbunden sein sollte,[265] die jedoch in den meisten Fällen nicht etwa von Experten aus der Sozialen Arbeit oder Psychologen, sondern von Verwaltungsbeamten durchgeführt wird, welche die vorgeschriebene Anmeldung vornehmen. Des Weiteren wurde eine Erlaubnispflicht für jedes Prostitutionsgewerbe eingeführt, welche an die Erfüllung gesetzlicher Mindestanforderungen wie die Vorlage eines zulässigen Betriebskonzepts sowie an eine Zuverlässigkeitsprüfung der antragstellenden Person geknüpft ist.[266] Eine Unzuverlässigkeit für die Ausübung eines Prostitutionsgewerbes ist dabei nach der Gesetzesbegründung regelmäßig anzunehmen, wenn die antragstellende Person einschlägig vorbestraft ist. Mit Blick auf die gefährdeten Rechtsgüter von Prostituierten sind vor allem Straftaten gegen die sexuelle Selbstbestimmung, Körperverletzungsdelikte sowie Delikte, die eine charakteristische Nähe zu Menschenhandelsdelikten und zur Organisierten Kriminalität aufweisen, relevant.[267] Zudem finden sich im Prostituiertenschutzgesetz Pflichten für die Betreiber in Bezug auf die Sicherheit und den Gesundheitsschutz und die Auswahl der im Betrieb tätigen Personen sowie Pflichten gegenüber Prostituierten, verbunden mit der Einschränkung von Weisungen und Vorgaben.[268]

263 BMFSFJ, Zwischenbericht zum Gesetz zur Regulierung des Prostitutionsgewerbes sowie zum Schutz von in der Prostitution tätigen Personen, Mai 2020, S. 8. Online unter: https://www.bmfsfj.de/resource/blob/156998/bfc0e8295e1bcc04b08159e32e95281f/zwischenbericht-zum-prostituiertenschutzgesetz-data.pdf (online abgerufen am 9.7.2022).

264 BT-Drs. 18/8556, 1f., 33.

265 Vgl. Abschnitt 2 des ProstSchG.

266 Vgl. Abschnitt 3 des ProstSchG.

267 Siehe: § 15 ProstSchG.

268 Vgl. Abschnitt 4 des ProstSchG.

Darüber hinaus wurden die Überwachungsbefugnisse der zuständigen Behörden ausgebaut[269] sowie eine Kondompflicht eingeführt, wobei das Bußgeld bei Verletzung dieser Pflicht ausschließlich den Kunden trifft.[270] Bestimmte Formen der Prostitution wie das Angebot von Flat-Rate-Bordellen wurden verboten. Der konkrete Wortlaut des Gesetzestextes ist hier von Belang:

Der Gesetzgeber versucht hierbei zu unterscheiden zwischen:

a. „Formen der kommerziellen Sexualität, die grundsätzlich unter der Voraussetzung des Konsenses der Beteiligten von der Rechtsordnung zugelassen werden können, und solchen

b. Formen, die unter keinen Umständen als tolerabel angesehen werden können, weil sie in ihrer Ausgestaltung so angelegt sind, dass sie einer schweren Verletzung der Rechte der beteiligten Individuen Vorschub leisten."[271]

Erfasst werden sollten mit dieser Vorschrift vor allem die Fälle, in denen die Ausübung des sexuellen Selbstbestimmungsrechts der Prostituierten durch objektive Umstände derart erschwert oder eingeschränkt wird, dass es faktisch nicht mehr wahrgenommen werden kann. Der Gesetzgeber erkennt damit auch explizit die Existenz von Fällen an, in denen die Menschenwürde durch ein mangelndes Selbstbestimmungsrecht verletzt wird, so dass eine Person vollständig zum Objekt degradiert wird. Im selben Zug erkennt er an, dass durch ein mangelndes sexuelles Selbstbestimmungsrecht der Ausbeutung von Prostituierten Vorschub geleistet wird.[272]

Die neuen Vorschriften des ProstSchG sollten deshalb einer ruinösen Negativspirale zugunsten immer extremerer Sexkauf-Angebote und zulasten von Prostituierten vorbeugen. Der Gesetzgeber will damit zum Ausdruck bringen, dass aus einer rechtlichen Anerkennung der Prostitution als (einseitig verbindliches) Rechtsgeschäft nicht folge, dass jede beliebige sexuelle Interaktion zwischen mündigen Individuen rechtswirksam vereinbart werden könne. Genauso wenig sei jede Art von kommerziellem Angebot sexueller Aktivitäten rechtlich zulässig.[273]

269 Vgl. Abschnitt 5 des ProstSchG.
270 Vgl. Abschnitt 6 des ProstSchG; BT-Drs. 18/8556, 26.
271 BT-Drs. 18/8556, 78.
272 Ebd.
273 Ebd.

Der Gesetzgeber bleibt jedoch den Beweis für seine Behauptung schuldig, dass „eine der Grundbedingungen für die rechtliche Anerkennung der Prostitution als ein Rechtsgeschäft die im Prostitutionsgesetz abgesicherte jederzeitige Rückholbarkeit der Bereitschaft zu sexuellen Handlungen“[274] sei. Denn das ProstG spricht an keiner Stelle explizit von einem Abbruchrecht durch die Prostituierte, und selbst wenn dies im Sinne einer einseitigen Nichterfüllung gesetzlich eingeräumt würde, ist ein vermeintliches Recht der Rückholbarkeit bzw. ein Recht auf Abbruch durch die Prostituierte, angesichts der durchschnittlichen körperlichen und biologischen Überlegenheit von männlichen Freiern und der bereits eingeleiteten sexuellen Penetration durch den Freier, eine naive und nicht erfüllbare juristische Fiktion, die in keiner Weise in der Realität umsetzbar ist. Diese Idee der Rückholbarkeit kommt deshalb eher einer nachträglichen Wunschvorstellung des Gesetzgebers gleich. Es handelt sich beim Recht auf sexuelle Selbstbestimmung um ein wichtiges Rechtsprinzip, das in der Realität des Sexkaufs zwischen männlichem Freier und weiblicher Prostituierter vom Rechtsstaat jedoch, selbst wenn es im Gesetz stünde, nicht garantiert werden kann.[275]

Richtigerweise räumt der Gesetzgeber im gleichen Kontext ein, dass ein Prostitutionsgewerbe im Rahmen des geltenden ProstG so organisiert sein könne, dass diese Rückholbarkeit faktisch nicht gewährleistet ist und somit dieses Gewerbe mit der Wahrnehmung der sexuellen Selbstbestimmung nicht vereinbar sei.[276] Rechtlich neu ist hier, dass der Gesetzgeber einem solchen Betriebskonzept die rechtliche Anerkennung gemäß dem ProstSchG verwehrt (bspw. (Rape-)Gang-Bang-Veranstaltungen, bei denen Vergewaltigungen nachgestellt werden). Realitätsfern ist im Folgenden jedoch die Annahme des Gesetzgebers, dass nur in diesen Kontexten die Prostituierte „die Möglichkeit verliert, auf die Auswahl der Kunden, die eingesetzten Praktiken oder generell die weitere Ausübung sexueller Handlungen steuernd Einfluss nehmen zu können“.[277] Denn in jedem Bordell, in dem staatlicherseits nicht den ganzen Tag über ausgeschlossen werden kann, dass Zuhälter oder Bordellbetreiber dirigistische Vorgaben machen bzw. Sexpraktiken oder konkrete Freier für die Prostituierten vorschreiben, ist sexuelle Fremdbestimmung bzw. die sexuelle Instrumentalisierung der

274 Ebd.
275 Vgl. Kap. 4.4. zum Recht auf sexuelle Selbstbestimmung im Kontext der Prostitution.
276 BT-Drs. 18/8556, 78.
277 Ebd.

Frauen mit sehr hoher Wahrscheinlichkeit möglich; genauso wie für den Fall, dass bei Prostituierten während des prostitutiven Aktes ein einfaches „Nein“ übergangen oder ignoriert wird, ohne dass der Gesetzgeber eine Kontroll- oder Interventionsmöglichkeit hätte. Dies ist die rechtliche Grauzone, die beim Geschäft des Sexkaufs unwillkürlich von Seiten des Gesetzgebers zu Lasten der Prostituierten in Kauf genommen wird.

Die Erkenntnis, dass das Geschäft des Sexkaufs auch in formaler Hinsicht, selbst nach dem ProstSchG, unreguliert bleibt, wird indirekt im Jahr 2020 durch das Bundesministerium für Familie, Senioren, Frauen und Jugend in einen Zwischenbericht zum Prostituiertenschutzgesetz bestätigt.[278] Denn die von den eigenen Innen- und Polizeibehörden geschätzten Prostituiertenzahlen in Deutschland und die gemäß ProstSchG offiziell angemeldeten Prostituierten weichen in eklatanter Weise voneinander ab. Ende 2019 waren offiziell nur 40.400 Personen als Prostituierte angemeldet,[279] was nach amtlichen Schätzungen ungefähr *einem Zehntel* (!) der tatsächlich tätigen Prostituierten in Deutschland entspricht. Empiriebasierte Kalkulationen aus zahlreichen Quellen stimmen alle darin überein, dass man in Deutschland von mindestens 200.000, im realistischen Mittel jedoch von 300.000 bis 400.000, und in der Höchstzahl von bis zu 800.000 (manchmal sogar mehr) Prostituierten sprechen könne, die täglich etwa rund 1,2 Mio. Freier bedienen.[280] Die offiziellen Zahlen des Statistischen Bundesamtes gingen hingegen auch Ende 2021 nur von einer Anzahl der gültig angemeldeten Prostituierten von 23.743 aus.[281] Die geringen Anmeldezahlen im

---

278 Ebd., 58, 102.

279 BMFSFJ, Zwischenbericht zum Gesetz zur Regulierung des Prostitutionsgewerbes sowie zum Schutz von in der Prostitution tätigen Personen, Mai 2020, 38.

280 Vgl. https://de.statista.com/infografik/20104/in-deutschland-gemeldete-prostituierte/ (abgerufen am 15.5.2022); https://presseportal.zdf.de/pm/bordell-deutschland-neue-zdfinfo-doku/ (abgerufen am 15.5.2022). Einigen Schätzungen zufolge sind in der Bundesrepublik zwischen 300.000 bis 600.000 Menschen in der Prostitution tätig; siehe: https://www.sonntagsblatt.de/artikel/epd/diakonie-fordert-ausstiegsprogramme-aus-prostitution (abgerufen am 8.12.2022); https://weltkirche.katholisch.de/Aktuelles/20141013_Das-Geschäft-mit-dem-Sex-bewegt-Europa (abgerufen am 8.12.2022). Andere Schätzungen sprechen von bis zu 800.000 Frauen, die in Deutschland als Prostituierte tätig sind; siehe: https://www.svz.de/deutschland-welt/panorama/artikel/deutschland-das-bordell-europas-40692202 (abgerufen am 2.8.2022); https://www1.wdr.de/stichtag/stichtag5062.html (abgerufen am 8.12.2022); siehe auch: https://www.aerzteblatt.de/archiv/224165/Maenner-die-fuer-Sex-bezahlen-Praevalenz-und-sexuelle-Gesundheit (abgerufen am 8.12.2022).

281 Vgl. https://www.destatis.de/DE/Themen/Gesellschaft-Umwelt/Soziales/Prostituiertenschutz/_inhalt.html (abgerufen am 9.7.2022).

Vergleich zur mindesten zehnfach höheren Schätzgröße durch Polizei und Innenbehörden bedeuten auch, dass das ProstSchG nahezu wirkungslos ist und seine eigentliche Funktion, nämlich eine wirkungsvolle Regulierung zum Rechtsschutz der Prostituierten darzustellen, vollständig verfehlt.

Für eine umfassende Bewertung der Auswirkungen des Prostituiertenschutzgesetzes sieht der Gesetzgeber noch eine entsprechende Evaluierung gemäß § 38 ProstSchG vor. Die Evaluation setzte am 1. Juli 2022 ein, wobei die Evaluation durch den Deutschen Bundestag spätestens am 1. Juli 2025 abgeschlossen sein soll.[282] Die Abweichung von Realität und intendierter Schutzwirkung muss hier in jedem Fall eine Rolle für die Beurteilung des Gesetzes spielen, ebenso wie die potenzielle Verfassungswidrigkeit. Deshalb wurden Stimmen laut, die die Evaluierung vorziehen wollen, da ein weiteres Abwarten die Anzahl der Opfer beständig erhöhe und durch die lange Zeitspanne der Evaluation eine schnellere und bessere Hilfe in Form von Gesetzesverschärfungen verhindert werde.[283] Eine Vorziehung der Evaluation fand jedoch bislang nicht statt.

3.3. Auswirkungen aus Sicht der Strafverfolgung

Mit der Streichung des bisherigen § 180a Abs. 1 Nr. 2 und der Änderung des § 181a StGB sollten nicht nur entsprechende Rahmenbedingungen für eine soziale Absicherung der Prostituierten geschaffen, sondern auch ihre bestehenden Arbeitsbedingungen verbessert werden. Der novellierte § 181 a StGB sollte darüber hinaus dem Schutz der in der Prostitution tätigen Personen vor ausbeuterischen Strukturen dienen. Mithin bleibt die dirigistische und ausbeuterische Zuhälterei, welche sich in der Einschränkung der persönlichen oder wirtschaftlichen Unabhängigkeit der Prostituierten (i.S.d. § 232a StGB) äußert, weiterhin strafbar.[284] Die gewerbsmäßige

282 BMFSFJ, Zwischenbericht zum Gesetz zur Regulierung des Prostitutionsgewerbes sowie zum Schutz von in der Prostitution tätigen Personen, Mai 2020, 40.

283 Siehe dazu beispielhaft die Stellungnahme von Liane Bissinger, Frauenärztin und Ärztin für Naturheilweisen; https://www.landtag.nrw.de/portal/WWW/dokumente narchiv/Dokument/MMST17-3453.pdf (abgerufen am 9.12.22).

284 BGH, Beschluss vom 1. August 2003 – 2 StR 186/03, in: NJW 2004, 82: „Bestimmen i.S. des § 181a I Nr. 2 StGB kann deshalb bei bordellähnlichen Betrieben nicht schon bei Vorgabe von Arbeitszeiten, Arbeitsorten und einer festen Organisationsstruktur angenommen werden, wenn die Prostituierte unbeeinflusst und freiwillig den Arbeitsbedingungen zugestimmt hat. Ein Bestimmen i.S. des § 181a https://beck-onlin e.beck.de/?typ=reference&y=100&g=STGB&p=181A&x=II Nr. 2 StGB liegt jedoch

Förderung der Prostitution durch die Vermittlung sexuellen Verkehrs und folglich die nichtdirigistische Zuhälterei, wurden jedoch weitgehend legalisiert. Dies beruhte auf der kühnen Annahme des Gesetzgebers, dass eine Schaffung eines legalen rechtlichen Rahmens für die freiwillige Ausübung der Prostitution kriminellen Begleiterscheinungen in der Prostitution den Boden entziehen würde.[285] Diese gut gemeinte Zielsetzung des Gesetzgebers hat sich jedoch seit über 20 Jahren zunehmend und grundlegend als falsch erwiesen, wie die Aussagen der Strafverfolgungsbehörden beweisen.

Bereits im Bericht der Bundesregierung zu den Auswirkungen des Gesetzes zur Regelung der Rechtsverhältnisse der Prostituierten (Prostitutionsgesetz – ProstG) von 2007 wurden 52 Staatsanwaltschaften sowie 20 Polizeidienststellen schriftlich über die Auswirkungen des ProstG auf die Praxis der Strafverfolgung befragt.[286] 60 % (33) der befragten Vertreter der Staatsanwaltschaften sahen im ProstG keine rechtliche Beeinträchtigung ihrer Strafverfolgungsmöglichkeiten, 34,5 % (19) hingegen sahen eine relevante Beeinträchtigung der Strafverfolgung im Bereich Menschenhandel und Zuhälterei.[287] 82 % (23) der befragten Polizeivertreter sprechen sich gegen eine Wiedereinführung des § 180a Abs. 1 Nr. 2 StGB aus, 79 % teilten diese Einschätzung in Bezug auf § 181a Abs. 2 StGB.[288]

Beachtenswert ist jedoch, dass sich 93 % aller Staatsanwaltschaften für neue Strategien im Umgang mit den Opfern aussprachen, 79 % für verstärkte Razzien und 89 % für zusätzliche Kontrollwege über Behörden und den Einsatz von Milieuaufklärern. Aus diesen Antworten ergibt sich klar, dass logische Widersprüche in der Prostitutionsgesetzgebung vorliegen.

---

vor, wenn sich die Prostituierte den Weisungen auf Grund wirtschaftlicher oder persönlicher Abhängigkeit nicht entziehen kann. Anzeichen dafür können etwa unangemessene, die Prostituierte benachteiligende Arbeitsbedingungen, Beschränkungen der persönlichen Freiheit etwa durch Wegnahme von Personalpapieren, Ausgangsbeschränkungen, Verstrickung in Schulden usw. sein. Nicht vorgegeben werden dürfen die Art und das Ausmaß der Prostitutionsausübung. Die Prostituierte muss das Recht haben, jederzeit zu kündigen, sie muss berechtigt sein, sexuelle Handlungen abzulehnen und darf auch keinem Direktionsrecht in der Weise unterliegen, dass sie bestimmte Kunden annehmen muss."

285 BT-Drs. 14/5958, 4.

286 BMFSFJ, Bericht der Bundesregierung zu den Auswirkungen des Gesetzes zur Regelung der Rechtsverhältnisse der Prostituierten (Prostitutionsgesetz – ProstG), Januar 2007, 45; online unter: https://www.bmfsfj.de/resource/blob/84046/f0c60f25ee8cd96f2560be3b070d7b05/bericht-bureg-auswirkungen-prostitutionsgesetz-data.pdf (abgerufen am 11.7.2022).

287 Ebd., 46.

288 Ebd.

Denn die Regelungen des ProstG i.V.m. der Streichung des bisherigen § 180a Abs. 1 Nr. 2 und der Änderung des § 181a StGB schränken die polizeilichen Kontrollmöglichkeiten bis heute extrem ein. Es kam zu einer rechtlichen Verschiebung der Schwerpunktbereiche polizeilicher Ermittlungen, indem das Prostitutionsgewerbe legal und mit anderen Gewerben *de jure* gleichgesetzt wurde, und Zuhälter sowie Bordellbetreiber normalen Geschäftsleuten *de facto* gleichgesetzt wurden. Man kann im Vergleich zur gesetzlichen Situation vor der Einführung des ProstG und im Vergleich zu international vorherrschender restriktiver Prostitutionsgesetzgebung von einem erheblichen Schutz für die Organisation der Prostitution und einer erschwerten Beweisführung in Deutschland sprechen, die dazu führt, dass Staatsanwaltschaften, die Unrecht im Milieu nachgehen und Verbindungen zur Organisierten Kriminalität suchen, in einer Situation nicht ausreichender Beweisführung schadensersatzpflichtig werden.[289] Die Einführung des ProstG und des ProstSchG hat auch eine negative Auswirkung auf die Möglichkeit uneingeschränkter Polizeikontrollen (ausgenommen die Betreiberkontrolle im Rahmen der Zuverlässigkeitsüberprüfung).

Zum anderen geht man *de jure* und *ipso facto* von der nicht nachweisbaren Freiwilligkeit der in der Prostitution tätigen Personen aus, was Ermittlungen vehement erschwert. Aufgrund dieser erschwerten Ermittlungsmöglichkeiten, trotz weiterer Ausbreitung der Strukturen Organisierter Kriminalität und des Menschenhandels im Rotlichtmilieu, wird in jedem Fall von Seiten der Kriminalbehörden von einer grundsätzlichen Reformbedürftigkeit der Strafrechts in Bezug auf die Prostitutionsgesetze ausgegangen.[290] Alle Aussagen von erfahrenen Ermittlern im Rotlichtmilieu,[291] Staatsanwäl-

---

289 Siehe dazu: https://www.zeit.de/news/2022-12/19/razzia-im-bordell-gericht-entscheidet-ueber-schadenersatz (abgerufen am 18.1.23).

290 J. Eisele, Reformbedürftigkeit der Strafvorschriften betreffend die Prostitution, in: KriPoZ 6 (2017), 330–337; online einsehbar unter: https://kripoz.de/wp-content/uploads/2017/11/eisele-reformbeduerftigkeit-der-strafvorschriften-betreffend-die-prostitution.pdf (abgerufen am 30.6.2022).

291 Im Bericht der BMFSFJ zur Kriminalitätsbekämpfung und zum Prostitutionsgesetz im Kontext der Auswirkungen des Prostitutionsgesetzes, der sich mit der Auswertung der Erkenntnisse von Fachkommissariaten hinsichtlich der „Strafverfolgungsmöglichkeiten von Delikten im Umfeld der Prostitution nach Inkrafttreten des ProstG“ und der bestehenden Probleme „bei der Strafverfolgung von Delikten im Umfeld der Prostitution“ (54) auseinandersetzt und der sich auf polizeiliche Experten und Expertinnen im Gegenstandsbereich beruft (55), wird sogleich zugegeben, dass die benannten Experten keiner Verifizierung unterzogen wurden. So heißt es im Bericht: „Wir nehmen an, dass die Personen, die uns von den LKÄ als Ansprech-

ten und Richtern bestätigen den gegenwärtigen Bedarf einer substantiellen Änderung der Prostitutionsgesetzgebung im Hinblick auf die Notwendigkeit der Schaffung von neuen und spezifischen Straftatbeständen zum Rechtsschutz der Opfer, einer deutlich verbesserten Strafverfolgung gegenüber der Kriminalität im Rotlichtmilieu und einer stärkeren Regulierung der Prostitution selbst.[292]

Neusten Erkenntnissen zufolge, die sich mit der Reform des Strafrechts von 2016 auseinandergesetzt und eine retrospektive Gesetzesfolgenabschätzung durchgeführt haben, konnte belegt werden, dass die bestehenden strafrechtlichen Regelungen zur Bekämpfung des Menschenhandels (§§ 180a, 181a und 232 bis 233a StGB) den in sie gesetzten Erwartungen in der Praxis nicht gerecht werden. Die Studie des Kriminologischen Forschungsinstituts Niedersachsen e.V. von Tillmann Bartsch, Nora Labarta Greven, Johanna Schierholt, Laura Treskow, Robert Küster, Lena Deyerling und Bettina Zietlow zur „Evaluierung der Strafvorschriften zur Bekämpfung von Menschenhandel (§§ 232 bis 233a StGB)“ von September 2021, bewertete die neuen Regelungen „als wenig praktikabel“ (S. 151). Die Reform des Strafrechts mit dem „Gesetz zur Verbesserung der Bekämpfung des Menschenhandels und zur Änderung des Bundeszentralregisters sowie des Achten Buches Sozialgesetzbuch“, das am 15.10.2016 in Kraft trat (Gesetz vom 11.10.2016, BGBl. I Nr. 48, S. 2226) und dessen Hauptziel im Titel des Gesetzes festgelegt wurde, aber auch auf die Umsetzung der Richtlinie 2011/36/EU abzielte, konnte sein Ziel nicht erreichen.

Das Kriminologische Forschungsinstitut Niedersachsen kommt zu dem Schluss, dass das ProstSchG in strafrechtlicher Hinsicht höchst mangelhaft ist: „Die mangelnde Praktikabilität der §§ 232 bis 233a StGB ergibt sich auch aus dem komplexen, teils unzureichend in das System des Strafrechts eingepassten Regelungsgeflecht, das der Gesetzgeber mit der Reform im Jahr 2016 geschaffen hat (S. 151). (...) Schon aus einer eher theoretisch-strafrechtsdogmatischen Sicht ergibt sich die Frage, ob nicht die sexuelle Selbst-

---

partner empfohlen wurden, ausgewählte Expertinnen und Experten in Bezug auf das untersuchte Themenfeld sind und die Angaben somit auf der Grundlage eines fundierten Erfahrungswissens gemacht wurden“ (58); BMFSFJ, Vertiefung spezifischer Fragestellungen zu den Auswirkungen des Prostitutionsgesetzes: Ausstieg aus der Prostitution. Kriminalitätsbekämpfung und Prostitutionsgesetz, Januar 2007; https://www.bmfsfj.de/resource/blob/84536/cb6b16fb2f01c74dfe0de108cca335ed/prostitutionsgesetz-gutachten-2-data.pdf (abgerufen am 8.12.22).

292 M. Paulus, Menschenhandel und Sexsklaverei. Organisierte Kriminalität im Rotlichtmilieu, Wien 2020, 135–156.

bestimmung, die nach herrschender und zutreffender Meinung durch die Tatbestände über den Menschenhandel zur sexuellen Ausbeutung geschützt wird (§§ 232 Abs. 1 S. 1 Nr. 1a, 232a StGB), höher zu gewichten ist als die ‚persönliche Freiheit, über die Arbeitskraft zu verfügen', die das Rechtsgut der §§ 232 Abs. 1 S. 1 Nr. 1b, 232b StGB bildet."[293]

Aber auch in praktischer Hinsicht ergibt sich eine ähnliche Fehlerhaftigkeit der gesetzlichen Prostitutionsgesetzgebung – auch nach dem ProstSchG. Das Forschungsteam hat über Monate hinweg zahlreiche Fälle von Arbeitsausbeutung und sexueller Ausbeutung feststellen können und kommt aufgrund dessen zu dem Schluss, dass „in den Fällen, in denen Menschen teils für lange Zeit in der Prostitution ausgebeutet werden, im Durchschnitt ein deutlich größeres Unrecht verwirklicht werden dürfte als in Fällen der Arbeitsausbeutung. (...) Es dürfte – entgegen der Einschätzung des Gesetzgebers (s.o.) – auch nicht zutreffen, dass diejenigen, die den Willen des Geschädigten zur Aufnahme der Tätigkeit unlauter beeinflussen, in der Regel größeres Unrecht verwirklichen als diejenigen, die schließlich die Geschädigten ausbeuten."[294] Insofern müssen Zuhälter, Bordellbetreiber und Freier gleichermaßen strafrechtlich überprüft werden. Zum einen seien es Erstere, die am stärksten vom Menschenhandel profitieren. Zum anderen schafften gerade die an der Spitze stehenden Unternehmer, Manager und Organisatoren der Prostitution durch ihre Bereitschaft zur sexuellen Ausbeutung von Menschen und durch ihre Bereitschaft, von Menschenhandel ökonomisch zu profitieren, einen ständigen Anreiz zur Begehung weiterer Menschenhandelsdelikte.[295]

Dies gilt umso mehr, als nach den Erkenntnissen dieser Untersuchung ein erheblicher Teil der Opfer von Menschenhandel ihre gerichtlichen Aussagen widerrufen, weil sie von Beschuldigten oder anderen Personen unter Druck gesetzt werden oder einfach verschwinden (!).[296]

293 T. Bartsch/N.L. Greven/J. Schierholt/L. Treskow/R. Küster/L. Deyerling/B. Zietlow, Evaluierung der Strafvorschriften zur Bekämpfung von Menschenhandel (§§ 232 bis 233a StGB). Kriminologisches Forschungsinstitut Niedersachsen e.V, September 2021, online unter: https://www.bmj.de/DE/Ministerium/ForschungUndWissenschaft/Evaluierung_Strafvorschriften_Bekaempfung_Menschenhandel/Bericht_Evaluierung_Strafvorschriften_Bekaempfung_Menschenhandel.pdf?__blob=publicationFile&v=3 (abgerufen am 17.12.22).

294 Ebd., 167.

295 Ebd., 152.

296 Ebd., 154.

Bei Betrachtung der Strafrahmen von § 180a StGB und § 233 Abs. 1 StGB wird vom Kriminologischen Forschungsinstitut Niedersachsen kritisiert, dass die in der Prostitution vorkommenden Delikte vom Gesetzgeber bislang nicht als schwere Straftaten erachtet werden, da jeweils nur eine Freiheitsstrafe von einem Monat bis zu drei Jahren gesetzlich vorgesehen ist. Solange der Gesetzgeber an einer solchen niederschwelligen Wertung von menschenrechtsverletzenden Delikten festhält, sei für eine Aufnahme der §§ 180a und 233 Abs. 1 StGB in den Katalog des § 100a Abs. 2 StPO nach hier vertretener Auffassung kein Raum.[297] Dringender Bedarf wird außerdem hinsichtlich besserer Spezialisierungen und Schulungen auf der Ebene der Polizei, der Staatsanwaltschaften und der Gerichte gesehen. Die Durchführung derartiger Schulungsmaßnahmen ist eigentlich gemäß Art. 9 Abs. 3 der Richtlinie EU 2011/36/EU bereits vorgeschrieben.

Das Kriminologische Institut kommt abschließend zu dem Urteil, dass die Handhabung des ProstSchG einer erfolgreichen Bekämpfung des Menschenhandels in vielen Fällen im Wege stehe.[298] Die nachfolgenden Berichte belegen diese Feststellung aus langjähriger Praxiserfahrung.

3.3.1. Stellungnahmen aus dem Fachbereich Justiz[299]

3.3.1.1. Peter Holzwarth[300]

Oberstaatsanwalt Holzwarth, Verantwortlicher im sog. „Paradise-Prozess“[301], ermittelt seit über 20 Jahren zu Organisierter Kriminalität und Menschenhandel.

297 Ebd., 155.

298 Ebd., 156.

299 Die hier aufgeführten Interviews geben wörtliche und autorisierte Aussagen der Interviewpartner wieder, die im Jahr 2021 und 2022 durch eine wissenschaftliche Mitarbeiterin der Universität Erfurt im Auftrag von Prof. Dr. Elke Mack geführt wurden.

300 Leitender Oberstaatsanwalt Stuttgart; Verantwortlicher Staatsanwalt für den Paradise-Prozess. 1998–2001 Dezernent bei der Staatsanwaltschaft Stuttgart, Abteilung für organisierte Kriminalität. Von 2002–2005 Bundesanwaltschaft Karlsruhe und seit 2005 an der Generalstaatsanwaltschaft Stuttgart tätig. 2006–2013 war er stellvertretender Abteilungsleiter bei der Staatsanwaltschaft Stuttgart – Abteilung für organisierte Kriminalität. Seit 2013 Abteilungsleiter bei der Staatsanwaltschaft Stuttgart, Abteilung für organisierte Kriminalität.

301 Siehe: LG Stuttgart, Urt. v. 26.2.2019 – 7 KLs 200 Js 115430/13.

„Das Argument (...), in Bordellen seien die Frauen generell sicher vor Zwang und Ausbeutung durch dritte Personen, ist falsch. In 3⁄4 der Fälle oder noch mehr steckt Gewalt und Zwang hinter der Prostitution. In diesen 3⁄4 der Fälle oder noch mehr, steht meist ein Mann im Hintergrund, auch in den Laufhaus- oder Wohnungsfällen. Die Prostitution wählen nicht viele freiwillig."[302] Zudem ziehe die Prostitution multiple gesellschaftliche, familiäre und gesundheitliche Gefahren nach sich. „Nach dem Ende ihrer Tätigkeit ist es um die physische und psychische Gesundheit der Frauen oft nicht gut bestellt. Ich habe Opfer kennengelernt, die sich Unterleibsoperationen unterziehen mussten, an denen Schwangerschaftsabbrüche versucht wurden und die von ihren Familien nicht mehr aufgenommen wurden.

Die Opfer sind häufig auch im Milieu gefangen. (...) Im Bereich des Rotlichts trauen sich die meisten nicht, etwas zu sagen. Dass Betroffene von Straftaten sich nicht trauen, etwas zu sagen, haben wir so in dem Ausmaß sonst nicht. Solange die Frauen in dem Milieu sind, ist das schwierig. (...) Das sind Strukturen und Hierarchien. Es greifen auch die besonderen OK-Merkmale, gewerblich oder geschäftsähnlich, man hat auch manchmal das OK-Merkmal ‚Einfluss auf Justiz, Verwaltung und Medien.' (...) Ein anderes OK-Merkmal sind Gewalt und Einschüchterung über die Tat hinaus. Gewaltzufügung an sich, um die Frauen zur Prostitution zu bringen, ist tatbestandlich und kein OK-Merkmal, aber wenn die Frauen zum Beispiel aussagen sollen und ihnen wird Gewalt angedroht, dann ist das ein OK-Merkmal."[303]

In Bezug auf die Zahlen im Bundeslagebild „Menschenhandel und Ausbeutung" zieht Oberstaatsanwalt Holzwarth eine ernüchternde Bilanz: „Nein, diese Zahlen halte ich nicht für aussagekräftig oder realitätsnah. Wir haben hier ein Deliktfeld mit einem enorm hohen Dunkelfeld. Das, was wir ermitteln, ist eine kleine Zahl. Die Zahlen sind nicht aussagekräftig, genauso wenig wie die Zahlen beim Rauschgift aussagekräftig sind."[304]

Wenn zusätzlich eine Beziehung und emotionale Abhängigkeit (wie bspw. bei der Loverboy-Methode) zum Täter aufgebaut ist/wird, dann ist eine Strafverfolgung zusätzlich erschwert. „Solange diese Beziehungen bestehen, machen sie [die Prostituierten] meist keine Aussage oder ziehen diese wieder zurück und sagen, dass alles freiwillig ist. (...) Die emotionale Bindung, die zum Teil immer auch wieder kommt, ist das Problem. Eine

302 Stellungnahme Peter Holzwarth, autorisiert am 26.1.2023.
303 Ebd.
304 Ebd.

Frau, deren Mann ich beispielweise wegen Zuhälterei angeklagt hatte, hat sich wieder mit diesem versöhnt. Meine Anklage war zum Zeitpunkt der Anklage zutreffend, aber eine Verurteilung war nicht möglich."[305]

Zu den Voraussetzungen des ProstSchG von 2017 äußert sich Oberstaatsanwalt Holzwarth kritisch: „Das ProstSchG hat mir bisher überhaupt nichts gebracht. (...) Durch reguläre Bordell-Kontrollen kann man den Menschenhandel nicht ausschließen."[306] Die bestehenden gesetzlichen Rahmenbedingungen reichten nicht aus, um effektiv gegen Menschenhandel vorzugehen und Straftaten in diesem Bereich verfolgen zu können. „Die liberalen Gesetze und der Umgang mit Prostitution sind kontraproduktiv. Das erzeugt ja erst die hohe Nachfrage. (...) Natürlich fördert der liberale gesetzliche Umgang mit der Prostitution hier in Deutschland die Prostitution und den Menschenhandel."[307]

Mit Blick auf seine langjährige Praxiserfahrung spricht sich Oberstaatsanwalt Holzwarth für das Nordische Modell mit einem Sexkaufverbot aus. „Sex zwischen zwei Personen ist (...) keine handelbare Sache, unabhängig von Zwängen. (...) Ein Sexkaufverbot wäre das Richtige (...). Durch die jahrelange Beschäftigung mit dem Thema bin ich Anhänger eines Sexkaufverbotes geworden. Dass damit alles in den Untergrund gehen würde, ist nicht richtig. Die Leute, die Interesse haben, ‚Ware' anzubieten, müssen aus der Deckung kommen und für die Kunden ansprechbar sein. Dann bietet es immer auch die Möglichkeit der Aufklärung."[308]

3.3.1.2. Anne Simon[309]

„Die aktuelle Gesetzeslage ist sehr kompliziert. (...) Ohne Spezialisierung bei Polizei, Staatsanwaltschaft und Gerichten ist eine durchschlagkräftige Strafverfolgung nicht zu erreichen. (...) Aussagen der Opferzeugen [sind] vor dem Hintergrund einer massiven Gewalt- und Bedrohungssituation zu würdigen. Ohne langjährige Erfahrung mit der Bearbeitung von Rotlichtdelikten oder Straftaten mit vergleichbarer Bedrohungslage ist dies nur schwer möglich.

305 Ebd.
306 Ebd.
307 Ebd.
308 Ebd.
309 Dr. Anne Simon, Oberstaatsanwältin, Staatsanwaltschaft München I., Leiterin Abteilung für Menschenhandel, Zwangsprostitution und Zuhälterei.

Viele Frauen erstatten aus unterschiedlichen Gründen (Angst, Drohungen, finanzielle und soziale Abhängigkeit von den Tätern, fehlende Orientierung in einem fremden Land, fehlende Sprachkenntnisse, keine sozialen Kontakte, fehlendes Opferbewusstsein u.v.m.) keine Anzeige, obwohl sie Opfer von Menschenhandel bzw. Zwangsprostitution oder Zuhälterei sind. (...) Ein Zwang muss nicht zwangsläufig von einer Tätergruppierung herrühren. Ein Zwang zur Ausübung der Prostitution kann sich für das Opfer eines Rotlichtdeliktes auch daraus ergeben, dass es sich selbst in einer (persönlichen oder wirtschaftlichen) Zwangslage befindet und außer der Prostitution keine andere Möglichkeit für sich sieht. (...) Wenn Aussagen gemacht werden, dann i.d.R. erst dann, wenn vom Täter keine Gefahr mehr herrührt, weil er z.B. in Haft sitzt. Auch kann über die Arbeit der Opferschutzorganisationen (z.B. Jadwiga) eine Aussagebereitschaft der Zeuginnen erreicht werden.

Meiner Erfahrungen nach gibt es im Rotlichtmilieu sehr viele Fälle von Zuhälterei, Menschenhandel und Zwangsprostitution, die unentdeckt bleiben. Ein großer Teil dürfte sich im Bereich der Organisierten Kriminalität abspielen, insbesondere durch Banden aus Osteuropa (vor allem aus Ungarn, Rumänien und Bulgarien) bzw. aus Nigeria.

Viele der Frauen, die sich illegal prostituieren, dürften dies nicht freiwillig tun, sondern werden durch Dritte dazu gezwungen und dabei ausgebeutet. (...) Auch der Bundeslagebericht Menschenhandel gibt hierzu keine aussagekräftige Auskunft. Ich glaube, dass die festgestellten Zahlen erheblich von den tatsächliche Zahlen nach unten abweichen, da es eine hohe Dunkelziffer und eine nur geringe Aufklärungsquote gibt. (....)

Selbst durch engmaschige Milieukontrollen durch die Polizei lassen sich solche Taten überwiegend nicht verhindern. Die Opferzeugen können/werden sich regelmäßig nicht offenbaren, da die Täter stets zugegen sind und die Opfer überwachen. (...) In ihrem Arbeitsumfeld sind die Prostituierten stets von ihren Zuhältern umgeben, so dass keine Möglichkeit besteht, sich in einer Notlage der Polizei bei durchgeführten Kontrollen anzuvertrauen. (...) Die tatsächliche Aufklärungsquote dürfte zudem recht gering sein. (...) Ich glaube, dass die festgestellten Zahlen erheblich von den tatsächlichen Zahlen nach unten abweichen, da es eine hohe Dunkelziffer und eine nur geringe Aufklärungsquote gibt.“[310]

310 Das Interview mit Dr. Anne Simon stammt vom 8.12.2021, wurde jedoch am 31.1.2023 aktualisiert und erneut autorisiert.

3.3.1.3. Julia Bosch[311]

„‚Saubere' Prostitution [gibt es nicht]. (...) Die Mehrheit der Prostituierten [bewegt sich] ‚im Dunkelfeld', somit spricht einiges dafür, dass man bei den meisten Frauen wenig Einblick in ihre Situation hat. (...) Eine selbstbestimmte Tätigkeit [wird in der Prostitution] zwar nach außen signalisiert, tatsächlich ist aber wenig Selbstbestimmung vorhanden. Gleiches gilt für sog. ‚solo-selbständige' Prostituierte, die oft aus dem Ausland stammen, sich in Ferienwohnungen einquartieren und von ihrem ‚Begleiter' überwacht werden. Bezüglich der Frauen, die in den größeren Bordellen arbeiten, ist es oft ebenfalls so (...)."[312]

Auf die Frage nach den bestehenden Kontrollmöglichkeiten von Bordellen und anderen Prostitutionsgewerben äußert sich Frau Dr. Bosch eher zurückhaltend. „Die personellen Ressourcen sind begrenzt und werden in der Regel eher dort eingesetzt, wo es gerade ‚brennt' und wo es nach außen erkennbare Kriminalität gibt. Es erscheint wenig realistisch, dass die Polizei regelmäßige Kontrollen mit der erforderlichen Tiefe machen kann. (...) Dass Kontrollen wenig bewirken, zeigt auch der Fall des ‚Paradise-Bordells'. [Dieses war] sicher kein Einzelfall und ist auch ein Beleg dafür, dass ‚freiwillige Prostitution' und Menschenhandel/Zwangsprostitution nicht zu trennen sind.

Der Begriff ‚freiwillig' wird teilweise sehr eng verstanden; tatsächlich verwendet das Gesetz diesen Begriff nicht, sondern stellt auf eine ‚Zwangslage' der Prostituierten ab (vgl. §§ 232, 232a StGB). (...) Wenn die Frau darauf beharrt, dass sie es ‚freiwillig' macht, dann sind einem die Hände gebunden. (...) Wenn man keine weiteren Beweismittel hat, dann ist es oft schwer nachzuweisen, dass die Frau ggf. bedroht wird, aufgrund ihrer Herkunft Vorbehalte gegen Strafverfolgungsbehörden hat, sich ihrer von ihr finanziell abhängigen Familie im Herkunftsland verpflichtet sieht oder einfach in ihren Loverboy verknallt ist und deswegen ‚Freiwilligkeit' behauptet."[313]

311 Dr. Julia Bosch ist Lehrbeauftragte (Strafrecht) an der Hochschule für Polizei Baden-Württemberg, ehemalige Staatsanwältin bei der Staatsanwaltschaft Freiburg und derzeit Richterin am Verwaltungsgericht.

312 Das Interview mit Dr. Julia Bosch wurde am 11.8.2021 geführt. Es handelt sich um die persönliche (Rechts-)Ansicht der Befragten und spiegelt nicht zwingend die Auffassung der Richterschaft, ihrer (früheren) Dienststelle(n) oder früherer Abordnungsdienststellen wider.

313 Ebd.

Das Prostitutionsgesetz von 2002 „verschlechterte eher die Situation der Prostituierten, da es faktisch die Stellung der Bordellbetreiber, der Sexindustrie und der Freier stärkte. Denn die ‚Legalisierung' zog viele (meist) Männer an, die mit der Prostitution Geld verdienen wollten. Bordelle schossen aus dem Boden, ohne dass diese irgendwelchen Regelungen unterworfen waren."[314] Auch das Prostituiertenschutzgesetz von 2017 „hat nicht bewirkt, dass Frauen in der Prostitution sozial-/arbeitsrechtlich abgesichert sind. (...) Eine Überarbeitung/Verbesserung des bestehenden Prostituiertenschutzgesetzes wird angesichts der involvierten Akteure nicht zum Erfolg führen und vulnerablen Frauen wenig nützen."[315]

Unter Berücksichtigung dieser Kritik spricht sich Frau Dr. Bosch für das Nordische Modell aus. „Eine generelle Freierstrafbarkeit nach dem Nordischen Modell wäre ein erster Schritt. Wenn man die Nachfrage austrocknet und es keine Bordelle mehr geben würde, dann würde es nicht so ein großes Angebot benötigen. (...) Das Sexkaufverbot würde viele Freier auch davon abhalten, sexuelle Dienstleistungen in Anspruch zu nehmen. Wenn es keine Bordelle mehr gibt, dann hat man zwar die Wohnungsprostitution, aber die hat man bereits jetzt schon immens. (...) Würde es nicht so viele legale Plätze geben, an denen Prostituierte tätig sein können, so würde es auch weniger Ausbeutungszahlen geben, weil die Zahl an Prostituierten generell zurückgeht.

Das Nordische Modell will explizit gerade keine Kriminalisierung bzw. Bestrafung von Frauen, die in der Prostitution arbeiten (1. Säule). Gefordert wird aber die Bestrafung von Freiern, die die ‚Dienstleistung' von Frauen in Anspruch nehmen (2. Säule). Der Gedanke dahinter ist kein moralischer, sondern der der Gleichstellung der Geschlechter. Bei Prostitution geht es nicht darum, mit wem Frauen Sex haben dürfen, sondern ob Männer sexuelle Handlungen kaufen dürfen (und ob die Frauen dann mit diesen Männern Sex haben müssen). Es ist nicht okay, wenn Männer Frauen kaufen. Die Gesellschaft (und damit auch die Gesetzgebung) sollte dies auch so kommunizieren. (...) Ist nicht Prostitution die älteste Ausdrucksform der Herrschaft des Mannes über die Frau?

Wollen wir in unserer Gesellschaft Männer, die auf teilweise widerwärtigste Weise in Freierforen Frauen ‚bewerten', bestärken, in dem wir (legislativ) sagen: Es ist okay, wenn Du Dir gelegentlich eine Frau kaufst, um sie nach Deinem Willen zu benutzen? Legalisieren wir damit nicht strukturelle

314 Ebd.

315 Ebd.

Gewalt, wenn in 80 bis 90 % der Fälle die Frau dem Freier unterlegen ist, sei es, weil sie aus dem Ausland kommt und die Sprache nicht beherrscht, ihre Rechte nicht kennt, sie unter dem Zwang eines Zuhälters steht oder schlicht als Armutsprostituierte auf das Geld zwingend angewiesen ist?

Ein weiteres Festhalten am bisherigen Weg – Regelung der Prostitution in der Hoffnung, dass das die Missstände verhindert und den Frauen hilft – ist nicht hilfreich."[316]

3.3.2. Stellungnahmen von den Polizeibehörden

3.3.2.1. Elke Bartels[317]

Die bereits gewonnenen Erkenntnisse werden auch von anderen Strafverfolgungsbehörden, die sich mit der Problematik des Rotlichtmilieus, Menschenhandel und Organisierter Kriminalität befasst haben, in analoger Weise bestätigt. Auch Polizeipräsidentin a.D. Dr. Bartels zweifelt an der grundsätzlichen Autonomie bei jenen, die der Prostitution nachgehen.

Rückblickend auf ihre Langjährige Erfahrung, stellt Dr. Bartels fest: „dass die Frauen zum einen entweder unter Vorspiegelung falscher Tatsachen dorthin gekommen sind. (...) Zum anderen aber: Bei Frauen aus Rumänien und Bulgarien sind das Frauen aus den Clanfamilien gewesen. (...) Sie werden geboren, um da irgendwann reingeschickt zu werden. Diese Frauen sind natürlich überhaupt nicht dazu bereit, mit der Polizei zu kooperieren, weil sie wissen, was ihnen blühen würde, wenn das rauskäme. (...) OK ist im Rotlichtmilieu Standard.

Meistens treffen wir Frauen an, die den Anschein machen, dass sie es nicht freiwillig tun, aber die natürlich keine Aussage dazu tätigen. Das zu durchbrechen ist das Allerwichtigste.

In Bordellen stehen die meisten Frauen unter Zwang. (...) Aus meiner Erfahrung heraus [kann ich] sagen (...), dass im Bordell ca. 80 % gezwungenermaßen dort sind. Wie auch immer gezwungen: entweder direkt aus dem Ausland durch Menschenhandel eingeflogen oder durch die Situation mit dem Zuhälter, sei es der Ehemann, der Geliebte, der Vater, etc. Irgendein Zuhälter steckt meist dahinter und kassiert ab.

---

316 Ebd.; zum Thema siehe auch: J. Bosch, Freierstrafbarkeit – Quo vadis?, KriPoZ 6/2022; online unter: https://kripoz.de/2021/09/28/freierstrafbarkeit-quo-vadis/ (abgerufen am 30.1.23).

317 Dr. Elke Bartels, Polizeipräsidentin des Polizeipräsidiums Duisburg a.D. Ist seit dem 1. Juli 2021 im Ruhestand.

Freiwillig werden es ca. 10 bis 20 % machen, das ist meine Schätzung anhand meiner Erfahrungen und der Erzählungen meiner Mitarbeiterinnen. Da stecken auch oft andere Machenschaften dahinter, z.B. Drogen. In Bordellen hat man auch viel Betäubungsmittelkriminalität."[318] Generell kann von psychischen und physischen Formen der Gefügigmachung gesprochen werden. „Psychisch: z.B. Vorgaukeln von Gefühlen, Drohungen, Angst verbreiten, dass die Familien von der Prostitution erfahren. Physisch: Zwang und Gewalt ausüben, auch gegenüber der Familie. Schläge sind häufig. Auch mit Drogen werden Opfer häufig gefügig gemacht, die vor allem auch im Bordell eine große Rolle spielen."[319]

Der deutschen Prostitutionsgesetzgebung steht Dr. Bartels kritisch gegenüber. „Durch die Gesetze sind diejenigen mehr geschützt worden, die ohnehin relativ selbstbestimmt arbeiten, und nicht diejenigen, die dort unter Zwang stehen. Und wenn es hoch ist, machen die Selbstbestimmten 20 % aus. Für die anderen 80 % gibt es viel zu wenig Möglichkeiten."[320]

3.3.2.2. Manfred Paulus[321]

Kriminalhauptkommissar a.D. Paulus gehört zu den führenden Experten im Bereich Rotlichtkriminalität und Menschenhandel in Deutschland und Europa. Als Polizeibeamter führte er über 30 Jahre lang Ermittlungen zur Rotlichtkriminalität, Menschenhandel und Zwangsprostitution in Deutschland, wie auch international in Osteuropa (Bulgarien, Weißrussland, Moldau, Albanien, Rumänien, Ungarn u.a.), aber auch in Thailand. Im Auftrag der Europäischen Kommission Untersuchte er im Jahre 2000/2001 die Bedingungen des Kindes- und Frauenhandels in Weißrussland. Er ist

318 Das Interview mit Dr. Elke Bartels wurde am 28.1.2022 geführt.

319 Ebd.

320 Ebd.

321 Erster Kriminalhauptkommissar a.D. in Baden-Württemberg für Rotlichtkriminalität, des Frauen- und Kinderhandels und der Pädokriminalität; Lehrbeauftragter an Aus- und Weiterbildungsstätten der Polizei des Bundes und der Länder zum Beispiel an der Hochschule für Polizei in Baden-Württemberg, Bayern, Niedersachsen und Sachsen-Anhalt. Kriminalhauptkommissar a.D. Paulus befasst sich seit 1970 mit Sexualdelikten und der Rotlichtkriminalität, darunter Menschenhandel und Zuhälterei. Seit 2003 pensioniert, veröffentlichte er mehrere Bücher zum Thema Rotlichtkriminalität, u.a. Frauenhandel und Zwangsprostitution: Tatort: Europa, Hilden 2003; Organisierte Kriminalität Menschenhandel, Ulm 2014; Im Schatten des Rotlichts, Ulm 2016; Menschenhandel und Sexsklaverei. Organisierte Kriminalität im Rotlichtmilieu, Wien 2020.

Berater für Präventionsmaßnahmen in Deutschland und anderen Ländern, wie etwa Ungarn, Moldawien, Bulgarien, Rumänien u.a., und unterstützt in diesem Bereich Programme der Hanns-Seidel-Stiftung, Friedrich-Ebert-Stiftung, ECPAT, Soroptimist International, sowie anderer NGOs. Seit nunmehr über 50-Jahren befasst sich Kriminalhauptkommissar a.D. Paulus mit der Wirklichkeit der Sexindustrie und der mit ihr einhergehenden Begleiterscheinungen. In seiner jüngsten Veröffentlichung zum Thema: *„Menschenhandel und Sexsklaverei. Organisierte Kriminalität im Rotlichtmilieu"* von 2020, gib er einen tiefen und differenzierten Einblick in das *modus operandi* des Rotlichtmilieus, welches inhärent mit den Strukturen der internationalen Organisierten Kriminalität verflochten ist.

Im Interview gibt er einen darüber hinausgehenden einschlägigen Einblick in das Rotlichtmilieu: „Es ist in weiten Teilen hochkriminell. Es wird vieles übertüncht, es wird vieles schöngeredet, es sind glitzernde Fassaden überall, aber hinter den Kulissen ist es hochkriminell. Vor allem was ich in den letzten Jahren eindeutig feststelle ist, dass es mehr und mehr organisierte Kriminalität auf europäischer Ebene gibt, internationale Kriminalität, die da den Platz ergreift. Das ist die Mafia, und Prostitution ist ein wichtiges Geschäftsfeld geworden von diesen Organisationen und Clans, die sich auf dem Feld betätigen. (...) Das ist eine echte Herausforderung und eine echte Gefahr. Da ist das politische Deutschland bisher sehr naiv, so dass es dies entweder nicht sehen will oder nicht sieht. Unsere Gesetzgebung zu Prostitution ist Wunschdenken und hat mit der Realität, wie sie sich wirklich darstellt, nichts zu tun. (...) Deutschland ist aufgrund dieser Naivität oder dieses blinden Vorgehens Zielland Nummer 1. (...) In Deutschland tut man so, als gäbe es die Mafia nicht. Es passt nicht zum Rechtsstaat, damit will man nichts zu tun haben. Damit sollte und muss man sich aber beschäftigen. Das Rotlichtmilieu ist eben das Einfallstor der organisierten Kriminalität. Alles läuft über das Rotlicht, über das Rotlichtmilieu kommen sie rein, die bulgarischen, rumänischen Kriminellen und viele weitere.

Man kommt hier nur mit sehr aufwendigen Strukturermittlungen an die eigentlichen Machthaber, an die eigentlichen Kriminellen, ran. Diese Strukturermittlungen sind aufgrund der derzeitigen gesetzlichen Rahmenbedingungen sehr schwierig, denn wenn der Gesetzgeber sagt, das sind Prostituierte, die sexuelle Dienstleistungen erbringen, das ist ein Prostitutionsgewerbe, dann hat die Polizei da zunächst nichts zu suchen. Da braucht sie gute Argumente, das Objekt betreten und Strukturermittlungen durchführen zu können. Solange die Rahmenbedingungen so sind, wie sie jetzt sind, kann man diese Strukturermittlungen nicht durchführen und die Hintergründe werden nicht erkannt. Das ist ein Riesenproblem."[322] Ein nicht vereinzeltes Beispiel ist der Paradise-Prozess. „In Wirklichkeit wurde in dem Prozess nachgewiesen, dass Gewalt, Menschenhandel und Zuhälterei an der Tagesordnung waren.

Ich habe Frauen aus aller Welt in deutschen Milieus angetroffen. (...) Alle haben eines gemeinsam: typische Opfereigenschaften. Sie kommen aus der Armut, aus bedrückender Perspektivlosigkeit, aus oft schwierigen familiären/sozialen Verhältnissen, sind oft bildungsarm und leicht verführbar. Die Verfassung: Fast alle haben gelernt zu lächeln, obwohl ihnen zum Weinen ist. (...) Wenn man dann eine Viertelstunde mit ihnen spricht, dann fließen plötzlich oft Tränen und es ist aus mit dieser Freiwilligkeit. Wenn man da ein bisschen in die Tiefe geht, dann stößt man sehr schnell drauf, dass die behauptete Freiwilligkeit keine ist. Die Freiwilligkeit ist so gut wie nicht vorhanden."[323] Zwar behaupten viele der befragten Frauen, freiwillig der Prostitution nachzugehen. Allerdings sind solche Behauptungen für die absolute Mehrheit der Prostituierten nicht zutreffend. „Das hat natürlich viele Gründe. Einmal ist das Teil der Gesetze des Milieus. Verrat ist die schlimmste Verfehlung im Milieu, und zu sagen, ich mache es nicht freiwillig, das wäre Verrat. (...) Sie sind eingeschüchtert, sie sind verängstigt, sie sind drin in diesem Milieu und spielen eine ganz untergeordnete Rolle, in der sie einfach funktionieren müssen. Sie sehen keine Chance, dem zu entkommen. Sie sind den Gesetzen des Milieus ausgeliefert und dort ist oberstes Gebot zu sagen: Ich gehe der Prostitution freiwillig nach. Viele Frauen machen sich auch gerne selbst etwas vor: Jeder Mensch möchte über sich selbst entscheiden können und ich hatte oft den Eindruck, dass sie es sich selbst gerne einreden, dass sie es freiwillig und gern machen, um die Achtung und den Respekt sich selbst gegenüber zu erhalten. Das ist milieubedingt, das gehört dazu."[324]

Auf die Frage hinsichtlich der im Bundeslagebild Menschenhandel und sexuelle Ausbeutung benannten Zahlen, äußert sich Kriminalhauptkommissar a.D. Paulus ernüchtert: „In diesem Bereich ist es pures Gift, auf solche Zahlen zu vertrauen. Angesichts der gigantischen Dunkelfelder, die wir hier haben, sind die Zahlen nicht nützlich. (...) Die niedrigen Zahlen werden missbraucht und in eine Realität übergeführt, die so nicht da ist.

322 Das Interview mit Manfred Paulus wurde am 9.8.2021 geführt.
323 Ebd.
324 Ebd.

Das Problem der Zuhälterei ist noch nie so groß gewesen, wie es heute ist. Die Zahlen spiegeln ein völlig falsches Bild wider. (...) Die Justiz hat keine Probleme mehr damit, die Polizei hat keine Probleme mehr – nur die Frauen, die betroffen sind, sie haben die Probleme. Die Zahlen im Bundeslagebild sind nicht einmal annähernd aussagekräftig.

Wir haben zigtausende Fälle von Menschenhandel. (...) Wir müssen nur Bordelle in Deutschland betreten, dann sehen wir: Es sind 90 % Frauen aus Ungarn, Rumänien, Roma-Frauen, es sind alles Frauen mit typischen Opfereigenschaften, die wir da antreffen. Es bestätigt sich, es liegt klar auf der Hand. (...) Andere Länder haben es erkannt und mit dem ‚Nordischen Modell' entsprechend reagiert, aber wir reagieren hier nicht, deshalb wird sich die organisierte Kriminalität noch mehr wie bisher auf Deutschland stürzen, auf Österreich, auf die Schweiz, also auf Länder, die nach wie vor diese Freiheiten einfach gewähren. (...) 96–98 % der Frauen in der Prostitution in Deutschland [sind] fremdbestimmt (...), was bedeutet, dass wir bei 200.000–1.000.000 Prostituierten eine sechsstellige Zahl an Ausbeutungsopfern hätten.

Das ProstG war eine Einladung für die organisierte Kriminalität. (...) Die Legalisierung und Angleichung an andere Berufe nutzt allein den Tätern und lässt die Opfer im Stich. Mit dieser Gesetzgebung ist das Milieu kein polizeilicher Brennpunkt mehr. Im Gegenteil, die Polizei braucht gute Gründe, diese ‚legalen Bereiche' überhaupt zu betreten. So kann man organisierte Kriminalität nicht bekämpfen. (...) Das war eine völlige Verkennung des Gesetzgebers, was Prostitution überhaupt bedeutet. Prostitution ist auch das völlig falsche Wort für das, was bei uns geschieht, denn das ist in hohem Maße Sexsklaverei. Das Wort Prostitution beinhaltet Freiwilligkeit, die haben wir aber in der Masse nicht."[325] Das ProstSchG von 2017 konnte keine reale Abhilfe schaffen. „Schon am Anfang wird hier die völlig falsche Richtung vorgegeben, denn: Zum großen Teil ist es keine Prostitution, zum großen Teil sind es keine sexuellen Dienstleistungen, die da ablaufen. Für den kleinen Prozentsatz, der freiwillig in der Prostitution ist, mag dieses Gesetz gut sein, aber für alle anderen schafft dieses Gesetz völlig falsche Voraussetzungen. (...) Diese Gesetzgebung ist Wunschdenken. Das Rotlicht ist eine Subkultur, eine Parallelgesellschaft mit eigenen Wertvorstellungen, mit eigenen Richtlinien, eigenen Spielregeln und Gesetzen. Für dieses Milieu geht unsere Gesetzgebung völlig daneben. Sie greift hier

325 Ebd.

überhaupt nicht und behandelt auch Probleme, die keine sind, oder die nur am Rande Probleme sind, während die eigentlich wichtigen Dinge außer Acht gelassen werden."[326]

Das einzige realistische Modell des gesetzlichen Umgangs mit Prostitution, „um von der dramatischen Situation, die wir haben, wegzukommen, ist das ‚Nordische Modell.' (...) Wenn das Argument kommt, dass mit dem Nordischen Modell alles in den Untergrund geht und ins Dunkelfeld abgedrängt wird, so ist das nicht richtig. Dort, wo der Freier hinkommt, kommt auch die Polizei hin. Das Nordische Modell hat den Riesenvorteil, dass es unter diesem Modell für die organisierte Kriminalität in diesem Bereich kein lukratives Geschäftsfeld mehr ist. Zudem findet ein Umdenken statt. Das alles sagen mir auch die Kollegen aus Schweden."[327]

3.3.2.3. Helmut Sporer[328]

Rund 30 Jahre führte Kriminaloberrat a.D. Sporer Ermittlungen, darunter im Bereich der Organisierten Kriminalität, und leitete in der Kriminalpolizeiinspektion Augsburg 15 Jahre lang das Fachkommissariat Kl, zuständig für die Verletzung höchstpersönlicher Rechtsgüter, wie etwa Tötungs- und Sexualdelikte und Bekämpfung des Menschenhandels. In den genannten Bereichen gehört Kriminaloberrat a.D. Sporer zu den erfahrensten Experten Deutschlands. Über Jahre hinweg warnt Herr Sporer in dutzenden Artikeln vor einer leichtfertigen Beurteilung der Sexindustrie, gemessen an naiven Vorstellungen von schnellem Geld, seriösem Prostitutionsumfeld ggf. Gewerbe oder sexuell selbstbestimmten Prostituierten. In seiner jüngsten Veröffentlichung der Hanns-Seidel-Stiftung zum Thema: „Der neue deutsche Weg. Für eine Neuordnung der Prostitutionsgesetzgebung" von

326 Ebd.

327 Ebd.

328 Kriminaloberrat a.D. Helmut Sporer, ehem. Kriminalpolizeiinspektion in Augsburg, war etwa 30 Jahre lang bei der Kriminalpolizei in Augsburg tätig – fast durchgängig im Bereich Prostitution und Menschenhandel. Nach eigenen Angaben war Kriminaloberrat a.D. Sporer etwa 15 Jahre lang als Ermittler unter anderem für die Überwachung der Prostitution zuständig und als Sachbearbeiter für Ermittlungsverfahren im Bereich Menschenhandel, Zuhälterei und organisierter Kriminalität tätig. 15 Jahre war er Leiter eines Kommissariats, das u.a. für die Bekämpfung des Menschenhandels, sowie für die Überwachung der Prostitution zuständig.

2022[329] unternimmt er ein tiefgründiges Resümee zu der Entwicklung der deutschen Prostitutionsgesetzgebung und deren Folgewirkungen.

Er vergleicht die gesetzlichen Ziele des ProstG und des ProstSchG mit der Realität in der Prostitution vor dem Hintergrund seiner langjährigen Erfahrung. „Von den Frauen, die man in den regulären Bordellen antrifft – wie FKK-Clubs, Großbordelle, Laufhäuser, Wohnungsprostituierte – sind 60 bis 90 % fremdbestimmt. (...) Wir haben hier (...) die Fassade und die Realität hinter der Fassade. Die Frauen sagen, dass sie es freiwillig machen und dass sie keinen Zuhälter haben. Wenn man fragt, ob sie einen Zuhälter haben, verneinen sie das alle und sagen, dass alles ok ist (...) und in der Küche im Nebenraum sitzen zwei Männer, offensichtliche Zuhälter, (...) die Frauen haben Angst. Der Zwang ist diffus, schwer fassbar, subtil, aber entscheidend ist, dass es Zwang ist, nämlich, dass die Frau etwas macht, was sie eigentlich nicht möchte. Und zwar nicht irgendetwas. (...) Sie muss das Intimste opfern, was sie hat. Sie muss ihre Würde opfern. Das sind zum Beispiel 18-jährige Rumäninnen aus einem Dorf im rumänischen Hinterland, die kein Wort deutsch sprechen, die naiv sind und oftmals eine geringe Schulbildung haben, die einfach kraft ihrer Persönlichkeit nicht in der Lage sind, alleine hierherzukommen. Man sieht, dass diese Frauen noch wie Kinder sind. Sie müssen fremdbestimmt sein, denn ohne Organisation, ohne ‚Manager', geht das nicht.

Die Mehrzahl der Fälle, in denen die freie Willensbestimmung von den Tätern beeinflusst wird, ist ‚sanfter' psychischer Zwang schwer greifbar, Drohungen, aber zum Teil müssen die Täter nicht einmal drohen, wenn der Täter körperlich überlegen ist und die Frau die Erfahrung gemacht hat, dass eine Freundin, wenn sie widerspricht, zusammengeschlagen wird oder ihre Prostitution im Heimatland bekannt gemacht wird, oder dass die Angehörigen davon erfahren. (...) Die Mehrzahl der Menschenhandelsopfer sind Opfer einer emotionalen Bindung und einer Ausbeutungssituation. Sie nehmen ihre Täter in Schutz und gehen aus Zuneigung und weil sie angelogen werden über die rote Linie und beginnen, den Schritt in die Prostitution zu machen. Das ist das entscheidende Kriterium: dass die Frau einsteigt und dann ist sie leichter zu führen. Es ist auch die Angst da, dass es andere Leute erfahren. Die Frauen haben Angst, alleine zu sein.

Zwang ist immer mit einer Willensbeeinflussung mittels Gewalt, Gewaltandrohung oder sonstigen nötigenden Elementen verbunden. Das ge-

329 Online einsehbar unter: https://www.hss.de/publikationen/der-neue-deutsche-weg-pub2284/ (abgerufen am 30.1.23).

schieht oft so subtil, unsichtbar, nicht greifbar, dass es schwierig wird, dies in die geltenden Tatbestände zu subsumieren. Noch schwieriger ist die gewaltfreie Willensbeeinflussung zu beweisen, die emotionale Methode, die darauf hinwirkt, dass das Opfer zum Schluss der Meinung ist, es sei seine eigene Entscheidung gewesen.

Die betroffenen Frauen reden sich ihre missliche Situation schön und belügen sich selbst. Das ist verständlicher Selbstschutz, um sich nicht eingestehen zu müssen, eine falsche Entscheidung getroffen zu haben. (...) Es gibt auch Frauen, die aus ärmlichsten Verhältnissen in Südosteuropa kommen, die haben kein Opferbewusstsein, weil es ihnen in ihrer Heimat ohne Strom und fließend Wasser noch erbärmlicher erginge.

Die organisierte Kriminalität hat immer mehr das Feld für sich entdeckt und besetzt, in dieser grenzenlosen und massenhaften Zufuhr von Frauen vor allem aus Osteuropa. (...) Ohne die Änderung von 2002 wäre die Situation weit weniger dramatisch, weil es weniger Plätze und weniger Ausbeutungsmöglichkeiten in Bezug auf die Frauen gäbe, als es jetzt der Fall ist. (...) Wo bekommt man die Frauen her, die mit allem ‚einverstanden' sind? 15 Stunden am Stück zu bleiben, nichts anzuziehen und sich den ganzen Restriktionen klaglos zu unterwerfen. Diese Frauen findet man nicht. Da benötigt es Verbindungen mit den Zuhältern, die die Frauen dann entsprechend beeinflussen, damit sie das machen.

Die größte Bedrohung für die Frau ist ihr Zuhälter oder die Security, die dafür sorgt, dass die Frau das macht, was der Betreiber oder der Zuhälter möchte. Das ist im Bordell noch schlimmer als auf der Straße. ‚Sicher' ist ein falsches Argument."[330]

Ähnlich wie andere hochrangige Polizeibeamte und Staatsanwälte, die in den Bereichen der Organisierten Kriminalität, des Menschenhandels und der Prostitution jahrzehntelang Ermittlungen durchgeführt haben, äußert sich Kriminaloberrat a.D. Sporer skeptisch gegenüber dem Bundeslagebild Menschenhandel und Ausbeutung. „Es gibt so gut wie keine Anzeigen wegen Zuhälterei oder Menschenhandel. (...) Von diesen Ermittlungsverfahren im Bundeslagebild Menschenhandel und Ausbeutung wird geschätzt nicht einmal die Hälfte verurteilt. Ein hoher Prozentsatz wird eingestellt. Im Bundeslagebild sieht man nur die Verfahren, die eingeleitet wurden. Maßgebend wäre aber die Verurteilungsquote sowie auch die Ver-

330 Die Stellungnahme von Helmut Sporer wurde am 12.3.2023 autorisiert und ist in erweiterter Form unter https://www.landtag.nrw.de/portal/WWW/dokumentenarchiv/Dokument/MMST17-3443.pdf abrufbar.

urteilungshöhe angesichts der massiven Rechtsgutsverletzungen. (...) In der Regel ist es so, dass die Opfer aus Angst nicht aussagen oder ihre Aussage zurückziehen oder das Opfer von den Anwälten ‚zermalmt' wird. (...) Die Tatbestände sind schwer zu handhaben und die Prozessrechte der Täter haben sich stärker entwickelt als die Prozessrechte der Opfer. (...) Intensivere Befragungen in Bordellen führen zumeist nie zum Erfolg. Im Bordell selbst haben die Frauen auch Angst vor Überwachung, Abhörung etc. Wir haben auch immer wieder Fälle im OK-Bereich in Bordellen gehabt, wo die Betreiber massiv versuchen, Gespräche zwischen der Polizei und der Frau zu unterbinden. Sie werden von den Betreibern belehrt, wie sie sich gegenüber der Polizei zu verhalten haben. (...) Warum kann man so einen Zuhälter nicht zu 10 oder 12 Jahren verurteilen, der das Leben von einem oder mehreren Menschen kaputt gemacht hat?"[331]

Das ProstSchG von 2017 hat daran nichts geändert. „Im Gegenteil. Die Zuständigkeit von der Polizei ist in Teilen genommen und an die Verwaltungsbehörden gegeben worden, die mit dem Thema aus mehreren Gründen überfordert sind, personell, rechtlich und auch vom Hintergrund her. Datenschutz hat eine hohe Bedeutung, der Austausch der Verwaltungsbehörden mit der Polizei ist sehr beschränkt. Die Polizei hat davon Nachteile. Die ganzen Anmeldungen nach dem ProstSchG sind auch vollkommen wertlos, denn man kann nicht sagen, wie viele Frauen wo sind. Die Anmeldepflicht ist bürokratisch ein Horror und dazu sinnfrei.

In der Theorie ist sie eine selbstständige Erwerbstätige, eine Geschäftsfrau. Dazu braucht man aber gewisse Mindestanforderungen, um sich selbst zu organisieren. Das ist in den meisten Fällen nicht gegeben. (...) Das ProstSchG hat für die Frauen keine Vorteile (...). Jetzt fördert der Staat indirekt durch die Genehmigungen diese riesigen Häuser mit 50/60/80 Plätzen und nimmt in Kauf, dass hier massives Unrecht passiert."[332]

Mit Blick auf seine jahrelangen Erfahrungen im Bereich der Rotlichtmilieukriminalität, Menschenhandel und Organisierter Kriminalität, und folglich der Realität des Prostitutionswesens, spricht sich Kriminaloberrat a.D. Sporer ebenfalls für das Nordische Modell aus. „Das Nordische Modell reduziert die Plätze, an denen Prostitution ausgeübt werden kann. Das ist der Schlüssel. Damit reduziert man auch die Opferzahlen."[333]

---

331 Ebd.
332 Ebd.
333 Ebd.

3.3.2.4. Wolfgang Fink[334]

Die bislang gewonnenen Erkenntnisse zum Prostitutionsgewerbe werden auch von Kriminalhauptkommissar Wolfgang Fink, Hauptsachbearbeiter im Paradise-Prozess, geteilt. „Die Mehrzahl der Frauen, die in der Prostitution arbeiten, die würden das nicht machen. (...) Ich möchte mich nicht auf genaue Zahlen festlegen, aber ich selbst gehe davon aus, dass über 50 % der in der Prostitution arbeitenden Frauen dies nicht freiwillig machen."[335]

Zu den Regelungen des ProstSchG v. 2017 äußert sich Kriminalhauptkommissar Fink eher kritisch. „Es hat vielleicht vordergründig zur Sicherheit beigetragen, aber echter Schutz oder Ermittlungserleichterungen für die Polizei hat es nicht gebracht. Man hat auch versäumt, die Prostitution unter 21 zu verbieten. Mit 18 Jahren können die meisten Frauen noch nicht verstehen, was die Prostitution auf Dauer mit ihnen macht. Deshalb muss die Prostitution unter 21 auf jeden Fall verboten werden.

Der Bordellbetreiber wirkt nicht auf das Opfer direkt ein, sondern wählt als Ansprechpartner den Zuhälter, der wiederrum direkt auf das Opfer einwirkt und die Forderungen des Bordellbetreibers ‚übermittelt.' Entstehen während der Arbeit Probleme, sucht der Bordellbetreiber keine Lösung mit Hilfe der Polizei oder anderen öffentlichen Einrichtungen, sondern wendet sich zur Lösung wiederrum direkt an den Zuhälter. (...) Wenn Sie mit einer Frau sprechen, die in der Prostitution arbeitet, gelingt es so gut wie nie, eine Frau zu finden, die bereit dazu ist, Angaben zu machen. Die Trefferquote liegt da bei 1 bis 2 %. Es gelingt oft nur, wenn die Frau gerade geschlagen wurde und z.B. in Frauenhäusern landet und bereit ist, von sich aus etwas zu sagen. Während der Prostitutionstätigkeit ist es sehr schwierig, hier Erfolge zu erzielen (...)."[336]

Eine effiziente Lösung sieht Kriminalhauptkommissar Fink im Nordischen Modell gegeben. „Der Freier möchte seinen Spaß, er möchte von

334 Wolfgang Fink ist Kriminalhauptkommissar beim Landeskriminalamt Baden-Württemberg, bei der Inspektion 420 – Organisierte Kriminalität, die sich u.a. mit Menschenhandel, Schleusung und anderen Erscheinungsformen der Organisierten Kriminalität befasst. Herr Fink arbeitet dort seit 15 Jahren und ist seit 10 Jahren explizit im Bereich Menschenhandel und Schleusung tätig. 2014 wurde Kriminalhauptkommissar Fink zum Hauptsachbearbeiter des Paradise-Prozesses. Siehe auch: https://www.dw.com/de/prostitution-in-deutschland-den-absprung-schaffen-nur-wenige/a-44170393 (abgerufen am 1.2.23).

335 Das Interview mit Wolfgang Fink wurde am 9.8.2021 geführt.

336 Ebd.

der Prostituierten angehimmelt werden und hören, dass es toll ist. Weiteres Interesse hat er nicht. Der Freier ist ja nicht wirklich daran interessiert, wie es der Frau geht. (…) Die Freierstrafbarkeit führt auch zu einer gesellschaftlichen Ächtung und damit trocknet man den Markt aus. Es gibt natürlich auch in Ländern mit einer Freierstrafbarkeit noch Prostitution und Menschenhandelsopfer, aber es ist einfach deutlich weniger. (…) Meist ist der Menschenhandel ein weiterer Zweig der organisierten Kriminalität, den die Organisation bedient, um finanziellen Erfolg zu erzielen."[337]

3.3.2.5. Klaus Danner[338]

„Aus meinen Erfahrungen heraus kann ich sagen, dass die große Mehrheit der als Prostituierte Tätigen nicht selbstbestimmt ist. (…) Frauen werden von ihren Zuhältern oft auch vergewaltigt. Im Jargon spricht man dort in abscheulicher und unwürdigster Art und Weise vom ‚Zureiten'. Das sind alles eklatant menschenverachtende und demütigende Verhaltensweisen, die sprachlos machen.

Prostitution ist Teil der organisierten Kriminalität, neben Rauschgifthandel, Waffenhandel, vor allem im Rockermilieu. Der Prostitution begegnet man immer wieder im großen Feld der organisierten Kriminalität. Prostitution, Menschenhandel, Zuhälterei sind eingebettet in einen großen Sumpf der schwersten Kriminalitätsformen, der Organisierten Kriminalität. Sie sind ein Bestandteil der Organisierten Kriminalität.

Das größte Problem [im Bereich Menschenhandel, Zuhälterei und Zwangsprostitution] ist, dass man oftmals nur wenig Beweise zusammentragen kann, um dem Angeklagten die Tat nachzuweisen. Hierbei ist man gerade auch auf die Aussagen der Opfer, der Prostituierten, angewiesen. Diese machen aber zum großen Teil vor Polizei, Staatsanwaltschaft und Gericht keine Aussagen, weil sie von den Zuhältern massiv bedroht werden. Zuhälter schrecken vor Gewalt nicht zurück und nutzen die Angst um Leben und Gesundheit der Frauen skrupellos aus. (…) Es sind junge Frauen, die oftmals unter falschen Versprechungen aus dem Ausland herge-

---

337 Ebd.

338 Leitender Kriminaldirektor a.D. Klaus Danner, war 43 Jahre im Polizeidienst tätig, war u.a. Polizeichef im Kreis Waldshut und Leiter der Direktion für Spezialeinheiten der Polizei Baden-Württemberg. Seit Juni 2017 ist Leitender Kriminaldirektor a.D. Danner im Ruhestand.

lockt und dann massiv unter Druck gesetzt, geschlagen, vergewaltigt und unheimlich starken Repressionen ausgesetzt werden. Die Angst um das eigene Leben und die eigene Gesundheit oder um das Leben der Familie im Heimatland ist groß. Die Einschüchterung ist das stärkste Mittel der Zuhälter, die Frauen gefügig zu machen, so dass die Frauen aus Angst den Mund halten."[339] Die Frauen werden gefügig gemacht durch: „Körperverletzung, gefährliche und schwere Körperverletzung, Freiheitsberaubung, versuchte Tötungsdelikte, die ganze Bandbreite des StGB in Bezug darauf, was unmittelbar oder mittelbar in Zusammenhang mit Gewalt steht.

Ich gehe davon aus, dass in der ganz großen Mehrheit der Bordelle massiv gegen Gesetze verstoßen wird. Menschenhandel, Zuhälterei, Betrug, Steuerhinterziehung, usw. Ein ganzes Konglomerat von Straftaten, das innerhalb der Bordelle und mit denen in Zusammenhang stehenden Betreibern, Bediensteten und der Geschäftsführung in Zusammenhang steht. (...) Die Frauen werden oftmals auch angefixt, drogenabhängig gemacht. Das kommt teilweise noch erschwerend hinzu. Sie müssen nicht nur Schulden, Zuhälter und Miete bezahlen, sondern auch die eigene Drogensucht finanzieren – da ist der totale soziale Abstieg vorprogrammiert. Das ist auch ein weiteres Druckmittel der Zuhälter (...). Das ist ein Teufelskreis. Die meisten Frauen hüten sich davor, bei der Polizei Angaben zu machen, weil sie dann damit rechnen müssen, dass sie schwersten Repressalien ausgesetzt werden, teilweise bis zu schwerer Körperverletzung oder gar zum Mord."[340]

Aus diesen Gründen spricht sich der Leiter der Direktion Spezialeinheiten der Polizei Baden-Württemberg a.D. Danner ebenfalls für das Nordische (schwedische) Modell aus. Die bisherigen Regelungen und nachträgliche Gesetzesnovellierungen des ProstG durch das ProstSchG hätten nicht viel gebracht. „In den ganzen letzten Jahrzehnten hat man in Deutschland das Thema illegale Prostitution immer wieder aufgegriffen und Gesetze geändert. Das hat aber nicht zum durchschlagenden Erfolg geführt. Die Ansätze waren oftmals gut gemeint, aber schlecht gemacht. Sie haben im Bereich der organisierten Kriminalität und den Straftätern vielleicht ein leichtes Stirnrunzeln hervorgerufen, mehr aber nicht. Eine Verbesserung der Situation bei den Opfern – den physisch und psychisch geschundenen Mädchen und Frauen – hat es nicht gebracht. Darum sage ich aus meiner

339 Das Interview mit Klaus Danner wurde am 1.2.2022 geführt.
340 Ebd.

persönlichen Ansicht heraus: Wir müssen bei der Nachfrage ansetzen und daher das Schwedische Modell einführen."[341]

3.4. Medizinische Folgewirkungen

3.4.1. Überblick

Vielfältigen unterschiedlichen Angaben zufolge ist die mittlere Schätzung, dass in Deutschland rund 1,2 Mio. Freier täglich Prostituierte aufsuchen.[342] Wie bereits in Kap. 3.2. ausführlich dargelegt wurde, beruht die Zahl der in Deutschland der Prostitution nachgehenden Personen (über 90 % Frauen)[343] grundsätzlich auf Schätzungen, die von 100.000 bis 800.000 Prostituierten reichen.[344] Unter Berücksichtigung der neusten Erkenntnisse, die sowohl die 2013 von der „Welt am Sonntag" gestartete Umfrage deutscher Kommunen mit über 100.000 Einwohnern[345], sowie die Erkenntnisse von erfahrenen Polizeibeamten miteinbeziehen, kann von einer flukturierenden Zahl zwischen 250.000 und 350.000 Prostituierten, im Höchstfall auch 400.000 Prostituierten in Deutschland ausgegangen werden.[346] Diese be-

---

341 Ebd.

342 Siehe: https://bsd-ev.info/kunden-12-millionen-freier-taeglich/ (abgerufen am 9.12.2022). Unter Berücksichtigung der Folgewirkungen des ProstG und ProstSchG kann davon ausgegangen werden, dass diese Zahl in den letzten Jahren gestiegen ist. Von 1,2 Mio. Freiern, die täglich Prostituierte aufsuchen, wurde nämlich bereits Anfang der 90' Jahre des 20. Jhr. gesprochen; siehe: BT-Drs. 11/7140, 5.

343 Einer 2010 veröffentlichten Studie von TAMPEM zufolge, sind über 90 % der in Deutschland in der Prostitution tätigen Personen weiblich; siehe: TAMPEM National Mapping Reports, 2010, S. 109. Online unter: https://tampep.eu/wp-content/uploads/2017/11/ANNEX-4-National-Reports.pdf (abgerufen am 9.12.2022).

344 Vgl. https://www.deutschlandfunkkultur.de/internationaler-hurentag-ist-deutschland-das-bordell-europas-100.html (abgerufen am 9.12.2022); M. Paulus, Menschenhandel und Sexsklaverei. Organisierte Kriminalität im Rotlichtmilieu, Wien 2020, 118.

345 https://www.welt.de/politik/deutschland/article121480296/Augsburg-mit-hoechster-Dichte-von-Prostituierten.html (abgerufen am 8.12.2022).

346 Siehe beispielsweise: https://www.landtag.nrw.de/portal/WWW/dokumentenarchiv/Dokument/MMST17-3443.pdf (abgerufen am 8.12.2022); M. Paulus: Menschenhandel und Sexsklaverei. Organisierte Kriminalität im Rotlichtmilieu, Wien 2020, 118. Dazu siehe auch: https://www.frauenrechte.de/informationen/dokumentationsstelle/zurueckgeblaettert-in-die-vereinskalender/5067-sextourismus-das-geschaeft-mit-der-kindheit (abgerufen am 8.12.2022); https://www.dw.com/de/grenzverkehr-zwischen-ost-und-west/a-1118576 (abgerufen am 8.12.2022); https://www.zdf.de/dokumentation/zdfinfo-doku/deutschlands-sex-industrie-prostitution-102.html

lastbare Schätzung widerspricht den offiziellen Zahlen in krasser Weise. Denn den am 1. Juli 2022 veröffentlichten, offiziellen Angaben zufolge, waren zum 31.12.2021 in Deutschland nur 23.743 Prostituierte gültig angemeldet und 2.286 Prostitutionsgewerbe registriert.[347]

Um die psychosomatischen Folgewirkungen der Prostitutionsausübung[348] besser erfassen zu können, müssen diesen Zahlen (sowohl den offiziellen wie inoffiziellen) die Schätzungszahlen der durchschnittlich empfangenen Freier gegenübergestellt werden. In der 3sat-Dokumentation „Kein Job wie jeder andere" vom 4.3.2020 sprechen Frauen von durchschnittlich 20 Freiern pro Tag.[349] Im Prozess vor dem Landgericht Stuttgart gegen die Betreiber von Flatrate-Bordellen sprachen die Frauen von bis zu 60 Freiern in bis zu 14 Stunden pro Tag.[350] Andere Prostituierte berichten von 17 Freiern im Schnitt pro Tag[351], also mindestens ein Geschlechtsverkehr pro halbe Zeitstunde. Die Zahl der Freier pro Tag (sowie der sexuellen

---

(abgerufen am 8.12.2022); https://www.nzz.ch/schweiz/prostitution-kennt-keine-grenzen-ld.1435257?reduced=true (abgerufen am 8.12.2022).

347 Siehe: https://www.destatis.de/DE/Themen/Gesellschaft-Umwelt/Soziales/Prostituiertenschutz/_inhalt.html (abgerufen am 9.12.22).

348 Siehe dazu beispielhaft: S. Zumbeck, Die Prävalenz traumatischer Erfahrungen, Posttraumatischer Belastungsstörungen und Dissoziation bei Prostituierten. Eine explorative Studie, Hamburg 2001; A. Wolf, Untersuchung zum Infektionsstatus von Prostituierten in Lübeck, Heidelberg 2007; https://www.zhb.uni-luebeck.de/epubs/ediss468.pdf (abgerufen am 9.12.22); siehe auch: https://www.trauma-and-prostitution.eu/der-appell/ (abgerufen am 9.12.22); https://dissoziation-und-trauma.de/neues-aus-psychiatrie-und-medien/522-traumatherapeutinnen-gegen-prostitution-der-appell (abgerufen am 9.12.22); https://www.emma.de/artikel/traumatherapeutinnen-gegen-prostitution-317787 (abgerufen am 9.12.22).

349 Vgl. https://www.focus.de/kultur/kino_tv/tv-dokumentation-gibt-einblicke-20-freier-an-einem-tag-tv-dokumentation-gibt-erschuetternde-einblicke-in-das-rotlichtmilieu_id_13045731.html (abgerufen am 20.01.2022).

350 Vgl. https://www.fr.de/panorama/eine-frau-freier-stunden-11394139.html#idAnchComments (abgerufen am 20.01.2022); siehe auch: www.bufas.net/urteil-im-prozess-um-die-flatrate-bordelle/ (abgerufen am 20.01.2022); https://www.stern.de/panorama/stern-crime/prozess-in-stuttgart-gericht-verurteilt-flatrate-bordellbetreiber-3062172.html (abgerufen am 20.01.2022). Ende März 2021 verurteilte das Berliner Landgericht Mustafa E. zu einer Haftstrafe von 3 Jahren und 10 Monaten, welcher nach dem Flatrate-Prinzip in seinem Bordell Frauen angeboten hat, darunter auch Minderjährige: vgl. https://www.rbb24.de/panorama/beitrag/2021/03/berlin-prozess-bordell-minderjaehrige-neukoelln.html (abgerufen am 20.01.2022); https://www.tagesspiegel.de/berlin/polizei-justiz/prostituierte-ausgebeutet-wie-ein-kapitalist-vier-jahre-haft-fuer-berliner-ex-gewerkschafter-mit-flatrate-bordell/27038474.html (abgerufen am 20.01.2022).

351 Vgl. https://www.welt.de/regionales/nrw/article161732638/17-Freier-pro-Schicht-und-danach-noch-vergewaltigt.html (abgerufen am 20.01.2022).

Handlungen) sind unterschiedlich und variieren je nach Region, Alter der Prostituierten, Tag, Tageszeit und individuellen Präferenzen der Freier.

Sozialwissenschaftliche Studien und medizinische Untersuchungen, die von M. Farley ausgewertet wurden, belegen, dass mindestens 95 % der Prostituierten sexuelle Belästigung erfuhren, 80 bis 90 % soziale Geringschätzung und 60 bis 75 % vergewaltigt wurden.[352] Ein Großteil von den in der Prostitution tätigen Personen ist permanent psychischer und physischer Gewalt seitens der Zuhälter und Sexkäufer ausgesetzt. Dieser permanente Zustand der berechtigten Angst vor sexualisierter Gewalt und die Erfahrungen tatsächlicher Gewalt führen bei mindestens 68 % der Frauen zu lebenslangen posttraumatischen Belastungsstörungen.[353] Diese Quote der posttraumatischen Belastungsstörungen ist bei Prostituierten somit höher als bei Kriegskombattanten und Folteropfern.

Die Folgenden Experten-Erkenntnisse aus jahrelanger medizinischer sowie psychologischer und psychiatrischer Behandlung von Prostituierten, gewähren nochmals einen differenzierten und tiefgründigen Einblick in den psychosomatischen Gesamtzustand der Prostituierten, die fast alle Frauen sind, und welchen Belastungen sie in Deutschland rechtskonform, auch nach dem ProstSchG, ausgesetzt sind.

3.4.2. Fachärztliche Gutachten

3.4.2.1. Wolfgang Heide[354]

„Freier sind meistens recht brutal, so die Aussage der meisten Prostituierten: ‚Die stoßen und stoßen ohne Rücksicht.' (...) ‚Den rücksichtsvollen, einfühlsamen Freier gibt es nicht.' (...) Es ist aus meiner und der Sicht vieler Prostituierter, mit denen ich gesprochen habe, eine Vergewaltigung gegen Bezahlung, und alles was erlaubt ist (und in Deutschland ist sehr viel erlaubt) wird von den Freiern gefordert.

352 M. Farley, Prostitution and the Invisibility of Harm, In: Woman & Therapy 26, 3/4 (2003), 247–280: https://prostitutionresearch.com/wp-content/uploads/2003/03/FarleyProstitutionInvisibleHarm2003.pdf, hier: 5–6, (abgerufen am 15.4.2022).

353 Ebd.

354 Wolfgang Heide ist Facharzt für Gynäkologie und Geburtshilfe und hat sich eingehend mit den medizinischen Folgen der Prostitution beschäftigt. Er war Gutachter im Ausschuss für Familie, Senioren, Frauen und Gesundheit im Deutschen Bundestag am 06. Juni 2016.

Die psychische Traumatisierung kann oft nur mit Medikamenten, Alkohol oder Drogen ausgehalten werden. Schwangerschaft, Dammrisse, Scheidenverletzungen, Wochenfluss nach der Geburt, massive Schmerzen beim Verkehr, und trotzdem finden sich Freier, denen das offenbar nichts ausmacht, im Gegenteil, Freier, die so etwas suchen.

Ich erinnere mich an die Frau die drei Tage nach der Entbindung mit Geburtsverletzungen wie Dammriss 2. Grades, Scheideneinrisse, starkem Wochenfluss zu mir kam und mich um Hilfe bat, da sie wieder arbeiten musste, um die Zimmermiete im Bordell bezahlen zu können (Freier die so etwas nicht aufhält – im Gegenteil – gibt es offenbar).

Nach wie vor ist Prostitution für Schwangere bis zur 34. Schwangerschaftswoche erlaubt. Ein Beschäftigungsverbot, wie es für andere ‚Berufsgruppen' gilt, gibt es für schwangere Prostituierte nicht. Beispielsweise ist Nachtarbeit, Kontakt mit infektiösen Flüssigkeiten, Arbeit über mehr als acht Stunden, Arbeit an Wochenenden etc. für schwangere Arbeitnehmerinnen nicht erlaubt.[355]

Für schwangere Prostituierte gibt es da keine Einschränkungen, da sie als selbstständig gelten. Beim genaueren Hinsehen wohl eher eine Scheinselbstständigkeit. Schwangeren Prostituierten darf bis sechs Wochen vor der Entbindung eine Anmeldebescheinigung ausgestellt werden. Nach der Geburt und in der Stillzeit gibt es keine Einschränkungen! Das bedeutet vom Kreißsaal ins Bordell, in dem beschriebenen Fall wurde das Kind unmittelbar nach der Geburt an Adoptiveltern abgegeben.[356]

Das ungeborene Kind (wie auch die werdende Mutter) ist während der gesamten Schwangerschaft durch mögliche Infektionen der Mutter (Genitalinfektionen, aber auch systemische Infektionen) gefährdet. Es wird niemand ernsthaft bestreiten, dass die Infektionsgefahr durch den Kontakt mit zahlreichen Freiern deutlich erhöht ist (siehe Liliane Bissinger). Dazu braucht es, wie ich persönlich finde, keine Studien. Folgen einer Infektion in der Schwangerschaft können u.a. sein: Frühgeburtlichkeit mit schwerer Schädigung des Kindes oder gar Aborte. Infektionen in der Schwangerschaft sind in der Geburtsmedizin ein Thema, zu dem viel geforscht wird, mittels medizinischer Leitlinien soll die Gefährdung von Mutter und Kind

355 hbps://www.gesetze-im-internet.de/muschg_2018/BJNR122810017.html (abgerufen am 28.01.2023).

356 hbps://www.gesetze-im-internet.de/prostschg/BJNR237210016.html (abgerufen am 28.01.2023).

reduziert werden. Dies scheint für Frauen in der Prostitution nicht zu gelten.

Ein weiterer Punkt: Nach dem Gesetz von 2017 dürfen die Räume, die für sexuelle Dienstleistungen genutzt werden, nicht als Schlaf- oder Wohnräume genutzt werden: ‚die für sexuelle Dienstleistungen genutzten Räume [sind] nicht zur Nutzung als Schlaf- oder Wohnraum bestimmt.‘[357] Die Praxis sieht leider anders aus, Prostituierte berichten auf Nachfrage sehr wohl, dass sie in den kleinen Zimmern der Bordelle, in denen sie Freier bedienen, auch wohnen, heißt ‚leben‘ (Dezember 2022). Ca. 12 qm, ein Bett, Utensilien für sexuelle Handlungen etc. Schlafen, Wohnen, Essen und sexuelle Dienstleistungen. Immer bereit! Ich habe gesehen wie der Pizzabote zwischen zwei Freiern eine Pizza gebracht hat, diese auf das Bett gelegt hat, in dem kurz vorher noch ein Freier lag. Ist dies mit der Menschenwürde vereinbar?“[358]

Herr Heide aktualisierte am 31.1.2023 seine Stellungnahme, die er bereits 2016 zur öffentlichen Anhörung zur „Regulierung des Prostitutionsgewerbes“ im Ausschuss für Familie, Senioren, Frauen und Gesundheit im Deutschen Bundestag abgegeben hatte und konstatierte, dass sich in den medizinischen Folgen bei den Frauen und ihrer entwürdigenden Situation keine substanzielle Änderung ergeben hätte:

„Das Thema Prostitution ist aus meiner persönlichen Sicht so komplex, dass eine gesetzliche Regulierung nie gänzlich die Frauen in der Prostitution schützen kann, vor *Verletzungen der menschlichen Würde*, vor gesundheitlichem, physischem wie psychischem Schaden, wie auch nicht vor Menschenhandel und kriminellen Einflüssen einschließlich dem Zwang zur Prostitution. (...) Die Situation der Prostituierten hat sich sicher in den letzten Jahren dahingehend sehr geändert, dass die meisten Frauen aus Osteuropa und aus extremer Armut kommend in der Prostitution landen. Dieser Umstand sollte unbedingt berücksichtigt werden, auch bei der Beurteilung ob eine Frau „freiwillig“ in die Prostitution geht. Meine Stellungnahme bezieht sich auf Fallbeispiele aus der Praxis, auf meine persönliche Erfahrung in der medizinischen Betreuung von Prostituierten. Es handelt sich also ganz ausdrücklich nicht nur um wissenschaftliche Erkenntnisse, sondern Alltagsberichte, die sich aufgrund ihrer häufigen Wiederholung durchaus als beispielhaft bezeichnen lassen und ausdrücklich keine „Ein-

357 https://www.gesetze-im-internet.de/prostschg/BJNR237210016.html (abgerufen am 29.01.2023).

358 Stellungnahme Wolfgang Heide, autorisiert am 31.1.2023.

zelfälle“ sind. Bei diesen Darstellungen kann es leider nicht ausbleiben, dass „unappetitliche Dinge“ beschrieben werden. Ich versichere Ihnen, dass all diese Beispiele sozusagen aus erster Hand stammen. (...)

Die Prostituierten, die ich behandele, haben in aller Regel chronische Unterbauchschmerzen bedingt durch Unterleibsentzündungen und mechanische Traumata, die nur schwer medizinisch behandelt werden können. Dazu kommen Verletzungen, die bewusst durch Freier zugefügt werden. (...) Der gesundheitliche Schaden – physisch wie psychisch – ist immens und nicht mehr gutzumachen. Allerdings fällt es generell schwer, den physischen Schaden vom psychischen zu trennen! Generell gilt, eine nicht vorhandene Verletzung im Vaginalbereich (oder an anderer Stelle) ist kein Beweis dafür, dass die Prostituierte nicht schwer psychisch traumatisiert wird, was oft sehr viel schwerer wiegt als die körperliche Verletzung (dies gilt nicht nur für Prostituierte, aber im Besonderen für diese Frauen).

Der allgemeine gesundheitliche Zustand der Prostituierten ist in aller Regel katastrophal. Die Frauen sind mit 30 Jahren sehr oft deutlich vorgealtert. Persistierende Unterleibschmerzen werden von nahezu allen Frauen angegeben. Gastritis, häufige Infekte durch die schlechten Lebensbedingungen sind die Regel. (...) Die Wahrscheinlichkeit im späteren Leben schwanger zu werden, kann durch rezidivierende Unterleibsentzündungen stark beeinträchtigt sein. Dieses Thema wurde von einer Prostituierten an mich herangetragen, das heißt zu allem kommen noch große Zukunftsängste, ob ein normales Leben nach der Prostitution mit Familie und Kindern überhaupt möglich sein wird.

Eine Tätigkeit als Prostituierte ist oft ohne Psychopharmaka nicht möglich. Die psychische Traumatisierung durch Ausübung der Prostitution ist gewaltig und stellt häufig lebenslange Schädigungen und Qualen für die Frauen dar (oft wird von jahrelangen Albträumen berichtet). Dies wurde mir insbesondere auch von ausgestiegenen Frauen berichtet. Eine ‚normale‘ Beziehung zu einem Mann aufzubauen ist nahezu unmöglich. Eine ausgestiegene Prostituierte berichtete, dass es über 10 Jahre gedauert habe, bis sie überhaupt wieder etwas in der Sexualität empfinden konnte.“[359]

359 Stellungnahme zur öffentlichen Anhörung zur „Regulierung des Prostitutionsgewerbes“ im Ausschuss für Familie, Senioren, Frauen und Gesundheit im Deutschen Bundestag am 06. Juni 2016, Heidelberg, 30. Mai 2016, online unter: https://www.bundestag.de/resource/blob/425132/8d5f5d287762d764f17a9c1996b36b0e/18-13-76e_wolfgang-heide-data.pdf (abgerufen am 18.1.23).

„Das Gesetz von 2017 hat daran leider nichts geändert und die Dinge, die durch gesetzliche Reglementierungen besser werden sollten, werden nur sehr bedingt umgesetzt und verfehlen die beabsichtigte Wirkung, nämlich den Schutz der Prostituierten, nahezu völlig."[360]

3.4.2.2. Lutz-Ulrich Besser[361]

Lutz-Ulrich Besser, Facharzt für Psychiatrie und Psychotherapie, Kinder- und Jugendpsychiater und FA für Psychotherapeutische Medizin, gehörte wie Wolfgang Heide zur Expertengruppe, die der Ausschuss für Familie, Senioren, Frauen und Jugend um eine öffentliche Stellungnahme im Vorfeld des Gesetzesentwurfs zum ProstSchG bat.[362]

Herr Besser unternahm eine Fundamentalkritik der Bestimmungen des ProstG, welches seiner Meinung nach „Deutschland durch die Legalisierung zum Eldorado für Bordellbetreiber, Zuhälter und Menschenhändler macht."[363] Die sei verbunden mit einer fulminanten Zunahme an Großbordellen, jungen, kaum dem Kindesalter entsprungenen zwangsprostituierten Frauen zu tausenden aus östlichen Nachbarländern, usw. (...). Deutschland werde deshalb zum „‚Superbordell' Europas."[364]

Herr Besser sagt über sein eigenes Urteil als Arzt, dass es der Realität in der Prostitution entspräche und von ideologisch oder ethisch geprägten Urteilen frei sei. Die Gesetzeslage begünstige „die systematisierte und legalisierte Ausbeutung, Benutzung und Erniedrigung von Frauen als Sexualobjekten".[365] Er führt weiter aus, er möchte damit auf „die äußeren und inneren Zwangslagen von 80 bis 90 % der Frauen [hinweisen], die angeblich auch aus Sicht einiger Bundestagsabgeordneter freiwillig der Prostitution nachgehen. Es handelt sich keinesfalls um freiheitliche sexuelle

---

360 Stellungnahme Wolfgang Heide, autorisiert am 31.1.2023.

361 Lutz-Ulrich Besser ist Facharzt für Psychiatrie und Psychotherapie, Kinder- und Jugendpsychiater und Facharzt für Psychotherapeutische Medizin.

362 Lutz-Ulrich Besser, Stellungnahme zur Anhörung zum Entwurf eines Gesetzes zur Regelung des Prostitutionsgewerbes sowie zu Schutz von in der Prostitution tätigen Personen, Isernhagen, 3.6.2016; online unter: https://www.bundestag.de/resource/blob/426320/adb82c497106262db3c6d5ae0b2c15a5/18-13-76k_lutz-ulrich-besser-data.pdf (abgerufen am 19.1.23).

363 Ebd.

364 Ebd.

365 Ebd.

Selbstbestimmung und geregelte ‚Erwerbstätigkeit'"[366], vielmehr würden die meisten der betroffenen Frauen schutzlos in *diversen Zwangslagen* stehen; hierunter seien auch soziale Zwangslagen aufgrund ihrer Ursprungsfamilien und Heimatländer zu benennen.

Insbesondere die ‚Loverboys'-Methode sei weit verbreitet. Hier würden die Mitwirkenden im organisierten Menschenhandel getarnt als verführerische, charmante und nett wirkende junge Männer vorgehen, die „entweder mit einer vorgetäuschten persönlichen Liebesbeziehung und/oder mit Verheißungen auf ein besseres Leben und gute Verdienstmöglichkeiten in der BRD die Mädchen und jungen Frauen in die indirekte und direkte Zwangsprostitution locken, wo sie dann rücksichtslos ausgebeutet, erniedrigt, gedemütigt, oft gequält, bewacht und gefangen gehalten werden."[367] Dies sei dann als Zwangsprostitution nicht leicht zu entlarven, „denn diese vielen betroffenen Frauen dürfen und können nicht reden, über das, was sie erleben, fühlen und was Ihnen angetan wird. Die so rekrutierten Frauen stehen unter massiver Kontrolle, extremem Druck durch emotionale, körperliche und bewusst eingesetzte sexuelle Gewalt, haben keine Pässe und Ausweise mehr und sind der Willkür der Zuhälter und Freier ausgeliefert."[368] Und an eine Rückkehr in ihre Heimat sei aus den besagten Gründen gar nicht zu denken. Es sei auch leicht und üblich, sie an Alkohol und Drogen zu gewöhnen, um sie noch abhängiger zu machen.

Der Druck der Opfer entstehe auch aus ökonomischen Gründen, „immer mehr ‚anschaffen' zu müssen"[369], um ‚Schutzgeldzahlungen' an Zuhälter zahlen zu können. Die meisten der Prostituierten würden stillschweigen aus Scham- und Angstgefühlen durch die reale Bedrohung der verschiedenen ‚Täter'. Sie litten an fehlendem rechtlichen Schutz und an fehlendem gesundheitlichen Schutz (ohne Krankenversicherungen).

Dabei sei die Tätigkeit als Prostituierte hochgradig und akut gesundheitsgefährdend, denn Verletzungen sowie jedwede Art von Infektionen gehörten dazu. Das bedeutet auch, „dass erkrankte oder verletzte Frauen weiterarbeiten müssen, denn der Ertrag ihrer Prostitutionstätigkeit bleibt ja überwiegend nicht bei ihnen, sondern geht in erster Linie an die Bordellbetreiber, dann die Zuhälter und/oder die Familie im Heimatland".[370]

366 Ebd.
367 Ebd.
368 Ebd.
369 Ebd.
370 Ebd.

„Kognitiv beeinträchtigte Frauen in der Prostitution, also intellektuell eingeschränkte oder gar geistig Behinderte sind neben den kulturellen und sprachlich bedingten Kommunikationsbarrieren (...) am schutzlosesten; aber gerade das sind für die ausbeuterischen Profiteure die am besten zu verwertenden und zu benutzenden Frauen. (...) Sie sind nicht nur widerstandsunfähig, sondern auch ‚aussageuntüchtig' und nicht ‚glaubwürdig', wenn sie wirklich einmal reden würden, und das ist idealer ‚Rechtsschutz' für die Missbraucher."[371]

„Unter den gerade erst 18-jährigen Prostituierten und auch älteren haben wir völlig naive, einfach gestrickte Mädchen auf dem Straßenstrich und in Bordellen. Die verstehen gar nichts, sprechen kein Deutsch, verstehen den ‚Freier' nicht, können nicht verhandeln, und die geilen Männer (...) machen mit denen was sie wollen. Und die Bordellbetreiber und Betreiberinnen sind scharf auf sie, weil sie am leichtesten zu vermarkten sind."[372]

„Zum Thema der schwangeren Frauen in der Prostitution fällt mir nun wirklich nichts mehr ein, wenn ich da in Schriftsätzen und Gesetzesentwürfen verschiedener Bundestagsfraktionen und des Bundestages schlechthin von lediglich regulärem Mutterschutz in der letzten Schwangerschaftsphase lese. Meine Damen und Herrn, der Schutz des ungeborenen Lebens und damit auch der das in sich werdende Leben tragenden Mutter, dürfte doch eigentlich gar nicht kontrovers zur Diskussion stehen. Abgesehen von Infektionsgefahren mit Geschlechtskrankheiten aller Art und Verletzungsgefahren ist der Stress und die emotionale Situation der schwangeren Prostituierten bei der Ausübung von Sex am Fließband absolut schädlich für die Entwicklung des Kindes im Mutterleib. Studien über pränatalen Stress weisen auf die Entwicklungsstörungen und Spätfolgen der betroffenen Kinder hin, von den Auswirkungen von Alkohol- und Drogenkonsum der Schwangeren mit entsprechenden gleich nach der Geburt sichtbaren Alkoholembriopathien und/oder Entzugssymptomen der Neugeborenen ganz zu schweigen. Also fürs Leben geschädigt! Und darüber hinaus, welche gesunde Frau würde schwanger selbst mit einem geliebten Partner 6 bis 10 Mal in 24 Std. Sex haben wollen!? Es gibt aber einen Markt für Sex mit Schwangeren, der von den Profiteuren bedient werden will. Grundsätzlich werden ohnehin in der Prostitution von ‚Freiern' Praktiken verlangt, die sie sich mit Frauen, die die Wahl haben, nicht getrauen zu

371 Ebd.
372 Ebd.

leben. So gibt es eben auch den besagten profitablen und pervertierten Markt für ‚Sex mit Schwangeren' und die dazu gehörige Werbung. In der Praxis bedeutet das, dass Frauen sogar gezielt geschwängert werden, um die passenden Freier zu bedienen und dann Spätabtreibungen im Ausland zu machen oder betroffenen Prostituierten das Kind hier zur Welt bringen und im Krankenhaus einfach zurücklassen."[373]

Aus Sicht eines Arztes und Traumaspezialisten stellt Herr Besser unmissverständlich klar, dass es sich „bei der heutigen Prostitution nicht nur in Deutschland, sondern weltweit um die organisierte und legalisierte Ausbeutung und Erniedrigung von Frauen, also moderne Sklavenhalterei und Ausblendung der Folgen für die Hunderttausenden (weltweit Millionen) von betroffenen Frauen und einen zunehmenden Verlust der Werte- und Normenentwicklung unserer Gesellschaft"[374] handelt.

Schließlich stellt Herr Besser die berechtigte Frage: „Wollen wir das als Gesellschaft weiterhin politisch legalisieren und damit dem ‚Seelenmord' von allein auf Deutschland bezogen einigen Hunderttausend Frauen zustimmen und wenn wir das tun, wessen Geistes Kind sind wir dabei? (...) Die politische und (meist durch Unwissenheit entstehende) gesellschaftliche Haltung zum eigentlichen Thema der organisierten Prostitution ist beschämend und eine tiefe Schande für unser Land, und für uns Männer und auch Frauen, die dort politisch mitspielen – und damit meine ich nicht die ausgebeuteten Prostituierten, die es nicht zu diskriminieren gilt! (...) Die Täter (Bordellbetreiber und Betreiberinnen, Zuhälter, Menschenhändler, Pornoproduzenten und meist auch die ‚Kunden'/Konsumenten) im Prostitutions-Milieu sind unter uns und werden hinter Fassaden, getarnt als edle Geschäftsleute und Gewerbetreibende, auch zu Talkshows (...) eingeladen, wo sie das ‚Horizontale Gewerbe' in schillernden Farben positiv darstellen. Und die ‚Kunden' werden als ‚Freier' bezeichnet oder bedürftige Männer, so als ob es sich um eine Partnerschaftsbörse handeln würde. Und wo sollen wir mit unserem männlichen hormonellen Testosteron-Überschuss sonst auch hin, in feste Partnerschaften und Liebesbeziehungen?! Wenn wir uns die Situation im sogenannten ‚Rotlicht-Milieu' in Deutschland mit einer weit verbreitet völlig endgrenzten und pervertierten männlichen Sexualität und Sexindustrie aufrichtig anschauen, werden wir Zeugen und Zeuginnen von erheblichen Menschenrechtsverletzungen durch Ausbeutung, Erniedri-

373 Ebd.
374 Ebd.

gung und Gewalt meist gegen Frauen (und Kinder) und so einem zunehmenden Verlust jeglichen Anstands, Moral und Ethik, aber auch einem Verlust an Zärtlichkeit, Kontakt- und Beziehungsfähigkeit."[375]

3.4.2.3. Liane Bissinger[376]

Nach wie vor fehlt es an einer repräsentativen Studie, die sich mit den physischen Folgewirkungen der Prostitutionsausübung für die Prostituierten auseinandersetzen würde. Dieses Wissensvakuum versucht Frau Bissinger mit ihrer jahrelangen Praxiserfahrung in der medizinischen Betreuung von Prostituierten zu füllen. Je nach Alter, Arbeitsbedingungen, Art und Länge der Prostitutionsausübung, können die physischen Folgen ihrer professionellen Erfahrung nach unterschiedlich sein.

Dazu gehören u.a.: „Durchfälle oder Obstipation (Verstopfung). Zerstörte Darmflora und damit weiter geschwächtes Immunsystem (durch häufige Einläufe, um den Stuhlgang für den Analverkehr zu kontrollieren), ein generell entzündetes Magen-Darm-System aufgrund von häufigem Erbrechen durch Ekel, Oralverkehr mit erzwungenem Sperma-Schlucken, miserable Ernährungssituationen, Mangelernährung, Essstörungen, nervöse Störungen."[377] Im Bereich des Kopfes: „Kahle Kopfhautstellen durch ausgerissene Haare, Kopfweh, Migräne, Hämatome, bevorzugt am Hinterkopf, Verletzte Trommelfelle, verminderte Hörfähigkeit."[378]

Im Bereich Mund und Kiefer (darunter auch Zahnkondition): „Unbehandelte Entzündungen (...). Ausgeschlagene Zähne [und] entzündete Kiefergelenke (durch zu lange Überdehnung des Gelenkes bei Oralverkehr)."[379] Die ausgeschlagenen Zähne sind häufig bewusst durch Dritte (vermutlich

375 Lutz-Ulrich Besser, Stellungnahme zur Anhörung zum Entwurf eines Gesetzes zur Regelung des Prostitutionsgewerbes sowie zu Schutz von in der Prostitution tätigen Personen, Isernhagen 3.6.2016; online unter: https://www.bundestag.de/resource/blob/426320/adb82c497106262db3c6d5ae0b2c15a5/18-13-76k_lutz-ulrich-besser-data.pdf (abgerufen am 19.1.23).

376 Liane Bissinger ist Fachärztin für Frauenheilkunde und Geburtshilfe.

377 Stellungnahme von Liane Bissinger vom 20. März 2022; siehe auch Stellungnahme L. Bissinger zur Anhörung des Ausschusses für Gleichstellung und Frauen des Landtags Nordrhein-Westfalen am 14.1.2021; online unter: https://www.landtag.nrw.de/portal/WWW/dokumentenarchiv/Dokument/MMST17-3453.pdf (abgerufen am 1.2.23).

378 Ebd.

379 Ebd.

Zuhälter) zugefügt, um das Glied des Mannes im Oralverkehr besser ansaugen zu können.

„Signifikant häufigere STI [sexuell übertragbare Infektionen] als in der ‚Normal-Population' (Tripper, Chlamydien, Trichomonaden, Feigwarzen wurden regelmäßig diagnostiziert. Leider auch immer wieder Syphilis, Hepatitis und HIV. Ursache: Forderung der Freier nach Verkehr ohne Kondom). Verletzungen und Entzündungen im Vulvabereich (Einrisse durch Überdehnung oder gezielt beigefügte Verletzungen), extrem häufige ‚bakterielle Vaginose', also Verlust der natürlichen und schützenden Vaginalflora durch zahllose Vaginalspülungen mit z.T. gefährlichen Substanzen. Aber auch durch ständig Gleitmittel, Kondome und mechanische Überbelastung. Damit Verlust des Immunschutzes in der Vagina und somit Eintrittspforte für Infektionen, insbesondere auch für das Humane Papillom Virus (HPV), aus dem Gebärmutterhalskrebs entsteht. Entzündungen im Unterleib, z.B. Eileiter-Entzündungen mit stärksten Schmerzen machten auch Krankenhaus-Einweisungen notwendig (Bakterien, die aufgrund einer zerstörten Vaginalflora keine Barriere mehr vorfinden, können über die Eileiter bis in den Bauchraum eindringen und lebensgefährliche Situationen schaffen und auch zu Unfruchtbarkeit führen)."[380]

Es darf nicht außer Acht gelassen werden, „dass es keinen körperlichen Bereich gibt, der von negativen Folgen [der Prostitution] ausgesperrt bleibt. Der Befund reicht von akuten und chronischen Schmerzen, Verletzungen, verschiedenen körperlichen Beschwerden über medizinische Langzeitfolgen bis hin zum frühzeitigen Tod. Von regulärer Arbeit kann man aufgrund des Gewaltpotentials, das diese Befunde verursachen, im Zusammenhang mit Prostitution nicht sprechen. Keine andere Tätigkeit weist ein vergleichbar extremes Schädigungsspektrum am menschlichen Körper auf."[381]

Der weitverbreiteten Meinung, wonach in der Prostitution kein höheres STI-Risiko im Vergleich zur Normalpopulation besteht, entgegnet Frau Bissinger: „In meinem Arbeitsalltag in der Untersuchungsstelle in Hamburg verging kein Untersuchungstag ohne STI-Diagnose. Die von uns erfassten STI waren: Chlamydien, Gonorrhoe (GO), Trichomonaden, Lues, Hepatitis und HIV. (...) Eine STI-Infektion am Muttermund (z.B. mit Chlamydien oder GO) kann in den Bauchraum aufsteigen und dort zu eitrigen Eileiterentzündungen führen, die oftmals auch eine Operation erfordern und zu Unfruchtbarkeit führen können. Die Infektion des Muttermundes (Portio)

380 Ebd.
381 Ebd.

mit HPV kann zu Gebärmutterhalskrebs und, wenn sie unentdeckt bleibt, Jahre später zum Tod führen.

Dem männlichen Gegenüber wird in der Prostitution in aller Regel mit der Entgeltleistung auch die Kontrolle über den Körper der Frauen zugstanden."[382] Die Frau wird faktisch zur Ware reduziert, die sich dem Freier hinzugeben hat (ihm gehörig sein soll), und die gefragten Praktiken sind endlos. „Exemplarisch sollen hier Praktiken im Zusammenhang mit Exkrementen erwähnt werden. Waschungen und Spülungen werden dann auch mit gefährlichen Substanzen, die nicht für das betreffende Gewebe oder die damit zusammenhängende und schützende Flora geeignet sind, durchgeführt.

Mit besonders großer Deutlichkeit aber reagiert bei prostituierten Frauen der komplexe endokrine Regelkreis für den Menstruationszyklus. Irritation oder komplette Entkopplung mit Ausbleiben der Regel (Amenorrhoe) und den Folgen einer hormonellen Unterversorgung, unkoordinierte Zwischen- oder Dauerblutungen oder sehr schmerzhafte Regelblutungen können die Folge sein."[383]

3.4.2.4. Michaela Huber[384]

„Es ist eigentlich das übliche Bild, dass die Frauen in der Prostitution einen Hintergrund von sexuellen Gewalterfahrungen in der Kindheit haben. (...) Wer in der Prostitution ist, hat gelernt zu dissoziieren, also das Wachbewusstsein von dem zu trennen, was der Körper erlebt und erleidet und Wahrnehmungen auch abgetrennt von der zugänglichen Erinnerung zu speichern. (...) Das ist geradezu eine Voraussetzung dafür, um in der Prostitution funktionieren zu können.

Dissoziation ist eine Unterbrechung der normalerweise integrativen Funktionen von:

- Bewusstsein (nehmen Sie das Beispiel Trancezustände)
- Gedächtnis (also Amnesien)

382 Ebd.
383 Ebd.
384 Michaela Huber ist Psychologische Psychotherapeutin und Ausbilderin in Traumabehandlung mit dem Schwerpunkt komplexe PTBS und dissoziative Störungen.

- Körper- und Selbstwahrnehmung (da sprechen wir Fachleute z.B. von Depersonalisation, z.B. Taubheitsgefühle, s. distanziert, wie im Film oder Traum fühlen);
- Umgebungswahrnehmung (der Fachbegriff lautet Derealisation, z.B. alles wie im Nebel oder vertraute Orte wie fremd wahrnehmen; Tunnelblick ...); und schließlich
- Identität (Verwirrung dahingehend, wer man ist; als ich-fremd erlebte Verhaltenszustände werden als ‚außer sich sein', ‚andere da innen' oder andere ‚Personen, nicht ich' wahrgenommen, dafür hat sich der Begriff ‚Viele-Sein' eingebürgert.)

Dissoziation ist ein unwillkürlicher Prozess, bei dem das Gehirn unter unerträglichem Stress wie schweren Gewaltsituationen eine Notreaktion tätigt. Es schiebt Bestandteile der Wahrnehmung im Moment des Unerträglichen auseinander. Diese werden in unterschiedlichen Hirnregionen vorläufig gespeichert, man nennt dieses vorläufige Gedächtnis ‚implizites Gedächtnis', um es vom ‚expliziten' zu unterscheiden, zu dem man im Alltagsbewusstsein Zugang hat. Während der Einwirkung von Unaushaltbarem wird das Alltagsbewusstsein ein Stück weit oder sogar vollkommen lahmgelegt."[385]

Häufig sind Dissoziation und die ihr zugrunde liegende sexuelle Gewalt- und Entfremdungserfahrung stark ritualisiert, so dass die Frauen „das Gefühl haben, dass sie das wieder brauchen, wieder in der Prostitution zu sein, gequält und gedemütigt zu werden. Nicht im Sinne von, dass es etwas Tolles und Lustvolles für sie ist, sondern im Sinne von ‚Schlag mich nur, uriniere und beschmiere mich, fessele und knebele mich, ich brauche das einfach, mir geschieht das ganz recht, ich bin so eklig; ich muss den Hass erleben, ganz unten sein, ich habe das verdient', weil die langjährige Geschichte von Grausamkeiten und Entwertungen in Kombination mit sexueller Gewalt so tief eingeprägt ist. (...) Die Frauen fühlen sich oft in der Gesellschaft allein, einsam und unverstanden, ja wie Dreck, ‚wie Müll', so hat es eine Frau mir gegenüber einmal ausgedrückt.

Wenn die Frauen aussteigen – und das zeigen unsere wissenschaftlichen Erfahrungen sehr deutlich – dann bekommen sie auch mehr Körpererinnerungen, d.h. meistens: Sie bekommen mehr Schmerzen. Einer der wichtigsten Gründe, warum die Frauen in die Prostitution zurückkehren, ist auch, dass diese Schmerzen – die seelischen und körperlichen Schmerzen durch

385 Das Interview mit Michaela Huber wurde am 18.1.2022 telefonisch geführt.

Demütigungen, gewaltvolle Sexpraktiken, teils schlimme Verletzungen etc. –, die sie in der Prostitution dissoziieren, abschalten und abspalten, nach dem Ausstieg hervorkommen und das Bewusstsein überschwemmen. Denn der Körper, genauer: das Körpergedächtnis, merkt sich alles, und in dem Augenblick, in dem man ‚raus' ist, kommen die Körperempfindungen erst wieder ins Bewusstsein. Dann kommt der Ekel, der enorm ist, dann kommt die Verachtung – denn die Frauen verachten ja die Freier und müssen das auch während der Prostitution wegdrücken – und die Schmerzen. Es handelt sich um massive physische Schmerzen. Viele halten das nicht aus und gehen deshalb zurück in die Prostitution, wo die Schmerzen durch die erlebte Gewalt und durch Betäubungsmittel wie Alkohol und Drogen wieder ‚weggepackt' werden. Wenn die Frauen dann nicht mehr im Zwangskontext sind, dann sind diese Körperschmerzen und Körpererinnerungen sowie die Einsamkeit und das sich elend fühlen samt der finanziellen Sorgen auch Motive für die ‚freiwillige' Prostitution. (...)

Dass sie die Ausbeutung nicht erkennen, darf man ihnen aber nicht zum Vorwurf machen, denn es ist zutiefst menschlich, dass man – wenn man in bizarren Umständen und solchen Umständen ist, die einen zu einem Ausgesonderten aus der Gesellschaft machen, man Geheimnisse hütet, die man niemandem erzählen darf und sozusagen öffentlich zum Rand und Ausschluss der Gesellschaft gehört – sich dann innerlich andere Dinge herbeiholt, um eine Würde haben zu können sowie ein Gefühl von einer Art Selbstsicherheit in dem Leben, das man führt."[386]

Die meisten Frauen werden in die Prostitution durch Dritteinwirkung gezwungen. „Von denen, die hineingezwungen wurden und später unter einer massiven posttraumatischen Belastungsstörung (PTBS) leiden, prostituiert sich etwa ein Fünftel bis ein Viertel später phasenweise auch vermeintlich *‚freiwillig'.* Klinisch finden wir sehr häufig auch eine Mischung zwischen Zwangsprostitution und freiwilliger Prostitution."[387] Dem liegt ein extrem zerstörtes Selbstwertgefühl zugrunde, „weil sie ein ungeliebtes oder ungewolltes Kind waren und/oder in verwahrlosten Zuständen aufwuchsen, in denen Sex als Austausch für Gefälligkeiten anzubieten oder zu erzwingen, selbstverständlich war. Nicht nur die gesellschaftliche Stigmatisierung, sondern auch die Art, wie die ‚Kolleginnen' sowie Freier und Zuhälter mit ihnen umgehen, trägt dazu bei, Prostitution als etwas ‚ganz

386 Ebd.
387 Ebd.

Normales' anzusehen und sogar froh zu sein, durch das ,Verkaufen' des Körpers Geld generieren zu können. (...)

Bei früh und sehr schwer traumatisierten Frauen ist es so, dass diese sehr leicht ausbeutbar sind. Da kann eine Oberflächenidentität existieren, in der sie einen Job eine Weile durchhalten können in ‚dieser Welt', daneben einen oder mehrere Persönlichkeitsanteile haben, in denen sie sich prostituieren und ausgebeutet werden von Menschen, die sie in ihrem Alltag sonst kaum kennen. (...) Durch die bizarre, gewaltvolle und externe Situation erzwingt das eine Art Persönlichkeitsaufspaltung, die teilbewusst, ganz bewusst oder wirklich in Phasen der Amnesie unterliegen kann, so dass man sich selbst wirklich nicht ‚hat'. (...)

Weil sie so zutiefst durchdrungen sind von Scham, dass sie sich für alles schämen, für ihre pure Existenz, für alles, was sie tun. Sie denken oft, sie sind Dreck. Das hat man ihnen auch oft gesagt. Prostitution ist ein grausames Geschäft, das darf man nie vergessen: Die Menschen, die die Frauen in die Prostitution zwingen, entwürdigen und entmenschlichen sie auf extremste Weise, machen sie nackt, sperren sie ein, geben ihnen nicht genug zu essen oder lassen sie hungern, führen sie am Halsband, vergewaltigen sie immer wieder, urinieren auf sie usw."[388]

Zu den körperlichen Langzeitfolgen der Prostitutionsausübung zählt Frau Huber u.a. Geschlechtskrankheiten oder extreme Vernarbungen im Unterbauch – „teilweise bis in den Oberbauch hinein, sowie am ganzen Körper – besonders Unterleib und Brüsten."[389] Schmerzen im Unterleib, Nachwirkungen von Drogenkonsum, Medikamentenkonsum oder Alkoholismus. „Psychische Erkrankungen aller Art sind eher die Regel als die Ausnahme. Und auch Dissoziations-Zustände im Alltag: Immer wieder neben sich stehen, immer wieder Entfremdungserlebnisse, Teile des Körpers nicht fühlen, dadurch oft Krankheitssymptome erst sehr spät bemerken; häufig stundenlang an die Wand oder aus dem Fensterstarren und sich dann erschrecken, wo die Zeit geblieben ist; sich sehr widersprüchlich fühlen; innere bedrängende Gefühle haben, etwa dass man es nicht mehr aushält mit den entsprechenden Selbstzerstörungstendenzen; Suizidneigungen haben praktisch alle Frauen aus der Prostitution, die ich kennenlernen konnte, zumindest phasenweise. (...) Die sog. freiwillige Prostitution ist nahezu ein Mythos."[390]

388 Ebd.
389 Ebd.
390 Ebd.

3.4.2.5. Harald Schickedanz[391]

„Die sogenannte Liberalisierung hat dazu geführt, dass wir das Bordell Europas sind. (...) Der Gesetzgeber muss sich entscheiden: Steht er zu Menschenwürde, zu Arbeitsschutz, zu Integrität von Körper, Seele und Geist oder glaubt er unter persönlicher Freiheit, oder wie auch immer man das nennen kann, diese Dinge einschränken zu können. (...)

Menschen identifizieren sich oft mit dem, was sie tun, auch wenn sie es tun müssen, denn es ist ein Überlebensmechanismus. Man kann nicht ständig furchtbar finden, was man tut, weil das nicht möglich ist."[392]

„Wir Therapeuten beobachten immer wieder, dass Menschen, die in dysfunktionalen oder sogar gewalttätigen und ausbeuterischen Beziehungen aufgewachsen und verstrickt sind, also Bindungstraumatisierungen, oder die systematische Traumatisierungen erfahren haben, aufgrund des Trauma-Mechanismus an ihre Täter gebunden sind, weil dieses Bindungssystem verinnerlicht wurde. Das beschreiben heute auch Folteropfer. Wenn man isoliert ist, gequält wird, Angst um sein Leben hat und wenn man niemand anderen sieht, so kann man sich auch nach dem ‚Quälenden' sehnen, als jemandem, der überhaupt mit diesem Menschen in Kontakt tritt. (...)

Mir hat eine Frau beispielsweise während meiner Anfangszeit erzählt, dass sie hier in der Klinik zum ersten Mal gehört hat, dass es nicht normal ist, wenn Väter ihre Mädchen vergewaltigen. Dass das keine Seltenheit ist, habe ich im Laufe meiner Tätigkeit gemerkt. (...)

Wenn man in solch einer Atmosphäre aufwächst, in der diese Gewaltformen ständig vorkommen und man Zeuge wird von physischer oder sexueller Gewalt an der Mutter oder Schwester oder dem Bruder, dann ist das höchst bindungstraumatisierend, deswegen hat das ICD-11 das gleichgesetzt mit so etwas wie Folter, Gefängnis, Lagerhaft, KZ-Aufenthalt, weil Sie als Kind da nicht raus können. (...)

Wenn so ein Mensch in einer Krisensituation ist, geht er oft wieder in die Prostitution zurück, weil er es ‚trainiert' hat, Gewalt auszuhalten und das für diesen Menschen Normalität ist. Zurück in die Prostitution ist eine Wiederholung von dem Bestreben nicht aushaltbare Gefühle durch Handlungen, in denen man wieder dissoziiert und somit nichts spürt, auszuschalten. Das kann durch Selbstverletzung, Alkohol- oder Drogenge-

---

391 Dr. Harald Schickedanz ist Facharzt für Innere Medizin, Psychosomatik und Psychotherapie, Sportmediziner, Krankenhaus-Betriebswirt und Traumatherapeut und 1. Vorsitzender der Deutschen Gesellschaft für Trauma und Dissoziation.

392 Das Interview mit Dr. Harald Schickedanz wurde am 31.1.2022 geführt.

brauch, schädliche Beziehungen, aber auch Prostitution zum Ausdruck kommen. Bei vielen Patienten ist die Prostitution Teil eines Negativmusters, also eines selbstschädigenden Verhaltens. (...)

Der Körper trägt die Erinnerung, auch wenn der Schmerz in dem Moment, in dem er zugefügt wird, abgespalten wird. Der Körper trägt die Erinnerung, heißt: Auch bei starker Amnesie können später durch Trigger Reize, alte Erfahrungen wieder hochkommen. (...) Das geschieht, wenn Intrusionen auftreten (Intrusionen = das Wiedererinnern und Wiedererleben von traumatischen Ereignissen sowie die damit verbundenen Gedanken und Emotionen). Intrusionen bedeuten, dass der fragile Anteil im Inneren dieses Menschen, ausgelöst durch eine einfache Lebenssituation, aktiviert wird und sich dann Zugang zum Bewusstsein über z.B. Alpträume und Körperflashbacks (Schmerzen, Taubheitsgefühle, etc. ...) in Erinnerung ruft. Meist wird das Auftreten dieser Intrusionen dann durch Alkohol oder Drogen unterdrückt (...). Dass der Körper die Erinnerung trägt, äußert sich bei Menschen in der Prostitution auch noch, indem sie später vermehrt Infekte haben, Schwierigkeiten im Beckenboden, vorzeitiges Altern, Infektionserkrankungen, psychische Erkrankungen jeglicher Art. Prostitution ist ein hochrisikoreicher Arbeitsplatz, der menschenunwürdig ist, und der ein riesengroßes Erkrankungsrisiko hat. (...)

Kein Mensch ist unteilbar, auch integrierte Menschen teilen sich auf, wenn die Gewalteinwirkungen groß genug sind. Dann sind oft jahrelange Behandlungen notwendig, um die inneren Teilungen zu überwinden. (...) Der Akt der Prostitution ist meist nur möglich, weil so eine Teilung oder Abteilung automatisiert gelingt."[393] Penetration des eigenen Körpers und intime Nähe zu Menschen, zu denen zuvor kein Vertrauensverhältnis aufgebaut wurde oder die man sogar als abstoßend empfindet, erfordere eine Abspaltung der eigenen Gefühle und eine ritualisierte Überwindung derselben. „Diese Überwindung wird am besten automatisiert, wenn der Mensch es nicht spürt. Dieses ‚Nicht Spüren' ist ein Ergebnis einer Teilung, Dissoziation, die automatisiert ist. (...) Dissoziation ist ein biologischer Mechanismus, der dazu beiträgt, dass Lebewesen lebensbedrohliche Situationen oder Extremsituationen mit einer gewissen Wahrscheinlichkeit eher überleben."[394] Dissoziation geschieht auch in Reaktion auf Wehrlosigkeit. „Sich nicht per Handlungen zur Wehr zu setzen und die Bereitschaft, sich nicht zu schützen, wird unterstützt durch die automatisierte Einstellung

393 Ebd.
394 Ebd.

wie zum Beispiel, sich und seine Schmerzen nicht zu spüren, keinen Ekel zu spüren, negative Erfahrungen ausklammern zu können. Die meisten Menschen in der Prostitution schaffen es aber nicht ohne Medikamente, Suchtmittel oder andere Unterstützung, um sich abzuschalten. Nach der Konditionierung durch Gewalt, insbesondere in der Zwangsprostitution, durch Vergewaltigung, Verprügeln, Einsperren, empfinden es die Betroffenen dann manchmal erstmal als Befreiung, wenn zunächst scheinbar ‚normale' Freier auf sie losgelassen werden, was aber natürlich keine Befreiung, sondern ein Zwangskontext ist. Das sind übliche Gewaltkonditionierungsvorgänge, dass das, was man machen muss, weniger schlimm ist als das, was geschah, droht oder passiert, wenn man es nicht tut. Die Täterlogiken eben. (...)

Zwischen 60 und 80 % der in der Prostitution Tätigen haben Bindungs-Traumatisierungen und Gewalterfahrungen in ihrer Vorgeschichte mit prekärer Sozialsituation. (...) Durch die Prostitution entsteht oft eine Posttraumatische Belastungsstörung. Diese Posttraumatische Belastungsstörung, die durch die Prostitution kommt, kann der Hauptgrund sein, warum die Betroffenen die Prostitution nicht mehr verlassen können. Das ist in diesem Rahmen dann auch ein persönlicher Zwang, die Prostitution nicht verlassen zu können, daher ist die Freiwilligkeit ein fragwürdiges Konstrukt in diesem Zusammenhang. Der freie Wille ist gebunden an eine integrierte Persönlichkeit. Wenn man aber verschiedene Willen hat, die teilweise nichts voneinander wissen oder sich nicht ausstehen können, werden Sie sehr widersprüchliche Handlungen sehen, bei ein und demselben Menschen, da dieser Mensch an zwei Tagen der Woche einen anderen Willen als die anderen Tage hat, weil etwas anderes im Vordergrund ist."[395]

„Viele haben überhaupt gar keine Vorstellung von einem normalen Leben ohne Gewalt. (...) Es besteht eine nahezu Unmöglichkeit für diese Menschen, da alleine herauszukommen. Auch bei anderen aber, die friedlich aufgewachsen sind und dann in eine Hölle von Prostitution und Gewalt geraten und sekundär diese Mechanismen entwickeln, die aber eine Vorstellung von dem ‚Davor' haben, in das sie wieder zurückkehren möchten, ist die Zahl der aktiven und sich selbst befreienden Aussteigerinnen sehr klein, denn aus so einem Lager kommt man nicht so einfach wieder raus."[396]

395 Ebd.
396 Ebd.

Posttraumatische Belastungsstörungen finden sich laut Schickedanz bei weit über 50 bis 60 % der Prostituierten. „Die allermeisten Menschen können Prostitution nur durch innere Teilung ausüben, die in aller Regel durch emotionale, physische oder sexuelle Gewalterfahrungen begünstigt oder erzeugt wird. Wenn am Tag 10 Menschen[397] in einen Körper eindringen und dieser Mensch dabei Ekel, Abneigung und Schmerzen in Kauf nimmt, weil es seine Lebensgrundlage ist und dieser Mensch keine andere Option sieht, dann kann dieser Mensch es nur ausführen, wenn er es nicht spürt und das ‚Etwas-Nicht-Spüren' ist der zentrale Trauma-Mechanismus. Nicht alle Symptome einer Traumafolgestörung treten dann unbedingt in dem Moment auf, aber der Mechanismus ist eindeutig da."[398]

Eine die psychologische Tatsachen ignorierende Annahme der kollektiven Freiwilligkeit durch sich prostituierende Menschen und die damit verbundene Ignoranz einer bürgerlichen Gesellschaft gegenüber notwendigen Abspaltungen und psychischen Traumatisierung im Prostitutionswesen sind starke Hindernisse für gesetzliche Änderungen. „Wir werden eingeschworen auf Ignoranz, weil es auch nicht anders auszuhalten ist, also haben wir Erzählungen, die wir alle teilen. In Bezug auf Prostitution: ‚Das hat es schon immer gegeben, ältester Beruf der Welt.' Das ist Tätersprache, die Allgemeingut ist. (…) In egalitären Gesellschaften findet man Prostitution nicht. Prostitution ist ein gesellschaftliches Phänomen und deswegen halte ich es für möglich, dass es auch durch gesellschaftliche Maßnahmen im Sinne einer Humanisierung unseres Lebens möglich wird, Gewalt gegen Kinder, Gewalt in Partnerschaften, Gewalt in Institutionen [wie in der Prostitution] und auch sexuelle Gewalt als Teil dieser Gewalthandlungen abzuschaffen, zu ächten. Dazu gehört auch die Prostitution, aber eben nicht durch Ächtung der Prostituierten, sondern durch Austrocknung des Marktes von organisiertem Verbrechen, der Sexindustrie und der Lobby-Gruppen, die in diesem Umkreis natürlich so eine Atmosphäre erzeugen von ‚das ist gut, normal, macht Spaß, gehört dazu, gehört zu einer freien Gesellschaft'."[399] Das Nordische Modell wird damit als Lösung präferiert.

397 Zur Zahl der Freier siehe: Kap. 3.4.1.

398 Interview mit Dr. Harald Schickedanz vom 31.1.2022.

399 Ebd.

3.4.2.6. Ingeborg Kraus[400]

„Es werden häufig Artikel in der Presse veröffentlicht, die Prostitution als Job wie jeden anderen darstellen und traumatische Folgen bestreiten. Das kann vielleicht für diejenigen auch so sein. Sie stellen aber nur eine Minderheit dar und üben Prostitution oft mit körperlichem Abstand aus, meistens in Domina Studios. Diese Darstellungen der Prostitution widerspiegeln nicht die Wirklichkeit, so wie sie in Deutschland für die Mehrheit gelebt wird. Sie prägen jedoch nachhaltig ein falsches Bild dieser Tätigkeit und beeinflussen die Politik in dem Maße, dass sie Gesetze erlässt, die für den größten Teil der betroffenen Frauen in der Prostitution nutzlos und von ihren Realitäten völlig entkoppelt sind. Die Meisten Frauen leiden schwer in der Prostitution und werden davon krank.

Viele Studien zu diesem Thema konnten einen Zusammenhang zwischen dem Eintritt in die Prostitution und Gewalterfahrungen in der Kindheit feststellen. Prostitution ist für viele Frauen eine Fortsetzung der Gewalt in ihrer Biographie. Zahlreiche Studien zeigen auch, dass bei prostituierten Menschen eine extrem hohe PTBS-Prävalenzrate vorhanden ist. Es ist sogar gefährlicher, in der Prostitution tätig zu sein als einen Krieg überlebt zu haben.

Können wir als Gesellschaft so ein System noch befürworten, das kriegsähnliche Auswirkungen auf Frauen, jedoch keinen gesellschaftlichen Nutzen hat?

„Trauma & Prostitution" ist aus dieser dringlichen Not entstanden. Es ist ein Netzwerk von WissenschaftlerInnen aus dem Fachgebiet Medizin, Psychologie und Psychotraumatologie, die über die Realitäten in der Prostitution, ihre gesundheitlichen Schäden sowie gesellschaftlichen Auswirkungen aufklärt. Alle UnterzeichnerInnen fordern die Einführung eines Sexkaufverbotes nach dem Vorbild des Nordischen Modells. Gegründet wurde dieses Netzwerk von mir im Jahr 2014 und zählt heute über 200 Mitwirkende.

---

400 Dr. Dipl.-Psych. Ingeborg Kraus – Psychologische Psychotherapeutin (VT), Frauentherapeutin in Psychotraumatologie (DeGPT), Supervisorin (Universität Heidelberg – ZPP). Dr. Kraus ist die Initiatorin des Appells der TraumatherapeutInnen für eine Welt ohne Prostitution und betreibt die Seite www.trauma-and-prostitution.eu., die über die Realitäten in der Prostitution, ihre gesundheitlichen Schäden und gesellschaftlichen Auswirkungen aufklärt. Der Appell ist in ein Netzwerk von über 200 deutschen WissenschaftlerInnen aus dem Fachgebiet Medizin, Psychologie und Psychotraumatologie gemündet, die alle Erfahrungen mit Frauen in der Prostitution und Zwangsprostitution aufweisen.

ÄrztInnen und TherapeutInnen, die Kontakt zu Frauen in der Prostitution haben, sehen was für dramatische Auswirkungen Prostitution auf sie hat. Sie sind über den liberalen Umgang mit Prostitution in Deutschland empört. Seit Jahren warnen PsychotraumatologInnen, wie die Expertin Michaela Huber, vor den verheerenden Folgen der Prostitution. Dr. Lutz Besser, Leiter des Zentrums für Psychotraumatologie und Traumatherapie Niedersachsen, spricht in diesem Zusammenhang von „einer Ausbeutung und sexuellen Erniedrigung von Frauen". „Prostitution ist ein Angriff auf die Würde der Frau", so Besser. Viele, und es werden immer mehr, äußern sich und mobilisieren sich. Sie schreiben Protestbriefe und Artikel, so wie es der Psychiater Dr. Stephan Alder mit seiner Stellungnahme „Prostitution macht krank" getan hat, oder sie gründen Initiativen, wie z.B. „Mannheim gegen Sexkauf", die von den ÄrztInnen Dr. Damaris Köhler und Dr. Richard Heil in die Welt gerufen wurde. Sie fordern alle eine dringende Gesetzesreform und positionieren sich für die Einführung des Nordischen Modells. Denn: Sexkauf darf nicht erlaubt sein! Diese Stimmen dürfen nicht ignoriert werden!"[401]

3.4.3. Schlussfolgerung aus den medizinischen Gutachten zur Frage der Freiwilligkeit

Eine juristische Definition, die heute davon ausgeht, dass Sexualität zwischen erwachsenen Personen grundsätzlich Privatsache ist, weil sie unter dem Vorzeichen der Freiwilligkeit stattfindet, ignoriert beim Sachverhalt der Prostitution die Tatsache, dass trotz manch gegenteiliger Beteuerungen der Betroffenen aus Gutachtersicht nicht von Autonomie und freiem Willen bei den spezifischen sexuellen Akten der Prostitution ausgegangen werden kann. Dies liegt insbesondere daran, dass die willentliche Selbstbestimmung während der Akte der Prostitution grundsätzlich abgespalten werden muss, wie einschlägigen Stellungsnahmen aus der Psychiatrie und Psychologie zu entnehmen ist. Denn ein freier Wille ist gemäß dem wissenschaftlichen Stand der Forschung nur bei integrierten Persönlichkeiten möglich. Im Falle der systemischen Fremdbestimmung im Bereich sexueller Interak-

401 Diese Stellungnahme wurde von Frau Dr. Kraus am 18.2.2023 autorisiert. Der ganze Text ist auf „Trauma and Prostitution" veröffentlicht: „Menschenhandel und Prostitution aus psychotraumatologischer Sicht" – Ein Text zur Unterstützung der Klage am Bundesverfassungsgericht, Dr. Ingeborg Kraus, 6.6.2022. Online unter: https://www.trauma-and-prostitution.eu/ (abgerufen am 12.5.2023).

tion, die beim Sexkauf gerade der Hauptinhalt des Vertragsgegenstands ist – nämlich die Möglichkeit der einseitigen Befriedigung an einer anderen Person, deren Bedürfnisse gemäß der anfänglichen Übereinkunft zurückgestellt werden müssen –, besteht bei den Betroffenen überwiegend die Notwendigkeit der Dissoziation bzw. psychischen Abspaltung während der prostitutiven Interaktion. Selbst wenn dies durch eine enorme Ich-Stärke bei manchen Prostituierten kompensiert werden kann, bedeutet dies, dass eine systematische Abspaltung des freien Willens während des konkreten prostitutiven Aktes Voraussetzung für ein längeres psychisches Durchhalten in dieser Tätigkeit ist. Die Dissoziation wird nicht nur durch die systemisch geforderte sexuelle Fremdbestimmung, sondern auch durch verschiedenartige Gewalterfahrungen induziert (durch sexualisierte Gewalt in Vorerfahrungen der Kindheit, durch psychische oder physische Gewalt von Zuhältern oder durch ritualisierte und sich perpetuierende sexuelle Gewalt bei Freiern). Insbesondere die traumatisierenden Erfahrungen durch gewalttätige und selbstbezogene Freier während der Ausübung der Prostitution sind für Traumatisierungen als kausaler Faktor anzusehen. Die überwiegende Mehrheit der Prostitutionserfahrungen, die das Gegenteil von Achtsamkeit, Einfühlsamkeit, Achtung der Bedürfnisse und Empfindungen des Gegenübers bzw. das Gegenteil einer wechselseitigen sexuellen Befriedigung auf Augenhöhe bzw. Gleichberechtigung beinhalten, können nach Aussage aller Fachleute aus Medizin und Psychiatrie zumeist nur durch psychische Dissoziation in der Persönlichkeit der Prostituierten ausgehalten werden. Von Autonomie, Freiwilligkeit bzw. freier Willensübereinkunft während der sexuellen Handlungen, ebenso wie ein Recht auf sexuelle Selbstbestimmung – bezogen auf den eigenen Körper – kann folglich während der Akte der Prostitution – auch im juristischen Sinn – auf der Seite der Prostituierten nicht ausgegangen werden, weil die sexuelle Fremdbestimmung der Prostituierten ein wesentlicher Grundbestandteil des Vertrages für den Sexkauf ist. Der Gesetzgeber geht bis heute fälschlicherweise immer noch von Freiwilligkeit in der Prostitution aus und tut dies in Unkenntnis der medizinischen und psychiatrischen Faktenlage.

Alle Expertenaussagen, die recherchiert und zusammengetragen wurden, stimmen in einem überein, dass es sich bei Prostitution durch die systemische und notwendige Fremdbestimmung um Würdeverletzung, Entwürdigung, Menschenrechtsverletzung, Gewalt und Erniedrigung von Menschen handelt, die durch Dritte gezielt verursacht wird.

3.5. Studienergebnisse zu psychischen und medizinischen Folgewirkungen der Prostitution

Die Soziale Arbeit im Feld der Prostitution weist multipolare und plurale Betreuungs- und Beratungsansätze im Umgang mit der Prostitution auf, die von sexarbeitsbejahenden bis hin zu prohibitiven Institutionen reichen. Alle Beratungs- und Betreuungsinstitutionen versuchen jedoch in höchst anerkennenswerter Weise den Prostituierten Hilfestellung in ihrer Tätigkeit und in ihren sozialen, psychischen und medizinischen Problemen durch professionelle Soziale Arbeit zu geben.

Fast alle Einrichtungen und Institutionen im Feld sind sich nach unserer Einschätzung in der Beurteilung einig, dass es sich bei der überwiegenden Mehrheit der KlientInnen um Betroffene aus einem zutiefst vulnerablen gesellschaftlichen Randbereich handelt, der ihren Erkenntnissen zufolge dominant von geschlechtsspezifischem Zwang, Ausbeutung, Diskriminierung, Ungleichheit, Gewalt und in hohem Maße durch Kriminalität gekennzeichnet ist.[402] Dies wird auch durch unabhängige Studien aus andern Bereichen bestätigt, die belegen, dass im internationalen Vergleich in Staaten mit einer liberalisierten Prostitutionsgesetzgebung nachweislich eine höhere Gefahr von Kriminalität im Rotlichtmilieu und bei Menschenhandelsdelikten vorliegt.[403] Denn vermehrt werden solche Staaten, wie auch Deutschland, zu Zielländern der internationalen Organisierten Kriminalität, die im Menschenhandel und Menschenhandel von Frauen und Mädchen zum Zweck der sexuellen Ausbeutung eine einträgliche Geschäftsquelle sehen. Dies ist durch drei Faktoren begründet: die überproportionalen Gewinne, die im Bereich sexueller Ausbeutung liegen, das mangelnde freiwillige Angebot von einheimischen Frauen, und die rechtliche Legalisierung durch das

402 Die wissenschaftlichen Erkenntnisse zur Sozialen Arbeit wurden über eine aktuelle repräsentative Umfrage der Universität Erfurt im Feld der prostitutionsspezifischen Sozialen Arbeit in Deutschland, die im Jahr 2022 stattgefunden hat, und weiterhin über die Auswertung aller weiteren zugänglichen wissenschaftlichen Publikationen und Studien gewonnen.

403 Siehe dazu: S.-Y. Cho/A. Dreher/E. Neumayer, Does Legalized Prostitution increase Human Trafficking?, in: World Development 41/1 (2013), 67–82; online einsehbar unter: https://papers.ssrn.com/sol3/papers.cfm?abstract_id=1986065 (abgerufen am 12.12.22).

ProstG in Deutschland, das der Organisierten Kriminalität ein überproportional geringes strafrechtliches Risiko bietet.[404]

Aber auch ungeachtet der inhärent mit der Prostitution verbundenen kriminellen Begleiterscheinungen sind Prostituierte nach Einschätzung der erfahrenen MitarbeiterInnen in der Sozialen Arbeit multiplen psychosomatischen Gefahren ausgesetzt, die sie sowohl von ihren Zuhältern, Freiern, der Gesellschaft oder sogar der eigenen Familie (bspw. vom Partner bzw. Clananführer) zu befürchten haben. Oft allein gelassen, gesellschaftlich geächtet und körperlich an den Rand des Möglichen abgenutzt[405] (oder sogar entstellt – sic!), haben die Betroffenen unter den Folgewirkungen der Prostitutionsausübung sogar ein Leben lang zu leiden.

Diverse Studien wurden unabhängig voneinander, in unterschiedlichen Regionen und Ländern, in verschiedenen Kulturkreisen und weltanschaulichen Einflussbereichen, Rechtssystemen sowie mit diversen ethnischen Abstammungen und konfessionellen Zugehörigkeiten der Beteiligten durchgeführt. Sie haben die multiplen psychosomatischen Folgewirkungen der Prostitutionsausübung sowie die ihr zugrunde liegenden Einflüsse, begünstigenden Gegebenheiten und Motive, einer Analyse unterzogen. Zum Betrachtungsgegenstand dieser Studien gehören auch Berichte von Bertoffenen, welche Erfahrungen sie während der Prostitutionsausübung gemacht haben. Daraus ergibt sich schließlich ein wissenschaftliches Gesamtbild, welches das Potenzial einer verallgemeinerbaren Grundlage für politische und rechtliche Schlussfolgerungen besitzt, die in konkreten Handlungen umgesetzt werden sollten.

3.5.1. Kindesmissbrauchserfahrungen und spätere Prostitutionsausübung

Für eine umfassende Betrachtung der psychosomatischen Folgewirkungen der Prostitutionsausübung soll zunächst auf die Ausgangssituation der Betroffenen hingewiesen werden, bzw. auf jene Begleiterscheinungen, welche die Entscheidung zur Prostitution begünstigen. Allen voran steht hier die Untersuchung von M. Silbert und A. Pines von 1981, an der 200 Prostituierte teilgenommen haben.[406] Den Studienerkenntnissen zufolge wurden

404 M. Paulus, Menschenhandel und Sexsklaverei. Organisierte Kriminalität im Rotlichtmilieu, Wien 2020, 119–125, 128f., 136–143, 148–156.

405 Ebd., 168.

406 M. Silber/A. Pines, Sexual child abuse as an antecedent to prostitution, in: Child Abuse & Neglect 5/4 (1981), 407–411.

60 % der Prostituierten im Kindesalter sexuell missbraucht (durchschnittlich von zwei Personen auf vier unterschiedliche Arten). Davon waren etwa 2/3 von einer Vaterfigur sexuell missbraucht worden (33 % vom leiblichen Vater, 30 % vom Stiefvater, 4 % vom Freund der Mutter, 10 % von einem Unbekannten). In 25 % der Fälle wurde physische und in 23 % psychische Gewalt (auch seelische oder emotionale genannt, wie bspw. Drohungen, Beschimpfungen u.a.) zum sexuellen Missbrauch angewandt. In 33 % der Fälle wurde sowohl physische und psychische Gewalt angewandt. Die psychosomatischen Folgewirkungen dieser Missbrauchserfahrungen waren für die Opfer vehement. 47 % von ihnen erlitten Verletzungen, wie etwa Hämatome (68 %) und Hautverletzungen (55 %). Aber für nahezu alle der Opfer waren diese Erlebnisse schwer traumatisch. 73 % von ihnen haben auch Jahre später mit deren Folgewirkungen zu kämpfen. Rund 70 % der untersuchten Frauen gaben sexuellen Missbrauch als *den* entscheidenden Faktor an, der sie zur Prostitutionsausübung gebracht hat (wobei allerdings die restlichen 30 % dies in Kommentaren nahegelegt haben).

Auch Jahrzehnte später haben die Erkenntnisse dieser Studie an Aktualität nichts verloren. Nachfolgende Untersuchungen bestätigen den unmittelbaren Zusammenhang zwischen Gewalt und sexuellen Missbrauchserfahrungen in der Kindheit und der späteren Prostitutionsausübung.[407] Der Studie von S. McCelland et al. zufolge, die 1.142 Frauen auf den Zusammenhang zwischen sexuellem Kindesmissbrauch, Flucht aus dem Elternhaus und Drogenkonsum und späterem Einstieg in die Prostitution untersucht hat, steigert sich bei Opfern von sexuellem Kindesmissbrauch die Wahrscheinlichkeit, später der Prostitution nachzugehen fast um das Doppelte.[408] 44,2 % der Frauen, die im Kindesalter sexuell missbraucht wurden, gingen später der Prostitution nach.[409] Bereits derartige Zahlen

---

407 Siehe dazu: R. Simons/L. Whitbeck, Sexual Abuse as a Precursor to Prostitution and Victimization Among Adolescent and Adult Homeless Women, in: Journal of Family Issues 12/3 (1991), 361–379; J.A. Reid, An exploratory model of girls' vulnerability to commercial sexual exploitation in prostitution, in: Child Maltreatment 16/2 (2011), 146–157.

408 S. McClanahan/G. McClelland/K. Abram/L. Teplin, Pathways into prostitution among female jail detainees and their implications for mental health service, in: *Psychiatric Services 50*/12 (1999), 1606–1613.

409 Ebd., 1609.

lassen an den Voraussetzungen einer gesetzlich angenommenen freiwilligen Prostitutionsausübung beträchtliche Zweifel aufkommen.[410]

Die 2004 von H.L. Surratt et al. veröffentlichte Studie analysiert den Zusammenhang zwischen Kindestrauma, Gewalterfahrungen und Drogenkonsum bei 325 gegenwärtigen und ehemaligen Prostituierten und prüft die These über die Prostitution als „*Subkultur der Gewalt*". Die Ergebnisse der Studie zeigen, dass 44,9 % der Untersuchten Opfer körperlicher, 50,5 % Opfer sexueller und 61,8 % Opfer psychischer Gewalt im Kindesalter waren.[411] Diese traumatischen Erfahrungen haben einen unmittelbaren Einfluss auf das Sexualverhalten der Untersuchten und auf ihre spätere Entscheidung der Prostitution nachzugehen. Die Studie zeigte darüber hinaus auch, dass Prostituierte während ihrer Tätigkeit multiplen Gewaltformen ausgesetzt sind, die unmittelbar auf ihre Tätigkeit zurückzuführen sind. Allein in dem der Untersuchung vorangegangenen Jahr sagten 41,5 % der Beteiligten aus, dass sie Gewalt seitens ihrer Kunden erfahren haben. 24,9 % wurden von Freiern geschlagen, 12,9 % vergewaltigt und 13,8 % mit einer Waffe bedroht.[412] Um der von einem Freier ausgehenden Gewalt und ggf. Gewaltbereitschaft zu entfliehen, berichteten 15,4 % der Untersuchten, aus einem Fahrzeug gesprungen, und 23,7 % geflohen zu sein. Unter Berücksichtigung der sexuellen- und/oder körperlichen Gewalterfahrungen im Kindesalter, welche die Untersuchten gemacht haben, kam die Studie zur Schlussfol-

410 Unter denjenigen, die die Annahme einer freiwilligen Prostitutionsausübung teilen, wird oftmals auf das Lustempfinden (Erregung) der Prostituierten hingewiesen, die sie beim Geschlechtsverkehr mit ständig wechselnden Partnern empfinden sollen. Diese persönliche Lust auf häufigen Sex mit wechselnden Partnern, ihre Polyamorie ebenso wie ihre erklärte Sex Positivity sollen angeblich auch kausal für ihre Entscheidung zur Prostitutionsausübung sein. Dieser These widersprechen die Studienergebnisse von M. Silber und A. Pines sowie anderer Wissenschaftler, welche den Zusammenhang von sexuellem Missbrauch im Kindesalter und späteren Prostitutionsausübung belegen, ebenso wie die Studienergebnisse von A. Rellini et al., welche spezifisch die Korrelation zwischen sexuellen Missbrauch im Kindesalter und sexuellem Lustempfinden (Erregung) bei erwachsenen Frauen untersucht haben. Sie stellen unter Beweis, dass Opfer von sexuellem Missbrauch im Kindesalter im Vergleich zu Frauen, die solche Erfahrungen nicht gemacht haben, später im Erwachsenenleben ein deutlich niedrigeres Lustempfinden haben und sogar Erregungshemmungen aufweisen; A. Rellini/L. Hamilton/Y. Delville/C. Meston, The cortisol response during physiological sexual arousal in adult women with a history of childhood sexual abuse, in: Journal of Traumatic Stress 22/6 (2009), 557–565.

411 H.L. Surratt HL/J.A. Inciardi/S.P. Kurtz/M.C. Kiley, Sex work and drug use in a subculture of violence, in: Crime & Delinquency 50/1 (2004), 43–59.

412 Ebd., 52.

gerung, dass Personen, die sexuellen Missbrauch und/oder Gewalt im Kindesalter erfahren haben und später der Prostitution nachgehen, einem *kontinuierlichen Zirkel der Gewalt* ausgesetzt sind („*a continuing cycle of violence throughout their lives*").[413] Aufgrund dem hier nachgewiesenen Faktum, dass Prostitution inhärent mit Gewalt verbunden ist, kann sie gemäß dieser Studie als „Subkultur der Gewalt"[414] („*subculture of violence*") bezeichnet werden.

Der Studie von H. Choi et al. von 2009 zufolge, die sich ebenfalls mit dem Zusammenhang von Missbrauchserfahrungen und späterer Prostitutionsausübung auseinandersetzt, haben bis zu 75 % der Prostituierten Gewalt und sexuellen Missbrauch im Kindesalter erfahren.[415] Auch Jahre später weisen die Opfer deutlich höhere PTBS- und DESNOS-Symptome auf[416] als andere Studienteilnehmer (bzw. jene, die weder der Prostitution nachgingen noch im Kindesalter sexuell missbraucht wurden). Die Studienergebnisse bestätigen zudem, dass traumatische Gewalterfahrungen während der Prostitutionsausübung zu intrusivem posttraumatischem (Wieder-)Erleben des Kindestraumas und damit verbundenen Identitätsproblemen bei den Betroffenen führen, sowie zu deren emotionaler Labilität und zu Vermeidungsverhalten beitragen.[417] Aber auch ungeachtet der sexuellen

413 Ebd., 43.

414 Ebd., 51f.

415 H. Choi/C. Klein/M.-S. Shin/H.-J. Lee, Posttraumatic stress disorder (PTSD) and disorders of extreme stress (DESNOS) symptoms following prostitution and childhood abuse, in: Violence Against Women 15/8 (2009), 933–951; A. Roxburgh/L. Degenhardt/J. Copeland, Posttraumatic stress disorder among female street-based sex workers in the greater Sydney area, Australia, in: BMC Psychiatry 6/1 (2006), 24; K. Vaddiparti/J. Bogetto/C. Callahan/A.B. Abdallah/E.L. Spitznagel/L.B. Cottler, The effects of childhood trauma on sex trading in substance using women, in: Arch Sex Behav. 35/4 (2006), 451–459; A.L. Daalder/S. Bogaerts/C. Bijleveld, The severity of childhood abuse and neglect in relationship to post-traumatic stress disorder among female sex workers in the Netherlands, in: Journal of Aggression, Maltreatment and Trauma 22/9 (2013), 935–949.

416 Die Abkürzung PTBS (eng. PTSD) steht für posttraumatische Belastungsstörungen. DESNOS (*Disorder of Extreme Stress Not Otherwise Specified*), wird als komplexe posttraumatische Belastungsstörung bezeichnet. Siehe dazu beispielsweise: https://www.kbav.de/fileadmin/_migrated/content_uploads/OJP_PP_Trauma_VI_Handout_2_Schedlich_130614_02.pdf (abgerufen am 21.12.22); https://www.klinik-waldschloesschen.de/behandlung/stoerungsbilder/komplexe-posttraumatische-belastungsstoerung/ (abgerufen am 21.12.22).

417 Auch andere Studien bestätigen, dass sexuelle Missbrauchserfahrungen im Kindesalter von den Opfern Jahre später im Erwachsenenalter durchlebt werden, deren Entscheidungen beeinflussen und sich auf ihre grundsätzliche psychosomatische

Missbrauchserfahrungen im Kindesalter wiesen Personen, die der Prostitution nachgingen, erhöhte emotionale Labilität sowie Bindungs- und Beziehungsprobleme auf, die im unmittelbaren Zusammenhang mit ihrer Prostitutionsausübung standen. Zugleich stellte die Studie heraus, dass Erfahrungen der Prostitutionsausübung deutlich noch signifikanter für PTBS-Symptome sind als sexueller Kindesmissbrauch (CSA – child sexual abuse).

Diese Erkenntnisse werden von anderen Studien, die einen Zusammenhang zwischen Gewalt- und sexuellen Missbrauchserfahrungen im Kindesalter und späterem Sexualverhalten der Opfer – darunter Prostitution – untersucht haben, bestätigt. Exemplarisch können hier weitere Studien, wie etwa von R. Valera et al.[418], S. Ullman, C. Najdowski und H. Filipas[419], A. Peterson et al.[420] oder K. Lalor und R. McElvaney[421] genannt werden. Auch die Ergebnisse dieser Studien stellen bei Prostituierten deutlich erhöhte PTBS- und DESNOS-Symptome fest als bei Personen, die der Prostitution nicht nachgehen.

3.5.2. Gewalterfahrungen und psychische Erkrankung von Prostituierten

Dass Prostituierte multiplen psychischen und körperlichen Gefahren ausgesetzt sind, steht grundsätzlich außer Frage. Mangelnde Erholung, schlechte Hygieneverhältnisse (hier auch Möglichkeiten der personenbezo-

---

Konstitution auswirken. Die Symptome reichen von Bindungsstörungen, Selbstsicherheits- und Selbstbewusstseinsproblemen bis zu Identitätsproblemen u.a.; siehe beispielhaft: A. Elklit/D. Christiansen/S. Palic/S. Karsberg/S. Eriksen, Impact of traumatic events on posttraumatic stress disorder among Danish survivors of sexual abuse in childhood; S. Ullman/A. Vasquez, Mediators of sexual revictimization risk in adult sexual assault victims, in: Journal of Child Sexual Abuse 24/3 (2015), 300–314.

418 R.J. Valera/R.G. Sawyer/G.R. Schiraldi: Violence and Post Traumatic Stress Disorder in a Sample of Inner City Street Prostitutes: A Preliminary Study, in: American Journal of Health Studies 16/3 (2000), 149–155; Online zusammengefasst unter: www.ncdsv.org/images/V_PTSD_street_prostitutesl.pdf (abgerufen am 10.5.2022).

419 S.E. Ullman/C.J. Najdowski/H.H. Filipas, Child sexual abuse, post-traumatic stress disorder, and substance use: predictors of revictimization in adult sexual assault survivors, in: Journal of Child Sex Abuse 18/4 (2009), 367–385.

420 A. Peterson/J. Joseph/M. Feit, New directions in child abuse and neglect research, Washington D.C.: National Academic Press 2014.

421 K. Lalor/R. McElvaney, Child sexual abuse, links to later sexual exploitation/high-risk sexual behavior, and prevention/treatment programs, in: Trauma Violence Abuse 2010, 159–177.

genen Pflege), fehlende regelmäßige medizinische Betreuung (mit einer gesundheitlichen Beratungspflicht nicht zu verwechseln), unzumutbare Schlaf- und Arbeitsbedingungen (oft ist der „Arbeitsplatz“ zugleich der Schlaf- und Wohnungsplatz – siehe dazu: Kap. 3.4.2.1. und 3.6. Pkt. 7), Alkohol-, Drogen- und Medikamentenkonsum (u.a. um Unterleibsschmerzen ertragen zu können), gehören nur zu einigen von ihnen. Diese und andere Gefahren gehen zumeist von Zuhältern und Freiern aus, die eine den Körper überbelastende Häufigkeit von Sex und extreme Sexpraktiken fordern bzw. diese auf unterschiedliche Weise erzwingen. Da ist der Zuhälter, der die Prostituierte bedrängt, auch in ungewünschte und sogar gefährliche Sexwünsche der Freier einzuwilligen und am Tag eine extrem hohe Zahl von Freiern zu bedienen (manchmal einen nach dem anderen ohne Pause), um eine maximale Gewinnsteigerung mithilfe der Prostituierten zu erzielen. Vom Erwirtschafteten erhält die Mehrzahl der abhängigen Prostituierten den geringsten Anteil, da sie für ihren Arbeits- (und Schlaf-)platz, vermeintlichen Schutz, Transfer aus dem Ausland, Unterhalts- und Verwaltungskosten aufkommen müssen.[422]

Ein eingeschränktes Weisungsrecht (vgl. § 3 ProstG und § 26 Abs. 2 ProstSchG) hat an diesem Sachverhalt bislang nichts ändern können. Nach eigenen Aussagen sind Prostituierte weiterhin häufigen Beschimpfungen, Drohungen, aber auch Leibesverletzungen, Schlägen, Vergewaltigungen und anderen Gewaltformen ausgesetzt. Zum anderen erwarten nicht wenige Freier von den Prostituierten Hörigkeit und Unterwerfung[423] und sehen es als ihr Recht an, deren Körper zur Befriedigung der eigenen Sexvorstellungen und Vorlieben zu nutzen. Auch wird während der sexuellen Interaktionen von Prostituierten verlangt, Lustempfinden und Erregung vorzutäuschen, um damit den Freiern Selbstbestätigung zu geben. Sollte diesen Erwartungen nicht angemessen entgegengekommen werden, riskieren Prostituierte Beschwerde beim Zuhälter oder Bordellbetreiber (ggf. Vermittler u.dgl.), der dann entsprechend Druck (physischen und psychischen) ausübt.[424] Nicht nur Betroffene und AussteigerInnen sprechen mehrheitlich von derartig unwürdigen Arbeitsbedingungen, sondern auch unabhängige Studien bestätigen diesen *Zirkel der Gewalt*, dem Prostituierte strukturell ausgesetzt sind. Auch deren schwerwiegende psychosomatische

422 M. Paulus, Menschenhandel und Sexsklaverei. Organisierte Kriminalität im Rotlichtmilieu, Wien 2020, 95, 108–111.

423 Ebd., 165.

424 H. Mau, Entmenschlicht. Warum wir Prostitution abschaffen müssen, Hamburg 2022, 367–386.

Folgewirkungen bzw. chronische Erkrankungen belegen, dass die Tätigkeit in der Prostitution auch nach der Einführung des ProstSchG krankmachende Bedingungen umfasst.

Die britische Vergleichsstudie von S. Church et al. substanziiert diese Feststellung. Sie befasst sich mit der Untersuchung von arbeitsbedingten Gewalterfahrungen unter Prostituierten in Großbritannien. Von den 240 Untersuchten gingen 115 der Outdoor- und 125 der Indoor-Prostitution (bspw. in Saunas und Wohnungen) nach.[425] 81 % der Outdoor-Prostituierten berichtete, in den letzten sechs Monaten von Freiern Gewalt erfahren zu haben. Bei den Indoor-Prostituierten lag der Wert bei 48 %.[426] Die Gewalterfahrungen reichen von Ohrfeigen, Schlägen, Strangulierungen, Entführungen bis zu Vergewaltigungen. Wiederholt berichten die Prostituierten, mit einer Waffe bedroht worden zu sein, aber auch von anderen Drohungen seitens der Zuhälter und Freier. Nur 34 % der Prostituierten meldete dies bei den Polizeibehörden.

Eine von F. Ranjbar et al. im Iran durchgeführte Studie von 2019 zeigte, dass 62,5 % der untersuchten Prostituierten unter psychischen Problemen litt. 39 % von ihnen hatten ständige Angstzustände und 80 % Persönlichkeitsstörungen.[427] Nahezu 50 % der Untersuchten war prostitutionsbedingter Gewalt ausgesetzt, was sich negativ auf ihren psychischen Gesamtzustand auswirkte. Die Studie belegt einen unmittelbaren Zusammenhang zwischen erfahrener Gewalt während des Geschlechtsverkehrs und Persönlichkeitsstörungen bei den Prostituierten.

Gemäß der Studie von N. Puri et al., die 692 Sexarbeiterinnen in Kanada untersuchte, hatten ca. 48,8 % von ihnen (338) unter psychischen Problemen zu leiden, wovon 80,8 % schon einmal in Behandlung waren (ggf. eine Beratungsstätte aufgesucht hat). 35,1 % litten an Depression und 19,9 % an Angstzuständen.[428] 12,7 % wiesen PTBS-Symptome auf und 10,3 % eine

---

425 S. Church/M. Henderson/M. Barnard/G. Hart, Violence by clients towards female prostitutes in different work settings: Questionnaire survey, in: British Medical Journal 322 (2001), 524–525.

426 Ebd., 524.

427 F. Ranjbar/H. Sadeghi-Bazargani/A. Pishgahi et al., Mental health status among female sex workers in Tabriz, in: Iran. Arch Womens Mental Health 22/3 (2019), 391–397; online unter: https://www.researchgate.net/publication/327113781_Mental_health_status_among_female_sex_workers_in_Tabriz_Iran (abgerufen am 20.12.2022).

428 N. Puri/K. Shannon/P. Nguyen/S.M. Goldenberg, Burden and correlates of mental health diagnoses among sex workers in an urban setting, in: BMC Womens Health 17/1 (2017), 133; online unter: https://www.researchgate.net/publication/3219

Persönlichkeitsspaltung. Auch diese Studie bewies das erhöhte Gewaltrisiko, welchem Menschen in der Prostitution ausgesetzt sind. Sie bestätigt die mehrheitliche Erfahrung von prostitutionsbedingter Gewalt sowie die mehrheitliche Drogen- und Medikamentenabhängigkeit bei den Prostituierten. 40 % der Betroffenen gab an, Drogen zu konsumieren, und 30,1 % geben an, sexuelle Handlungen gegen Drogen ausgetauscht zu haben (siehe: Kap. 3.5.3.). 21,2 % der Prostituierten haben Gewalt in der Partnerschaft erlebt. 23,4 % erfuhren sexuelle und/oder körperliche Gewalt von Freiern. 71,2 % der Prostituierten berichtete im Kindesalter sexuell und/oder physisch missbraucht worden zu sein (siehe: Kap. 3.5.1.).

Einer Studie von Jing Gu et al. von 2014 zufolge, welche die psychische Gesundheit von 200 Prostituierten in China untersucht hat, litten 39 % von ihnen an schwerer Depression. 44,7 % hatte Selbstmordgedanken, und 26,8 % hat in den letzten sechs Monaten einen Selbstmordversuch unternommen.[429]

Die Studie „Factors influencing women's sex Work in a Lebanese sample. Results of a case-control study" von M. Slim et al. von 2020 untersuchte 120 libanesische Frauen, von denen 60 der Prostitution nachgingen, und stellte einen direkten Vergleich an. Sie bestätigte die Ergebnisse vorangegangener Studien und stellte ein hohes Gewaltrisiko fest, welchem Prostituierte u.a. von Freiern ausgesetzt sind. Meist waren die Untersuchten Opfer von sexueller oder körperlicher Gewalt bereits vor dem Einstieg in die Prostitution gewesen und blieben in der Prostitution weiterhin Gewalt ausgesetzt. Dies erhärtet die These von H. Surratt vom *kontinuierlichen Zirkel der Gewalt*. Dies macht Prostituierte anfälliger auf psychische Erkrankungen und fördert bei ihnen chronische Angstzustände. Bei einer Vielzahl der untersuchten Prostituierten konnten PTBS-Symptome nachgewiesen werden. 84 % von ihnen litten unter Depression. 36,7 % war abhängig von illegalen Substanzen (wörtlich: „illegal substance users") und 53,3 % war alkoholsüchtig.

Die Vergleichsstudie „Symptoms of posttraumatic stress disorder and mental health in women who escaped prostitution and helping activists in shelters" von Young-Eun Jung et al. untersuchte 113 ehemalige Prosti-

---

12045_Burden_and_correlates_of_mental_health_diagnoses_among_sex_workers_in_an_urban_setting (abgerufen am 20.12.22).

429 J. Gu/J. Lau/M. Li/H. Li/Q. Gao/X. Feng/Y. Bai/Ch. Hao/Y. Hao, Socio-ecological factors associated with depression, suicidal ideation and suicidal attempt among femal injection drug users who are sex workers in China, in: Drug and Alcohol Dependence 144/1 (2014), 102–110.

tuierte sowie 81 ehrenamtliche Betreuerinnen, die ausstiegswillige und ehemalige Prostituierte unterstützten, und 65 Kontrollpersonen auf PTBS-Symptome.[430] Die Studienergebnisse zeigen, dass auch bei ehemaligen Prostituierten eine signifikant höhere Stressanfälligkeit vorliegt, sowie Somatisierung, Depression, Müdigkeit, Frustration, Schlafstörungen, Rauch- und Alkoholprobleme. Die Gruppe der ehemaligen Prostituierten wies schwere PTBS-Symptome auf, die bei den anderen Teilnehmergruppen nicht vorhanden waren. Zugleich ergab die Untersuchung aber auch, dass schon die bloße Auseinandersetzung mit der Realität des Prostitutionswesen für ehrenamtliche HelferInnen eine wesentliche psychische Belastung darstellt.[431] Schließlich schlussfolgert die Untersuchung, dass die Ausübung der Prostitution das Risiko von psychischen Erkrankungen und PTSB-Symptomen überproportional im Vergleich zur restlichen Bevölkerung steigert.

Die Studie: „Mental Health and Functioning of Female Sex Workers in Chittagong, Bangladesh" von M.P. Hengartner et al. von 2015, untersuchte den psychischen Gesundheitszustand von 259 Frauen, die in Chittagong der Prostitution nachgingen.[432] 49,4 % der Befragten gab an, zur Prostitution genötigt worden zu sein, wobei 54,8 % der Prostitution nachgehe, um die Familie finanziell zu unterstützen. 86,5 % von ihnen wollen aus der Prostitution aussteigen. 16,6 % der befragten Frauen gab an, Drogen zu sich zu nehmen, um die Prostitution ausüben (ggf. aushalten) zu können, wobei 14,3 % oft und/oder ständig Drogen konsumiert. Bei 38,6 %

---

430 Y.-E. Jung/J.-M. Song/J. Chong/H.-J. Seo/J.-H. Chae, Symptoms of posttraumatic stress disorder and mental health in women who escaped prostitution and helping activists in shelters, in: Yonsei Medical Journal 49/3 (2008), 372–382. Die Studie wurde in Südkorea durchgeführt, wo seit dem Antiprostitutionsgesetz von 2004 (Special Law on Sex Trade) der Kauf- und Verkauf von sexuellen Dienstleistungen sowie das Betreiben von Bordellen illegal ist; Online unter: https://eymj.org/DOIx.php?id=10.3349/ymj.2008.49.3.372 (abgerufen am 30.3.2022); siehe auch: https://www.state.gov/reports/2020-trafficking-in-persons-report/south-korea/ (abgerufen am 15.6.2022).

431 Dies wird ebenfalls von der jüngsten Studie von M. Farley et al. bestätigt; siehe dazu: M. Farley/I. Kleine/K. Neuhaus/Y. McDowell/S. Schulz/S. Nitschmann, Männer in Deutschland, die für Sex zahlen – und was sie uns über das Versagen der legalen Prostitution beibringen: ein Bericht über das Sexgewerbe in 6 Ländern aus der Perspektive der gesellschaftlich unsichtbaren Freier, Berlin 2022; online zugänglich unter: https://prostitutionresearch.com/wp-content/uploads/2022/11/Freier-Germany-11-8-22.pdf (abgerufen am 17.1.23).

432 M.P. Hengartner/M.N. Islam/H. Haker/W. Rössler, Mental Health and Functioning of Female Sex Workers in Chittagong, Bangladesh, in: Frontiers in Psychiatry 6 (2015); online unter: https://www.frontiersin.org/articles/10.3389/fpsyt.2015.00176/full (abgerufen am 5.4.2022).

der Frauen konnte eine psychische Belastungsstörung festgestellt werden. 19,3 % berichtete über sexuellen Missbrauch, 24,7 % über physische (ggf. körperliche) und 20,5 % über psychische Gewalt.

Die Studie: „Violence and Post Traumatic Stress Disorder in a Sample of Inner City Street Prostitutes" von Roberto J. Valera, Robin G. Sawyer, and Glenn R. Schiraldi von 2000, untersuchte 100 Prostituierte (42 % weiblich, 32 % männlich, 26 % transgener) auf Gewalterfahrungen und PTBS-Symptome.[433] 44 % der Befragten berichtete über sexuellen Missbrauch in der Kindheit (siehe: Kap. 3.5.1.). 66 % berichteten über erfahrene ggf. aktuelle Obdachlosigkeit (66,7 % der Frauen, 78,1 % der Männer und 50 % der Transgenderpersonen). 61 % bestätigten körperliche Gewalterfahrungen während der Prostitutionsausübung gemacht zu haben (75 % von Freiern). 80 % gaben an, mit einer Waffe bedroht worden zu sein. 50 % der Befragten gab an, vergewaltigt worden zu sein (davon 44 % seit der Prostitutionsausübung). 42 % der Befragten erfüllten die PTBS-Diagnose nach den DSM-IV Kriterien (wiederholte Angstzustände, Furcht, Hilflosigkeitsgefühl u.a.).

Auch die Studie: „The mental health of female sex workers" von W. Rössler et al. von 2010 befasste sich mit der Problematik des psychischen Gesundheitszustandes von Outdoor- und Indoor-Prostituierten.[434] Im Verlauf der Studie wurden 193 Frauen befragt, die an verschiedenen Orten der Stadt Zürich der Prostitution nachgingen. Die Untersuchten wurden anschließend in vier Gruppen eingeteilt. Die Studienergebnisse bestätigte das hohe psychische Gesundheitsrisiko, welches grundsätzlich mit der Prostitutionsausübung verbunden ist. In einer der vier Gruppen konnten psychische Störungen bei rund 90 % der befragten Frauen festgestellt werden. 73,3 % hatten Angststörungen, 46,7 % litten unter Depression und 40 % hatte PTBS-Symptome.

Die Studie „Posttraumatic stress disorder among female street-based sex workers in the greater Sydney area, Australia" von A. Roxburgh, L. Degenhardt und J. Copeland von 2006 untersuchte PTBS-Symptome bei

433 R.J. Valera/R.G. Sawyer/G.R. Schiraldi, Violence and Post Traumatic Stress Disorder in a Sample of Inner City Street Prostitutes: A Preliminary Study, in: American Journal of Health Studies 16/3 (2000), 149–155; Online zusammengefasst unter: www.ncdsv.org/images/V_PTSD_street_prostitutesl.pdf (abgerufen am 10.5.2022).

434 W. Rössler/U. Koch/C. Lauber/A.K. Hass/M. Altwegg/V. Ajdacic-Gross/K.T. Landolt, The mental health of female sex workers, in: Acta Psychiatrica Scandinavica 122/2 (2010); online unter: https://www.collegium.ethz.ch/fileadmin/autoren/pdf_papers/10_roessler_sexwork.pdf (abgerufen am 6.4.2022).

72 Straßenprostituierten in Australien.[435] Bei 87 % konnten Symptome einer Depression festgestellt werden, die zwischen mild und schwer lagen, während mehr als die Hälfte (54 %) schwere aktuelle depressive Symptome gemäß dem Beck Depression Inventory (BDI-II) hatten. 74 % hiervon gaben an, Selbstmordgedanken gehabt zu haben und 42 % unternahmen bereits einen Suizidversuch. Unter denjenigen, die erst kürzlich eine psychologische Beratung aufsuchten, war Depression (79 %) die häufigste Ursache.

Bis auf eine Teilnehmerin der Studie gaben rund 99 % an, mindestens ein traumatisches Ereignis im Leben erfahren zu haben, wobei 93 % mehrere Traumata-Erfahrungen machten. 53 % gaben an, sechs und mehrere traumatische Ereignisse erlebt zu haben. 75 % der Untersuchten waren vor dem 16. Lebensjahr sexuell missbraucht worden, wobei das Durchschnittsalter des ersten sexuellen Übergriffs bei sieben Jahren lag. 26 % gaben an, im Alter von sechs Jahren Opfer von sexuellen Missbrauch geworden zu ein (siehe: Kap. 3.5.1.). 81 % gaben an, während der Prostitution und/oder im Privatleben vergewaltigt worden zu sein (44 % berichtete über Vergewaltigung außerhalb der Prostitutionsausübung). Körperliche Gewalt hatten rund 81 % der Untersuchten erfahren. 71 % sind Zeugen einer schweren Körperverletzung oder Tötung gewesen. Unter schwerer Traumatisierung litten vor allem die Vergewaltigungsopfer (19 %) und Prostituierte, die mit einer Waffe bedroht und die in Gefangenschaft gehalten worden sind (19 %). Bei 91 % der Untersuchten konnten chronische PTBS-Symptome festgestellt werden (von einer Dauer von drei Monaten oder länger). Bei 82 % hielten PTBS-Symptome ein Jahr oder länger an. 68 % der Prostituierten erfüllten die Kriterien für eine lebenslange PTBS-Diagnose.

Der Studie von J. Cwikel et al. von 2003 zufolge, die 55 Prostituierte in Israel auf Depression und PTBS-Symptome untersucht hat, litten mindestens 33 % von ihnen an arbeitsbedingten Gesundheitsproblemen.[436] 21 % litten unter Depression und Angstzuständen.[437] 21 % nahmen von einem Arzt

435 A. Roxburgh/L. Degenhardt/J. Copeland, Posttraumatic stress disorder among female street-based sex workers in the greater Sydney area, Australia, in: BMC Psychiatry 6/24 (2006); online unter: https://bmcpsychiatry.biomedcentral.com/articles/10.1186/1471-244X-6-24 (abgerufen am 3.4.2022).

436 J. Cwikel/K. Ilkan/B. Chudakov, Women brothel workers and occupational health risks, in: Journal of Epidemiology and Community Health 57/10 (2003), 809–815; online unter: https://www.researchgate.net/publication/9041884_Women_brothel_workers_and_occupational_health_risks (abgerufen am 24.12.22).

437 Ebd., 811.

verschriebene Medikamente zu sich, um mit den arbeitsbedingten Schmerzen fertig zu werden. 24 % hatten Alkoholprobleme, 31,5 % hatten schon einmal Drogen injiziert.[438] 17 % wiesen PTBS-Symptome auf und 29 % klinische Depressionssymptome. 41 % hatten Suizidgedanken und 18,5 % hatten schon einen Suizidversuch unternommen.[439]

Aufschlussreiche und verallgemeinerungsfähige Erkenntnisse liefert insbesondere die ländervergleichende Studie „Prostitution and Trafficking in Nine Countries: An Update on Violence and Posttraumatic Stress Disorder" von M. Farley et al., die 854 Prostituierte aus neun Ländern befragt hat.[440] 71 % von ihnen gaben an, körperliche Gewalt während der Prostitutionsausübung erfahren zu haben. 59 % wurden im Kindesalter misshandelt bzw. schwer geschlagen. 63 % der befragten Prostituierten wurden im Kindesalter sexuell missbraucht. 64 % von ihnen wurden während der Prostitutionsausübung mit einer Waffe bedroht. 89 % wollten und/oder wollen die Prostitution verlassen, sehen jedoch für sich keine Alternative. 75 % gaben an, irgendwann einmal obdachlos gewesen zu sein, 68 % wiesen PTBS-Symptome auf.

Die Studienergebnisse bestätigen nicht nur die erheblich negativen Auswirkungen der Prostitution auf den psychischen Gesundheitszustand der Prostituierten – teils mit dauerhaften Folgen, sondern ebenfalls die physischen Schäden, die Prostituierte aufgrund diverser Sexpraktiken der Freier und deren Forderung nach ungeschütztem Sex davontragen. Zu den häufigsten „berufsbedingten" Erkrankungen gehören: Tuberkulose, HIV, Arthritis, Syphilis, Tachykadrie, Hepatitis B, Hepatitis C, Eierstockschmerzen, Menstruationsbeschwerden, Unfruchtbarkeit, Geschlechtskrankheiten und Gebärmutterinfektionen. Des Weiteren berichteten die Prostituierten über Magen-Darm-Probleme, wie bspw. Geschwüre, chronische Bauchschmerzen, Durchfall, Kolitis und Inkontinenz. Auch Kopfschmerzen, Gedächtnisverlust, Taubheitsgefühl, Krampfanfälle und Schwindelanfälle gehören zu ihrem Alltag. Viele beklagten sich auch über Atemnot, Lungenentzündungen, Asthma, Bronchitis, Gelenkschmerzen, Hüftschmerzen, Rückenschmerzen, Knieprobleme, Rheuma u.a. (siehe: Kap. 3.4.2.1. bis 3.4.2.5).

---

438 Ebd., 812.

439 Ebd.

440 M. Farley/A. Cotton/J. Lynne/S. Zumbeck/F. Spiwak/M.E. Reyes/D. Alvarez/U. Sezgin, Prostitution and Trafficking in Nine Countries: An Update on Violence and Posttraumatic Stress Disorder, in: Journal of Trauma Practice 2004, 33–74, https://www.tandfonline.com/doi/pdf/10.1300/J189v02n03_03?needAccess=true (abgerufen am 4.4.2022).

Durch diese Daten wird klar, dass es kaum eine andere Tätigkeit gibt, in der eine vergleichbar hohe Wahrscheinlichkeit multipler und chronischer Erkrankungen bei den sie Ausübenden auftritt.

Studien aus Afrika, Jamaica[441], Myanmar[442], Kanada[443], USA[444] und anderen Ländern und Regionen der Erde[445] bestätigen die mit der Prostitutionsausübung einhergehende Gewalt, die Prostituierte durch Zuhälter, Freier und/oder Partner (sowie die Gesellschaft) erfahren. Über allen Zweifel erhaben belegen sie auch die negativen psychosomatischen Folgewirkungen der Prostitutionsausübung selbst, die proportional zur Zeit in der Prostitution steigen. Denn die Prävalenz von Depressionen bei Sexarbeiterinnen steigt von anfänglichen 4,2 % auf bis zu 84 % mit zunehmender Zeit in der Prostitution.[446] Und das bedeutet, dass Prostitution ein signifikant höheres

---

441 K.L. Dunkle/R.K. Jewkes/H.C. Brown HC/G.E. Gray/J.A. McIntryre/S.D. Harlow, Transactional sex among women in Soweto, South Africa. Prevalence, risk factors and association with HIV infection, in: Soc Sci Med. 59/8 (2004), 1581–1592; C. Logie/Y. Wang/A. Lacombe-Duncan et al., Factors associated with sex work involvement among transgender women in Jamaica: a cross-sectional study, in: Journal of the International AIDS Society 20/1 (2017), 21422; online unter: https://europepmc.org/article/PMC/PMC5515035 (online abgerufen am 16.4.2022).

442 Y. Kanayama/H. Yamada/K. Yoshikawa/K.W. Aung, Mental Health Status of Female Sex Workers Exposed to Violence in Yangon, Myanmar, in: Asian Pacific Journal of Public Health 4/34 (2022), 354–361.

443 C. Benoit/A. Millar, Dispelling Myths and Understanding Realities. Working Conditions, Health Status, and Exiting Experiences of Sex Workers, Victoria 2001; online unter: https://dspace.library.uvic.ca/handle/1828/7473 (abgerufen am 21.12.22).

444 J. Raphael/D. Shapiro, Violence in Indoor and Outdoor Prostitution Venues, in: Violence Against Women 10/2 (2004), 126–139.

445 M. Farley/I. Baral/M. Kiremire/U. Sezgin, Prostitution in five countries: Violence and posttraumatic stress disorder, in: Feminism and Psychology 8/4 (1998), 405–426; online unter: http://fap.sagepub.com/content/8/4/405 (abgerufen am 21.12.22); M. Farley/H. Barkan, Prostitution, violence, and posttraumatic stress disorder, in: Women and Criminal Justice 27/3 (1998), 37–49; online unter: www.prostitutionresearch.com/Farley&Barkan%201998.pdf (abgerufen am 21.12.22); M. Farley/J. Lynne/A. Cotton, Prostitution in Vancouver. Violence and the colonization of first nations women, in: Transcultural Psychiatry 42/2 (2005), 242–271; online unter: http://doi.org/10.1177/1363461505052667 (abgerufen am 21.12.22).

446 W. Rössler/U. Koch/C. Lauber et al., The mental health of female sex workers, in: Acta Psychiatr Scand. 122/2 (2010), 143–152; M.P. Hengartner/M.N. Islam/H. Haker/W. Rössler, Mental health and functioning of female sex workers in Chittagong, Bangladesh, in: Front Psychiatry. 6 (2015), 176; R.A. Sagtani/S. Bhattarai/B.R. Adhikari/D. Baral/D.K. Yadav/P.K. Pokharel, Violence, HIV risk behaviour and depression among female sex workers of eastern Nepal, in: BMJ Open 3/6 (2013), e002763; online unter: https://sci-hub.se/10.1136/bmjopen-2013-002763 (abgerufen am 16.4.2022).

Risiko für PTBS nach sich zieht als Kriegserfahrungen (zum Vergleich: der Studie von W.E. Schlenger et al. zufolge litten 15 Jahre (oder länger) nach dem Vietnamkrieg ca. 15,2 % der männlichen und ca. 8,5 % der weiblichen Veteranen an PTBS).[447]

3.5.3. Zusammenhang von Suchtmitteln und Prostitutionsausübung

Faktisch gehört die Zurverfügungstellung des eigenen Körpers (durch Penetration im Inneren) und die Verfügbarkeit bzw. Unterordnung unter den Willen und die Bedürfnisse eines anderen Menschen zur strukturbedingten Eigenschaft der Prostitutionsausübung. Diese Leistung der personalen Dienstbarkeit berührt die psychosomatische Integrität und Identität der Betroffenen zutiefst und ist für viele Prostituierte psychisch kaum bzw. schwer zu ertragen und durchzuhalten. Die Betroffenen greifen deshalb überdurchschnittlich oft zu diversen Betäubungs- bzw. Rauschmitteln. Die nachfolgenden Studien untersuchten deshalb das Suchtverhalten bei Prostituierten. Die Erkenntnisse werfen insofern ein weiteres Licht auf die vom deutschen Gesetzgeber *de jure* angenommene Freiwilligkeit der Prostitutionsausübung. In den Vordergrund rücken die Fragen, ob zum einen suchterkrankte Personen tatsächlich noch selbstbestimmt handeln können und zum anderen, ob der Konsum von Rauschmitteln, Medikamenten u.a. Mitteln, um die Prostitution (ggf. um die mit ihnen verbundenen Schmerzen, wie etwa Unterleibsschmerzen) ertragen zu können, mit der Freiwilligkeit und Selbstbestimmung auf der rechtlichen Ebene zu vereinbaren ist.[448]

Wesentliche Erkenntnisse hierzu liefert die von Qing Li et al. 2010 veröffentlichte Metastudie, welche die Ergebnisse eines bestehenden Zusammenhangs zwischen Alkoholkonsum und Prostitutionsausübung analysiert, und hierbei den Alkoholkonsum unter weiblichen Prostituierten und männli-

---

447 W.E. Schlenger/R.A. Kulka/J.A. Fairbank/R.L. Hough/B.K. Jordan/C.R. Marmar/D. Weiss, The prevalence of post-traumatic stress disorder in the Vietnam generation: A multimethod, multiscource assessment of psychiatric disorder, in: Journal of Traumatic Stress 5/3 (1992), 333–363 (hier: 357); online unter: https://onlinelibrary.wiley.com/doi/epdf/10.1002/jts.2490050303 (abgerufen am 23.12.2022).

448 Zu dem kausalen Zusammenhang zwischen Alkoholkonsum und Sexualverhalten siehe beispielhaft: W. George/A. Stoner, Understanding acute alcohol effects on sexual behavior, in: Annual Review of Sex Research 11 (2000), 92–124 oder die Metastudie von A. Markos, die einen Überblick über medizinische Erkenntnisse in Bezug auf Alkoholkonsum und Sexualverhalten; A. Markos, Alcohol and sexual behaviour, in: International Journal of STD and AIDS 16/2 (2005), 123–127.

chen Freiern in der Fachliteratur zwischen 1980 und 2008 untersucht hat. Insgesamt wurden hierzu 76 Studien in 70 Artikeln ausgewertet. Die Studienergebnisse bestätigen nicht nur die Praxiserkenntnisse von Fachleuten, die in Kap. 3.4. zusammengefasst wurden. Alkohol und andere Rauschmittel, wie etwa Drogen und Medikamente, werden von den Prostituierten als Betäubungsmittel benutzt. Dies geschieht zum einen, um die Bedingungen, die grundsätzlich mit der Prostitution einhergehen, ertragen zu können und auch, um mit deren Wirkung dieser Wirklichkeit zu entfliehen. Es geschieht zum anderen, um psychosomatische Schmerzen ertragen zu können. Dies macht deutlich, warum Alkohol-, Medikamenten- und Drogenkonsum unter Prostituierten so weite Verbreitung hat und dies regelmäßig mit einer schlechten körperlichen Verfassung und psychischen Problemen korreliert.[449] Der Studie von Qing Li entsprechend gehört die Betäubungsmittelabhängigkeit weltweit quasi zum *modus operandi* der meisten Prostituierten, um die Ausübung dieser Tätigkeit ertragen zu können.[450]

Die Studie von A. Roxburgh, L. Degenhardt und J. Copeland, welche die PTBS-Symptome bei Prostituierten in Australien zum grundsätzlichen Betrachtungsgegenstand hat, untersuchte in diesem Zusammenhang ebenfalls Suchtgefahren und Abhängigkeitsprobleme bei Prostituierten.[451] Die empirischen Erkenntnisse der Wissenschaftler waren ernüchternd. 94 % der Untersuchten hatten Drogen konsumiert. 83 % von ihnen hatten im letzten Monat an durchschnittlich 30 Tagen Heroin injiziert, knapp die

449 Li Q/Li X/B. Stanton, Alcohol use among female sex workers and male clients: an integrative review of global literature, in: Alcohol Alcohol 45/2 (2010), 188–199; online unter: https://www.ncbi.nlm.nih.gov/pmc/articles/PMC2842106/ (abgerufen am 20.12.22).

450 Solche Rückschlüsse zieht bereits M. Kumar, der von Prostituierten berichtet, die bewusst zu Alkohol und Drogen als Betäubungsmitteln greifen, um sich dadurch vom sexuellen Akt emotional zu distanzieren. Der Aussage einer Prostituierten zufolge dient Alkohol dazu, um den Schmerz nicht zu ertragen: „I drink because I want to avoid the pain. I am fine with drinks and I don't feel anything there. I let them do what they want. I don't care. It is impossible for us without the drink. All of us need this. Clients are too willing to get us the drink to get us into the 'mood'. It helps me to forget my pain and worries." (44); siehe: M. Kumar, A Rapid Situation Assessment of Sexual Risk Behaviour and Substance Use Among Sex Workers and their Clients in Chennai (Madras), South India, WHO 2003, 44f.; online unter: https://apps.who.int/iris/bitstream/handle/10665/70797/WHO_MSD_MER_03.01_eng.pdf?sequence=1&isAllowed=y (abgerufen am 23.12.22).

451 A. Roxburgh/L. Degenhardt/J. Copeland, Posttraumatic stress disorder among female street-based sex workers in the greater Sydney area, Australia, in: BMC Psychiatry 6/24 (2006); online unter: https://bmcpsychiatry.biomedcentral.com/articles/10.1186/1471-244X-6-24 (online abgerufen am 3.4.2022).

Hälfte (42 %) gab an, im letzten Monat an durchschnittlich 17,5 Tagen Kokain injiziert zu haben. 82 % waren gemäß der Severity of Dependence Scale (SDS) heroinabhängig, 36 % Kokain- und 32 % Cannabisabhängig. Auf die Frage nach dem Zusammenhang zwischen Drogenkonsum und Prostitutionsausübung gab etwas mehr als die Hälfte der Frauen (53 %) an, Drogen zu konsumieren, um die Sexarbeit zu ertragen. 52 % gaben an, der Prostitution nachzugehen, um sich Drogen kaufen zu können. 7 % gaben an, aufgrund des Drogenkonsums in der Prostitution gelandet zu sein.

Die Studie von M. Chersich et al., die sich mit dem Zusammenhang zwischen Alkoholkonsum (bzw. -Abhängigkeit) und der Übermittlung von Geschlechtskrankheiten befasst[452] und 719 Prostituierte untersuchte, bestätigte die bereits genannten überproportional hohen Zahlen der Suchterkrankten unter den Prostituierten. 33 % der Untersuchten waren Gamma- bzw. Rauschtrinker, von welchen 53 % tagtäglich oder fast täglich tranken.[453] 23,7 % der Untersuchten berichteten, in den letzten 12 Monaten prostitutionsbedingte Gewalt erfahren zu haben, wobei das Gewaltrisiko bei Abstinentinnen im Vergleich zu Alkoholkonsumenten (und -süchtigen) mit einem Wert von 28,2 % zu 43,9 % deutlich höher lag.[454]

Die Studie von Chen Zhang et al. von 2012 befasste sich mit dem Einfluss eines alkoholpositiven sozialen Umfelds auf das Konsumverhalten von Alkohol bei 1.022 Prostituierten in Guangxi, China.[455] Die Alkoholabhängigkeit bei Prostituierten wurde dabei anhand des AUDIT (Alcohol Use Disorders Identification Test) untersucht, den 983 der Prostituierten vollständig ausgefüllt haben. Unter Berücksichtigung der Erkenntnisse vorangegangener Studien, die in diversen Regionen und Ländern weltweit ähnliche Untersuchungen durchgeführt haben, bestätigt auch diese Studie von

452 M. Chersich/S. Luchters/I. Malonza/P. Mwarogo/N. King'ola/M. Temmerman, Heavy episodic drinking among Kenyan female sex workers is associated with unsafe sex, sexual violence and sexually transmitted infections, in: International Journal of STD & AIDS 18/11 (2007), 764–769; online unter: https://www.researchgate.net/publication/5840585_Heavy_episodic_drinking_among_Kenyan_female_sex_workers_is_associated_with_unsafe_sex_sexual_violence_and_sexually_transmitted_infections (abgerufen am 23.12.22).

453 Ebd., 765.

454 Ebd., 766.

455 Ch. Zhang/X. Li/Y.A. Hong/B. Stanton/Y. Chen/W. Liu/Y. Zhou, Pro-Alcohol-Use Social Environment and Alcohol Use among Female Sex Workers in China. Beyond the Effects of Serving alcohol, in: World Health & Population 13/4 (2012), 15–27; online unter: https://www.researchgate.net/publication/232610297_Pro-Alcohol-Use_Social_Environment_and_Alcohol_Use_among_Female_Sex_Workers_in_China_Beyond_the_Effects_of_Serving_Alcohol (abgerufen am 23.12.22).

Zhang den hohen Alkoholkonsum und die Suchtgefahr unter Prostituierten. Insgesamt 32 % von ihnen erfüllten das Merkmal einer Alkoholabhängigkeit. Unter der Altersgruppe zwischen 15 und 20 Jahren waren es 44 %, unter der Altersgruppe zwischen 21 und 29 Jahren 29 % und in der Altersgruppe 30 bis 50 Jahre waren es 20 %. Alkoholprobleme wiesen hingegen rund 55 % der Prostituierten auf. Mit 68 % der Prostituierten in der Altersgruppe zwischen 21 und 29 Jahren gehören sie zur größten Risikogruppe. Wie die Studienergebnisse zu Tage brachten, fördert Alkoholkonsum- und Abhängigkeit die Risikobereitschaft der Prostituierten, ungeschütztem Geschlechtsverkehr mit Freiern zuzustimmen, wodurch auch das Risiko auf STD, also sexual übertragbare Krankheiten, signifikant steigt. Die Studie bestätigte den negativen Einfluss des sozialen Umfeldes in der Prostitution in Bezug auf das Konsumieren von Alkohol zu Zwecken der Betäubung.

Der bestehende Zusammenhang zwischen Betäubungsmittel- und/oder Rauschmittelkonsum (und nachfolgend der Abhängigkeit von ihnen) und der Prostitutionsausübung (ggf. Austausch von sexuellen Handlungen gegen Rauschmittel) wird auch von anderen, weltweit durchgeführten empirischen Studien bestätigt.[456] Dies lässt an einer freien Willensäußerung, und umso mehr an der sexuellen Selbstbestimmung der Menschen, die der Prostitution nachgehen, starken Zweifel hegen.

Mit Blick auf diese, im internationalen Vergleich grundsätzlich gleichlautenden Studienergebnisse, stellt sich unvermeidlich die Frage, ob ein demokratischer Rechtsstaat mit einer Verfassung, gemäß der er die Würde der Menschen in seinem Hoheitsgebiet zu gewährleisten und durch seine Gesetzgebung umzusetzen hat, davon ausgehen kann, dass in der

456 L. Sajadi/A. Mirzazadeh/S. Navadeh et al., HIV prevalence and related risk behaviours among female sex workers in Iran: Results of the national biobehavioural survey, 2010 in: BMJ 89 (2013); online unter: https://www.ncbi.nlm.nih.gov/pmc/articles/PMC3841765/ (abgerufen am 16.4.2022); M. Gossop/B. Powis/P. Griffiths/J. Strang, Female prostitutes in South London: Use of heroin, cocaine and alcohol, and their relationship to health risk behaviours, in: AIDS Care 7/3 (1995), 253–260; P. Roshanfekr/R. Noori/M Dejman/Z.F. Geshnigani/H. Rafiey, Drug use and sex work among at-risk women: A qualitative study of initial factors, in: Iran Journal of Psychiatry Behav. Sci. 9/2 (2015); online unter: https://docksci.com/drug-use-and-sex-work-among-at-risk-women-a-qualitative-study-of-initial-factors_5a2f5206d64ab2b21e93e4c7.html (abgerufen am 16.4.2022); M.L. Burnette/E. Lucas/M. Ilgen/S.M. Frayne/J. Mayo/J.C. Weitlauf, Prevalence and health correlates of prostitution among patients entering treatment for substance use disorders, in: Arch Gen Psychiatry 65/3 (2008), 337–344; J.M. Edwards/B.J. Iritani/D.D. Hallfors, Prevalence and correlates of exchanging sex for drugs or money among adolescents in the United States, in: Sex Transm Infect. 82/5 (2006), 354–358.

reglementierten und vollständig legalisierten Prostitution die fortwährende Autonomie, die Gesundheit und das Wohl von Menschen i.S.d. Art. 1 Abs. 1 i.V.m. Art. 2 GG überhaupt staatlicherseits gewährleistet werden kann.

3.5.4. Schlussfolgerungen aus den Studienergebnissen

Die vorliegenden Studien stellen Länder und Regionen übergreifend unter Beweis, dass, unabhängig vom Modell des staatlichen Umgangs mit Prostitution, folgende medizinischen und psychischen Probleme bei AnbieterInnen der Prostitution auftreten:

1) Prostitution, die regelmäßig und dauerhaft ausgeübt wird, ist mit schweren psychischen Erkrankungen und physischen Schäden verbunden.
2) Ein Großteil der Prostituierten ist Opfer von körperlichem und/oder sexuellem Kindesmissbrauch, was sich auf ihre spätere Entscheidung, der Prostitution nachzugehen, unmittelbar auswirkt. Bei einem derart auffälligen Anteil der Missbrauchsopfer kann von einer autonomen Entscheidung zur Prostitutionsausübung nicht mehr gesprochen werden, denn die Opferrolle bleibt lebensbestimmend.
3) Die meisten Prostituierten weltweit entwickeln eine dissoziative Persönlichkeit, um die physischen und psychischen Belastungen in der Prostitution auszuhalten, so dass kein freier Wille zur Prostitution mehr angenommen werden kann. Einschlägige Experten sprechen von „Scheinfreiwilligkeit“[457], in jedem Fall jedoch niemals von Autonomie.
4) In der Regel greifen Prostituierte zu diversen Betäubungs- und Rauschmitteln, zum einen, um die mit der Prostitutionsausübung unmittelbar verbundenen somatischen Schmerzen und psychischen Erniedrigungen ertragen zu können, zum anderen aber, um der Wirklichkeit der Prostitution zu entfliehen. Auch ist der Suchtanteil, sowie das Suchtrisiko, bei Prostituierten im Vergleich zur Normalpopulation signifikant höher. Wiederum kann bei einer betäubten und suchtabhängigen Person von freier und autonomer Willensäußerung, auch gemäß deutschem Zivilrecht, nicht gesprochen werden.

457 H. Sporer, Der neue Deutsche Weg. Für eine Neuordnung der Prostitutionsgesetzgebung, in: Hanns Seidel Stiftung (Hg.), Aktuelle Analysen 93, München 2022, 21–70, 47.

5) Da bei fast allen Betroffenen die psychischen Erkrankungen und physischen Schäden so schwerwiegend oder chronisch sind, sinkt die durchschnittliche Lebenserwartung der Prostituierten im Vergleich zu Nichtprostituierten erheblich (nach Aussagen französischer Behörden liegt sie unter 40 Jahren) und die Sterblichkeit vor dem 30. Lebensjahr nimmt signifikant zu. Es gibt somit keine andere Tätigkeit in Deutschland mit einem derartigen überproportionalen Gesundheits- und sogar Lebensrisiko wie die der Prostitution: „Sie ist die gefährlichste Tätigkeit überhaupt“[458].

Dies sollte dem Gesetzgeber Anlass genug sein, eine substanzielle Änderung der Gesetzeslage herbeizuführen, denn seit der Reglementierung von Prostitution im Jahre 2002 trägt der deutsche Gesetzgeber einen erheblichen Anteil an den Gefahren für Leib und Leben der Menschen in der Prostitution und persistiert die Möglichkeit von Grundrechtsverletzungen durch Dritte. Der Staat kommt seinen Gewährleistungspflichten für die Grundrechte in der Prostitution auch mit dem ProstSchG in keiner Weise ausreichend nach.

3.6. Lage der Menschen in der Prostitution aus Sicht der Sozialarbeit

Die Analyse der Lage der Menschen in der Prostitution und deren Perspektive ist ein entscheidender Faktor für eine umfassende Empfehlung, wie ein demokratischer Rechtsstaat mit Grundrechtsgarantien mit der Prostitution umgehen kann und muss. Aufgrund mangelnder Datenlage – eine repräsentative sozialwissenschaftliche Studie über die Lage der Prostituierten in Deutschland existiert bislang nicht – war dies bisher nur eingeschränkt möglich, wobei sich auf internationaler Ebene bereits, wie bereits dokumentiert, eindeutige Ergebnisse herausgestellt haben. In Deutschland haben wir uns nun einer Datenerhebung aus dem Jahr 2022 bedient, die von uns selbst in Form einer repräsentativen Befragung von SozialarbeiterInnen aus allen einschlägigen Beratungsstellen mit belastbarem Rücklauf erfolgte, die seit Jahren Prostituierte und ehemalige Prostituierte betreuen.

458 Ebd., 51.

3.6.1. Bereiche der Prostitution

Die Prostitution in Deutschland findet in verschiedenen Bereichen statt. Die Tätigkeit wird häufig in Bordellen oder sog. Laufhäusern ausgeführt sowie unter anderem auch im Escortbereich, auf dem Straßenstrich oder in zu diesem Zweck angemieteten Wohnungen. Die Behörden zählten 2.286 offizielle Prostitutionsgewerbe, die gemäß dem ProstSchG nach einer erteilten oder vorläufigen Erlaubnis betrieben worden sind, wobei die Dunkelziffer deutlich höher liegen dürfte – vor allem in der Wohnungsprostitution. 93 Prozent der angemeldeten Betriebe waren Prostitutionsstätten, wie etwa Bordelle. Auf Prostitutionsvermittlungen, -fahrzeuge und -veranstaltungen entfielen zusammen nur 7 Prozent der Erlaubnisse.[459]

Der Befragung der Beratungsstellen nach kommen die allermeisten Prostituierten aus südosteuropäischen Ländern wie Rumänien, Bulgarien, Ungarn. Des Weiteren werden noch andere europäische Länder und weitere Drittstaaten, vor allem Nigeria, und andere afrikanische und asiatische Staaten als Herkunftsländer benannt. Deutsche Prostituierte wurden gar nicht als solche benannt, zumindest nicht bei den Klientinnen, die von den Einrichtungen der Sozialen Arbeit betreut werden.

3.6.2. Geschlechter in der Prostitution

In der Prostitution befinden sich, wie bereits aus anderen Quellen bestätigt, in der absolut überwiegenden Mehrheit Frauen, während diejenigen, die Sex kaufen, nahezu ausschließlich Männer sind. Die von uns befragten Beratungsstellen haben bis auf ganz wenige Ausnahmen nur Klientinnen. Diejenigen Beratungsstellen, die bei der Frage nach dem Geschlecht ihres Klientel neben „weiblich" auch „männlich" oder „divers" angekreuzt haben, gaben in der genaueren Aufschlüsselung an, dass mindestens 90 Prozent weiblich sind – in der Einschätzung mancher bis zu 96 %, der Rest ist als queer bzw. divers einzustufen.[460] Prostitution ist demnach ein geschlechtsspezifisches Phänomen, das nahezu ausschließlich das weibliche Geschlecht und nur vereinzelt diverse Gender und Männer betrifft, die eine homosexuelle Nachfrage, wiederum bei Männern, bedienen. Dies wird

459 Vgl. Statistisches Bundesamt, Stand zum 31.12.2021; online unter: https://www.destatis.de/DE/Themen/Gesellschaft-Umwelt/Soziales/Prostituiertenschutz/_inhalt.html (abgerufen am 1.2.23).

460 Aufgrund dieser Ergebnisse wird im Text vorwiegend die weibliche Form verwendet.

auch bei allen polizeilichen Quellen und Quellen der Innenbehörden, die vorliegen, bestätigt. Die Anbieterinnen in der Prostitution, welche von den Einrichtungen der Sozialen Arbeit betreut werden, sind überwiegend Frauen, die eine heterosexuelle Nachfrage bedienen. Die Nachfrager sind zu praktisch 100 Prozent biologische Männer.

Aus diesem Grund ist zu sagen, dass es sich in der Prostitution um eine eindeutig patriarchale Institution von Seiten der Nachfrager her handelt, in welcher auch in modernen Gesellschaften eine klare geschlechtsspezifische Subjekt-Objekt-Relation bezüglich des Sexkaufs herrscht. Ein derart eindeutiges Geschlechter-Gefälle, das durch die Legalisierung des ProstG rechtlich gestützt und erst in diesem Ausmaß ermöglicht wurde, widerspricht nicht nur einem neuen Ideal der Gendergerechtigkeit, sondern auch der Gleichberechtigung der Geschlechter, wie das Europäische Parlament im Jahr 2014 in seiner Resolution bereits feststellte[461] – eine Einschätzung, welche zuvor bereits durch die verfassungsrechtliche Arbeit von Rachel Gugel für Deutschland bezüglich des Art. 3 klar bestätigt wurde.[462] Bereits im Jahr 2002 gab eine unkritische Übernahme eines gesellschaftlichen Ideals der sexuellen Liberalisierung für den Gesetzgeber den Ausschlag, das im eigentlichen Sinne Sexualität auf Augenhöhe und zum wechselseitigen Wohl unter erwachsenen Menschen beinhalten würde. Sexpositivität lässt sich ohne Gleichberechtigung der Geschlechter bzw. Gendergerechtigkeit aber nicht verwirklichen. Garantien für Gleichrangigkeit und Gleichberechtigung als Voraussetzung für ein freiheitliches Ideal der Sexualität wurden durch die gesetzliche Legitimation der Prostitution im Jahr 2002 offensichtlich vollständig ignoriert, denn damit wird bis heute das patriarchale Gefälle im Sexkauf manifestiert.

3.6.3. Gewalt in der Prostitution

Die Ergebnisse unserer Befragung verschiedener Beratungsstellen machen vor allem eines deutlich: Prostituierte sind auch in Deutschland trotz ProstSchG fortlaufenden Gewalterfahrungen ausgesetzt. Die Frage „Können Sie aus Ihrer Erfahrung heraus bestätigen, dass die Mehrheit der in der

461 Entschließung des Europäischen Parlaments vom 26. Februar 2014 zur sexuellen Ausbeutung und Prostitution und deren Auswirkungen auf die Gleichstellung der Geschlechter (2013/2103(INI)); online unter: https://www.europarl.europa.eu/doceo/document/TA-7-2014-0162_DE.html (abgerufen am 14.2.2023).

462 R. Gugel, Das Spannungsverhältnis zwischen Prostitutionsgesetz und Art. 3 II Grundgesetz – eine rechtspolitische Untersuchung, Münster 2011.

Prostitution Tätigen immer wieder Gewalt durch Dritte (z.B. Freier/Zuhälter/Bordellbetreiber) erfahren?" wurde von *allen* Beratungsstellen (bis auf einer ohne Angabe) mit „Ja" beantwortet.

Bei der Frage, ob Klientinnen sexuelle Übergriffe, sexuelle Nötigung und/oder Vergewaltigungen *durch Freier* erfahren haben, antworteten 95 % mit ja. Aus diesen Antworten wird ein hohes Maß an Gewalt durch Freier erkennbar, denen die in der Prostitution tätigen Frauen trotz dem geltenden ProstSchG fortlaufend ausgesetzt sind.

Bei den Befragungen der Beratungsstellen hat auf die Frage, wie viele Klientinnen Gewalt *durch Bordellbetreiber* (psychische, physische und/oder sexuelle Gewalt) erlebt hätten, die Hälfte mit „ja" geantwortet, ein Viertel mit „über 80 %", ein Drittel mit „rund 50 %". Bei der Frage, wie viele Klientinnen Gewalt durch *Zuhälter* (psychische, physische und/oder sexuelle Gewalt) erlebt haben, war die Zahl sogar noch höher, denn es gab die Hälfte der Befragten an, dass Prostituierte dies zu 80 Prozent erlebt hätten, ein Viertel sogar zu 100 Prozent.[463]

Dies deckt sich mit den medizinischen Erkenntnissen empirischer Studien, auf die in Kap. 3.5.2. hingewiesen wurde. Insofern ist daraus zu schließen, dass die Prostitution in Deutschland ein überwiegend gewaltsames System, insbesondere gegenüber Frauen, zumindest fahrlässig legitimiert hat.

3.6.4. Potenzielle Kriminalität in der Prostitution

Während der Beratungen und Diskussionen rund um das ProstG und das ProstSchG wurde nachweislich nicht ausreichend auf die behördlichen Erkenntnisse eingegangen, dass Bordellbetreiber nicht selten Teil der Rotlichtkriminalität sind, oder als Hintermänner bzw. Geschäftspartner der Organisierten Kriminalität die Beschaffung der Prostituierten aus dem Ausland organisieren.

Im Gesetzentwurf der Bundesregierung zur Regulierung des Prostitutionsgewerbes sowie zum Schutz von in der Prostitution tätigen Personen vom 25. Mai 2016[464] wird deutlich, dass die bisherigen Regulierungen die mit der Prostitution verbundenen kriminellen Begleiterscheinungen nicht wirksam bekämpfen. Im Bericht heißt es: „Besorgniserregend ist in den letzten Jahren nach Beobachtungen aus Fachkreisen das vermehrte

463 Vgl. auch die gleichlautenden Internationalen Studien in Kap. 3.5.

464 BT-Drs. 18/8556.

Auftreten neuer und problematischer Erscheinungsformen und Auswüchse, denen mit den bestehenden rechtlichen Instrumentarien kaum adäquat begegnet werden kann (S. 32)." Es wird vor allem beklagt, die Regelungen des ProstG „begünstigen insgesamt die Erhaltung intransparenter und kriminogener Strukturen, sie erschweren die Bekämpfung von Menschenhandel und behindern die Implementierung gesundheits-, arbeitsschutz- und sicherheitsbezogener Mindestanforderungen (S. 32)".

Zugleich wird vom Gesetzgeber bereits selbst erklärt: „Eine der Grundbedingungen für die rechtliche Anerkennung der Prostitution als ein Rechtsgeschäft, das auf sexuelle Dienstleistungen gerichtet ist, ist die im Prostitutionsgesetz abgesicherte jederzeitige Rückholbarkeit der Bereitschaft zu sexuellen Handlungen. Ist ein Prostitutionsgewerbe so organisiert, dass diese Rückholbarkeit faktisch nicht gewährleistet ist, so ist es mit der Wahrnehmung der sexuellen Selbstbestimmung nicht vereinbar; einem solchen Betriebskonzept muss daher die rechtliche Anerkennung verwehrt bleiben (S. 78)". Diese als „Grundbedingung" bezeichnete „Rückholbarkeit der Bereitschaft zu sexuellen Handlungen", kann aber vom Staat in keiner Weise „jederzeit" garantiert noch eingeholt oder überprüft werden. Ausbeuterischen Praktiken soll im ProstSchG dadurch entgegengewirkt werden, dass die bloße Kommerzialisierung von bestimmten sexuellen Praktiken (wie etwa: „(Rape-)Gang-Bang", Flat-Rate-Bordelle, „All-Inclusive"-Angebote) verboten wird. Dies umfasst allerdings nicht die Möglichkeit, sie tatsächlich anzubieten, sondern sie lediglich kommerziell zu organisieren (S. 78).

Der Gesetzgeber konstatiert bereits vor Einführung des ProstSchG, dass für die Beurteilung, ob einer Ausbeutung Vorschub geleistet wird, insbesondere die Gestaltung des vertraglichen Binnenverhältnisses zwischen Prostituierten und Betreiber maßgeblich sei. Insbesondere Verschuldungsverhältnisse seien auszuschließen, bestehen jedoch nach Einführung des ProstSchG nachweislich fort. Denn das Binnenverhältnis zwischen Betreiber und selbstständiger Prostituierter, das vertraglich nicht einmal regelungsbedürftig ist, kann von staatlichen Behörden weder regelmäßig und noch effizient geprüft werden, es bleibt schlicht wegen der geltenden Vertragsfreiheit intransparent. In einem tendenziell so sensiblen Bereich wie der Prostitution kann der aktiven Schutzverpflichtung des Staates nach Art. 1 Abs. 1 GG aufgrund der Intransparenz nicht nachgegangen werden.[465]

Der Bundesrat hat zu dem Gesetzentwurf des ProstSchG gemäß Art. 76 Abs. 2 GG Stellung bezogen und u.a. die Registrierungspflicht der Prostituierten kritisiert. Die Ausübung der Prostitution unter den Vorbehalt der Beeinträchtigung sonstiger Belange des öffentlichen Interesses zu stellen, sei ein Freibrief für die Verdrängung jeglicher sichtbaren Prostitution.[466] Der Bundesrat kritisierte weiterhin die Praxistauglichkeit der Bestimmungen von Art. 18 Abs. 2 Nr. 7 und Abs. 3 und § 37 Abs. 5 ProstSchG in Bezug auf die Trennung von Schlaf- oder Wohnräumen und Räumen, die er für unrealistisch hielt. Vielmehr sei zu befürchten, dass Bordellbetreiber, um der Auflage des Gesetzes zu genügen, zusätzlichen Wohnraum zur Verfügung stellen und damit eine ohnehin schon gegebene faktische Abhängigkeit von Prostituierten noch verstärkt würde.[467] Insoweit war sich der Bundesrat der im Prostitutionsmilieu bestehenden Abhängigkeitsverhältnisse bewusst, was die mangelnde Selbstbestimmung der Prostituierten und ihre Freiwilligkeit, die weiterhin im ProstSchG vom Gesetzgeber angenommen wird, grundsätzlich in Frage stellt.[468]

---

465 Siehe: BT-Drs. 18/8556, online unter: https://dserver.bundestag.de/btd/18/085/1808556.pdf (abgerufen am 19.1.23). Der Gesetzgeber ist sich der Ausbeutung vieler Prostituierter seit langem bewusst, was auch die Debatten im Bundestag belegen: „Im Zuge strafrechtlicher Verfahren sind in der letzten Zeit jedoch in einigen Fällen die Beziehungen zwischen Betreibern von Pauschalclubs bzw. sog. Flat-Rate-Bordellen nachträglich durch die Gerichte als Beschäftigungsverhältnis eingeordnet worden, wofür – neben anderen Elementen – auch das Ausmaß der Weisungen und Vorgaben der Betreiber gegenüber Prostituierten als Kriterium herangezogen wurde" (102). Strafbares Verhalten von Bordellbetreibern (nun: Prostitutionsgewerbe) soll durch ein eingeschränktes Weisungsrecht entgegengewirkt werden, das nach § 181a StGB bestimmt werden soll (vgl. 103); Dass dies ineffizient und allenfalls schwer nachweisbar ist, wird im Bericht zur „Evaluierung der Strafvorschriften zur Bekämpfung des Menschenhandels (§§ 232 bis 233a StGB)" deutlich; siehe: https://kfn.de/wp-content/uploads/Forschungsberichte/Bericht_Evaluierung_Strafvorschriften_Bekaempfung_Menschenhandel.pdf (abgerufen am 19.1.23).

466 BT-Drs. 18/8556, 111.

467 Ebd., 112.

468 Die Bundesregierung widersprach jedoch 2016 den Befürchtungen des Bundesrates. „Die Vorschrift soll in einem weitergehenden Sinne auch dem Schutz von Prostituierten vor einer völligen Vereinnahmung durch das milieutypische Umfeld dienen. (…) Dass die Vorschrift zu einer Verstärkung eines Abhängigkeitsverhältnisses zwischen Prostituierten und Betreibenden eines Prostitutionsgewerbes führen könnte, ist aus Sicht der Bundesregierung nicht ersichtlich, sondern die Vorschrift ist gerade darauf ausgerichtet, die Unabhängigkeit der Prostituierten gegenüber

Dies alles belegt, dass von Seiten des Gesetzgebers nicht zur Kenntnis genommen wurde, dass Unternehmer der Bordellindustrie in überwiegendem Maße von der Ausbeutung von Prostituierten profitieren, weil sie nicht nur Gewinne abschöpfen, sondern auch von der körperlichen Ausbeutung ihrer KlientInnen profitieren. Im Rahmen unserer Untersuchung wurden die bekanntesten und erfahrensten Experten mit jahre- und jahrzehntelanger Expertise aus Polizei und Justiz, hier vorwiegend Staatsanwälten, befragt, die große, langwierige und aufwendige Strafprozesse im Bereich der Rotlichtkriminalität begleitet und geführt haben, unter anderem gegen Personen des Colosseum in Augsburg und gegen Personen des Paradise Bordells in Stuttgart sowie gegen den Pussy-Club.

In ihren Schilderungen wird deutlich, dass die meisten Bordellbetreiber in aller Regel einen substanziellen Anteil an der Ausbeutung der Prostituierten haben und in den meisten Fällen mit anderen kriminellen Strukturen verwoben sind oder mit ihnen kooperieren, um ein ausreichendes Angebot an ausländischen, jungen und „frischen" Frauen in die Bordelle zu bekommen, damit dieses wirtschaftlich auch funktionieren und fortlaufend existieren kann. Dieser Anreiz zu internationaler Beschaffungskriminalität im Menschenhändlermilieu ergibt sich bereits aus volkswirtschaftlichen Gründen, nämlich einem verzerrten und mangelhaften Marktangebot des Sexkaufs im Inland, das dadurch entsteht, dass keine ausreichende Menge deutscher Frauen zu dieser Tätigkeit in der Prostitution mehr bereit ist.[469]

Kriminalhauptkommissar Wolfgang Fink vom Landeskriminalamt Baden-Württemberg, der Hauptsachbearbeiter des Paradise-Prozesses, antwortet auf die Frage, ob die Zusammenarbeit von Bordellbetreibern mit Menschenhändlern und Zuhältern wie im Paradise ein Einzelfall sei, folgendermaßen: „Das ist sicherlich kein Einzelfall, da die Bordellbetreiber aus wirtschaftlicher Sicht gezwungen sind, das Bordell mit arbeitswilligen Frauen zu füllen [S. 4]. (...) Durch das Verfahren konnte die Dreiecksbezie-

den Betreiberinnen und Betreibern zu stärken"; (BT-Drs. 18/8556, 116). Der Begriff „milieutypisches Umfeld" wurde nicht näher erläutert. Durchaus lässt er aber der Rückgriff auf diesen Begriff darauf schließen, dass der Bundesregierung das Umfeld des Rotlichtmilieus zumindest in seinen Grundzügen bekannt sein musste. Auf die in diesem Umfeld tatsächlich herrschenden Umstände wurde aber nicht näher eingegangen.

469 Vgl. H. Mau, Entmenschlicht. Warum wir Prostitution abschaffen müssen, Hamburg 2022, 162; u.a. vgl. Aussagen des Netzwerks Ella; online unter: https://netzwerk-ella.de/ (abgerufen am 17.1.2023).

hung zwischen Menschenhändler/Zuhälter zum Bordellbetreiber und dem Opfer dargestellt werden [S. 2].“[470]

Ohne generell jeden einzelnen Bordellbetreiber unter einen Generalverdacht stellen zu wollen, wird die Realität von allen Experten dahingehend geschildert, dass Bordellbetreiber sehr oft Teil eines kriminellen Systems sind, das ökonomisch von der Ausbeutung ihrer Anbieterinnen jenseits aller üblichen Arbeitsschutz- und Arbeitsrechtsbedingungen in Deutschland profitiert, denn in Bordellen gibt es weder geregelte Arbeitszeiten, noch geregelte Arbeitsbedingungen, noch einen Tariflohn, noch eine soziale Absicherung, noch eine externe Interessensvertretung, also keinerlei arbeitsrechtliche Bedingungen, die staatlicherseits oder durch Dritte (wie etwa Gewerkschaften) überwacht würden oder vor unabhängigen Gerichten einklagbar wären. Dass auch nahezu keine Beratungsstelle von KlientInnen berichtete, bei denen Arbeitsverträge mit Bordellbetreibern vorliegen, zeigt, wie weit von der Realität entfernt der Ansatz des ProstG, aber auch noch mehr des ProstSchG war und ist.

Dies zeigt zwar nur einen kleinen Ausschnitt der Realität in der Prostitution, jedoch einen, der ergänzend das bestätigt, was die von uns befragten Experten aus dem Bereich der Polizei und der Justiz in den jeweiligen Interviews mit ihnen wiedergaben. Unternehmer in der Prostitution, ebenso wie Zuhälter, sind empirisch betrachtet die größten Profiteure der sexuellen Selbstausbeutung von Prostituierten, die dies keineswegs überwiegend freiwillig tun; sie üben nach Auskunft von Professionellen aus der Sozialen Arbeit darüber hinaus nicht selten auch selbst direkte Gewalt auf die Prostituierten aus.

3.6.5. Bundeslagebild Menschenhandel und Ausbeutung

Niemand der von uns befragten Experten aus Polizei und Justiz, lediglich eine einzige aller befragten Beratungsstellen, hält das Bundeslagebild Menschenhandel und Ausbeutung für zutreffend, empirisch objektiv und aussagekräftig (bei einer weiteren Enthaltung). Mehrere Beratungsstellen kommentieren, warum sie die Zahlen nicht für aussagekräftig halten und welches Bild sich anhand ihrer Arbeit ergibt.

Es käme in den seltensten Fällen zu Ermittlungsverfahren bezüglich Zwangsprostitution und Menschenhandel, da die Frauen sich nicht trauten, ihre Zuhälter und Bordellbetreiber anzuzeigen. Sie stünden unter Druck

470 Interview mit Wolfgang Fink vom 9.8.2021.

und in einem Erpressungsverhältnis, weil sie Angst um ihre Angehörigen zu Hause in der Heimat oder um sich selbst hätten. Eine Beratungsstelle schreibt: „Die Zahl der Betroffenen von Menschenhandel ist sicherlich größer, allerdings ist die polizeiliche Arbeit sehr eingeschränkt, da die wenigsten Prostituierten eine Aussage bei der Polizei machen wollen. Die nächste befragte Beratungsstelle antwortet: „Viele Frauen trauen sich nicht, Aussagen zu machen, weil sie bedroht werden." Eine weitere Aussage lautet: Bei den meisten Klientinnen sei die Initiierung eines Strafverfahrens nicht möglich. Ermittlungsverfahren in Fällen, in denen die Zwangsprostitution im Ausland stattgefunden hat, würden fast immer eingestellt. „Viele der Frauen sind an einem Strafverfahren nicht interessiert, es sei denn dies ist für ihren Aufenthalt notwendig. Es geht ihnen zunächst viel mehr um ihre Sicherheit, die Sicherheit ihrer (ungeborenen) Kinder, existenzielle Fragen (Aufenthalt und Geld), Unterkunft und medizinische Behandlung."

All diese Aussagen verdeutlichen, ergänzen und bestätigen die Aussagen aus dem Bereich der Polizei und der Justiz, die recherchiert wurden. Die Zahlen im Bundeslagebild Menschenhandel und Ausbeutung stellen lediglich die Spitze des Eisbergs dar, das Dunkelfeld ist ungleich höher. Aussagen von polizeilichen Experten bestätigen dies: „Prostitution und Menschenhandel/Zwangsprostitution bewegen sich folglich überwiegend im statistischen Dunkelfeld. Dieses Missverhältnis ist ein deutlicher Beleg, dass die vorhandenen Gesetze, seien es das ProstG, das ProstSchG oder auch die derzeitigen strafrechtlichen Vorschriften zur wirksamen Bekämpfung dieser Missstände untauglich sind.(...) Die generelle Systematik dieser Rechtsverhältnisse ist desolat. Eine weitere Verschlechterung ist nicht vorstellbar."[471] Diese Aussagen und Daten bestätigen, dass das Prostitutionsmilieu, dank der deutschen Legalisierung und ihres Alleinstellungsmerkmals in Europa, ein hochkrimineller Wirtschaftsbereich mit hohen Gewinnmargen ist, in dem die Mehrheit der AnbieterInnen kriminellen Übergriffen von Freiern, Zuhältern, Bordellbetreibern oder der Organisierten Kriminalität schutzlos ausgesetzt sind.

471 H. Sporer, Der neue Deutsche Weg. Für eine Neuordnung der Prostitutionsgesetzgebung, in: Hanns Seidel Stiftung (Hg.), Aktuelle Analysen 93, München 2022, 43.

3.6.6. Datenerhebung zur Kriminalität: Menschenhandel, Zuhälterei, Zwangsprostitution

Die Frage, ob bei den ihnen bekannten Fällen Beobachtungen bezüglich Menschenhandel, dirigistischer Zuhälterei oder Zwangsprostitution gemacht wurden, bejahen drei Viertel der Befragten. Ebenso bestätigten die Befragten für nahezu 90 % der ihnen bekannten Fälle, dass die Frauen fremdbestimmt sind oder durch dritte Personen ausgebeutet werden. Die Ergebnisse dieser Befragung bestätigen in Verbindung mit den Befragungen anderer Experten im Feld, dass die in der Prostitution Tätigen oft von Menschen, die ihre Familie darstellen, in die Prostitution geführt und ausgebeutet werden.

In den Interviews mit den Experten aus dem Bereich Polizei und Justiz wurde zwar durchgehend beschrieben, dass die Frauen bei den Kontrollen vor Ort angeben, sie würden freiwillig und selbstbestimmt arbeiten, obwohl die Behörden vom Gegenteil ausgehen. Aber „große Teile der Politik sind sich inzwischen ebenso wie Experten einig, dass die überwiegende Anzahl von Prostituierten nicht freiwillig und selbstbestimmt tätig ist".[472] Dieser Widerspruch zwischen objektiver Einschätzung und subjektiven Aussagen hat nur eine Erklärung, nämlich dass diese Aussagen unter Angst, Erpressung oder Druck entstehen und in den meisten Fällen nicht wahrheitsgetreu sind. Dies geht nicht selten auf vorliegende Clan- und Familienstrukturen ebenso wie auf repressive Bindungen zu Zuhältern zurück, die zumeist die Netzwerke im Hintergrund der Prostitution bestimmen.

Alle ExpertInnen aus den Beratungsstellen der Prostitution, die von uns befragt wurden, geben an, „dass die meisten Ihrer Klientinnen ihrer Tätigkeit in der Prostitution nicht freiwillig bzw. selbstbestimmt nachgehen (u.a. ohne Drängen, ohne Zwänge, ohne Gewalt, ohne Abhängigkeitsverhältnisse wie z.B. die ‚Loverboy'[473]-Methode oder innerfamiliäre (Clan-)Abhängigkeiten, ohne Täuschung, ohne Drohung)."

Dies bestätigen die Experten aus der Sozialen Arbeit, die gefragt wurden, ob derartige Ausbeutungskonstellationen durch sie fremdbestimmende Personen häufig der Grund dafür waren, dass die Betroffenen bei der Polizei keine Aussage gemacht, die Aussage zurückgezogen oder ihre Prostitution als Freiwilligkeit bzw. Selbstbestimmtheit dargestellt haben. Alle Beratungsstellen, außer einer Stelle, bestätigten diese Vermutung mit einem eindeuti-

472 Ebd., 46.

473 Auch „Love-Bombing" oder „Romeo-Methode" genannt.

gen „Ja". Diese Expertenaussagen bestätigen, wie wenig die Aussagen von den wenigen deutschen Prostituierten in der medialen Öffentlichkeit und die werbewirksamen Auftritte von Unternehmern aus der deutschen Bordellwirtschaft in Talkshows darüber aussagen, ob die Masse der Prostituierten sich in einer selbst- oder fremdbestimmten bzw. ausbeuterischen Situation befindet.

Doch leider lassen sich sogar maßgebliche Juristen hier in ihrer Meinung beeinflussen. Wenn ein deutscher Kollege aus dem Verfassungsrecht, der in einer Monographie über die „Kämpfe um Menschenwürde" schreibt, die Aussage einer Ex-Prostituierten, die zur Bordellbesitzerin und damit zur potenziellen Zuhälterin reüssiert ist, als repräsentativ für alle Prostituierten wertet und deren Widerspruch zum Verlust der Menschenwürde in der Prostitution unkommentiert stehen lässt[474], so ruft dies bei Wissenschaftlern der Ethik starke Verwunderung hervor. Es wirft die Frage auf, ob die nachfolgende Würdediskussion im Verfassungsrecht seit 1949 überhaupt etwas mit der Lebensrealität von vulnerablen Menschen in Deutschland zu tun hat. Analoges gilt für Aussagen von Kollegen aus dem Strafrecht, welche die Legalisierung der Prostitution als Ausdruck eines freiheitlichen Rechtsverständnisses werten und nach einer vordergründigen Befragung der Prostituierten zum Frageabbruch drängen, so dass die eigentlich strafrechtlich relevante Handlung des sexuellen Aktes und somit die potenziell rechtsrelevante Tat Dritter ausgespart wird.[475] Manche plädieren sogar für den Abbruch der juristischen Betrachtung nach der Annahme der Freiwilligkeit, ohne die verfassungsrechtliche Dimension der Prostitutionsgesetzgebung in den Blick zu nehmen. Dies geschieht mit dem Argument, dass die sexuelle Interaktion keine Frage des Rechts, sondern der Moral sei.[476]

474 M. Baldus, Kämpfe um die Menschenwürde. Die Debatte seit 1949, Berlin 2016, 14. Baldus zitiert die Aussage einer Bordellbetreiberin in Berlin, nach der Frauen "sehr stolz" seien, der Prostitution nachzugehen. Allen Erkenntnissen zufolge, die in Kap. 3.3–3.7 dargelegt wurden und insb. unter Berücksichtigung der dissoziativen Abspaltung, trifft das krasse Gegenteil zu.

475 J. Renzikowski/MünchKommStGB, § 174, Rn. 45.

476 Zur Diskussion siehe: J. Renzikowski, Bekämpfung der Zwangsprostitution, in: ZRP 7/2005, 216: „Nunmehr beschränkt sich das Strafrecht auf den Schutz der persönlichen Freiheit der Prostituierten, insbesondere ihrer sexuellen Selbstbestimmung. Diese Zurückhaltung ist Ausdruck eines freiheitlichen Rechtsverständnisses, wonach es nicht die Aufgabe eines am Rechtsgüterschutz orientierten Strafrechts ist, moralische Verhaltensstandards durchzusetzen oder Menschen vor den Folgen eigenverantwortlicher Lebensentscheidungen zu bewahren." Siehe auch: Hamdorf/Lernestedt, KJ 2000, 355; Hanack, ZStW 77, 1965, S. 404f.; Hörnle, in: LK,

Aus der Perspektive der wissenschaftlichen Ethik soll hier erwidert werden, dass es sich hierbei definitiv nicht ausschließlich um Fragen der Moral handelt, sondern es um Fragen des Rechts geht, insbesondere insofern fundamentale Grundrechte von Menschen verletzt werden oder in Gefahr sind. Der Frageabbruch ist Ausdruck einer antiquierten Tabuisierung von Sex, die auch in Teilen der Rechtswissenschaft anhält. Denn es darf grundsätzlich beim Sex zwischen Menschen und schon gar nicht in Institutionen des Sexkaufs einen rechtsfreien Raum geben, weil es immer zu Körperverletzungen, Missbrauch, sexualisierter Gewalt und Vergewaltigung kommen kann bzw. serielle Sexangebote als berufsanaloge Tätigkeiten in aller Regel zur körperlichen und psychischen Ausbeutung führen, wie alle medizinischen Studien belegen. Insofern ist es wichtig, dass es auch andere Kollegen aus dem Verfassungsrecht gibt, die sich deutlich tiefer und differenzierter mit der Thematik der potenziellen Verobjektivierung von Menschen beschäftigen.[477]

Auch in der vorliegenden Befragung der Institutionen der Sozialen Arbeit wurde differenziert auf die Frage rekurriert, welche Gründe bei Prostituierten für eine vorgeschobene Aussage zur Freiwilligkeit vorliegen. Die Antworten wurden in folgender Rangfolge alle mehrfach und mehrheitlich bestätigt: Angst vor den Tätern, Bedrohung durch Täter, Gewalt durch den Täter, Angst vor Polizei und Justiz, Hoffnungslosigkeit, Angst, dass der betroffenen Person nicht geglaubt wird, Angst, dass der betroffenen Person nicht geholfen wird, fehlendes Opferbewusstsein, Scham, eigene Schuldgedanken.

Empirisch, sozialwissenschaftlich, aber auch juristisch betrachtet, sieht Freiwilligkeit so definitiv nicht aus. Vielmehr wird psychische Abhängigkeit, Erpressbarkeit, Abhängigkeit und indirekt sogar mehrheitliche Zwangsprostitution durch Experten im Feld, ebenso wie durch Aussteigerinnen aus der Prostitution in Deutschland beständig bestätigt.

Vor § 174, Rn. 10, 27; J. Renzikowski, in: Das Prostitutionsgesetz, 133; Hefendehl, GA 2007, 8; Roxin, AT, § 2 Rn. 7ff.; Hassemer, NStZ 1989, 557. Auch in der BT-Drs. 11/7140 vom 16. Mai 1990 wurde festgestellt: „Solange die gesellschaftlichen Verhältnisse sind, wie sie sind, ist der Schutz der Prostituierten vor Diskriminierung vorrangig gegenüber moralisch-ideologischen Bedenken gegen die Prostitution. (Die gesellschaftlich-rechtliche Diskriminierung der Prostituierten führt jedenfalls nicht zur Überwindung der Prostitution)" (12).

477 Vgl. Ulrich Rommelfanger zur Verfassungswidrigkeit der Prostitution, zweiter Teil, in diesem Band.

3.6.7. Wohnsituation der in der Prostitution tätigen Menschen

Bei der Befragung zur Wohnsituation wird deutlich, dass die allermeisten Prostituierten keine Wohnung angemietet haben, sondern in Bordellen, Laufhäusern oder anderen Gemeinschaftseinrichtungen wie Notunterkünften für Geflüchtete oder Asylbewerberunterkünften, in von Zuhältern angemieteten Wohnräumen oder bei Zuhältern selbst wohnen, oder aber auf der Straße leben und damit obdachlos sind. Die noch in der Prostitution tätigen Frauen leben häufig in „milieunahen" Häusern, haben jedoch persönlich keinerlei eigenständige Absicherung für den Fall, dass sie aussteigen wollten. Viele Frauen am Straßenstrich leben in vernachlässigten Mehrfamilienhäusern in „Schwarzmarktverhältnissen", besitzen also keinen regulären Mietvertrag, haben keine Anmeldung beim Einwohnermeldeamt oder den Asylbehörden. Nach Aussagen aus der Sozialen Arbeit haben die meisten der Frauen mit Migrationshintergrund Schulden und müssen über Jahre hinweg ihre Reise und ihren Transfer nach Deutschland sowie ihre Unterkunft und Lebenshaltungskosten gegenüber ihren Schleppern und Zuhältern mit unvergüteten Diensten in der Prostitution abarbeiten.

3.6.8. Gründe für die Prostitution

Auf die Frage, welche Gründe die KlientInnen für die Prostitution angeben, lassen die Ergebnisse erkennen, dass auch hier in der überwiegenden Mehrheit nicht von Selbstbestimmtheit auf der Seite der Prostituierten ausgegangen werden kann. Als Gründe werden neben Armutsprostitution oft „Zwang durch dritte Personen", „Täuschung", „Abhängigkeitsverhältnisse zu Dritten", „Drohungen", „Drängen durch dritte Personen" sowie auch „Freund/Mann unterstützen" genannt. Bemerkenswert ist eine relativ neue Beobachtung, dass Clans und kriminelle Großfamilien in Deutschland und Europa existieren, in denen alle Mädchen, die geboren werden, dazu bestimmt werden, für ihre Männer und Kinder in der Prostitution ihren Unterhalt und den der Familie zu bestreiten. Wir haben Aussagen in der Befragung dokumentiert, dass manche Prostituierte offensichtlich „ins Netzwerk hineingeboren" worden sind.

3.6.9. Ausstiegswunsch und tatsächlicher Ausstieg

Sehr auffällig in der Befragung der Beratungsstellen ist, dass bei der Frage, warum trotz Ausstiegswunsch viele der KlientInnen den Ausstieg aus der

Prostitution nicht schaffen, folgende Gründe bestätigt wurden: Gewalt, Drohungen, Angst vor, Einschüchterung durch bzw. psychische Abhängigkeiten von dritten Personen (Zuhälter, Loverboys, Verwandte ...), Traumafolgen (z.B. Ängste, Depressionen, Unsicherheiten, keine Zuversicht und Hoffnungslosigkeit, dass ein Leben außerhalb der Prostitution gelingen kann), Suchtprobleme, Orientierungslosigkeit, Schulden. Eine Beratungsstelle gab zur Kenntnisnahme, dass viele Frauen durch die Prostitution schon so kaputt seien, dass sie den Ausstieg nicht durchhalten und in das gewohnte Umfeld zurückgehen. Unsicherheit und Ängste für den Neuanfang, fehlendes Selbstbewusstsein und große Hürden würden dies verstärken.

Wie zu sehen ist, existieren eine Reihe von Faktoren, die es den der Prostitution nachgehenden Personen fast unmöglich machen, den Ausstieg zu schaffen – trotz ihres eigentlichen Willens zum Ausstieg.

In Bezug darauf, die Prostitution aufgrund von Traumafolgen nicht verlassen zu können, ist auf die weltweiten wissenschaftlichen Erkenntnisse aus den Kap. 3.4.2.4., 3.4.2.5. und 3.5.2. zu verweisen, die erklären, warum ein Mensch aufgrund von Traumafolgen durch die Prostitution diese oft nicht mehr verlassen kann. Diese Personen verbleiben also letztlich, auch nach dem ProstSchG, das den Ausstieg erleichtern soll, aufgrund von Zwängen unfreiwillig in der Prostitution. Der hohe Wiederholungszwang wurde von allen ExpertInnen aus der Sozialen Arbeit bestätigt, so dass deutlich wird, wie schwer der Abschied von einer in Deutschland legalen Institution des Sexkaufs ist, die unter dem Vorbehalt der Freiwilligkeit legalisiert wurde.

3.6.10. Gesundheitlicher Zustand

Keine einzige Beratungsstelle geht davon aus, dass ihre KlientInnen einen guten Gesundheitszustand aufweisen. Alle geben Probleme mit dem körperlichen und psychischen Gesundheitszustand an. Bezüglich Letzterem wurden unterschiedliche typische Krankheitsbilder benannt: Depressionen, traumatische Erfahrungen während Prostitutionsausübung, Anzeichen von posttraumatischen Belastungsstörung, Suizidgedanken, Suchtprobleme, Hoffnungslosigkeit/Verzweiflung durch Tätigkeit in der Prostitution, Gedächtnis- und/oder Konzentrationsschwierigkeiten, Niedergeschlagenheit, Angstanfälle/Panikattacken, Selbstverletzungsgedanken, Selbstverletzung, Allgemeine Müdigkeit/Schwäche.

Bezüglich des körperlichen Gesundheitszustandes wird teilweise auch das angekreuzt, was MedizinerInnen und GynäkologInnen in dem Bereich in den bereits rezipierten Studien berichten:

Probleme und/oder Erkrankungen bezüglich der inneren und/oder äußeren Geschlechtsorganen, Leiden an Geschlechtskrankheiten, Unterleibsprobleme, Enddarmprobleme, Inkontinenz, chronische Schmerzen, Drogenprobleme, Alkoholprobleme, Einrisse, Verletzungen, Fissuren durch Überdehnung während der Penetration, Nieren- und/oder Blasenprobleme (z.B. Blasenentzündungen), Mangelernährung, geschwächtes Immunsystem, Zahn-, Mund- und Kieferprobleme oder Erkrankungen, Hautprobleme oder Hauterkrankungen, Kopfschmerzen, Bauchschmerzen, Schlafstörungen, Essstörungen, Herz- und Kreislaufprobleme, Schwindel, Allgemeine Müdigkeit/Schwäche.

Trotz dieser erheblichen Krankheitsbilder in der Prostitution geben die meisten der Beratungseinrichtungen an, dass die Mehrheit der Klientinnen keine Krankenversicherung hat und nicht in gesicherten sozialen Verhältnissen lebt. Ebenso wird bei den Klientinnen ein überdurchschnittlich hoher Alkohol- und/oder Drogenkonsum im Kontext ihrer Prostitutionstätigkeit beobachtet.

3.6.11. Vorherrschende Lebenssituation der in der Prostitution Tätigen

Wir zitieren hier unkommentiert die Einschätzung der Lage von Menschen in der Prostitution durch die einschlägigen ExpertInnen aus der Sozialen Arbeit:

> „Gewalt durch Partner", „Aufenthaltssicherung ungeklärt", „Mittellos, eingeschüchtert, traumatisiert", „Psychisch erkrankt (Psychiatrisches Krankheitsbild), nicht abgesichert", „wohnungslos, perspektivlos, Suchtproblematik, Gesundheitliche Probleme", „prekäre Wohnsituation, kein fester Wohnsitz, Straßenprostitution, Armutsprostitution, schlechter Gesundheitszustand, Opfer von Menschenhandel, durch Loverboy oder Bekannte aus Bulgarien in die Prostitution gebracht; Geflüchtete, traumatisches Erlebnis (oft mehrere wie z.B. Zwangsheirat) im Herkunftsland, durch Täuschung zur Ausreise gebracht, traumatische Reise nach Libyen, erste Prostitution in Libyen, bei Überfahrt nach Italien, zur Prostitution gezwungen, Flucht nach Deutschland, Leben in einer Unterkunft für Geflüchtete; Frauen, die schon lange in der Prostitution arbeiten, früher durch Loverboy in die Prostitution gekommen, wollen aussteigen,

erschwerter Zugang zu Jobcenter Leistungen, da sie entweder den Aufenthalt in Deutschland nicht lückenlos nachweisen können oder weil sie die jahrelange Prostitution nicht nachweisen können", „gesundheitliche Probleme, die Suche nach anderen Jobs ist schwierig, können oft nicht früh aufstehen.", „obdachlos", „dauerhaft im Bordell wohnend/lebend keine soziale Absicherung, Geld verdienen für Dritte; keine Deutsch- bzw. Ortskenntnisse in der Stadt, in der sie tätig sind; Kinder im Heimatland", „osteuropäisch, eher jung, niedriger Bildungsstand, kein Schulabschluss, kein fester Wohnsitz, keine KV, keine Anmeldung zur Prostitution, pendeln zwischen Deutschland und Herkunftsland, lassen Kinder zurück, schicken Geld an die Familie im Herkunftsland", „Die Frauen schaffen an für Zuhälter und ihre Familien im Ausland", „Wohnungs- und Obdachlos: Am Straßenstrich verfügen die wenigsten Frauen über eigenen Wohnraum, viele leben seit Jahren auf der Straße, in Kellern, auf Dachböden." „Zuhälterei: Der Anteil der Frauen, die zur Prostitution gezwungen werden, und die Straßenabschnitte, die von den Zuhältern als ihr Revier reklamiert werden, ist in den letzten Jahren massiv angestiegen.", „Sozial nicht abgesichert, in der Regel nicht leistungsberechtigt, arm, häufig durch die Prostitution und frühere Gewalterfahrungen traumatisiert, häufig krank (fehlende medizinische Versorgung, oft suchtmittelabhängig (Alkohol, Psychopharmaka, Kokain etc.), emotional abhängig von Zuhältern, ausbeuterische Familienangehörige ...".

Ein Kommentar erübrigt sich, denn die prekäre Lage von vulnerablen Frauen in der legalisierten Prostitution in Deutschland wird hier mehr als deutlich bestätigt.

3.6.12. Zwischenfazit

Zusammengefasst ergibt sich nach unseren Befragungen demnach folgendes Lagebild:

- Die absolute Mehrheit der Frauen, die der Prostitution nachgehen, sind auf diverse Weise in die Prostitution gedrängt worden. Eigenwillig und selbstbestimmt wollten sie die Prostitution nie ausüben – so die Einschätzung aller Experten.
- Der Bereich der Prostitution ist hochkriminogen: Menschenhandel, dirigistische Zuhälterei, Fremdbestimmung und Ausbeutung sind in der Prostitution die Regel, nicht die Ausnahme.

- Die Täter sind nicht nur fremde Dritte, sondern sehr oft auch die eigenen Familien oder Partner der Betroffenen.
- Die Betroffenen machen ungeschützt meist keine Aussage und geben vor, dass sie freiwillig und selbstbestimmt sind. Sie zeigen zumeist eine gewisse Zeit lang ein fehlendes Opferbewusstsein aufgrund der Bindungen zu ihren Tätern (Familie, Partner, Mann etc.) auf. Schweigen über die wahren Umstände ist die Regel.
- Die der Prostitution nachgehenden Menschen weisen typische körperlich sowie auch psychisch schwere Gesundheitsprobleme auf; dies steht in Verbindung mit einer meist nicht bestehenden Krankenversicherung/sozialen Absicherung.
- Es besteht ein überwiegender Ausstiegswunsch bei den meisten Prostituierten, der jedoch oft nicht vollzogen werden kann (aufgrund von Abhängigkeiten von Dritten bzw. Traumafolgen usw.).

3.7. Prostituierte aus der Perspektive der Wahrnehmenden (Freier)

Zu den Voraussetzungen der reglementierten Prostitution in Deutschland gehört, wie mehrfach bereits benannt, die gezielte juristische Annahme ihrer Freiwilligkeit. Die Hypothese der Freiwilligkeit ist deshalb so zentral, da sie rechtlich im Sinne eines Selbstschädigungsrechts interpretiert werden müsste. Analog würde dies im Sinne der Befürworter einer liberalen Prostitutionsgesetzgebung bedeuten, dass, wenn Prostitution Ausdruck der sexuellen Selbstbestimmung und autonomen Entscheidung der Prostituierten ist, auch eine existenzielle Schädigung durch Dritte juristisch nicht angreifbar wäre. Gerade weil verschiedene Verfassungsgerichtsurteile jüngster Zeit den freien Willen zum notwendigen Grundbestandteil der Würde des Menschen erklärt haben, wird daraus im Folgeschluss logisch abgeleitet, dass die Prostitutionsausübung keine Würdeverletzung sei, da der Wille der sich Prostituierenden maßgeblich sei und ihr demgemäß auch gestattet sein müsse, sich gegebenenfalls selbst zu verletzen oder ihr Leben zu verkürzen.[478] Eine spezifische Lesart der Verfassung geht davon aus, dass der Art. 1 GG den Gesetzgeber zwar binde, jedoch nur insofern als der

478 Vgl. M. Baldus, Kämpfe um die Menschenwürde. Die Debatten seit 1949, Berlin 2016, 14. In diesem Fall wird sogar die Interpretation der Bordellindustrie eins zu eins übernommen, die ein elementares wirtschaftliches Interesse an der Abschöpfung der Gewinn durch Prostitution und Menschenhandel hat. Das rechtfertigt es

Würdeschutz einer Individualeinschätzung unterliege – also im Sinne der Freiheit und Autonomie der jeweiligen Betroffenen wertfrei und offen gesehen werden müsse. Im Extremfall gehöre auch die eigene Destruktion maßgeblich zur Autonomie, so dass der Staat die Würde nicht gegen den Willen der Betroffenen schützen dürfe.

Dieser Argumentationsfigur fehlt allerdings die eigentliche Kausalursache. Denn bei Prostitution handelt es sich – empirisch betrachtet – nicht primär um Selbstschädigung, sondern um die Gestattung zur potenziellen Fremdschädigung. Und dies macht den Unterschied aus.

Die Tatsache, dass es sich bei der regulierten Prostitution um eine Institution der Freigabe einer substanziellen Schädigung in Form der existenziellen Würdeverletzung handelt, wird nachweisbar, wenn man aus einer rechtlichen Perspektive die Selbstaussagen von Freiern analysiert. Hier ist klar, dass es in der Prostitution nicht um eine klassische Selbstschädigung geht, sondern primär um eine serielle Verobjektivierung durch Dritte, nämlich durch die Wahrnehmenden der Prostitution. Mit ihrer vermeintlich klaren Zustimmung macht sich die Prostituierte im Höchstfall zu einem Objekt der sexuellen Handlungen Dritter. Tatursächlich ist es jedoch der Freier, der diese sexuelle Handlung vornimmt.

Denn in der Prostitution geht es der Sache nach darum, dass Dritte sich das alleinige Recht der Selbstbefriedigung am Körper der Prostituierten erkaufen und dies in der Folge auch ausüben dürfen – egal wie potenziell entwürdigend, gewaltsam, gesundheitsschädigend oder schmerzerregend dies dann im Vollzug des sexuellen Aktes für die Betroffene sein wird. Die Bedürfnisstruktur der betroffenen Prostituierten steht nicht im Vordergrund des sexuellen Aktes, sondern wird aufgrund des Sexkaufs außer Acht gelassen. Diese einseitige Entäußerung ist gerade das Prinzip der Prostitution. Zwar müssen Prostituierte *de jure* nicht in allen sexuellen Wünschen den Freiern entgegenkommen bzw. nicht unbedingt in alle Sexpraktiken einwilligen (z.B. ist ungeschützter Verkehr gemäß § 32 i.V.m. § 33 Abs. 1 Nr. 3 ProstSchG ordnungswidrig). Faktisch haben aber gerade ausländische Prostituierte in vielen, wenn nicht den meisten Fällen aufgrund multipler Abhängigkeitsverhältnisse (z.B. finanzieller, psychischer u.a.) oder Zwänge (z.B. seitens der Zuhälter u.a.) kaum Wahl- und Handlungsfreiheit (wie

für den Autor, das Thema im weiteren Verlauf der Abhandlung über Würde gemäß Art. 1 GG gar nicht mehr näher zu betrachten. Die näheren wissenschaftlich-psychiatrischen Gründe und Zwänge für die Selbstbehauptung der Freiwilligkeit werden in der rein juristischen Argumentation weder gekannt noch recherchiert.

in Kap. 3.3., 3.5. und 3.6. gezeigt wurde). Damit ist aber weder die vom Gesetzgeber angenommene Autonomie als Ausdruck von Würde gewährleistet, ebenso wenig sind ein sexuelles Selbstbestimmungsrecht während des sexuellen Aktes oder gar ein vorgängiges bewusstes Recht auf Selbstschädigung im Rahmen der Prostitution möglich, weil die Entscheidung nicht in Freiheit getroffen wird.

Mitunter gestaltet sich der Sachverhalt folgendermaßen: Obwohl sich die Prostituierte verfassungsrechtlich selbst zum Objekt und zur Ware reduzieren könnte, widerspricht die Wahrnehmung der Prostitution durch Dritte der Würdegarantie des Grundgesetzes (Art. 1), weil ein anderer Dritter die Prostituierte zum Objekt seiner Selbstbefriedigung und Triebe reduziert und sie auch als solches degradierend behandelt – physisch und verbal. Selbst der Kauf von sexuellen Handlungen setzt diese Reduzierung der benutzten Person auf ein Objekt bzw. die Instrumentalisierung der Prostituierten inhärent voraus. Denn es ist nicht die Person, sondern der Körper der Person, mit der gehandelt wird bzw. der zur Benutzung freigegeben wird. Trotz des Selbstschädigungsrechts und einer vermeintlich freien individuellen Entscheidung der Einzelperson, sich zum Objekt reduzieren zu lassen, widerspricht diese Schädigung durch Dritte der Pflicht des aktiven Würdeschutzes aus Art. 1 GG, der dem Gesetzgeber aufgetragen worden ist.[479] Denn wenn der Würdeschutz gemäß Art. 1 GG gilt, darf Drittpersonen nicht gestattet werden, sich ein schädigendes Verfügungsrecht über den Körper einer sich prostituierenden Person zu (er-)kaufen. Denn es handelt sich faktisch um ein sexuelles Zugangsrecht durch Penetration in das verletzbare Innere des Körpers der Frauen bzw. Menschen in der Prostitution, das nicht primär zu deren Wohl, deren Lust oder deren Anerkennung in Achtsamkeit und Zuneigung geschieht, sondern zu deren langfristigen Schaden. Alle wissenschaftlichen Studien aus Medizin und Psychiatrie belegen, dass die längerfristige Ausübung der Prostitution zu irreversiblen und lebensverkürzenden Schädigungen der die Tätigkeit ausübenden Person führen.[480] Denn Sexualität kann wechselseitig befreiend und lustvoll sein, andererseits jedoch auch einseitig verletzend und instrumentalisierend. Deshalb darf es, insbesondere für Frauen, keinen rechtsfreien Raum geben, in dem Vergewaltigung und schwere Körperverletzungen gegen den Willen der Betroffenen nicht geahndet werden.

---

479 Vgl. Maunz/Dürig/Herzog/Scholz, GG, Art. 1 Rn. 22 und 74; von Münch, GG, 2. Aufl., Art. 1 Rn. 39; BGHZ 67, 119 [125].

480 Vgl. Kap. 3.5.: Studien zu personenbezogenen Schädigungen.

Dass der verfassungsrechtlich zu garantierende Würdeschutz nicht gewährleistet wird und der Staat seine Würdeschutzpflicht durch die derzeitige Prostitutionsgesetzgebung konterkariert, geht bereits sehr deutlich aus den verbrieften Äußerungen zahlloser Freier hervor, die im Netz dokumentiert werden und jederzeit nachlesbar sind. Es zeigt sich, dass nicht die Prostituierte selbst verantwortlich ist, sondern die Schädigung der Prostituierten eine Verobjektivierung im Sinne der Würdeverletzung darstellt, die durch Sexkäufer im vollen Bewusstsein und mit Vorsatz geschieht. Es kommt im Falle des Selbstschädigungsargumentes zu einer Opfer-Täter-Umkehr, in dem man das Opfer zum Verursacher erklärt und die Täter gar nicht als Verursacher selbst identifiziert, sondern in Straffreiheit belässt.

Es zeigt sich in diversen Freierforen, dass die These stimmt, dass die asymmetrische Machtausübung sehr häufig substanzielles Element der männlichen Befriedigung ist und gerade die Entwürdigung der Frauen den eigentlichen Lustgewinn darstellt. Hier wird die Person zum Mittel zum Zweck und eine Entwürdigung tiefsten Ausmaßes bewiesen.

Deshalb sollen hier repräsentative Ausschnitte der Freieraussagen zur Kenntnis gegeben werden, auch wenn die Zitation derselben beim unbedarften Leser eine psychische Belastung auslösen könnte.

1) „Für mich ist eine Hure schlichtweg ein Stück, dass mich zu befriedigen hat."[481]

2) „Mundfick mit Würgen und Spucken. (...) Den gesamten Schwanz tief rein bis in die Kehle. Ich hielt ihr meine Eier hin. (...) Ich hielt ihr meinen Arsch hin. Auch diesen lutschte sie (...)."[482]

3) „Sie sagte, sie sei 16!!!!!!!!!!!!!!!!!!!!! (...) Auf die Frage, ob sie es freiwillig machen würde, bekam ich die Antwort ‚Nein!'(...) Sie tat mir leid!"[483]

481 https://www.ao-huren.to/showthread.php/1299-Ist-eine-Hure-nur-Fickfleisch-oder-muß-Mann-Respekt-zeigen?__cf_chl_managed_tk__=pmd_VUIwpCrLnAJLbjclPTF8ybMUPMExUgFJGOoJuewNf_E-1635946976-0-gqNtZGzNAlCjcnBszQpR (abgerufen am 15.4.2022).

482 https://dieunsichtbarenmaenner.wordpress.com/2018/08/09/vulkanhaus-duisburg-2015/ (abgerufen am 15.4.2022).

483 https://dieunsichtbarenmaenner.wordpress.com/2018/08/09/forumeintrag-sie-sagte-sie-sei-16/ (abgerufen am 15.4.2022).

4) „Schien fast ein Mädchen so um die 13–14 Jahre zu sein (...) und untenrum war sie aalglatt (...). Weiß nicht, ob die nicht unter Drogen stand (...)."[484]

5) „Ich suche eine Dame die Kaviar und Kotzen auch passiv macht."[485]

6) „Nun ja, man bezahlt die Nutte ja auch nicht dafür, dass sie kommt, sondern damit sie wieder geht ohne zu zicken. Von daher finde ich es eben sehr praktisch und hinterher habe ich wieder meine Ruhe (...) [Antwort eines anderen Freiers:] Eben! Wer kauft schon die Kuh, wenn er nur ein Glas Milch haben will?"[486]

7) „Fett durchgebolzt die Sau (...)"[487]

8) „(...) Sie versuchte mehrmals meine heftigen Stöße abzufedern (...) nur ließ ich ihr keine Chancen, denn wenn ich am zustoßen bin, dann ohne Kompromisse und dann wird gnadenlos tief und kräftig durchgezogen (...)."[488]

9) „Und ‚Au, au, au' hat sie auch laufend gesagt."[489]

10) „(...) Auch wenn's weh tut, wird vollgepumpt und geht wieder. So mag ich das ..."[490]

11) „Wir können (...) nicht einmal wissen, ob es sich tatsächlich um Schmerzen handelt oder einfach nur die übliche Mache der Abkürzung."[491]

---

484 https://dieunsichtbarenmaenner.wordpress.com/2019/06/12/bei-maedchen-auf-drogen-um-die-13-14-jahre-eingelocht/ (abgerufen am 18.1.2022).

485 https://dieunsichtbarenmaenner.wordpress.com/2018/08/02/forumeintrag-schlanke-dame-gesucht-fuer-kaviar-und-kotzen-passiv/ (abgerufen am 11.1.2022).

486 https://dieunsichtbarenmaenner.wordpress.com/2018/08/17/man-bezahlt-die-nutte-damit-sie-wieder-geht-ohne-zu-zicken/ (abgerufen am 15.4.2022).

487 https://dieunsichtbarenmaenner.wordpress.com/2018/08/10/forumeintrag-rassiertes-ausgeleiertes-fotzenloch-macht-eindruck-haeufiger-benutzung/ (abgerufen am 15.4.2022).

488 https://dieunsichtbarenmaenner.wordpress.com/2018/08/09/forumeintrag-gnadenlos-durchgezogen-bis-die-kleine-vollgepumpt-ist/ (abgerufen am 15.4.2022).

489 https://dieunsichtbarenmaenner.wordpress.com/2018/08/09/forumeintrag-au-au-au-hat-sie-laufend-gesagt/ (abgerufen am 15.4.2022).

490 https://dieunsichtbarenmaenner.wordpress.com/2018/08/02/forumeintrag-in-alle-loecher-knueppeln-auch-wenns-weh-tut/ (abgerufen am 11.1.2022).

491 https://dieunsichtbarenmaenner.wordpress.com/2019/01/17/damen-wollen-eben-dass-es-schnell-vorbeigeht/ (abgerufen am 18.1.2022).

12) „(...) Reiten ging auch nicht, weil angeblich Schwanz zu groß. Na ja, ich hab sie dann vor Wut durchgehämmert, weil ich echt sauer war auf sie. Ihr Jammern störte mich dann nicht weiter."[492]

13) „Ich spritze meine Wochenladung auch am liebsten in ein wunderschönes Gesicht. Die Frauen mögen das aber überhaupt nicht. Umso besser finde ich das ..."[493]

14) „Wenn ich mir vorstelle, ich müsse (...) jeden Tag dutzende Weiber ficken, von denen ein guter Teil alt und/oder hässlich ist (...) dann wäre es mir komplett unmöglich da noch so perfekt Spaß an der Sache zu schauspielern."[494]

15) „Einer der Herren hat öffentlich eine der Frauen so hart und gnadenlos rangenommen, man hat sich geschämt, ein Mann zu sein. (...) Wir haben dann nach 2 Stunden Anwesenheit dieser Herren unsere Sachen gepackt und sind nach Hause gefahren, nachdem an einen normalen Clubabend nicht mehr zu denken war. (...) Sicherlich die Kerle sind überall, aber solange der Gast davon nichts mitbekommt und die Herren nur nach Feierabend ihre Frauen vor den Clubs mit den teuren Autos einsammeln, ist alles erträglich. Aber wenn in den Cluballtag eingegriffen wird damit die Stimmung komplett kippt und in den Gesichtern der Frauen Angst zu lesen ist, und dann diese aufgescheuchte Tätigkeit, das hat mit einem entspannten Tag nichts mehr zu tun."[495]

16) „Das ist im Milieu die übliche Art, wie die Kerle ihren Frauen ihre Zuneigung zeigen"[496] (dem Freier ging es um physische Gewalt).

17) „Wenn eine Dienstleisterin mir vorher sagt, dass es geht und dann beim Ficken plötzlich doch nicht, bekommt sie von mir die volle Ladung reingepumpt ohne Wenn und Aber!"[497]

---

492 https://dieunsichtbarenmaenner.wordpress.com/2019/01/11/habe-sie-vor-wut-durchgehaemmert-ihr-jammern-stoerte-mich-nicht/ (abgerufen am 15.4.2022).

493 https://dieunsichtbarenmaenner.wordpress.com/2018/08/06/forumthread-reinspritzen-fotze-gesicht-oder-arsch/ (abgerufen am 15.4.2022).

494 https://dieunsichtbarenmaenner.wordpress.com/2018/08/02/forumeintrag-mir-waere-es-unmoeglich-wegen-geld-spass-zu-schauspielern/ (abgerufen am 11.1.2022).

495 https://dieunsichtbarenmaenner.wordpress.com/2018/08/01/forumeintrag-so-hart-rangenommen-man-schaemt-sich-ein-mann-zu-sein/ (abgerufen am 15.4.2022).

496 https://dieunsichtbarenmaenner.wordpress.com/2018/08/04/forumeintrag-blaue-flecken-sind-zeichen-der-zuneigung/ (abgerufen am 15.4.2022).

497 https://dieunsichtbarenmaenner.wordpress.com/2018/07/29/forumeintrag-volle-ladung-reingepumpt-ohne-wenn-und-aber/ (abgerufen am 18.1.2022).

18) „(...) Im Bewusstsein diesen Frauen mit seiner Inanspruchnahme und Honorierung derer Dienstleistungen geholfen, bzw. sie darin entlastet zu haben, den Umsatz zu generieren, den sie täglich benötigt, um anderen Repressalien ihres Peinigers aus dem Wege zu gehen, die dann auch anzunehmender Weise täglich von ihr zu befürchten wären, wenn der geforderte und von ihr abzuliefernde Umsatz nicht passt."[498]

19) „Dass die Mädchen nicht gut arbeiten ist doch klar. So viele Stunden am Tag und Nacht. Die sind alle seelisch kaputt. Haben ungeheuren Druck von ihren Zuhältern. Hat mir selbst eine gesagt."[499]

20) „Die Mädels sprechen überhaupt kein Deutsch und werden vom (...) Team recht schlecht behandelt. Also der Gast wird dort abgezockt."[500]

21) „Vielleicht will ich auch gar nicht wissen was sich das Mädel denkt, wenn ich auf der Fußmatte stehe ... Aber das selbst ein eigentlich, wie heißt es immer so schön, naturgeiles und nymphomanisches Mädel nach so einem im wahrsten Sinne des Wortes ‚ausgefüllten Arbeitstag' noch Spaß dabei hat glaube nicht mal ich... und dann ist der Weg zu dem Text nicht mehr weit."[501]

22) „Dass sie (wie sie später selbst sagte!) total besoffen war nahm ich zwar zur Kenntnis, doch das muss noch nichts Schlechtes heißen ..."[502]

23) „Besoffene Alles-Ohne Hure (...). Für mich aber kein Problem, da ich schon immer mal eine besoffene Hure ficken wollte."[503]

24) „(...) Die Weiber sind auf Stoff!!"[504]

498 https://dieunsichtbarenmaenner.wordpress.com/2018/08/05/forumeintrag-freiergeld-schuetzt-vor-zuhaeltergewalt/ (abgerufen am 15.4.2022).

499 https://www.gentsnav.com/clubs_girls_bar/de/de/2906121-Herford/Club-Moonlight-2292/ratings.html (abgerufen am 15.4.2022).

500 https://www.google.com/maps/reviews/@51.19872,6.91854,17z/data=!3m1!4b1!4m5!14m4!1m3!1m2!1s117850981008232694346!2s0x47b8cdba48d2b7c9:0xac6b0123ae3aa0e9?hl=de-DE (abgerufen am 15.4.2022).

501 https://dieunsichtbarenmaenner.wordpress.com/2018/08/25/will-auch-gar-nicht-nicht-wissen-was-sie-denkt-wenn-ich-auf-der-fussmatte-stehe/ (abgerufen am 15.4.2022).

502 https://dieunsichtbarenmaenner.wordpress.com/2018/08/10/fkk-pirates-club-bei-mannheim-2015/ (abgerufen am 15.4.2022).

503 https://dieunsichtbarenmaenner.wordpress.com/2018/08/04/forumeintrag-wollte-schon-immer-eine-besoffene-hure-ficken/ (abgerufen am 11.1.2022).

504 https://dieunsichtbarenmaenner.wordpress.com/2018/08/06/maison-denvie-berlin-2017/ (abgerufen am 15.4.2022).

25) „Gegen Aufpreis ist die ganze Sache auch ohne Gummi drin* und man kann die Mädels richtig mit Sperma vollpumpen, so oft man will."[505]

26) „Nun wollte ich noch Doggy, sie wollte diese Stellung nicht kennen, trotzdem eingelocht und recht vorsichtig angefangen, dann aber sportlich weiter gefickt, sie winselte wie eine läufige Hündin. Mein Orgasmus wollte immer noch nicht kommen, somit zog ich ihr die Beine weg, griff an den Busen und fickte sie wild. Sie wollte sich wegdrehen, ich drückte sie auf's Bett. Sie jaulte noch mehr, da war es vollbracht. Ich schoss ab."[506]

27) „Mir Persönlich ist mir vorgekommen, wie wenn sie gezwungen sind dort zu arbeiten."[507]

28) „Lieber eine engagierte lebenswerte Kegelrobbe mit Spaß an der Sache als eine lustlose Hure mit Traummaßen."[508]

29) „Blasen und Ficken war lustlos bis angewidert."[509]

30) „Bei Deutschinnen und Schweizerinnen weiß man zwar auch, dass sie es sicher nicht aus Spaß am Sex machen, aber dass sie sich immerhin freiwillig für den Job als WG entschieden haben, sei es wegen dem Geld oder aus irgendwelchen anderen Gründen. Bei vielen anderen Ländern kann man sich nicht sicher sein, ob sie nicht aus einer Notlage dazu gebracht worden sind sich zu prostituieren oder es sich gar um Zwangsprostituierte handelt."[510]

31) „(...) Wie die Chefin mit den Mitarbeitern umgeht ist unmenschlich."[511]

---

505 https://dieunsichtbarenmaenner.wordpress.com/2018/08/10/haus-96-bayreuth-2017/ (abgerufen am 15.4.2022).

506 https://dieunsichtbarenmaenner.wordpress.com/2018/08/10/forumeintrag-sie-wollte-sich-wegdrehen-ich-drueckte-sie-aufs-bett/ (abgerufen am 15.4.2022).

507 https://www.google.com/maps/place/COLOSSEUM+-+Privater+FKK+Sauna+Club/@48.3887474,10.8644414,15z/data=!4m7!3m6!1s0x0:0x69bbe58532e3c46d!8m2!3d48.3887474!4d10.8644414!9m1!1b1 (abgerufen am 18.1.2022).

508 https://dieunsichtbarenmaenner.wordpress.com/2018/08/10/lustlose-balkanhure-flensberg-2015/ (abgerufen am 15.4.2022).

509 https://dieunsichtbarenmaenner.wordpress.com/2018/08/09/pauschalclub-bochum-2010/ (abgerufen am 15.4.2022).

510 https://dieunsichtbarenmaenner.wordpress.com/2018/08/09/forumeintrag-man-kann-sich-nicht-sicher-sein-ob-es-zwangsprostituion-ist/ (abgerufen am 15.4.2022).

511 https://www.google.com/maps/place/Geschlossen/@51.0899232,5.968358,6z/data=!4m7!3m6!1s0x479966e3e9ededab:0x5a3c3a0fc2d6f3f4!8m2!3d51.1758057!4d10.4541194!9m1!1b1 (abgerufen am 18.1.2022).

32) „Fabienne war außerordentlich professionell beim mechanisch kalten Abarbeiten der Männer mit erkennbar gespielter Geilheit."[512]

33) „[...] Keine Herzlichkeit oder Händedruck geschweige denn Blickkontakt (...)."[513]

34) „Nach wie vor lässt sich die Maus bereitwillig vollpumpen, ist aber im Moment hochschwanger!"[514]

35) „(...) Nahezu jedes Girl, dass sich für Geld ficken lässt, hat ‚irgendwo' jemanden, der für sie organisiert, arrangiert, etc. Allerdings werden die Frauen nicht mehr unbedingt verprügelt (dann kannst du sie nicht mehr dem Freier zumuten), sondern werden mit ‚anderen Mitteln' eingeordnet! Bei manchen ‚Nationalitäten' verschwinden die Frauen dann auch plötzlich und sind auf ‚Heimurlaub' (von dem sie manchmal nicht mehr zurückkommen ...)."[515]

36) „Stellt euch mal vor ihr müsstet Tag ein Tag aus 12 Jahre jede Matratze vögeln, die vor der Tür steht."[516]

37) „(...) Man [will] aber auch testen."[517]

38) „(...) Zum Druck abbauen ist's ok."[518]

39) „Ihr Gesicht konnte ich nun jetzt schon nicht mehr sehen, daher sie angewiesen in Doggy zu gehen und ich dachte, da geht der Schwanz dann schon ganz rein. Aber no Chance!! Sobald ich mehr reinschieben

---

512 https://dieunsichtbarenmaenner.wordpress.com/2018/07/27/forumeintrag-erkennbar-gespielte-geilheit/ (abgerufen am 15.4.2022).

513 https://www.google.com/maps/place/Das+Fetisch+Atelier/@53.0856548,8.7859017,15z/data=!4m7!3m6!1s0x0:0x53721ec7ab804e29!8m2!3d53.0856633!4d8.7858823!9m1!1b1 (abgerufen am 9.1.2022).

514 https://dieunsichtbarenmaenner.wordpress.com/2018/08/04/forumeintrag-hochschwangere-vollpumpen/ (abgerufen am 11.1.2022).

515 https://dieunsichtbarenmaenner.wordpress.com/2018/08/01/forumeintrag-nahezu-jedes-girl-hat-einen-zuhaelter/ (abgerufen am 18.1.2022).

516 https://dieunsichtbarenmaenner.wordpress.com/2018/07/29/forumeintrag-12-jahre-jede-matratze-voegeln/ (abgerufen am 18.1.2022).

517 https://dieunsichtbarenmaenner.wordpress.com/2018/08/17/von-wo-sollte-er-denn-wissen-dass-sie-minderjaehrig-ist/ (abgerufen am 15.4.2022).

518 https://dieunsichtbarenmaenner.wordpress.com/2018/08/12/forumeintrag-hatte-sie-gut-gepackt-somit-konnte-sie-nicht-sperren/ (abgerufen am 15.4.2022).

wollte ging sie vorne weg und das war das Ende jeglichen Spaßes. (...) Das Mädel wollte definitiv nicht ficken."[519]

40) „Brustwarzen sehr belastbar! Dreiloch AO gangbar!!!! Ohne Rücksicht!"[520]

41) „Mir persönlich sind sie auch alle zu uni-gleich, austauschbar."[521]

42) „Spaß haben, Ficken, meine Vorlieben erfüllt bekommen, abspritzen... kannst du bitte gehen?"[522]

43) „Wer glaubt, dass die Frauen freiwillig dort sind, der Herr täuscht sich sehr ... Aber wem das egal ist (...)."[523]

44) „Die Damen sind im Zimmer tatenlos wie eine Leiche und benehmen sich reglos gereizt und verderben einem den Spaß und man fühlt sich erniedrigt ein Mann zu sein."[524]

45) „[Wer Frauen kauft] macht sie damit per se zur Ware."[525]

46) „Bester Hühnerstall in Hannover."[526]

47) „Es gibt doch kaum einen geileren Anblick als ein vollgespritztes Hurengesicht."[527]

519 https://dieunsichtbarenmaenner.wordpress.com/2018/08/10/1289/ (abgerufen am 15.4.2022).

520 https://dieunsichtbarenmaenner.wordpress.com/2018/08/10/forumeintrag-dabei-die-loecher-abwechselnd-gefickt/ (abgerufen am 15.4.2022).

521 https://dieunsichtbarenmaenner.wordpress.com/2018/08/09/forumeintrag-typ-frau-aus-rumaenien-und-bulgarien-ist-zu-austauschbar/ (abgerufen am 15.4.2022).

522 https://dieunsichtbarenmaenner.wordpress.com/2018/08/09/forumeintrag-empathie-geht-verloren/ (abgerufen am 15.4.2022).

523 https://dieunsichtbarenmaenner.wordpress.com/2019/06/15/wem-egal-ist-dass-die-frauen-nicht-freiwillig-dort-sind/ (abgerufen am 18.1.2022). Der Beitrag ist bei Google nicht mehr ersichtlich.

524 https://dieunsichtbarenmaenner.wordpress.com/2018/07/26/saunaclub-acapulco-velbert-2017-2/ (abgerufen am 11.1.2022). Der Beitrag ist bei Google nicht mehr ersichtlich.

525 https://dieunsichtbarenmaenner.wordpress.com/2018/08/06/forumeintrag-jeder-von-uns-macht-frauen-zur-ware/ (abgerufen am 15.4.2022).

526 https://www.google.com/maps/place/YES+SIR/@52.3820605,9.7386438,15z/data=!3m1!5s0x47b074a608b43403:0xaba435fbabea491d!4m7!3m6!1s0x0:0x40fc52a3ade464b9!8m2!3d52.3820318!4d9.7385926!9m1!1b1 (abgerufen am 09.1.2022). Der Kommentar stammt aus dem Jahr 2018.

527 https://dieunsichtbarenmaenner.wordpress.com/2018/08/05/forumeintrag-gibt-keinen-geileren-anblick-als-ein-vollgespritztes-hurengesicht/ (abgerufen am 09.1.2022).

48) „Ich buche gemeinhin nur Frauen, die so wirken, als kämen sie mit ihrem Beruf gut klar."[528]

49) „Armutsprostitution .... Schade, dass das zugelassen wird. Von unserem *rechtsstaat* im endeffekt ist es zwangsprostitition."[529]

50) „Manche Frauen werden schon als Kinder verkauft (...). Leider können wir alle das nur ändern, wenn wir generell keine Dienstleistungen mehr im Gewerbe in Anspruch nehmen."[530]

51) „(...) In Zukunft sind die Mädels nichts Weiteres als eine Ware. Eine Dienstleistung. Geld gegen Ware."[531]

52) „Und außerdem weiß doch jeder halbwegs klardenkende Mensch, dass er dort [ins Bordell] nicht in die Kirche geht und dass Lüge und Betrug in diesem Milieu eigentlich zum guten Ton gehört ...?"[532]

Die vorliegenden, hier zitierten Aussagen sind originalgetreu wiedergegeben (bis auf einzelne orthographische Korrekturen) und wurden diversen Online-Portalen entnommen, in denen sich Freier offen über Prostituierte austauschen. In ihren Grundaussagen und in ihrer Tonwahl sind sie repräsentativ. Paradoxerweise bestätigen diese ungeschönten Selbstaussagen der Freier als Wahrnehmende der Prostitution zum einen die Ergebnisse der Fachärzteschaft, der Psychiatrie und der wissenschaftlichen Studien, ebenso wie die bewusst angezielte Degradierung, Frauenverachtung und mangelnde Gleichberechtigung, die hier zutage tritt. Zum anderen stellen sie die mit der Prostitution inhärent verbundene Verobjektivierung der Prostituierten unter Beweis, die sich während des Geschlechtsaktes allein der Befriedigung des Freiers und seinen Wünschen unterzuordnen haben und deren Unterordnung oft sogar zum Lustgewinn von männlichen Freiern beiträgt. Bereits die durchschnittliche physische Unterlegenheit der meisten Frauen

528 https://dieunsichtbarenmaenner.wordpress.com/2018/07/24/forumeintrag-mit-mitleid-kann-ich-gar-nix-anfangen/ (abgerufen am 18.1.2022).

529 https://www.google.com/maps/place/Caligula/@52.497666,13.3456552,15z/data=!4m7!3m6!1s0x0:0x2ec81ed09b49f4d3!8m2!3d52.4976651!4d13.345689!9m1!1b1 (abgerufen am 09.1.2022).

530 https://dieunsichtbarenmaenner.wordpress.com/2018/08/04/forumthread-manche-frauen-werden-schon-als-kinder-verkauft/ (abgerufen am 11.1.2022).

531 https://huren-test-forum.lusthaus.cc/showthread.php?p=2081202 (abgerufen am 18.1.2022).

532 https://www.google.com/maps/place/FKK+Sunshine/@48.1306375,11.5229831,14.74z/data=!4m7!3m6!1s0x0:0x7bbfe9a2306dc89!8m2!3d48.1308783!4d11.52082!9m1!1b1 (abgerufen am 10.7.2022). Siehe auch: https://www.tz.de/muenchen/stadt/westend-prostituierte-bordell-vergewaltigt-tz-3153990.html (abgerufen am 10.7.2022).

würde die Möglichkeit des Widerstandes bei asymmetrischer Macht und einer angezielten Körperverletzung bzw. die klare Vergewaltigung durch die männlichen Freier ausschließen.

Die Äußerungen in Freierforen belegen überwiegend, dass eine Entwürdigung durch Reduzierung der weiblichen menschlichen Person als Mittel zum Zweck der Selbstbefriedigung am Objekt – auch teils unter gewaltsamen Umständen – stattfindet. Dies kommt einem Akt der patriarchalen Versklavung durch sexuelle Gewalt gleich, der während der Ausübung der Prostitution über den ganzen Tag, seriell und in fortwährender Frequenz, durch Freier stattfindet und von Seiten der Betroffenen auszuhalten ist. Selbst wenn es Freier gibt, die Gefühle für ihr Gegenüber hätten und in großer Naivität meinten, Prostituierte zu achten oder davon ausgehen, dass Prostituierte Spaß an einseitigem Geschlechtsverkehr hätten, ist der Sachverhalt der Verobjektivierung durch Dritte in der Durchführung der interaktiven sexuellen Handlung selbst gegeben. Dies bestätigen auch Aussteigerinnen, die die Prostitution durch jahrelange Tätigkeit aus eigener Betroffenheit und bei Kolleginnen genau kennen.[533] Diese Tätigkeit als Akt der Freiheit und Autonomie bzw. der Polyamorie oder Sex-Positivität von Seiten der Prostituierten zu beschreiben, ist deshalb an Zynismus kaum zu übertreffen, wenn man die Taten der Entwürdigung, der sexualisierten Gewalt und die Akte der Vergewaltigung, die durch Selbstaussagen der Freier belegt sind, nicht leugnet.

Die jüngsten Erkenntnisse der Studie von M. Farley et al., „Männer in Deutschland, die für Sex zahlen – und was sie uns über das Scheitern der legalen Prostitution beibringen: ein Bericht über das Sexgewerbe in 6 Ländern aus der Perspektive der gesellschaftlich unsichtbaren Freier“[534] vom 8. November 2022, bestätigt die gewonnenen Erkenntnisse auf den Freierforen und stellt ihre Validität, gleichwohl Verallgemeinerungsfähigkeit unter Beweis. Die Studie basiert auf 90-minutigen Interviews[535], die mit

533 Vgl. H. Mau, Entmenschlicht. Warum wir Prostitution abschaffen müssen, Hamburg 2022.

534 M. Farley/I. Kleine/K. Neuhaus/Y. McDowell/S. Schulz/S. Nitschmann, Männer in Deutschland, die für Sex zahlen – und was sie uns über das Versagen der legalen Prostitution beibringen: ein Bericht über das Sexgewerbe in 6 Ländern aus der Perspektive der gesellschaftlich unsichtbaren Freier, Berlin 2022; online zugänglich unter: https://prostitutionresearch.com/wp-content/uploads/2022/11/Freier-Germany-11-8-22.pdf (abgerufen am 17.1.23).

535 Zur Methodologie siehe 17–21 und 53.

763 Freiern, darunter 96 Freiern in Deutschland[536] geführt worden sind. Ungeachtet der Bestimmungen des jüngst eingeführten § 232a Abs. 6 StGB, bestätigt die Studie die grundsätzliche Kenntnis (und ggf. Annahme) unter den Freiern der bestehenden Zwangslage und/oder multiplen Abhängigkeitsverhältnissen (Ausbeutungslage), in der sich die Prostituierten befinden, und ihre grundsätzliche Gleichgültigkeit. Zudem beobachteten und bestätigten paradoxerweise die Freier selbst die medizinischen Erkenntnisse (siehe: Kap. 3.4.) über dissoziative Symptome der Frauen, „dass sie glaubten, die Fähigkeit sich abzuspalten oder ‚abzuschalten' unterscheide Prostituierte von anderen Frauen. *‚Man merkt manchmal, dass sie das nicht freiwillig machen, sie scheinen wie weggetreten.' ‚Ihr Körper muss für jeden da sein: Es fügt ihnen absolut Schaden zu.'*"[537]

Die schädigenden psychosomatischen Auswirkungen sind also durchaus allen Insidern der Prostitution und insbesondere den Verursachern bekannt. Ein Freier berichtet in der Studie: *„Ich glaube, dass ihre* [der Prostituierten] *Erfahrungen mit Männern, vor allem mit der schlimmen Seite von Männern, so einschneidend sind und sie sich in ihrer Psyche festsetzen werden. Es wird sie für immer verändern, es wird ihre Fähigkeit verändern, eine ganz normale sexuelle Beziehung mit jemandem zu haben. Sie werden durch die Prostitution kaputt gemacht.*"[538]

„In diesen anonymen Interwies offenbaren die Sexkäufer freimütig Informationen zu Prostituierten und Menschenhandel, welche die über Jahrzehnte gewonnenen Augenzeugenberichte von aus der Prostitution ausgestiegenen Überlebenden widerspiegeln."[539] Die Studie zeigte, dass die deutschen Freier selbst davon ausgingen, dass ca. 60 % der Prostituierten Opfer von Menschenhandel sind.[540] Diese Erkenntnis hielt sie aber nicht weiter davon ab, weiterhin Prostituierte aufzusuchen.[541] Anhand der Eigenaussagen von Freiern bestätigt die Studie den Zusammenhang zwischen Sexkauf und sexueller Nötigung, einschließlich Vergewaltigung.[542] 55 % der in Deutschland befragten Freier gaben zu, „einen Zuhälter oder Menschenhändler beobachtet oder bezahlt zu haben. Den Aussagen zufolge üben

536 Zum Profil der deutschen Freier siehe insb. 22–27.
537 Ebd., 4 und 32–35.
538 Ebd., 32. Siehe auch: 33.
539 Ebd., 4.
540 Ebd., 26.
541 Siehe: 29, 31 *in fine*, 35ff.
542 Ebd., 4.

Zuhälter in Deutschland regelmäßig Formen von Gewalt aus, die internationalen Definitionen von Folter entsprechen".[543]

Die Studie führt beispielsweise die Aussage eines Freiers an, nach der das Ausmaß an Foltermethoden und sogleich die Gleichgültigkeit der Freier dem Leser vor Augen geführt werden. „Die haben Fingernägel abgezogen bekommen, wenn die Frau nicht bezahlt hat, haben ihnen die Drogen abgenommen oder die Frauen krankenhausreif geschlagen. Die Frauen hatten Angst und haben nie etwas gesagt. Die hatte Nasenbluten etc., wurden aber nie richtig ärztlich versorgt."[544]

Von 62 % der Freier wurde vermutet, dass Prostituierte Opfer von Menschenhandel sind.[545] Obwohl die deutschen Freier offensichtlich Zeugen von Frauenhandel waren, erstattete jedoch lediglich 1 % von ihnen Anzeige wegen des Verdachts auf Menschenhandel bei der Polizei.[546] Denn es liegt selbstverständlich in deren Interesse, dass Straftaten im Rotlichtmilieu nicht offengelegt werden. Die Studienergebnisse deuten sogar darauf hin, dass „deutsche Sexkäufer signifikant häufiger Zeugen von Menschenhandel werden als in anderen westlichen Ländern, diese Straftaten aber deutlich seltener melden".[547]

Darüber hinaus stellte die Studie fest, dass 54 % der Freier (bei deutschen Freiern lag der Wert bei 57 %)[548] die Frauen nach rassistischen/ethnischen Stereotypen wählen und dabei eine „Hierarchisierung nach Hautfarbe vornehmen".[549] 77 % der Freier gaben eine Vorliebe für unpersönlichen Sex an, was deutlich macht, dass die Frau und Prostituierte eher eine Ware, denn ein Individuum mit WürdeAnspruch für sie ist. „Die Sexkäufer in dieser Forschungsarbeit nannten viele Beispiele ihrer Objektifizierung von Frauen: ‚*Es ist wie mit einem Becher Kaffee, wenn man fertig ist, wirft man ihn weg.*' [Oder]: ‚*Es ist wie das Mieten eines Organs für 10 Minuten.*'"[550]

Die Studie entkräftet auch das häufig angeführte Argument, Prostitution verringere die Gewaltbereitschaft gegenüber Frauen sowie Vergewalti-

543 Ebd.; siehe auch: 26.

544 Ebd., 28. Dies deckt sich mit den Erkenntnissen anderer wissenschaftlicher Studien (siehe: Kap. 3.5.2.), sowie den Erkenntnissen der Strafverfolgungsbehörden (siehe: Kap. 3.3.).

545 Ebd., 27.

546 Ebd., 26.

547 Ebd.

548 Ebd., 38.

549 Ebd., 5 und 37f.

550 Ebd.; siehe insb. 38–42.

gungsgefahren.[551] 76 % der befragten deutschen Freier war der Überzeugung, „dass Prostitution Vergewaltigung verringert."[552] Entgegen diesem weit verbreiteten Narrativ tritt objektiv betrachtet das krasse Gegenteil auf.[553] „Je öfter deutsche Freier Prostitution bejahen, umso wahrscheinlicher war es, dass sie kulturelle Mythen zu Vergewaltigung ebenfalls akzeptierten. (...) Anstatt einer Verringerung von Vergewaltigungen durch Prostitution, zeigen unsere Ergebnisse, dass das Gegenteil wahrscheinlicher ist. (...) Deutsche Sexkäufer und Männer in den fünf anderen Ländern, die sich nach unserer Bewertungsskala am deutlichsten mit toxischer Männlichkeit identifizierten, neigen auch dazu, eine höhere Wahrscheinlichkeit zur Ausübung einer Vergewaltigung von sich zu geben."[554] Der bestehende Zusammenhang zwischen einer die eigene Vergewaltigung akzeptierende Einstellung und sexueller Aggression wurde mittlerweile von zahlreichen Untersuchungen bestätigt.[555]

Die Studie ergab, dass Freier grundsätzlich davon ausgehen, Prostituierte seien nicht „vergewaltigbar", denn sie hätten ja ihrer eigenen Vergewaltigung zuvor zugestimmt. Mit Blick auf die Definition von Vergewaltigung als einer grundsätzlich sexuellen Handlung *ohne und/oder ggf. gegen den erkennbaren Willen des Opfers* (siehe: § 177 StGB), könnte man vordergründig meinen, dass es im Rahmen von Prostitution tatsächlich zu keiner Vergewaltigung kommen könne. Im Übereinkommen des Europarats zur Verhütung und Bekämpfung von Gewalt gegen Frauen und häuslicher Gewalt (sog. Istanbul-Konvention) lautet die Definition von Vergewaltigung folgendermaßen: ein „nicht einverständliches, sexuell bestimmtes vaginales, anales oder orales Eindringen in den Körper einer anderen Person mit einem Körperteil oder Gegenstand" (Art. 36 Abs. 1 lit. A).[556] In Art. 36 Abs. 2 wird indes erläutert: „Das Einverständnis muss freiwillig als Ergebnis des freien Willens der Person, der im Zusammenhang der jeweiligen Begleitumstände beurteilt wird, erteilt werden."

Hier liegt die eigentliche Differenzierung, die in der Interpretation des deutschen Gesetzes im § 177 StGB häufig übersehen wird, da der Wille

551 Ebd., 39ff. und 44–47.
552 Ebd., 44.
553 Ebd., 45.
554 Ebd., 5; siehe auch: 23f.
555 Ebd., 43f.
556 Übereinkommens des Europarats zur Verhütung und Bekämpfung von Gewalt gegen Frauen und häuslicher Gewalt, Istanbul 11. Mai 2011, online unter: https://rm.coe.int/1680462535 (abgerufen am 17.1.23).

nicht näher gekennzeichnet ist. Ein vordergründiges Einverständnis, das angenommen wird, ist mit dem eigentlichen autonomen Willen der Frau während der Durchführung des prostitutiven Aktes in der Prostitution tatsächlich häufig oder sogar zumeist *nicht* identisch. Insofern kommt Melissa Farley richtigerweise zu der Schlussfolgerung: „Legale Prostitution ist untrennbar mit Vergewaltigung verbunden."[557] Sie fühlt sich richtigerweise durch die Aussage der deutschen Freier bestätigt, denn „39 % der deutschen Sexkäufer fühlten sich dazu berechtigt, nach ihrer Bezahlung für die Frau alles mit ihr zu machen, was sie wollten."[558]

Die Studie beschäftigt sich auch mit der Frage, was Freier vom Sexkauf abhalten könne oder gegebenenfalls würde. Im Sinne des Nordischen Modells der Prostitution bestätigten die Freier selbst, dass die Kriminalisierung des Sexkaufes z.B. in Form eines Eintrags im Verzeichnis über Sexualstraftäter (87 % insgesamt und 89 % der deutschen Freier) oder die Offenlegung ihres Sexkaufs, eine effektive abschreckende Wirkung auf sie haben würde.[559] Die gewonnenen Erkenntnisse stellen einen weiteren Weckruf an den deutschen Gesetzgeber zur Revidierung der bestehenden Prostitutionsregelungen dar, weil sie keinen effizienten Schutz vor Gewalt, Ausbeutung, Missbrauch, sogleich Menschenhandel zum Zweck der sexuellen Ausbeutung, gewährleisten können. Insoweit konkludiert die Studie: „Die Existenz von Prostitution an sich ist der gesellschaftliche Verrat an Frauen, ganz besonders an den auf Grund ihres Geschlechts, ihrer Zugehörigkeit, ihrer Armut und ihrer Vorgeschichte an Misshandlung und Vernachlässigung marginalisierten und gefährdeten Frauen."[560]

Unter Berücksichtigung aller kriminalpolizeilicher und medizinischer Erkenntnissen, ebenso wie den Äußerungen von ehemaligen Prostituierten[561], stellt die regulierte Prostitution dem Grunde nach, die gesetzliche Legitimation der beidseitigen Zustimmung zur späteren einseitigen Vergewaltigung durch Freier in diversen Geschlechtsakten dar. Insofern ist es ein Trugschluss, die Humanisierung der Prostitution durch weitere *Prostituier-*

557 M. Farley/I. Kleine/K. Neuhaus/Y. McDowell/S. Schulz/S. Nitschmann, Männer in Deutschland, die für Sex zahlen – und was sie uns über das Versagen der legalen Prostitution beibringen: ein Bericht über das Sexgewerbe in 6 Ländern aus der Perspektive der gesellschaftlich unsichtbaren Freier, Berlin 2022, 43.

558 Ebd., 5.

559 Ebd., 6 und 51f.

560 Ebd., 55.

561 Vgl. Bündnis Nordisches Modell: https://www.bündnis-nordischesmodell.de/ (abgerufen am 28.4.2023).

ten„schutz"gesetze oder deren Novellierung anzustreben, weil es schlicht unmöglich ist, Prostituierte staatlicherseits zu schützen. Denn vordergründige und formale Zustimmung auf der einen Seite und ein tiefergehender autonome Wille zu Würdigung, Respekt, Anerkennung der Person und Nichtinstrumentalisierung eines jeden Menschen, auch im Kontext von Sexualität, auf der anderen Seite können – nicht nur in der Prostitution – voneinander abweichen. Diesen Gegensatz auszuhalten, macht sie so schwer erträglich und entwürdigend für die Betroffenen. Die Würdeverletzung durch Dritte in der Prostitution ist der Institution inhärent und grundsätzlich vorhanden. Sie lässt sich weder regulieren noch rechtsstaatlich legitimieren, ohne dass dies verfassungswidrig wäre.

4. Das Prinzip der Menschenwürde in der Prostitution – Elke Mack

4.1. Grundrechtsrelevante Ergebnisse

Die gesellschaftliche Debatte um Prostitution und deren gesetzgeberische Handhabung flachte die letzten 20 Jahre in der westlichen Welt nicht ab, sondern intensivierte sich während der jüngsten Vergangenheit auch in Deutschland.[562] Mittlerweile haben acht westliche demokratische Länder –

562 Die CDU-CSU-Fraktion stellte am 6.4.2023 eine Anfrage an die Bundesregierung. Hierbei ging es um eine fundamentale Anfrage an das ProstG und das ProstSchG bezüglich des mangelnden „Schutz von Frauen in Deutschland vor Menschenhandel und Zwangsprostitution" (Deutscher Bundestag, Drucksache 20/6343). In der Antwort der Bundesregierung vom 24.4.23 wird ersichtlich, dass diese die meisten Anfragen nicht ausreichend beantworten konnte (vgl. DBT, Drucksache 20/6517) und die Problematik des mangelnden Menschenrechtsschutzes von Prostituierten, wenn überhaupt, erst im Rahmen der Evaluierung des ProstSchG angehen wird. Ohne eine Abschaffung der Prostitutionsregelungen oder die Einführung der Kriminalisierung der Nachfrage unter dem sog. schwedischen Modell direkt zu fordern, wurde seitens der FDP im Antrag vom 4. Mai 2021, BT-Drs. 19/29265; online unter: https://dserver.bundestag.de/btd/19/292/1929265.pdf, Nr. 2, 4, (abgerufen am 19.1.23), ein vollumfängliches Nachkommen der Istanbul-Konvention gefordert, welches die Unterbindung der Nachfrage voraussetzt und damit zur Aufhebung der bestehenden Prostitutionsregelungen in Deutschland führen müsste. Der Antrag scheiterte jedoch (siehe: https://www.bundestag.de/presse/hib/849348-849348, abgerufen am 20.1.23; siehe dazu auch: https://www.bundestag.de/dokumente/textarchiv/2021/kw23-de-frauenhauser-843434, abgerufen am 20.1.22). Die Istanbul-Konvention vorbehaltlos umzusetzen, forderte im Antrag vom 22.11.22, BT-Drs. 20/4589 ebenfalls DIE LINKE (siehe unter: https://dserver.bundestag.de/btd/20/045/2004589.pdf, abgerufen am 20.1.23).

inklusive Israel – das Nordische Modell als eine neo-abolitionistische Form staatlichen Umgangs mit Prostitution eingeführt und sind zur Bestrafung all jener übergegangen, die sich auf unterschiedliche Weise an der Prostitution anderer (materiell, psychisch oder physisch) bereichern oder andere in ihren Grundrechten schädigen. Weitere europäische Länder diskutieren die Einführung der Freierbestrafung und eines Sexkaufverbotes.

4.1.1. Die Verbindung von Prostitution und Menschenrechtsverletzungen

Die Beratungen zum Prostitutionsgesetz machten bereits deutlich, dass Prostitution einerseits nicht als Beruf wie jeder andere angesehen werden kann, andererseits jedoch die Sittenwidrigkeit der Institution gesellschaftlich in Zweifel stand, insofern es keine grundsätzliche gesellschaftliche Akzeptanz mehr für die moralische Verwerflichkeit von Prostitution gab.[563] Dies hatte in der Konsequenz in Deutschland zur Folge, dass Prostitution 2001 als Erwerbsmöglichkeit vom Gesetzgeber anerkannt wurde, und somit Prostitution bei Einzelpersonen, auf der Straße, in gesondert hierzu angemieteten Wohnungen oder in Bordellbetrieben als legales Gewerbe gilt.[564] Damit kam es entgegen der Entwicklung in anderen europäischen Ländern, die sich eher für eine Ächtung der sexuellen Dienstbarkeit von

563 BT-Drs. 18/8556, 1. An dieser Stelle sei auf den Gesetzentwurf BT-Drs. 14/5958 hingewiesen, der die Legalisierung von Prostitution im ProstG von 2002 mit dem gesellschaftlichen Wandel in der Wahrnehmung der Prostitution begründet. Prostitution würde „von weiten Teilen der Bevölkerung (...)“ nicht mehr als sittenwidrig erachten werden. Der Gesetzentwurf BT-Drs. 14/5958 beruft sich auf eine Umfrage von Infratest dimap aus dem Jahr 1999, welche vom Berliner Verwaltungsgericht im Rahmen des Verfahrens 35 A 570.99 herangezogen wurde, um das Rechtsgeschäft nicht mehr als nichtig zu erachten (siehe: VG Berlin Urt. v. 1.12.2000). Mit dieser singulären, nicht repräsentativen Umfrage als Zeichen für einen gesellschaftlichen Wandel in der Wahrnehmung der Prostitution darf jedoch nicht angenommen werden, dass es sich um eine seriöse und damit verallgemeinerbare sozialwissenschaftliche Studie handelt. Man hat sich hier weder mit den persönlichen Rechten der Prostituierten und der Frage der rechtlichen Einhaltung ihrer Grundrechte noch mit den Gründen, Bedingungen und Folgen der Prostitutionsausübung befasst. *A contrario* beruft sich der Gesetzgeber im Gesetzentwurf zum ProstSchG auf Ängste von Prostituierten, die eine Benachteiligung seitens ihres sozialen Umfelds befürchten, weil sie der Prostitution nachgehen. Insofern konnten diese gesellschaftlichen Vorurteile und Diskriminierungen durch das ProstG und die Legalisierung von Prostitution nicht ausgeräumt werden.

564 Die steht im Unterschied zum historischen juristischen Befund. Denn seit der Einführung des Gesetzes zur Bekämpfung der Geschlechtskrankheiten vom 18.2.1927 (vgl. RGBl. 1927 I, Nr. 9, 61 ff.; insb. § 16) und der Aufhebung der staatlichen Aufsicht

Frauen aus Gründen der Gleichberechtigung und ihres Würdeschutzes entschieden, in Deutschland zu einer Kommerzialisierung aller „sexuellen Dienstleistungen", insbesondere der Prostitution. Mithin ist die sexuelle Dienstbarkeit von Frauen durch Männer, und zu einem kleinen Teil auch von homosexuellen Männern durch andere Männer (sowie Queer- und/ oder Transpersonen), von Seiten des Staates toleriert, reguliert und gesetzlich legitimiert. Das Angebot von männlichen Prostituierten bzw. Queer- und Transpersonen hat sich im gewerblichen Bereich hingegen nicht mehrheitlich oder in gleicher Zahl durchgesetzt, sondern ist ein Rand- und Minderheitenphänomen geblieben.

Obwohl große und einschlägige Teile des Völkerrechts und der internationalen Gerichtsbarkeit Prostitution als Menschenrechts- und Menschenwürdeverletzung sowie als groben Verstoß gegen die Gleichstellung der Geschlechter bewerten,[565] erklärte der deutsche Gesetzgeber mit dem Prostitutionsgesetz die Prostitution zum legalen Gewerbe und gestaltete die gesetzlichen Regelungen hierzu aus. In völkerrechtlichen und europarechtlichen Gerichtsurteilen und Dokumenten hingegen wird seit Jahren mehrfach und immer wieder darauf verwiesen, dass die Mehrheit der sich in der Prostitution befindenden Frauen Opfer von Menschenhandel und dirigistischer Zuhälterei sind. Dies konnte auch aktuell von Seiten der Innen- und Polizeibehörden der Bundesrepublik Deutschland bestätigt werden,[566] was belegt, dass auch das zweite Prostituiertenschutzgesetz im Jahr 2016 (ProstSchG) an der rechtsverletzenden Realität in der Prostitution nichts geändert hat.

Im ProstG und ProstSchG sollten die gewerbetreibenden Bordellbetreiber grundsätzlich als Unternehmer gelten, die ihre gesetzliche Fürsorgepflicht als Arbeitgeber wahrnehmen, Arbeitsverträge mit potenziellen Arbeitnehmern abschließen, diese sozialversichern und ihnen einen Arbeitsplatz, ohne erkennbare Gesundheitsrisiken oder Kriminalitätsrisiken wie sexuelle oder sexualisierte Gewalt, anbieten. Aus diesem Grund wurde der § 180a Abs. 1 Nr. 2 StGB a.F. gestrichen. Die über zwanzigjährige Praxis der Gesetzgebung hat jedoch bewiesen, dass sich im Rotlichtmilieu nicht selten internationale Organisierte Kriminalität direkt oder indirekt unternehmerisch betätigt (auch als Partnerunternehmen, Investoren bzw.

---

der „Gemeinen Hurerei" (vgl. §§ 999 bis 1026 des ALR (1794), Theil II, Titel 20) galt Prostitution als legale, obzwar sittenwidrige Tätigkeit.

565 Vgl. Kap. 2.1. und 2.2.

566 Vgl. Kap. 3., insb. 3.3.

Shareholder u.a.), welche die überwiegende Mehrheit der Prostituierten aus dem Ausland nach Deutschland verbringt, die wiederum sehr oft als Opfer von Menschenhandel oder Zwangsprostitution zu gelten haben.

Dass Menschenhandel zum Zweck der sexuellen Ausbeutung eine schwerwiegende Verletzung der Menschen- und Grundrechte ist, welche die Opfer ein Leben lang physisch und psychisch kennzeichnet, wird grundsätzlich von keinem demokratischen Rechtsstaat in Zweifel gezogen. Diese Form der Ausbeutung, worunter völkerrechtlich Zwangsprostitution und erzwungene sexuelle Handlungen fallen, ist für die Opfer umso erniedrigender, als sie gegenüber den Freiern nicht nur Freiwilligkeit vorspielen müssen, sondern in aller Regel auch sexualisierte Gewalt während der Durchführung der Prostitution ertragen müssen. Deshalb gilt diese Durchführung der Prostitution manchen Prostituierten, die unfreiwillig sexuellen Handlungen Dritter zur Verfügung stehen müssen, als permanente Vergewaltigung[567] – so die Einschätzung vieler Aussteigerinnen, sowie Frauen- und Menschenrechtorganisationen wie Terre des Femmes.[568] Nicht selten gehorchen diese Frauen, gegen ihren tiefergehenden Willen, unter Androhung von Gewalt und anderen Formen der Ausbeutung und Nötigung, den Männern, die sie hierzu zwingen, ohne dass ein Gesetzesverstoß nachweisbar wäre. Diesen Zustand höchster psychischer Anspannung, die durch die sich selbst verleugnende Handlung in der Prostitution unwillkürlich entsteht, können die meisten Opfer in der Prostitution nur durch dissoziative Persönlichkeitsspaltung ertragen, was alle Experten aus der Traumatologie bestätigten.[569]

Den Wahrnehmenden in der Prostitution sind diese Umstände entweder unbekannt oder gleichgültig, zumal sie zwischen Zwangslage und Freiwilligkeit selten unterscheiden.[570] Allerdings ist davon auszugehen, dass jedem logisch denkenden Menschen, der Prostitution wahrnimmt oder über sie

567 Vgl. G. Hesse, Liebe Freier, Ihr Spaß ist Gewalt!, 2023, https://www.spiegel.de/panorama/gesellschaft/prostitution-in-deutschland-liebe-freier-ihr-spass-ist-gewalt-gastbeitrag-a-18295e53-63de-4f0d-bf0f-65e076bec8c1 (abgerufen am 26.1.23).

568 Vgl. Aussagen der größten Frauenrechtsorganisation Deutschlands: Terre des Femmes e.V., Sieben Mythen der Prostitution, 2022, https://www.frauenrechte.de/unsere-arbeit/themen/frauenhandel/mythen-der-prostitution (abgerufen am 14.2.2023). Vgl. A. Schwarzer, Prostitution ein deutscher Skandal. Wie konnten wir zum Paradies der Frauenhändler werden, Köln, 2013. Vgl. E. Mack, Prostitution als Menschenrechtsproblem, in: ThG 57. Jg., 2014/1, 2–15. E. Mack, Prostitution – sexueller Missbrauch an Frauen, in: Stimmen der Zeit 11 (2020), 811-824.

569 Vgl. Kap. 3.4.2.4.

570 Vgl. Kap. 3.7.

nachdenkt, klar sein muss, dass es erstens, belegt durch die Bezahlung, um einen Akt der einseitigen sexuellen Befriedigung geht, dass zweitens, die den Sex anbietende, fast immer weibliche Person mit ihrem Körper – unabhängig von ihrer willentlichen Lage und ihrer aktuellen psychischen und körperlichen Befindlichkeit – dem Freier dienstbar sein muss, und es sich drittens deshalb objektiv um die bewusste Wahrnehmung von asymmetrischer Macht bzw. sexualisierter Gewalt am Körper Dritter handelt. Im Gegensatz zu dem Begriff der Macht ist Gewalt mit einer zu Unrecht beeinflussenden oder schädigenden Wirkung verbunden. Gewalt kann sozialwissenschaftlich definiert werden als eine Handlung, in der eine Person über die andere bestimmt, sie dominiert, über andere herrscht, sich andere im eigenen Interesse zunutze macht – ohne deren Interessen gleichrangig zu gewichten. Körperliche Gewalt und psychische Gewalt werden unterschieden, fallen jedoch beide unter diese Definition. Aus dem Grund, dass Sexkauf in aller Regel mit asymmetrischer Macht und Gewalt verbunden ist, gilt er auch in internationalen Rechtsdokumenten als geächtet, so dass eine abolitionistische bzw. prohibitive Gesetzgebung international eher die Regel als die Ausnahme ist; ein im Grundsatz liberalisiertes Gesetzesmodell wie das deutsche stellt weltweit betrachtet eine Ausnahme- oder Minderheitsgesetzgebung dar.[571]

Nicht nur das US-Amerikanische Außenministerium mahnt deshalb grundsätzliche Änderungen an der deutschen Prostitutionsgesetzgebung an,[572] sondern auch alle internationalen Studienergebnisse und von uns befragten Experten.[573] Denn sie sind sich darüber einig, dass die Mehrheit der Prostituierten Opfer von Menschenhandel und Zuhälterei sind. Zudem halten alle befragten Experten die Opfer-Zahlen im Bundeslagebild Menschenhandel und Ausbeutung für unzutreffend. Polizeiexperten wie Manfred Paulus und Helmut Sporer sprechen von einer Opferzahl, die sich aller Wahrscheinlichkeit nach im sechsstelligen Bereich bewegt, weil sich die Mehrheit der sich in der Prostitution befindenden Frauen faktisch nicht selbstbestimmt prostituiert. In der dargelegten polizeilichen Einschätzung

571 Vgl. Kap. 2.3.

572 Bericht des Außenministeriums zur Lage des Menschenhandels in der Bundesrepublik Deutschland aus dem Jahr 2021, einsehbar unter: https://de.usembassy.gov/de/laenderberichte-zu-menschenhandel-2021/ (abgerufen am 17.1.2023).

573 Vgl. Kap. 3.3., 3.4. und 3.5.

wird übereinstimmend bereits staatlicherseits immer öfter von 85 bis 95 % unfreiwilligen Opfern ausgegangen.[574]

Wie bereits im ersten Teil dieses Buches (Kap. 1) dokumentiert, wird diese inhärente Verbindung zwischen Menschenhandel bzw. Menschenrechtsverletzungen und Prostitution sowohl von den Völkerrechtsabkommen wie auch den internationalen Strafverfolgungsbehörden explizit bestätigt. Umso erstaunlicher ist deshalb die Tatsache, dass so gravierende Menschenrechtsverletzungen und häufige Gewaltverbrechen, die im Rahmen der Prostitution nachgewiesen und dem deutschen Gesetzgeber auch bekannt sind, von der nationalen Rechtsprechung ebenso wie in der juristischen Literatur in Deutschland kaum rezipiert werden. Es scheint, dass man in Deutschland juristisch überwiegend nationalstaatlich und nach innen hin orientiert ist, jedoch kaum internationale Rechtsvergleiche anstellt bzw. völkerrechtliche Vorgaben mit den entsprechenden empirischen Erkenntnissen als wenig relevant erachtet. Die menschenrechtliche und grundrechtliche Dimension der Prostitution wird in juristischen Abhandlungen fast nie thematisiert,[575] und wenn, dann grundsätzlich nur, wenn wirklich eine Zwangslage oder Menschenhandel zum Zweck der sexuellen Ausbeutung nachgewiesen werden kann.

Die Differenzierung von Zwangsprostitution und freiwilliger Prostitution ist jedoch juristisch ein kaum identifizierbares und zu differenzierendes Feld, in dem Grenzen verschwimmen und der ausgeübte Zwang sowohl ein physischer (Gewalt), ein psychischer (Loverboy-Methode bzw. vorgängiger Missbrauch in der Kindheit), ein sozialer (hierarchische Familien bzw. Clan-Abhängigkeit) als auch ein ökonomischer (Armutsprostitution und Bildungsferne mit beruflicher Alternativlosigkeit) sein kann.[576] Viele

574 Im Bericht Kriminalitätsbekämpfung und Prostitutionsgesetz zu den Auswirkungen des Prostitutionsgesetzes, BMFSFJ von Januar 2007, 58 (online unter: https://www.bmfsfj.de/resource/blob/84536/cb6b16fb2f01c74dfe0de108cca335ed/prostitutionsgesetz-gutachten-2-data.pdf (abgerufen am 11.7.2022)) wird lediglich angenommen (sic!), dass die vom LKA empfohlenen Ansprechpartner Expertinnen und Experten in Bezug auf das Prostitutionswesen und die Milieu-Kriminalität sind. Diese Annahme entbehrt jeglicher Substanz. Im vorliegenden Bericht hingegen berufen wir uns auf Expertinnen und Experten mit belegter jahrzehntelanger Erfahrung.

575 Ausnahme: R. Gugel, Das Spannungsverhältnis zwischen Prostitutionsgesetz und Art. 3 II Grundgesetz: eine rechtspolitische Untersuchung, Berlin 2011. Vgl. auch das Rechtsgutachten von U. Rommelfanger im zweiten Teil des Buches.

576 Dies steht in Diskrepanz zur theoretischen Problematisierung des Begriffs der Freiwilligkeit in der juristischen Literatur : Schönke/Schröder/Eser/Bosch, StGB § 24, Rn. 43; Matt/Renzikowski/Heger/Petzsche, StGB § 24, Rn. 23; Schroeder, JZ

langjährig erfahrene Experten aus der Sozialen Arbeit mit Prostituierten und aus der Medizin konstatieren, dass eine Unterscheidung zwischen Zwangsprostitution und freier Prostitution nicht möglich sei, weil es keine Entscheidung zur Prostitution gäbe, die gänzlich frei wäre, ebenso wie eine Ausübung der Prostitution auf die Dauer – zumindest ohne psychischen Zwang – nicht möglich sei.[577]

Durch die geltende Prostitutionsgesetzgebung ist jedoch die Beweisführung sehr erschwert, denn die gewaltsame und menschenrechtsbedrohliche Systemstruktur gilt zunächst *de jure* als nicht existent, sondern muss für jeden Einzelfall als konkretes Verbrechen staatsanwaltlich nachgewiesen werden. Der Einzelfall liegt jedoch wiederum systembedingt und durch zusätzliche Tabuisierung von Sexualität im Dunkelfeld intimer Interaktion. Es gilt weiterhin die Freiwilligkeitsvermutung.

4.1.2. Gegensatz zwischen gesetzgeberischer Absicht und effektiver Wirkung

Das deutsche ProstG und das ProstSchG gehen weiterhin von einer freiwilligen und selbstbestimmten Entscheidung zur Prostitution aus, in der Prostituierte ihrer sexuellen Dienstbarkeit, gegen Entgelt, seriell als Tagesbeschäftigung und Erwerbsarbeit über Jahre hinweg frei zustimmen. Der Gesetzgeber übersah bei der Regulation und Legalisierung von Sexkauf bereits im Jahr 2001 weiterhin, dass die Ausübung der Tätigkeit innerhalb

---

4/2011, 188; EuArbRK/Franzen EU (VO) 2016/679 Art. 7 Rn. 7; BeckOK DatenschutzR/Stemmer, DS-GVO Art. 7, Rn. 40; NK-StGB/Rainer Zaczyk, StGB § 24, Rn. 66; Lampe, JuS 1989, 610, 614: "Personale Selbstbestimmung durch Motive"; ferner LK-Lilie/Albrecht § 24 Rn 243-247; Jakobs, AT 26/30, 34a; Lackner, NStZ 1988, 406; Roxin, ZStW 77 (1965), 60ff, 97ff; Jäger, ZStW 112 (2000), 783ff; Amelung, NStZ, 318; MüKoStGB/Hoffmann-Holland, StGB § 24, Rn. 116; Köhler/Bornkamm/Feddersen/Köhler, UWG § 7, Rn. 149f; BGH Urteil v. 13. Januar 1988 – 2 StR 665/87, BGHSt 35, 184 (187), NJW 1988, 1603 (1604).

577 Vgl. M. Albert/J. Wege, Soziale Arbeit und Prostitution. Professionelle Handlungsansätze in Theorie und Praxis, Berlin/New York, 2015. Vgl. L. Ackermann, M. Kreutzer, A. Allgäuer, In Freiheit leben, das war lange nur ein Traum. Mutige Frauen erzählen von ihrer Flucht aus Gewalt und moderner Sklaverei, München, 2/2013; vgl. C. Angelina, Prostitution als tabuisierte Realität in Deutschland, Feld der Sozialen Arbeit und Thema von Bildungs- und Präventionsarbeit unter jungen Menschen; online: https://static1.squarespace.com/static/55412e2be4b0299901b557a6/t/611275f88cef2d0f72af4547/1628599803467/2021_Artikel+Prostitution+als+Realit%C3%A4t+in+DE%2C+Soziale+Arbeit%2C+Bildungsarbeit 129–154 Carina+Angelina.pdf (abgerufen am 14.2.2023).

der Prostitution für die Anbieterinnen kaum möglich ist, ohne grundsätzlich gesundheitlichen Schaden zu nehmen. Insbesondere mit Blick auf die sexuelle Selbstbestimmung geht das ProstG *de jure* weiterhin davon aus, dass Prostituierte in der Prostitution autonom wären. Im Widerspruch hierzu wurde jedoch bereits in den Beratungen zum Prostitutionsgesetz, in der nachfolgenden Evaluierung des Jahres 2007 ebenso wie in den dem ProstSchG vorausgehenden Beratungen des Deutschen Bundestages von 2016 bekannt, dass die Mehrheit der Prostituierten ihrer Tätigkeit nicht aus freien Stücken nachgeht.[578] Die Schwierigkeit der Abgrenzung zwischen Freiwilligkeit und Zwangsprostitution ebenso wie die dominante Ausbeutungslage in der Prostitution waren dem Gesetzgeber also vor und nach der Entscheidung für das ProstG und auch im Jahr 2016, kurz vor der Verabschiedung des ProstSchG, in mehrfacher Hinsicht bekannt; dies belegt die Aktenlage.[579]

Unter Berücksichtigung der schon Ende der 90er Jahre, bis heute, immer wieder bestätigten Ergebnisse, dass sich die Mehrheit der Prostituierten nicht ohne multiple Formen der Zwangslage für diese Tätigkeit entscheiden, zudem häufig von Menschenhandel und dirigistischer Zuhälterei betroffen sind – somit Opfer von Not und Gewalt sind –, kann deshalb implizit darauf geschlossen werden, dass der Gesetzgeber eine mit der regulierten Liberalisierung einhergehende Entkriminalisierung von Milieu-Akteuren, und damit eine zwangsläufig verbundene Legalisierung derselben, durch das Prostitutionsgesetz billigend in Kauf nimmt.

Bei der Reform des ProstSchG war zwar vom Gesetzgeber intendiert, kriminelle Handlungen zu vermeiden und die Prostitution im Sinne der Betroffenen stärker ins Hellfeld zu bringen.[580] Dies ist jedoch auch nach

578 Vgl. BT-Drs. 14/5958, 4–5; BT-Drs. 16/4146, 5–6. Siehe auch: Bericht des BMFSFJ Vertiefung spezifischer Fragestallungen zu den Auswirkungen des Prostitutionsgesetzes. Ausstieg aus der Prostitution. Kriminalitätsbekämpfung und Prostitutionsgesetz, Januar 2007, 15–17, 27f., 43ff.; online unter: https://publikationen.uni-tuebingen.de/xmlui/bitstream/handle/10900/64234/prostitutionsgesetz-gutachten-2.pdf?sequence=1&isAllowed=y (abgerufen am 11.7.2022).

579 Vgl. BT-Drs. 16/4146, 6 und 24f. Siehe auch: Plenarprotokoll 14/168, Deutscher Bundestag, Stenographischer Bericht, 168. Sitzung, Berlin, Freitag, den 11. Mai 2001, 16485–16492; online unter: https://dserver.bundestag.de/btp/14/14168.pdf (abgerufen am 10.7.2022).

580 „Den mit Prostitution verknüpften Risiken, Nachteilen und problematischen Implikationen kann in einem freiheitlichen Rechtsstaat nicht dadurch begegnet werden, dass Prostitution durch repressive Maßnahmen in ein Dunkelfeld abgedrängt wird; vielmehr lassen sich die problematischen Aspekte besser dadurch begrenzen, dass

Einführung des ProstSchG 2017 gescheitert, weil das Dunkelfeld der in der sexuellen Intimität ungeahndeten Kriminalität und die Dominanz dirigistischer und ausbeuterischer Zuhälterei unvermeidlich bestehen blieb, was bereits die überproportional häufigen Gewalttaten an Frauen im Rotlichtmilieu, die weiterhin andauern, bis heute belegen.[581] Dieses Verbleiben der Prostitution im Dunkelfeld geschieht bereits deshalb, weil der Rechtsstaat potenzielle Gewalt durch Freier *während der Wahrnehmung der Prostitution bzw. potenzielle Gewalt durch Zuhälter*[582] nicht verhindern kann und damit ein System ebenso wie eine Institution legalisiert, in denen weiterhin Gewalt in aller Regel ungestraft erfolgen kann.[583]

Auch eine weitergehende arbeitsrechtliche Regulation gemäß ProstSchG zugunsten von ArbeitnehmerInnen würde wegen dieser rechtsstaatlichen Unmöglichkeit nicht wirklich zu einer substanziellen Änderung zugunsten der Betroffenen führen. *Insofern wäre es realitätsverleugnend, ein zweites, drittes oder viertes Prostituiertenschutzgesetz zu verabschieden, um die rechtliche Lage zu verbessern. Das Grundrechtsproblem liegt nämlich in der Sache selbst.* Wie vielfach deutlich wird, richtet sich das Prostitutionsgesetz nämlich an falschen Annahmen und an falschen Gegebenheiten einer idealisierten Prostitution aus. Dies ist nicht entschuldbar und würde bereits unterhalb einer Normenkontrollklage eine fundamentale Reform beider Prostitutionsgesetze erfordern, würden sich bis in die Gegenwart hinein relevante Mehrheiten im Deutschen Bundestag nicht einer realistischen Sicht der Dinge verweigern und einer gänzlich idealisierten Sicht von Prostitution anhängen. Die von uns in dieser Abhandlung nachgewiesene Realität ist jedoch eine andere: Die internationalen hohen Kriminalitätsraten in der Prostitution, der Menschenhandel, die Zwangsprostitution, die Organi-

---

Prostitution möglichst in ein Hellfeld überführt wird und die Bedingungen, unter denen sie praktiziert wird, in rechtsstaatlicher Weise kontrolliert werden"; siehe: BT-Drs. 16/4146, 6. „Ziel der Reglementierung von Prostitution muss es jedenfalls sein, Prostituierte vor kriminellen Übergriffen zu schützen und Zwangsprostituierte aus ihrer Zwangslage zu befreien"; siehe: BT-Drs. 16/4146, 24.

581 Vgl. hierzu die Auswertung der internationalen Studienergebnisse zur Prostitution in Kap. 3.5, die eine erhebliche kürzere Lebenserwartung und eine stark erhöhte Sterblichkeitsrate von Prostituierten belegen.

582 Insofern ist die deutsche Unterscheidung zwischen dirigistischer Zuhälterei und legaler Zuhälterei eine rein hypothetisch-juristische, die jeglicher Realität entbehrt. Denn das, was strafrechtlich nicht nachgewiesen werden kann, scheint durch vielfach dokumentierte Aussagen von Betroffenen dennoch zu existieren.

583 35 Prozent der Freier sagen aus, dass man Frauen in der Prostitution nicht vergewaltigen könne. Vgl. Kap. 3.5. und 3.6. in diesem Buch.

sierte Kriminalität – all diese Problemkreise werden durch die deutschen Prostitutionsgesetze nachweislich befördert, weil Zwang und Gewalt in der Prostitution sowie die Umstände der Beschäftigungsbedingungen, ebenso wie die Wahrnehmungsbedingungen von Prostitution, bis heute weiterhin im Dunkelfeld verbleiben.

Die Ergebnisse aller Studien, Stellungnahmen und Gutachten machen insbesondere deutlich, dass der Gesetzgeber die breite Realität des Prostitutionsgewerbes, und damit auch erpresserische Mechanismen und kriminelle Abhängigkeiten im Rotlichtmilieu, realitätsfern missdeutet und somit ein Gesetz geschaffen hat, das die entwürdigende Realität der Betroffenen ausblendet und ihre Grundrechte nicht gewährleistet, obwohl der Gesetzgeber ja ursprünglich gerade diesen Menschen in der Prostitution durch die Einklagbarkeit des „Dirnenlohns" potenziell mehr Rechte verschaffen wollte. Die Belege und die Analyse der Rechtsfolgen lassen die Schlussfolgerung zu, dass die gesetzgeberische Absicht als Motivation zum ProstG, ebenso wie zum ProstSchG, zwar gut gemeint war, der Gesetzgeber jedoch – auch nach Einschätzung der eigenen Vertreter der Behörden des Inneren – durch falsche Methoden der Regulierung und Liberalisierung des Gewerbes seine eigene Intention vollständig konterkariert hat.[584]

Hierbei geht die Prostitutionsgesetzgebung nicht nur vollständig an der Realität vorbei, sondern führte dazu, dass durch diese Gesetze bis heute in der deutschen Gesellschaft ein zumeist ideales Bild der Prostitution vermittelt wird, nämlich die „der sauberen legalen Sexarbeit"[585], in der die Prostituierte selbstbestimmt und freiwillig handeln würde, ja sogar durch Bordellbetreiber geschützt würde und auch durch Freier und Zuhälter keinen Schaden nehme.[586] Durch die Autorität des Gesetzgebers legitimiert,

---

584 Vgl. die Aussagen von Staatsanwälten und Polizeibehörden in 3.3.1. und 3.3.2. Vgl. Helmut Sporer: „Die Auswirkungen des Paradigmenwechsels von 2001 (...) führten zu den bekannten katastrophalen Fehlentwicklungen wie massenhafter Prostitution mit allgemeiner Verelendung, Ausbeutung samt Menschenhandel und Zwangsprostitution. Mit einem neuen Gesetz sollte diesen untragbaren Zuständen begegnet werden. (...) Deshalb wird auch von einem ‚Gesetz ohne Zielgruppe' gesprochen. Umgekehrt gibt es für die große Zielgruppe der Durchschnittsprostituierten immer noch kein Gesetz, das ihnen ausreichend Schutz gewähren würde." H. Sporer, Der neue Deutsche Weg. Für eine Neuordnung der Prostitutionsgesetzgebung, in: Hanns-Seidel-Stiftung e.V. (Hg.), Aktuelle Analysen 93, München 2022, 29.

585 Vgl. Die Tageszeitung (taz), 5.7.2022, G. Hesse, Unter Freiern, Anti-Prostitutionsgesetz in Frankreich; online unter: www.taz.de (abgerufen am 5.7.2022).

586 Der Gesetzgeber geht mit der Prostitutionsgesetzgebung nämlich indirekt davon aus, dass Bordellbetreiber sich um das Wohl der Prostituierten in Form von Ar-

wird diese Fiktion einer wechselseitig gewinnbringenden Prostitution in der medialen Öffentlichkeit weiter kolportiert und in der Mehrheit der deutschen Bevölkerung, die ohne Insiderkenntnisse des Milieus ist, in großen Teilen auch geglaubt. Somit verzerrte und verstärkte der Gesetzgeber durch Einführung des Prostitutionsgesetzes erst die Problematik einseitiger sexueller Dienstbarkeit gegen Entgelt, begegnete den prekären Verhältnissen der Prostituierten nur mit einem nahezu wirkungslosen ProstSchG. Er stellte trotz genauer Kenntnisse der Verbrechen und Gewaltanwendung an Prostituierten bis dato nie empirische Studien über das Wohl der Prostituierten an und ignorierte damit die realen Zustände in der Prostitution und ihre gewaltsamen Wirkmechanismen, so dass umso mehr die Ausbreitung Organisierter Kriminalität in diesem Bereich ermöglicht wurde und weiterhin wird.

Im Rahmen dieser Untersuchung wurden deshalb die bekanntesten und erfahrensten Experten mit jahrzehntelanger Expertise aus Polizei und Justiz zum Thema angehört, die große, langwierige und aufwendige Strafprozesse im Bereich der Rotlichtkriminalität begleitet und geführt haben. In ihren Schilderungen wird substanziiert, dass die meisten Bordellbetreiber und Zuhälter grundsätzlich einen aktiven Anteil an der Ausbeutung der Prostituierten haben und meist mit anderen kriminellen Strukturen im Hintergrund kooperieren, um überhaupt genügend Frauen in die Bordelle Deutschlands zu bekommen, damit diese wirtschaftlich profitabel betrieben werden können.[587]

Der tiefere Anreiz für die grenzüberschreitende Kriminalität ist nämlich die Tatsache, dass es – auch unter den Bedingungen des ProstG und des ProstSchG – nicht genug deutsche Frauen gibt, die dieser Tätigkeit aus freien Stücken nachgehen wollen. Dies liegt jedoch nicht am Fachkräftemangel, sondern weil bei den allermeisten freien Frauen, auch bei Geflüchteten oder bei AsylbewerberInnen, kein Interesse an den gewaltsamen Bedingun-

---

beitsverträgen und sicheren Arbeitsplätzen kümmern würden, wenn sie denn nicht mehr einer derartigen Gefahr der Strafverfolgung wegen § 180a Abs. 1 Nr. 2 StGB a.F. ausgesetzt wären. Insoweit sei die Strafverfolgung der dirigistischen Zuhälterei nicht mehr erforderlich, da seitens der Bordellbetreiber ein attraktiver und sicherer Arbeitsplatz geboten würde, der die Situation der Prostituierten ins Hellfeld brächte und damit eher verbessern als verschlechtern würde. Selbst während der Beratungen und Diskussionen rund um das ProstSchG wurde nicht ausreichend darauf reagiert, dass Bordellbetreiber nicht selten Partner der Organisierten Kriminalität sind und entweder direkt oder indirekt von der Ausbeutung von Prostituierten, mehr als in anderen regulierten Bereichen üblich, profitieren.

587 Vgl. Kap.3.3., insbesondere das Gutachten von Dr. Heide.

gen des Sexkaufs in der Form einer einseitigen Wahrnehmung von Sexualität durch männliche Freier besteht, so dass der Angebotsmangel im Inland nicht aufhören wird. Bereits aufgrund dieses fortwährenden ökonomischen Anreizes zu Menschenhandel aus dem Ausland, hätte den Gesetzgeber schon seit Längerem die Gesetzgebung selbstkritischen revidieren müssen.

Indem der Gesetzgeber, auch nach dem ProstSchG, davon ausgeht, dass Bordellbetreiber das Arbeiten der Frauen sicherer gestalten können,[588] werden die Aussagen der eigenen Innenbehörden nicht berücksichtigt, die belegen, dass Bordellbetreiber und Zuhälter nicht Teil der Lösung, sondern häufig selbst Teil des Ausbeutungssystems der Prostituierten sind. Die befragten Staatsanwälte und Polizeibeamten mit jahrzehntelanger Erfahrung im Bereich des Menschenhandels und der organisierten Kriminalität im Rotlichtmilieu legten detailliert dar: Es existiert ein krimineller Zirkel, in dem die systematische Zulieferung und Verschleppung von vulnerablen weiblichen Prostituierten aus dem Ausland organisiert wird, welche wiederum die Nachfrage deutscher Männer in Bezug auf alle gewünschten Praktiken und einen außerordentlichen Service an Sexleistungen (auch Schwangerensex, ungeschützten Sex, extrem gesundheitsgefährdende und demütigende Sexpraktiken) garantieren.[589]

Im Gegensatz zu den Ansätzen des Prostitutionsgesetzes dürfen Bordellbetreiber, Zuhälter und Freier daher nicht grundsätzlich entkriminalisiert werden. Denn die Legalisierung von Unternehmen der Bordelldienstleistungen ist, nach Auskünften von Staatsanwaltschaft und Polizei, ein wesentlicher Teil des Grundrechtsproblems selbst.[590] Die deutsche Prostitutionsgesetzgebung, samt der Streichung der Strafvorschriften zugunsten von Zuhältern und Bordellbetreibern, trägt nämlich dazu bei, dass die grundsätzlich asymmetrischen Machtstrukturen und kriminellen Machtmechanismen im Rotlichtmilieu – unabhängig von einzelnen Ausnahmefällen, an denen kein Gesetz ausgerichtet werden kann – weiter fortbestehen. Dies steht rechtlich im Widerspruch zu den Grundsätzen, zu denen sich

588 Um die Realitätsferne des Gesetzgebers aufzuzeigen: ein Zitat aus den Beratungen zum Prostitutionsgesetz. Der „Straftatbestand der Förderung der Prostitution" sei „widersinnig", da Bordellbetreiber Personen seien, *„die humanen Arbeitsbedingungen für Prostituierte schaffen ..."* (Plenarprotokoll 14/168, Deutscher Bundestag, Stenographischer Bericht, 168. Sitzung, Berlin, Freitag, den 11. Mai 2001, 16490 (A); online unter: https://dserver.bundestag.de/btp/14/14168.pdf (abgerufen am 10.7.2022)).

589 Vgl. Kap. 3.3.

590 Vgl. ebd.

der deutsche Gesetzgeber durch die Zeichnung des Palermo-Protokolls und der Istanbul-Konvention völkerrechtlich verpflichtet hat, ohne von der mangelnden Grundrechtseinhaltung der bundesdeutschen Verfassung an dieser Stelle schon zu sprechen.

4.1.3. Gesetzliche Exklusion von sexualisierter Gewalt

Es existiert ein Widerspruch zwischen Aussagen von Betroffenen und der eigentlichen Realität. Denn alle, die im Rahmen dieser Studie befragten Experten und Quellen gaben an, dass die sich prostituierenden Frauen sehr häufig öffentlich vorgeben, sie wären freiwillig in der Prostitution. Dies gilt selbst dann, wenn außenstehende Personen aufgrund der Umstände wissen, dass dies nicht der Fall sein kann. Auch von Behördenvertretern wird durchgehend die Problematik geschildert, dass nahezu keine Frau aussagt, dass sie gezwungen wird. Die Identifikation und Hilfestellung für die Opfer wird zusätzlich auch dadurch erschwert, dass viele Betroffene von Menschenhandel und Zuhälterei emotionale Bindungen zu ihren Tätern und oft auch ein fehlendes Opferbewusstsein in Bezug auf Menschenhandel haben, wenn die Täter die Familie oder den „Freund", „Mann" oder „Lebenspartner" darstellen. Die Selbsteinschätzung passt jedoch nicht zu den Erkenntnissen der Innenbehörden und der Polizei, die davon sprechen, dass die meisten Frauen einen typischen Opfercharakter, Fremdbestimmung bzw. eine Zugehörigkeit zu vulnerablen Gruppen aufweisen, die sich aufgrund dessen in einer Zwangslage befinden. Deshalb wird von Experten die „fehlende Opferorientierung"[591] des Gesetzes und die Freiwilligkeitsvermutung als falsch kritisiert.[592]

Die weitere Kritik von Polizei und Innenbehörden erstreckt sich darauf, dass die anzunehmenden kriminellen Strukturen, die wachsende Organisierte Kriminalität im Milieu sowie die würdeverletzenden und gewaltsamen Handlungen gegenüber Prostituierten durch Freier in der Prostitutionsgesetzgebung weiterhin ausgeblendet werden und auch durch das ProstSchG nicht beseitigt werden konnten. Die gesetzliche Einschätzung basiert auch nach Einschätzung von Sexualtherapeuten und Sexualwissenschaftlern auf einer realitätsfernen und neo-romantischen Idealisierung

---

591 H. Sporer, Der neue Deutsche Weg. Für eine Neuordnung der Prostitutionsgesetzgebung, in: Hanns-Seidel-Stiftung e.V. (Hg.), Aktuelle Analysen 93, München 2022, 29.

592 Vgl. Kap. 3.3.

von Sexualität, selbst in der Prostitutionsgesetzgebung. Dieses sex-positive Ideal ist verbunden mit einer gleichzeitig andauernden Tabuisierung des Geschlechtsverkehrs, welcher grundsätzlich nicht weitergehend auf potenzielle Gewaltstrukturen analysiert wird – auch und vor allem in der Prostitution. Die Tabuisierung und Privatisierung von Sexualität dauern auch von Seiten des Gesetzgebers an, obwohl die meisten Experten aus der Medizin bestätigen, dass Prostitution grundsätzlich gewaltbedingte, nachweisbare Spuren am Körper der Frauen hinterlässt. Sexualisierte Gewalt ist, auch nach den Gutachten der Ärzteschaft und der Therapeuten, welche prostitutionstypische Erkrankungen diagnostizieren und therapieren, in die Prostitution eingepreist.[593]

Typisch für sexualisierte Gewalt ist jedoch, dass sie nach außen hin meist nie sichtbar ist und von den Betroffenen auch lange psychisch unterdrückt bzw. verdrängt wird. Aufgrund der intimen Nähe, Privatheit und räumlichen Abgeschlossenheit, in der sexuelle Gewalt im Kontext von Prostitution stattfindet, kann sie auch vom Gesetzgeber nicht kontrolliert werden. Das hochkriminelle Milieu mit sich über die Jahre summierenden Millionen, fast immer weiblichen, überwiegend ausländischen, bildungsfernen Opfern, ist grundsätzlich verbunden mit Straftaten gegen die sexuelle Selbstbestimmung, die persönliche Freiheit und die Würde von Menschen. Ein derartiges System zu liberalisieren, zu entkriminalisieren und damit zur gesellschaftlichen Norm zu erheben, wie es das ProstG getan hat, stellt eine grobe Schutzpflicht- und Grundrechtsverletzung durch den Staat dar, die verfassungswidrig ist, wie im zweiten Teil dieses Buches noch belegt werden wird. Insofern ist in jedem Fall umgehend eine neue gesetzliche Lösung in Anerkennung der völkerrechtlichen und internationalen Rechtsvergleiche zu suchen.[594]

---

593 Vgl. Kap. 3.4.

594 Siehe dazu: Ausschuss für die Beseitigung der Diskriminierung der Frau, Allgemeine Empfehlung Nr. 38 (2020) zum Frauen- und Mädchenhandel im Kontext der globalen Migration, 20. November 2020, Nr. 6, 18, 29–32, 61–64; Committee on the Elimination of Discrimination against Women, Concluding comments of the Committee on the Elimination of Discrimination against Women: Denmark, 25. August 2006, Nr. 23; online unter: https://www.refworld.org/docid/453778461.html (abgerufen am 18.1.23); General Assembly, Resolution 63/156 Trafficking in women and girls, Resolution adopted by the General Assembly on 18 December 2008 (A/63/425), Nr. 2; online unter: https://www.un.org/en/development/desa/population/migration/generalassembly/docs/globalcompact/A_RES_63_156.pdf (abgerufen am 18.1.23); Committee on the Elimination of Discrimination against Women, Concluding observations on the seventh periodic report of Finland,

Die systematischen Grund- und Menschenrechtsverletzungen, die in den Studien zur Prostitution vielfach belegt werden konnten,[595] betreffen wohl 250.000 bis 400.000 Prostituierte in Deutschland, die beständig aus dem Ausland ersetzt und erneuert werden, also insgesamt über die Jahre der Geltung der Gesetzgebung gesehen Millionen von Menschen, insbesondere Frauen. Die derzeit geltende Prostitutionsgesetzgebung nimmt weder die komplexen Vorgänge des Zwangs durch Dritte und die mangelnde Freiwilligkeit bei den Prostituierten noch die schwierige Abgrenzung und Identifikation von Ausbeutungsverhältnissen und Gewaltakten in den Blick, die eine akute Bedrohung von Leib und Leben von – im Zeitverlauf der Geltung des ProstG – Millionen Menschen bedeuten. „Darum muss sich etwas grundsätzlich ändern. Wir brauchen andere Gesetze."[596]

4.2. Das Recht der sexuellen Selbstbestimmung und die Menschenwürde

4.2.1. Die Unterscheidung von Zustimmung und Autonomie

Die bisherigen Analysen und Betrachtungen der Prostitution haben gezeigt, dass auch in einem rechtlichen Kontext einerseits die *vorherige Zustimmung zum Sex* und andererseits die *konsensuelle Durchführung im Geschlechtsverkehr* einer grundlegend getrennten Betrachtung unterzogen werden müssen, um ein Recht auf sexuelle Selbstbestimmung in seiner Gänze zu erfassen und zu substanziieren.

Das Grundrecht auf Würdeschutz in Form der Autonomie eines Menschen, das im Persönlichkeitsrecht der sexuellen Selbstbestimmung ausgestaltet ist, wird durch eine erste notwendige Bedingung erfüllt, nämlich durch einen *qualifizierten Konsens zu Beginn*, wie dieser bereits im Schwedischen Sexualrecht, aber auch analog in Deutschland bei medizinischen Eingriffen bereits rechtlich gefordert ist.[597] Ein Konsens wird in gewaltfreien Kontexten durch ein konkludente Einverständnis zum Sex zwischen

10. März 2014 CEDAW/C/FIN/CO/7, Nr. 20, 21(d); online unter: https://documents-dds-ny.un.org/doc/UNDOC/GEN/N14/258/02/PDF/N1425802.pdf?OpenElement (abgerufen am 18.1.23).

595 Vgl. Kap. 3.5.

596 „Es kann nur besser werden", Interview mit Helmut Sporer, EMMA; online unter: https://www.emma.de/artikel/der-ermittler-337507 (abgerufen am 15.5.2022).

597 Vgl. Schwedische Gesetzgebung seit 2018 (Samtyckeslag), die eine explizite wechselseitige Zustimmung vor jeder sexuellen Interaktion voraussetzt, ohne die grundsätzlich von einer Vergewaltigung ausgegangen wird. Der Sinn des Gesetzes ist,

zwei Partnern angenommen. In der deutschen Gesetzgebung zum Sexualrecht ist, dieses Einverständnis voraussetzend, ein expliziter, qualifizierter Konsens der beteiligten Personen bislang nicht erforderlich. Dies steht noch aus.

Ein Recht auf Autonomie in Form der sexuellen Selbstbestimmung, welches die Würde von Menschen garantiert, muss in einer weitergehenden rechtsethischen Betrachtung an einer zweiten Bedingung festgemacht werden. Es geht nämlich im Kontext der Prostitution auch wesentlich darum, *ein fortdauerndes Einverständnis* aller handelnden Personen zu wahren und zu garantieren. Es handelt sich hierbei um ein beständiges Kontrollrecht der Betroffenen über ihren eigenen Körper, welches auch ein Recht auf einen potenziellen Abbruch eines sexuellen Aktes nach sich ziehen muss. Ein einfaches Einvernehmen zwischen zwei Partnern ist zwar im Sinne von sexueller Selbstbestimmung notwendig, aber zur weiteren verfassungsrechtlichen Erfüllung eines Rechts auf sexuelle Selbstbestimmung in keiner Weise hinreichend, denn im Prozess der sexuellen Interaktion sind Handlungen, welche die bloße Übereinkunft betreffen noch nicht identisch mit der „gleichberechtigten Verwirklichung sexueller Selbstbestimmung.“[598] Der qualifizierte Konsens müsste deshalb im prostitutiven Akt von Seiten der Prostituierten auch andauern. Denn anders als bei einem medizinischen Eingriff, ist prostitutiver Geschlechtsverkehr gerade nicht mit der Absicht verbunden, zum Wohl des jeweils anderen beizutragen, die jeweils andere Person zu ihrem eigenen Nutzen oder mit Achtsamkeit und Respekt zu behandeln, sondern mit dem Gegenteil wie in schockierender Weise durch die Selbstauskunft der Freier belegt wurde.[599]

Diese getrennte Betrachtung von ´vorher und nachher` bedeutet nicht nur in ethischer, sondern auch in rechtlicher Hinsicht, dass ein konkludentes Einverständnis der Prostituierten oder eine Hypothese der Freiwilligkeit nicht das Erfordernis der sehr grundsätzlich zu verstehenden Autonomie des Menschen erfüllen kann. Denn die Autonomie ist ein umfassendes,

---

sexualisierte Gewalt weitgehend zu vermeiden. Weitere europäische Länder sind dabei, ihr Sexualstrafrecht anzupassen.

598 Vgl. D.-S. Valentiner, Das Grundrecht auf sexuelle Selbstbestimmung. Zugleich eine gewährleistungsdogmatische Rekonstruktion des Rechts auf die freie Entfaltung der Persönlichkeit, Baden-Baden 2020, 172. E. Holzleithner, Sexuelle Selbstbestimmung als Individualrecht und als Rechtsgut. Überlegungen zu Regulierungen des Intimen als Einschränkung sexueller Autonomie, in: U. Lembke (Hg.), Regulierungen des Intimen: Sexualität und Recht im modernen Staat, Wiesbaden 2017, 31–50, 39.

599 Vgl. Kap. 3.7.

grundsätzliches, die Unverletzlichkeit und den alleinigen „Zweck an sich Selbst“[600] umfassendes rechtsethisches Grundprinzip, das die eigentliche Bedingungsgrundlage für die Würde des Menschen ist. Die Würde der Menschen, die der Art. 1 GG zu schützen hat, lässt sich nicht ohne die ihr zugrunde liegende Autonomie des Menschen anerkennen. Diese umfasst rechtsphilosophisch immer sowohl die Willens- als auch die Handlungsfreiheit. Dieses Recht auf sexuelle Selbstbestimmung in Wille und Tat wird bislang jedoch erst unzureichend im deutschen Strafrecht berücksichtigt, indem eine sexuelle Handlung, die gegen den „erkennbaren Willen“ geschieht, als Vergewaltigung gilt (vgl. § 177 Abs. 1 StGB). Ob dieser Wille überhaupt erklärt ist, frei ist oder ohne äußeren Zwang geschieht, z.B. ob er während der Ausübung der Prostitution überhaupt vorhanden ist, interessiert den Gesetzgeber nur im Fall der erkennbaren Zwangsprostitution (vgl. § 232a Abs. 6 StGB).

Diese Missachtung der faktischen Autonomie während der Prostitution kommt einer substanziellen und nachhaltig andauernden sexuellen Verobjektivierung und Fremdbestimmung gleich. Diese ist rechtsrelevant, weil sie als eine grundsätzliche praktische Missachtung der Würde der Person zu gelten hat. Den Prostituierten wird – trotz vermeintlicher vorheriger Zustimmung – im Akt der Prostitution die freie Verfügung über den eigenen Körper weitestgehend entzogen. Es ereignet sich deshalb eine der elementarsten Arten personaler Erniedrigung und Demütigung in der Prostitution. Axel Honneth, einer der wichtigsten Ethiker Deutschlands nach Jürgen Habermas, schlussfolgert für derartige Fälle: „Der Grund dafür ist der, dass jeder gegen den Willen einer Person unternommene Versuch, sich ihres Leibes mit welcher Absicht auch immer zu bemächtigen, einen Grad an Demütigung bewirkt, der tiefer als andere Formen der Missachtung destruktiv in die praktische Selbstbeziehung eines Menschen eingreift.“[601] Dies führt, vor allem bei seriellen, vergewaltigenden Akten, nicht selten zum „psychischen Tot“[602] der betroffenen Personen.

600 „Der Mensch und überhaupt jedes vernünftige Wesen *existiert* als Zweck an sich selbst, *nicht bloß als Mittel* zum beliebigen Gebrauche für diesen oder jenen Willen, sondern muss in allen seinen, sowohl auf sich selbst, als auch auf andere vernünftige Wesen gerichtete Handlungen jederzeit *zugleich als Zweck* betrachtet werden“; I. Kant, Grundlegung zur Metaphysik der Sitten, Gesammelte Schriften, Preußische Akademie der Wissenschaften (Hg.), Berlin 1900f, AA04, 4:428f.

601 A. Honneth, Kampf um Anerkennung. Zur moralischen Grammatik sozialer Konflikte, Frankfurt, 2021, 214.

602 Ebd., 218.

Um dies zu verhindern, muss eine grundsätzliche Autonomiebedingung in jeder Lebenslage der menschlichen Person garantiert sein, auch und gerade in und während intimer sexueller Interaktionen, weil diese besonders entwürdigend auf Menschen wirken.[603] Ohne eine substanzielle Autonomie der Prostituierten während des prostitutiven Aktes, die mit dem Sexkauf praktisch ausgeschlossen wird, muss rechtlich von grundsätzlich sexualisierter Gewalt durch Freier ausgegangen werden, und von gewaltsamen sexuellen Akten durch Freier, die analog zu einer Vergewaltigung zu werten sind. Die Gewalthypothese ist deshalb korrekt, weil trotz eines eventuellen anfänglichen Einverständnisses zum Sexkauf, die fortwährende Zustimmung zur konkreten Form der Sexualpraktik im konkreten Akt von Seiten der Prostituierten aus Gründen geschlechtsspezifischer Überlegenheit und aufgrund des vorausgegangenen Sexkaufvertrages kaum entzogen werden kann, selbst wenn dies gewollt wäre.

4.2.2. Ausstiegs- und Abbruchrechte bei prostitutiven Akten

Da in der Psychologie und Traumaforschung bekannt ist, wie sich intimer Missbrauch und asymmetrische sexuelle Akte gegen den Willen von Menschen auswirken, nämlich in tiefen und nachhaltigen psychischen Traumatisierungen und Störungen, bzw. im „psychischen Tod“[604] von Menschen, wird es hier umso mehr notwendig, von Seiten des Gesetzgebers zu prüfen, ob die verfassungsrechtlich notwendige Autonomie, die Zugangskontrolle zum eigenen Körper und das Recht auf sexuelle Selbstbestimmung in jeder Phase der Durchführung sexueller Akte in der Prostitution überhaupt existieren.

In der juristischen Literatur, ebenso wie in den parlamentarischen Beratungen des Gesetzgebers wird, wie bereits festgestellt, von der grundsätzlichen Annahme der Freiwilligkeit der Prostituierten durch Zustimmung zur Ausübung der Tätigkeit selbst ausgegangen. Wir haben dies als gesetzliche Freiwilligkeitsvermutung bezeichnet. Diese vermeintliche vorgängige Übereinkunft hält jedoch einem Recht auf Autonomie, hier insbesondere der autonomen sexuellen Selbstbestimmung, in der prostitutiven Praxis nicht

603 Dies beweist die sukzessive Entprivatisierung sexueller Gewaltakte in der Ehe in den 90er Jahren des 20. Jh. In der Gegenwart betrifft diese Entprivatisierung vielfältige Akte sexualisierter Gewalt, die auch zuvor durch den Gesetzgeber ausgespart und damit übersehen wurden.

604 A. Honneth, Kampf um Anerkennung. Zur moralischen Grammatik sozialer Konflikte, Frankfurt, 2021, 218.

Stand. Deshalb wird der bisherigen rechtlichen Annahme widersprochen, eine vorgängige vertragliche Vereinbarung mit Freiwilligkeitsvermutung reiche zur Bestimmung von Autonomie im Sinne des Würdeprinzips des Grundgesetzes aus. Denn die Freiwilligkeitsvermutung verhüllt die Möglichkeit krimineller Tatbestände wie sexuellen Missbrauch, sexualisierte Gewalt und Körperverletzung oder gar Verbrechen der Vergewaltigung durch Freier oder Erpressung durch Zuhälter.

Insofern steht, wenn man einem Recht auf Autonomie im Sinne der Würdegarantie in Art. 1 GG gerecht werden will, in jedem Fall eine *Veränderung des Sexualstrafrechtes bzw. eine gesonderte und erweiterte Anwendung des Sexualstrafrechtes* an. Analog zu anderen westlichen bzw. europäischen Ländern handelt es sich hierbei um einen zivilisatorischen Prozess der fortschreitenden Schärfung des Sexualstrafrechtes, das bis heute in Deutschland noch blinde Flecke und unregulierte Grauzonen aufweist. Denn die personenbezogene Autonomie muss auch in sexuellen Akten vom deutschen Rechtsstaat garantiert werden, insbesondere wenn andere europäische demokratische Rechtsstaaten sich hierzu seit Langem in der Lage sehen. Dies erfordert für die juristische Betrachtung eine Enttabuisierung sexueller Interaktionen und die öffentliche Betrachtung eines vermeintlichen Privatbereichs, analog zur Vergewaltigung in der Ehe ebenso wie in anderen Kontexten sexualisierter Gewalt, so auch im Kontext der Prostitution.

Bei allen sexuellen Akten, auch den prostitutiven, bedarf es der *Notwendigkeit eines konsensuellen Prozesses mit personenbezogenem Vetorecht*, welches während des gesamten sexuellen Aktes andauert, jedoch durch die beiden bestehenden Prostitutionsgesetze (ProstG i.V.m. ProstSchG) in keiner Weise garantiert wird. Solange es sich um einen zivilrechtlichen Vertrag handelt, bleibt die Einforderung des Vetorechts zwar nominell bestehen, ist aber aus vielfältigen Gründen im Prozess des prostitutiven Aktes nicht mehr realisierbar. Insbesondere durch die Tatsache der Penetration des Mannes in den Körper der Frau bzw. der Prostituierten ist gerade bei der Prostitution von akuten Gefahren der Körperverletzung im Körperinneren und der psychischen Traumatisierung auszugehen, insbesondere wenn die Selbstkontrolle und ein selbst gesteuerter Abbruch derer, die penetriert werden, nicht garantiert werden kann.[605] Denn es werden hier

605 Vgl. die psychiatrischen und medizinischen Gutachten in Kap. 3.4., insb. Wolfgang Heide: „Freier sind meistens recht brutal, so die Aussage der meisten Prostituierten: ‚Die stoßen und stoßen ohne Rücksicht.' (...) ‚Den rücksichtsvollen, einfühlsamen

Menschen seriell und in hoher Taktzahl, über die meiste Zeit des Tages, zu Objekten sexueller Handlungen Dritter gemacht, und der Staat lässt diese Verobjektivierung zu bzw. reguliert sie unzureichend. Durch den Sexkauf des Freiers wird festgelegt, dass die Prostituierte nicht das Recht hat, die sexuelle Interaktion gleichberechtigt zu bestimmen und zu steuern. Eigentliche subjektive Rechte wie die der Verweigerung, der Abwehr, der Kontrolle und des Abbruchs während der Prostitution sind auf der Seite der Prostituierten auch durch das ProstSchG nicht garantiert. Denn Sexkauf beinhaltet den Kauf des Rechtes einer asymmetrischen und einseitigen sexuellen Befriedigung am und im Körper der Prostituierten zugunsten des Wahrnehmenden der Prostitution bzw. des Käufers. Diese strukturimmanente Heteronomie schließt die Realisierung der Autonomie in der Form eines gleichberechtigten sexuellen Rechtes auf Selbstbestimmung während des Geschlechtsverkehrs auf der Seite der Anbieterinnen grundsätzlich aus.

Dies beweist die Paradoxie einer Institution, in der die Prostituierte (in der Minderheit auch der Prostituierte) aufgrund von Sexkauf qua zivilrechtlicher vertraglicher Verpflichtung der eigenen Selbststeuerung einseitig beraubt wird zugunsten von Heteronomie und sexueller Fremdbestimmung durch männliche Freier. Im eigentlichen Sinne von Würdeerhalt muss jedoch nicht nur ethisch, sondern auch verfassungsrechtlich die Zugangskontrolle zum eigenen Körper „als Kernelement der personalen Autonomie in ihrer die Grenzen bestimmenden und wahrenden Funktion“[606] gewertet werden. Weiterhin sollte der Gesetzgeber davon ausgehen, dass diese gleichberechtigte Zugangskontrolle auf Augenhöhe erfolgen muss und nur mit Vetorecht und im Konsens zu wahren ist. Denn die Autonomie kann und darf beim sexuellen Akt und während der sexuellen Interaktion nicht aufhören oder systematisch unterdrückt werden müssen, sowohl um die körperliche Integrität der Person zu wahren als auch um deren psychische Gesundheit nicht zu gefährden. Diesbezüglich fundieren die Ergebnisse der Psychiatrie und Traumaforschung das, was bezüglich des Verfassungsrechts zum Recht auf sexuelle Selbstbestimmung gefordert wird, nämlich die gesetzlich überfällige „Bestimmung von Grenzen zum Schutz

Freier gibt es nicht.‘ (...) Es ist aus meiner und der Sicht vieler Prostituierter, mit denen ich gesprochen habe, eine Vergewaltigung gegen Bezahlung, und alles, was erlaubt ist (und in Deutschland ist sehr viel erlaubt), wird von den Freiern gefordert.“

606 D.-S. Valentiner, Das Grundrecht auf sexuelle Selbstbestimmung. Zugleich eine gewährleistungsdogmatische Rekonstruktion des Rechts auf die freie Entfaltung der Persönlichkeit, Baden-Baden 2020, 183, 149ff.

der sexuellen Autonomie in einer Situation der Interaktion zwischen zwei oder mehreren Personen."[607]

Insofern erfordert Sex unter Würdebedingungen grundsätzlich *einen qualifizierten Konsens vor und während des sexuellen Aktes selbst, der ein Ausstiegs- und Abbruchrecht, frei von jeglichem Druck und Zwang, inhäriert.* Dieses hätte der Rechtsstaat auch in der Prostitution zu garantieren. Dass die Autonomiegarantie durch den Sexkaufvertrag, der eine Verpflichtung zum Sex beinhaltet, in der Praxis nicht garantiert werden kann, müsste in der logischen Schlussfolgerung zu fundamentalen Anfragen an die Legitimität der Institution der Prostitution selbst führen. Denn wenn im Rahmen einer Institution die Einhaltung von Grundrechten von Menschen aufgrund von asymmetrischer Macht nicht zu garantieren ist, ist diese Institution per se verfassungsrechtlich fundamental angezählt bzw. hat deren Wahrnehmung bzw. Nachfrage bereits heute schon als ein grundsätzlicher Verstoß gegen das Würde- und Autonomieprinzip der Verfassung zu gelten. Der Rechtsstaat hat nämlich in einer durch ihn regulierten Institution der Prostitution (ProstG i.V.m. ProstSchG) eine Gewährleistungspflicht der Grundrechte und eine Schutzpflicht für die Betroffenen, wenn er den Sexkauf gegen anderslautende internationale völkerrechtliche und europarechtliche Standards in Deutschland zu einem legalen Geschäft erklärt.

4.2.3. Das Verobjektivierungsverbot

Die Autonomie der sexuellen Selbstbestimmung ist deshalb für den Menschen so existenziell bedeutsam, weil nur durch ihre Garantie eine Instrumentalisierung und Verobjektivierung der Person in ihrer Würde vermieden werden kann. In kaum einer anderen Institution ist eine erweiterte Gefährdung der Grundrechte durch Dritte so evident vorhanden wie in der Prostitution, denn hier sind empirisch nachweislich erhebliche Bedrohungen von Leib und Leben zu konstatieren (verkürzte Lebenszeit, höhere Sterblichkeit, überdurchschnittliche Quote von Gewaltverbrechen durch Freier und Zuhälter).[608] Wie jedoch durch die vorgelegten Untersuchungen und alle bekannten wissenschaftlichen Studien belegt, kann im Rahmen der Prostitution von einer Fiktion der Selbstbestimmung bzw. vom Nicht-Vorhandensein von Autonomie und eines Rechts auf sexuelle Selbstbestim-

607 Ebd., 183.

608 Vgl. alle ausgewerteten internationalen Studien zur Prostitution in Kapitel 3.5.

mung ausgegangen werden. Es liegt also eine logische Inkonsistenz vor, die grundrechtsrelevant ist und die sich näher bestimmen lässt.

Ein Thema des deutschen Verfassungsrechts, nämlich die Grundrechtsverletzung durch Dritte, hilft hier bei der Auflösung des Autonomieproblems, in das Dritte involviert sind. Die mittelbare Drittwirkung von Grundrechten ist juristisch schon lange ein Streitfall, inwieweit sie zu gelten hat. Deshalb soll hier eine Klärung von Seiten der Rechtsphilosophie und Rechtsethik geschehen, welche vom Völker- und Europarecht sogar in Bezug auf die Prostitution bereits rezipiert wurde.[609] In der westlichen Aufklärungstradition, welche die Menschenrechte als unveräußerliche Rechte zur indisponiblen Maßgabe für einen Rechtsstaat macht, gilt folgende Kausalität: Selbst wenn eine Person ihrer eigenen Schädigung, z. B. jeglichem sexuellem Missbrauch oder sexueller Gewaltanwendung, zustimmen würde, wäre dies als ein elementarer Verstoß gegen dessen/deren Menschenrechte von Seiten Dritter, also durch den Freier oder Zuhälter zu werten. Es handelt sich in diesem Fall sogar nicht nur um eine einmalige Schädigung, sondern eine aktive, strafrechtsrelevante Mitwirkung an einer grundsätzlichen Instrumentalisierung bzw. Verobjektivierung von Menschen, welche sich in einem sie schädigenden System prostituieren. Diese Würdeverletzung durch Dritte umfasst in diesem Fall eine grundsätzliche Verobjektivierung der menschlichen Person und muss selbst schon aufgrund ihrer nachgewiesenen existenziellen Folgewirkungen in einem an Grundrechte gebundenen Rechtsstaat strafbar sein, zumal ihr kein anderes Grundrecht wie beispielsweise ein Recht auf Sex an einem anderen Menschen gegenübersteht.

Denn selbst wenn jemand der eigenen Verobjektivierung zustimmt, macht sich ein Dritter schuldig – also der Wahrnehmende der Prostitution –, der diese grundsätzliche Vulnerabilität eines Menschen ausnutzt und das betreffende fundamentale Rechtsgut missachtet bzw. Anteil an seiner Zerstörung hat. Bei diesen bedrohten Rechtsgütern handelt es sich um die Integrität von Leib und Leben, eine stabile Selbstachtung, die autonome Selbststeuerung, den intimen Selbstschutz und die personale Identität. Der Würdeschutz hat diese Rechtsgüter zu garantieren, welche jedoch in der Prostitution, nachgewiesen durch psychiatrische und medizinische Gutachten ebenso wie empirisch-sozialwissenschaftliche internationale Studien, bedroht sind und zur Disposition stehen.[610] Es geht also nicht nur um einfache Körperverletzung in der Prostitution im Einzelfall, sondern um die

609 Vgl. Kap. 1.1. und 1.2.
610 Vgl. Kap. 3.4. und 3.5.

Fundamentalnorm des Grundgesetzes, nämlich die Würde des Menschen, die nicht disponibel ist, die sich nicht ent- bzw. veräußern lässt.

Wie der Zweck nicht die Mittel heiligt, so rechtfertigt eine vermeintliche vorausgehende Zustimmung in eine Instrumentalisierung und Verobjektivierung nicht die Tat Dritter und den Täter selbst. Der Grundsatz von Kant ist auch heute noch richtig, dass das, was einen inneren Wert, also eine Würde hat, nämlich der Mensch, „über allen Preis erhaben ist“[611] und auch bleiben muss. Und wenn dies bedeutet, dass erst in den 20er Jahren des 21. Jahrhunderts in Deutschland erkannt wird, dass Menschen in ihrer Intimität und Sexualität nicht durch Dritte käuflich sein dürfen, dann entspricht dies verspätet rezipierten Würdeprinzipien einer Zivilisation der westlichen Aufklärung und des Christentums, welche von anderen demokratischen Rechtsstaaten schon längst in geltendes Recht überführt wurden. Denn dies ist keine Frage der individuellen, pluralen Moral, sondern des Rechtsprinzips und der Rechtslogik, die auch von den Müttern und Vätern des Grundgesetzes durch den Art. 1 erkannt und festgeschrieben wurde.

Insofern ist die juristische Frage zu bejahen, „ob freie Wahl nur eine Illusion und inwieweit Selbstbestimmung ein Fetisch“[612] in der Prostitution ist. In jedem Fall müssten derartig zustande gekommene zivilrechtliche Verträge des Sexkaufs aus Gründen der Grundrechtswahrung und des fundamentalen Rechtsschutzes für strafbar und nichtig erklärt werden. Dass die Prostitution im Jahr 2001 überhaupt rechtlich reguliert und damit deren Legalität ohne weitergehende verfassungsrechtliche Prüfung erklärt wurde, muss als schwerwiegender Fehler des deutschen Gesetzgebers betrachtet werden, was auch das verfassungsrechtliche Gutachten im zweiten Teil noch bestätigen wird.

Die ungeprüfte Annahme der verfassungsrechtlichen Unbedenklichkeit durch den Gesetzgeber im Jahr 2001 ist vor allem einer gesellschaftlichen Liberalisierung sexueller Interaktionen geschuldet sowie verbreiteten Idealen der Sexpositivität sowie Idealen der grundsätzlichen Privatsache von Sex. Allerdings ist eine ausschließlich positive Haltung der öffentlichen Meinung und Teilen des Gesetzgebers gegenüber Sex rechtsethisch und rechtsphilosophisch als „un-kritisch“ zu bezeichnen, da nicht unterschieden wird, ob sexuelle Akte erfüllend und befreiend für beide Beteiligte sind,

611 I. Kant, Grundlegung zur Metaphysik der Sitten, Gesammelte Schriften, Preußische Akademie der Wissenschaften (Hg.), Berlin 1900f, AA04, 4:434.

612 C. Wichterich, Sexuelle und reproduktive Rechte, Berlin 2015, 26.

oder ob sie unterdrückend und instrumentalisierend für zumindest eine der betroffenen Personen sind. Denn, wie allseits bekannt, gibt es sexuellen Missbrauch bis hin zur sexuellen Versklavung, und es kann Vergewaltigung sogar als Kriegswaffe eingesetzt werden und wird es gegenwärtig auch nach wie vor. Bedauerlicherweise ist die Gefahr der Würdeverletzung, bezogen auf die sexuelle Intimität, psychisch sogar besonders bleibend und traumatisierend. Insbesondere Frauen in der Prostitution sind die potenziellen Opfer von Würdeverletzung durch Sex aufgrund der fehlenden Selbstbestimmungs- und Abbruchrechte ebenso wie der instrumentalisierenden Absicht des Gegenübers. Dies zeigt, dass eine unkritisch positive Werthaltung des Gesetzgebers zu sexuellen Akten – unabhängig davon, ob sie auf Augenhöhe und mit wechselseitiger Achtung oder ob sie aus Gründen der asymmetrischen Selbstbefriedigung geschehen – genauso zur Tabuisierung von Würdeverletzungen bei Opfern beiträgt wie das Fehlen weitergehender Sexualrechtsnormen. Der Gesetzgeber eines Rechtsstaates mit expliziten Grundrechten müsste gerade aufgrund der weitgehenden sexuellen Liberalisierung in der Gesellschaft des 21. Jahrhunderts genau prüfen, um welche Art von Sex es sich handelt, wenn man den Sexkauf durch ein reguliertes, aber legales Gewerberecht staatlicherseits gestattet, und ob sich die einseitige Wahrnehmung von Sex nicht grundsätzlich würdeverletzend auswirkt.

Ein potenzieller Einwand gegen die rechtliche Be- und Einschränkung der Wahrnehmung der Prostitution ist der, dass die Grundrechtsverletzung bereits im Vorfeld verhindert würde, unabhängig davon, ob sie im Einzelfall stattfindet. Hier soll deshalb an folgende Aussagen des Deutschen Verfassungsgerichtes selbst erinnert werden: „Der hohe verfassungsrechtliche Rang der Rechtsgüter Autonomie und Leben, die § 217 StGB schützen will, vermag den Einsatz des Strafrechts – auch in Form abstrakter Gefährdungsdelikte – grundsätzlich zu legitimieren. Bei der staatlichen Aufgabe, ein geordnetes menschliches Zusammenleben durch Schutz der elementaren Werte des Gemeinschaftslebens zu schaffen, zu sichern und durchzusetzen, kommt dem Strafrecht eine unverzichtbare Funktion zu (vgl. BVerfGE 123, 267). Im Einzelfall kann es die Schutzpflicht des Staates insbesondere gebieten, rechtliche Regelungen so auszugestalten, dass bereits die Gefahr von Grundrechtsverletzungen eingedämmt wird (vgl. BVerfGE 49, 89).“[613]

613 BVerfG, Urt. v. 26. Februar 2020 – 2 BvR 2347/15, Rn. 268, 269.

Verfassungsrechtlich ist also auch der deutsche Gesetzgeber grundsätzlich nicht gehindert, aus generalpräventiven Gründen Handlungen, die Rechtsgüter von Menschen akut gefährden, unter Umständen schon in einem frühen Stadium zu unterbinden.[614] Anderenfalls nähme man dem Gesetzgeber die Möglichkeit, konkreten Gefahren für hochrangige Rechtsgüter und Grundrechte, insbesondere den Gefahren des Würdeschutzes, zu begegnen, die aufgrund fehlender gesicherter wissenschaftlicher oder empirischer Erkenntnisse nicht exakt einschätzbar sind.[615]

Im Einzelfall und bei je konkreten unterschiedlichen Institutionen oder generellen Sachverhalten wird nämlich die Berechtigung zum Rückgriff auf den abstrakten Rechtsgüterschutz maßgeblich durch die Bedeutung des zu schützenden Rechtsguts bestimmt.[616] Das Verfassungsgericht bestätigt dies selbst ganz aktuell in seinem Urteil zur Selbsttötung: „Der hohe Rang, den die Verfassung dem Leben und der Autonomie beimisst, ist danach grundsätzlich geeignet, deren effektiven präventiven Schutz zu legitimieren."[617] In Analogie geht es in der Prostitution darum, eben diese Rechtsgüter zu schützen, wobei im Unterschied zum Suizid die Prostituierte gerade nicht darauf abzielt, ihr Leben vorzeitig zu beenden, sondern ihr Leben zu behalten. Angesichts der vorgelegten Studien und der hier gerade angeführten Logik des prostitutiven Aktes wird jedoch niemand mehr ernsthaft infrage stellen können, dass bei Prostituierten akute Einschränkungen im Selbstbestimmungsrecht existieren und deren Leib und Leben deutlich stärker gefährdet sind, als bei allen anderen ausgeübten legalen Tätigkeiten in Deutschland.[618]

In diesem Sinne ist die Frage bereits beantwortet, ab wann Eingriffe zugunsten der Wahrung des Selbstbestimmungsrechts in einem Rechtsstaat in Abwägung zum Selbstbestimmungsrecht durchzuführen sind. Das Verfassungsgericht hat dies selbst folgendermaßen beantwortet: „Die staatliche Schutzpflicht zugunsten der Selbstbestimmung und des Lebens kann folgerichtig erst dort gegenüber dem Freiheitsrecht des Einzelnen den Vorrang erhalten, wo diese Einflüssen ausgeliefert ist, die die Selbstbestimmung über das eigene Leben gefährden. Diesen Einflüssen darf die Rechtsord-

614 BVerfGE 28, 175; 90, 145; vgl. auch BVerfG, Beschluss der 1. Kammer des Ersten Senats vom 11. August 1999 – 1 BvR 2181/98 u a., Rn. 92; kritisch BVerfGE 90, 145.

615 Vgl. Appel, Verfassung und Strafe, 1998, 572f.

616 Vgl. Jäger, JZ 2015, 875.

617 BVerfG, Urt. v. 26. Februar 2020 – 2 BvR 2347/15, Rn. 271–272.

618 H. Sporer, Der neue Deutsche Weg. Für eine Neuordnung der Prostitutionsgesetzgebung, in: Hanns-Seidel-Stiftung e.V. (Hg.), Aktuelle Analysen 93, München 2022, 51.

nung durch Vorsorge und durch Sicherungsinstrumente entgegentreten."[619] Eben diese Einflüsse liegen analog im zutiefst durch Kriminalität und Gewalt geprägten Rotlichtmilieu vor, ebenso wie durch die psychisch notwendige Dissoziation und die Ritualisierung der sexuellen Gewalt und der sexuellen Instrumentalisierung, welche die Betroffenen erfahren.

4.2.4. Würde ist kein disponibles Rechtsprinzip

Die Würde des Menschen ist unantastbar und beansprucht gegenüber aller staatlichen Gewalt ausreichenden Schutz. Von der Vorstellung ausgehend, dass der Mensch in Freiheit sich selbst bestimmt und entfaltet, umfasst die Garantie der Menschenwürde im Besonderen die Wahrung personaler Individualität, Identität und Integrität.[620] Damit ist ein sozialer Wert- und Achtungsanspruch verbunden, der es verbietet, Menschen zum ‚bloßen Objekt' zu machen oder sie einer Behandlung auszusetzen, die ihre Subjektqualität prinzipiell in Frage stellt.[621] Dieser in der Würde des Menschen wurzelnde Grundrechtsschutz sichert die Grundbedingungen dafür, dass der Einzelne seine Identität und Individualität selbstbestimmt finden, entwickeln und wahren kann.[622] „Namentlich die selbstbestimmte Wahrung der eigenen Persönlichkeit setzt voraus, dass der Mensch über sich nach eigenen Maßstäben verfügen kann und nicht in Lebensformen gedrängt wird, die in unauflösbarem Widerspruch zum eigenen Selbstbild und Selbstverständnis stehen."[623]

Diese von der Würde her gedachte Selbstgesetzgebung im umfassenden Sinne muss im Analogieschluss nicht nur im Kontext der Selbsttötung Geltung besitzen, sondern auch lebensbegleitend im Rahmen jeder legalen beruflichen Tätigkeit und während der für diese erforderlichen Handlungen – also auch im Kontext der Prostitution für die hier erforderlichen einzelnen prostitutiven sexuellen Akte. Dies ist nicht nur der Rechtsphilosophie Kants geschuldet, sondern auch für das Bundesverfassungsgericht die eigentliche Grundlage für die Garantie von Würde: „Die Würde des Menschen ist folglich nicht Grenze der Selbstbestimmung der Person, sondern ihr Grund:

619 BVerfG, Urt. v. 26. Februar 2020 – 2 BvR 2347/15, Rn. 275.
620 BVerfGE 144, 20.
621 BVerfGE 27, 1; 45, 187; 109, 133; 117, 71; 144, 20.
622 BVerfGE 35, 202; 79, 256; 90, 263; 104, 373; 115, 1; 116, 243; 117, 202; 147, 1.
623 BVerfG, Urt. v. 26. Februar 2020 – 2 BvR 2347/15, Rn. 205ff. Vgl. BVerfGE 116, 243; 121, 175; 128, 109.

Der Mensch bleibt nur dann als selbstverantwortliche Persönlichkeit, als Subjekt anerkannt, sein Wert- und Achtungsanspruch nur dann gewahrt, wenn er über seine Existenz nach eigenen, selbstgesetzten Maßstäben bestimmen kann."[624] Selbstgesetzgebung meint selbstredend sowohl von der ursprünglichen Idee bei Kant her als auch vor dem Hintergrund der juristischen Auslegung des Verfassungsgerichts mehr als eine bloße, situative Einzelaussagen zur Freiwilligkeit, in welcher die eigentliche Autonomie (ohne Zwang und Not) der mit Würde ausgestatteten Person nicht wirklich überprüfbar ist.

Eine analoge Überprüfung von volatiler Willensäußerung, vermeintlicher Freiwilligkeit und grundsätzlicher Autonomie fordert das Verfassungsgericht selbst in seinem jüngsten Urteil zum Suizid: „Der Staat hat dafür Sorge zu tragen, dass der Entschluss, begleiteten Suizid zu begehen, tatsächlich auf einem freien Willen beruht. Der Gesetzgeber verfolgt mithin einen legitimen Zweck, wenn er Gefahren für die freie Willensbildung und die Willensfreiheit als Voraussetzungen autonomer Selbstbestimmung über das eigene Leben entgegentreten will."[625] Eine diesem Urteil entsprechende staatliche Garantie des freien Willens müsste analog auch für Prostituierte gewährleistet werden, da ihre Entscheidung, sich zu prostituieren, ebenso zu ihrem frühzeitigen Tod führen kann, der in diesem Fall aber definitiv nicht direkt intendiert, sondern durch vielfältige Dritte herbeigeführt wird.

Allerdings gerät diese notwendige begriffliche Differenzierung und inhärente Bindung des Würdebegriffs an den grundsätzlichen Autonomieanspruch der Person in den Hintergrund, wenn Autonomie so verstanden wird, dass sie das freiwillige Eingehen von Gewaltverhältnissen legitimiert. Denn hier wird dem Staat eine bevormundende und dirigistische Fürsorge unterstellt, würde er Menschen vor grundsätzlich allen Gewaltverhältnis-

---

624 BVerfG, Urt. v. 26. Februar 2020 – 2 BvR 2347/15, Rn. 211. Vgl. Dreier, in: Dreier, GG, Bd. 1, 3. Aufl. 2013, Art. 1 Abs. 1 Rn. 154; Geddert-Steinacher, Menschenwürde als Verfassungsbegriff, 1990, 86 ff.; Nettesheim, AöR 130, 71.

625 BVerfG, Urt. v. 26. Februar 2020 – 2 BvR 2347/15, Rn. 232. Dies wird vor allem bei der Akribie deutlich, mit der das Verfassungsgericht den freien Willen im Kontext des Suizids einer ausführlichen Prüfung unterzieht. „In der Rechtsprechung des Bundesverfassungsgerichts ist anerkannt, dass der Freiheitsanspruch nicht losgelöst von der tatsächlichen Möglichkeit zu freier Willensentschließung beurteilt werden kann" (vgl. BVerfGE 58, 208; 128, 282; 142, 313; 149, 293). Des Weiteren müssen dem Betroffenen alle entscheidungserheblichen Gesichtspunkte tatsächlich bekannt sein. Erforderlich ist, dass er über sämtliche Informationen verfügt, er also in der Lage ist, auf einer hinreichenden Beurteilungsgrundlage realitätsgerecht das Für und Wider abzuwägen.

sen schützen wollen. Ein solcher Staat sei bevormundend, weil er die Bürger weitestgehend vor sich selbst schützt. Denn „auch Grundrechtsbeschränkungen in freiwillig eingegangenen besonderen Gewaltverhältnissen können ihre Grundlage in dieser Befugnis haben, unter Wahrung der Menschenwürde selbst Bindungen einzugehen."[626]

Diese beachtenswerte staatsrechtliche Einschränkung gilt jedoch nur unter der Voraussetzung der grundsätzlichen, verfassungsrechtlich garantierten Wahrung der Menschenwürde, insbesondere in dezidiert gesetzlich regulierten Kontexten. Aber genau hier, in der durch das ProstG i.V.m. dem ProstSchG regulierten Prostitution, wird durch empirische Studien und von allen Experten bestritten, dass diese elementare Grundrechtsvoraussetzung systemisch erfüllt ist. Denn es gilt verfassungsrechtlich einen fundamentalen Unterschied zwischen regulierten Institutionen, wie der der Prostitution, und individuellen, freiwilligen Ad-hoc-Gewaltverhältnissen zu beachten, die sich gesetzlich kaum ausschließen lassen. Juristisch macht es weiterhin einen Unterschied, ob es sich um Institutionen wie die der Ehe handelt, die per se grundgesetzlich als zu schützendes Rechtsgut gilt, oder ob es sich um Institutionen wie die der Prostitution handelt, die per se strukturelle Instrumentalisierungen, zahlreiche existenzbedrohende Gefährdungen, eine substanzielle Gesundheitsgefährdung und die fundamentale Gefahr der Würdeverletzung für die Betroffenen inhäriert.

Es geht in diesem Kontext also nicht um eine freiwillige Einzelentscheidung, sondern um die Frage der Verfassungswidrigkeit der juristischen Legitimierung einer Institution, auf welcher eine gesamte Geschäftsbranche mit Milliardenumsätzen gründet. Letztere ist nämlich, wie gezeigt wurde, auf der strukturellen Verobjektivierung von menschlichen Personen aufgebaut, welche erst durch das ProstG von 2001 in diesem Ausmaß ermöglicht wurde. Das gemäß ProstG legale Angebot, das nicht durch Einzelprostituierte, sondern durch internationale Gewerbetreibende dominiert ist, schafft sich hier nämlich eine über Deutschland hinausgehende Nachfrage, die weiterhin erheblich steigt.

Zudem geht es um die Frage der Verfassungswidrigkeit der Straffreiheit der grundsätzlichen Bedrohung fundamentaler Rechtsgüter bei fremden Dritten durch identifizierbare Täter, die sich durch potenziell freiwillig eingegangene Gewaltverhältnisse keinesfalls rechtfertigen lassen. Die Prostitution ist seit 2002 eine gesetzlich regulierte Institution, die deshalb gerade

626 Zippelius, in: Kahl/Waldhoff/Walter, Bonner Kommentar zum Grundgesetz, 1. Aufl. 2021, 211. Lieferung 04.2021, Artikel 1 GG, Ebd., Rn. 121.

nicht als Privatsache betrachtet werden kann, sondern gesellschaftlich und rechtlich als eine legalisierte Institution gesehen werden muss, in welcher Anbieter und Nachfrager klar unterscheidbar sind und in welcher die Opfer eindeutig identifizierbar sind. Es sollte zudem dem Gesetzgeber bewusst sein, dass es sich hierbei in der überwiegenden Mehrheit um vulnerable, ausländische und bildungsarme, ebenso, wie im ökonomischen Sinn, arme Frauen handelt.

4.2.5. Würdeschutz in der Sexualität ist eine Sache des Rechts

Dem Verfassungsgericht ist zuzustimmen, wenn es die pluralistischen Wertvorstellungen von Menschen anerkennt und sich im 21. Jahrhundert nicht zum moralischen Hüter einer Gesellschaft machen will.[627] Aber durch die Tatsache, dass sich in Institutionen wie der Prostitution eine bestimmte traditionale und patriarchale Moralvorstellung manifestiert, nämlich die, dass Sex einerseits wirtschaftlich handelbar und käuflich ist, und andererseits, dass insbesondere Frauen zur einseitigen Befriedigung männlicher Sexkäufer benutzt werden dürfen. Durch die Tatsache, dass – entgegen aller Gleichberechtigung-, Gleichstellungs- und Diversitätsideale der Gegenwart – insbesondere weibliche, ausländische, bildungsferne und damit vulnerable Anbieterinnen in Deutschland für diesen Sex zur Verfügung stehen, muss die Klärung dieser Frage durch einen erneuten Rechtskonsens herbeigeführt werden, der dem Stand des heutigen gesellschaftlichen Bewusstseins von sexualisierter Gewalt und den dahinterstehenden Gleichheitsidealen entspricht. Es geht hierbei also um einen Diskurs zu Rechtsgütern im Kontext von sexueller Interaktion, die neu erkannt und formuliert werden, dann miteinander abgewogen und letztendlich im Rahmen der Grundrechte der Verfassung auch rechtlich geschützt werden müssen. Vor dem Hintergrund dieses Rechtskonsenses muss nachfolgend geprüft werden, inwieweit die Wahrnehmung der Institution der Prostitution den Grundrechtsprinzipien der geltenden Verfassungstradition tatsächlich entspricht – oder sie nicht gerade systematisch für bestimmte vulnerable Personengruppen aushöhlt.

---

627 „Allerdings kann der Erhalt eines tatsächlich bestehenden oder mutmaßlichen Konsenses über Werte- oder Moralvorstellungen nicht unmittelbares Ziel strafgesetzgeberischer Tätigkeit sein (vgl. BVerfGE 120, 224; abw. Meinung von Richter Hassemer zum Beschluss des Zweiten Senats vom 26. Februar 2008 – 2 BvR 392/07).

Worauf hier hingewiesen wird, ist, dass eine grundsätzliche Reflexion der Prostitution ansteht. Denn ein demokratischer Rechtsstaat kann nicht zulassen, dass massenhafte und seriell stattfindende Würde- und Grundrechtsverletzungen in einem gesetzlich legitimierten Graubereich staatfinden. Im Sinne der Unterscheidung von Moral und Recht wird hier auch nicht die Prohibition der individuellen Prostitution angezielt, jedoch darauf gedrungen, diejenigen, die für die Würdeverletzung der vom Grundgesetz geschützten Menschen kausal Verantwortliche sind, durch die Strafbarkeit ihrer Handlungen zur Rechenschaft zu ziehen. Denn es liegen eingehende Beweise aus wissenschaftlichen Studien, aus der Medizin, aus der Psychiatrie, aus der Sozialarbeit und den Strafverfolgungsbehörden vor, so dass die akute Gefahrenlage, die von der Ausübung der Prostitution ausgeht, rechtssicher dokumentiert ist. Es wurde in dieser Arbeit der grundsätzlichen Aufforderung des Bundesverfassungsgerichtes selbst gefolgt.[628]

Die konkret geforderte, rechtliche Freiheitseinschränkung ist die, dass es nicht erlaubt werden kann, dass sich eine Person eine einseitige Bedürfnisbefriedigung an einer anderen Person kaufen darf und dementsprechend die Institution der Prostitution gewerberechtlich auch keine Erlaubnis erhalten darf. Dies muss im Rahmen einer Rechtsgüterabwägung als maßvoll angesehen werden, angesichts des Gewinns an Grundrechtsschutz für Millionen von potenziellen Opfern, der dann greift. Denn es gibt kein Grundrecht auf sexuelle Handlungen des einen Individuums am anderen, oder des einen Geschlechts gegenüber dem anderen, das grundrechtlich als schützenswert zu gelten hätte. Auch in der Sexualität ist die grundsätzliche Autonomie der Beteiligten zu wahren. Weiterhin sind gemäß aller medizinischen Gutachten[629] insbesondere die Vagina der Frau (aber auch der Anus eines jeden Menschen) von ihrer physischen Konstitution nicht dazu geeignet, ganze Tage, Wochen, Monate und Jahre multipel und permanent penetriert zu werden, ohne in medizinischer Hinsicht schwer geschädigt zu werden. Weibliche Geschlechtsorgane wie Vagina und Vulva sind nämlich im Falle einer kommerziellen Benutzung im Rahmen einer lang andauernden Penetration in höchstem Maße zerstörbar.

Die Grundrechtsabwägung ist deshalb eindeutig zugunsten des Schutzes der betroffenen Prostituierten zu fällen und entspricht den Vorgaben des

628 „Die Einschätzung und Prognose der dem Einzelnen oder der Allgemeinheit drohenden Gefahren ist verfassungsrechtlich darauf zu überprüfen, ob sie auf einer hinreichend gesicherten Grundlage beruhen." BVerfG, Urt. v. 26. Februar 2020 – 2 BvR 2347/15, Rn. 237.

629 Vgl. Kap. 3.4.

Verfassungsgerichts, die es an anderer Stelle gemacht hat. Im Lichte der mit der Prostitution nachgewiesenen negativen Begleiterscheinungen und gemäß dem gegenwärtigen Stand der wissenschaftlichen Erkenntnisse im medizinischen, psychiatrischen, völkerrechtlichen und grundrechtlichen Bereich, kann geschlussfolgert werden, dass für die absolute Mehrheit der in der Prostitution tätigen Personen Prostitution eine signifikante Verletzung ihrer unveräußerlichen Menschenwürde bedeutet. Es ist davon auszugehen, dass diese Schlussfolgerung keinesfalls im Widerspruch zur grundlegenden Autonomie von Prostituierten steht, sondern deren Autonomie erst wieder herstellt. Denn es konnte hier nachgewiesen werden, dass die grundsätzliche Heteronomie und Fremdbestimmung im prostitutiven Akt die Regel ist und es bei Prostitution nicht um eine freiwillige und selbstbestimmte sexuelle Dienstleistung gegen Entgelt geht, sondern in den meisten Fällen um Zwang, Ausweglosigkeit, Erpressung oder Not, die für die Anbieterinnen ursächlich sind. Mit Blick auf die zugänglichen Daten und Statistiken, unter Einbezug der Ergebnisse wissenschaftlicher Studien und der Ermittlungserfahrungen polizeilicher und staatsanwaltlicher Behörden, wurde folglich in doppelter Hinsicht bewiesen, dass die Praxis der Prostitution der Autonomie der Person grundsätzlich widerspricht.

Als Gegenargument kann ein Recht auf sexuelle Selbstbestimmung auf der Seite der Nachfrager der Prostitution nicht angeführt werden, weil ersteres mit dem autonomen Selbstbestimmungsrecht der jeweils anderen Person, also der Prostituierten, kollidiert. Die Freiheitsinteressen der Sexkäufer können das Grundrecht auf Würde auf der Seite der Prostituierten nicht aufwiegen. Denn nicht nur bei Immanuel Kant endet die Freiheit des einen an der Freiheit des anderen, sondern auch im deutschen Rechtsstaat.

Der Gesetzgeber sollte die begründete Würdeverletzung in der Prostitution in Deutschland zum Anlass für eine Fundamentalreform der Prostitutionsgesetzgebung (ProstG i.V. mit ProstSchG) nehmen und darf keinesfalls nur das ProstSchG novellieren, weil dies in der Substanz nichts an der Grundrechtsverletzung für die Prostituierten ändern würde und könnte. Für diese geforderte Totalreform der Prostitutionsgesetzgebung bietet einerseits die sozialwissenschaftliche Beweisführung eine Grundlage, welche von den armutsbedingten Einstiegsgründen, der sexualisierten Gewalt, den mangelnden Ausstiegsoptionen bis hin zu den prekären Lebenssituationen der Prostituierten in deutschen Bordellen, auf dem Straßenstrich und in den zu Prostitutionszwecken angemieteten Wohnungen reicht. Weiterhin sind die medizinischen Folgewirkungen, die psychischen Ursachen des

Einstiegs und die allgemeine psychische Konditionierung der in der Prostitution tätigen Personen aufgrund der höchst gefährdeten Tätigkeit zu berücksichtigen.[630] Auch ökonomische und soziale Gründe für den Einstieg der vulnerablen ausländischen Frauen und Menschenhandelsopfer dürfen rechtlich zur Beurteilung der Institution der Prostitution nicht außer Acht gelassen werden, ebenso die vielfach bewiesenen Fremdeinwirkungen und Fremdbestimmungen durch Zuhälter und Freier, die wirtschaftliche und psychische Ausbeutung von Prostituierten und das Faktum des mit der Prostitution verbundenen Menschenhandels zum Zweck der sexuellen Ausbeutung.[631]

Der interdisziplinäre Stand wissenschaftlicher Forschung zu Sexualität gebietet auch in den Rechtswissenschaften und in der Folge dem Gesetzgeber, analytisch präzise zu unterscheiden, ob sexuelle Handlungen tatsächlich frei und einvernehmlich sind sowie ohne Zwang stattfinden und somit wechselseitig die Grundrechte von Menschen befördern – analog zum rechtsethischen Leitbild konsensueller Sexualität[632]–, oder ob im Rahmen einer Institution, konkret die der Prostitution, Sexualität zur Entwürdigung von Menschen beiträgt, da diese einseitig durch Dritte instrumentalisiert bzw. zum bloßen Objekt gemacht werden, was grundsätzlich bei einer einseitigen sexuellen Befriedigung gegen Bezahlung vorausgesetzt werden kann. Darüber sind körperverletzende Sexualpraktiken, schmerzverursachende Penetration, sexualisierte Gewalt, klassische Vergewaltigung und bewusste Demütigung in der Prostitution nachweisbar,[633] die nicht geahndet werden, weil die Nachfrager zunächst legal Sex gekauft haben und deren objektive Rechtsverletzungen unter dem Schutz und Deckmantel der staatlich nicht durchschlagenden Prostitutionsregulation stattfinden.

Eigentlich ist der Staat dazu verpflichtet, zu jeder Zeit die Grundbedingungen zu sichern, „dass die einzelne Person ihre Individualität selbstbestimmt entwickeln und wahren kann“[634]. Wenn er im Umkehrschluss dies sogar im Rahmen einer Institution wie der Prostitution nicht gewährleistet

---

630 Vgl. Kap. 3.4 - 3.7.

631 Vgl. die einheitliche Rechtsauffassung der völkerrechtlichen und europarechtlichen Dokumente in diesem Buch unter Kap. 1.1. und 1.2.

632 Vgl. D.-S. Valentiner, Das Grundrecht auf sexuelle Selbstbestimmung. Zugleich eine gewährleistungsdogmatische Rekonstruktion des Rechts auf die freie Entfaltung der Persönlichkeit, Baden-Baden 2020, 418.

633 Vgl. Kap. 3.7., Selbstaussagen der Freier und internationale Studien zu Freier-Verhalten.

634 BVerG 147, 1 (19).

und auch faktisch nicht gewährleisten kann, hat er die rechtlichen Konsequenzen zu ziehen und zumindest deren Wahrnehmung zu verbieten. Denn der Rechtsstaat kann sich im 21. Jahrhundert aus der rechtlichen Regelung liberalisierter Sexualität unter Menschen (analog zur Ehe) nicht mehr gänzlich exkulpieren und heraushalten, ohne die klassischen Grundrechte, vor allem für die Schwächeren, hier überwiegend Frauen, akut zu gefährden. Mehr gelebte Freiheit in einem zentralen Bereich menschlicher Interaktion, nämlich der Sexualität, erfordert auch mehr rechtliche Verantwortung des Rechtsstaates, näher hin mehr rechtliche Regulierung und Differenzierung im Sexualstrafrecht, jedoch auch mehr Grundrechtsschutz, mehr Rechtssicherheit und mehr spezifische Strafbarkeit von sexualisierter Gewalt im öffentlich-gesellschaftlichen Raum wie dem der gewerblichen Prostitution.

4.3. Ergebnisse zur Würdeverletzung in der Prostitution

Der Begriff der „Würde", der im Rahmen von zweieinhalbtausend Jahren westlicher Philosophie- und Ethikgeschichte entstanden ist, kann und darf juristisch nicht auf eine individuelle, formale Zustimmung reduziert werden, ohne ihn selbst zu missbrauchen. Er kann auch mangels rechtsphilosophischer Rezeption nicht auf eine Leerformel reduziert werden. Dies käme nicht nur einer Abkehr vom Menschenrechtsgedanken der Aufklärung gleich, sondern auch einer Verkürzung und begrifflichen Engführung dessen, was in Jahrhunderten der Würdeforschung erkannt und bewusst von den Müttern und Vätern des Grundgesetzes 1949 in Art. 1 GG rezipiert wurde.[635] Der Würdebegriff würde sonst nachträglich im deutschen

635 A. Wildfeuer, Menschenwürde – Leerformel oder unverzichtbarer Gedanke?, in: M. Nicht/A.G. Wildfeuer (Hg.), Person – Menschenwürde – Mensch-rechte im Disput, Münster 2002, 19–116, 102f.: „1. Die inhärente Würde kommt dem Menschen zu, weil er ‚mit Vernunft und Gewissen begabt', d.h. moralisch verantwortliches sittliches Subjekt, oder kurz ausgedrückt, ‚Person' ist. Person zu sein ist mithin der Grund der Würdezuschreibung. 2. Der rationale Kern des Gedankens der Menschenwürde und der daraus folgenden Schutzwürdigkeit des Menschen muss eng gehalten werden, um ihn dem Streit der Meinungen zu entziehen. Ihm sind daher eher Verbote als Gebote zu entnehmen, wie etwa das Verbot, jemanden ‚bloß als Mittel zum Zweck' zu gebrauchen. Der Schutz der Würde muss auf jenes Minimum beschränkt werden, das als unaufhebbare Bedingung der Möglichkeit des sittlichen Subjektseins gelten kann und aus dem sich das Recht ableitet, überhaupt Rechte zu haben. 3. Mit dem Gedanken der Menschenwürde und der durch ihn begründeten Menschenrechte

Rechtsstaat rechtsphilosophisch entleert und seiner eigentlichen Substanz beraubt. Denn er beinhaltet – im rechtsphilosophischen ebenso wie im internationalen völkerrechtlichen Diskurs (vgl. EMGH) – unbestritten das substanzielle Verbot der Verobjektivierung menschlicher Personen und die Garantie ihrer grundsätzlichen Autonomie. Dies geht auf Immanuel Kant als den wichtigsten Rechtphilosophen zurück, der Würde so definierte, dass Menschen nie nur bloß als Mittel gebraucht werden dürfen, sondern immer Zeck ihrer selbst bleiben müssen.[636] Diese fundamentale Anerkennung der Würde als das grundlegende Rechtsprinzip stellt eine wesentliche historische Errungenschaft und einen Grundpfeiler der demokratischen Verfassung Deutschlands und des Rechtsstaates seit 1949 dar, der in der frühen Verfassungstradition der Bundesrepublik Deutschland im Verobjektivierungsverbot anerkannt wurde. Im Moment besteht die Gefahr, dass der objektive Gehalt des Würdeprinzips verfassungsrechtlich auf einen reduzierten Begriff der ungeprüften, individuellen Willensfreiheit reduziert wird. Dies geschähe in Absehung von der Erkenntnis, dass Würdeschutz einerseits nur intersubjektiv und durch wechselseitige Freiheitsbeschränkungen gewährleistet werden kann, und andererseits deshalb die Einhaltung

---

werden die Anfangsbedingungen des Menschseins geschützt, nicht dessen Vollendungsgestalt. 4. Aus dem rationalen Kern des Würdegedankens lassen sich vor allem drei generelle normative Konsequenzen ziehen: Aus der Würde des Menschen ergibt sich erstens ein Moment der moralischen Selbstverpflichtung, die im Sinne der Tugendpflichten eine personale und eine soziale Seite hat. Zweitens konkretisiert sich die Würdeanerkennung im Raum des Rechts im Sinne von Rechtspflichten gegenüber anderen, die in die Anerkennung der besonderen Schutzwürdigkeit des Menschen münden, wie sie dem Menschenrechtsgedanken zugrunde liegt. Und drittens erfordert die Achtung vor der Würde aller Menschen die politisch-institutionelle Etablierung von Rahmenbedingungen zur Sicherung der Möglichkeit der friedlichen Koexistenz der unterschiedlichen Freiheitsansprüche. Der moderne, freiheitlich-demokratische Verfassungsstaat ist die institutionelle Konsequenz im politisch-rechtlichen Bereich, die sich aus dem Menschenrechtsethos der Neuzeit, dem Gedanken der Menschenwürde und den darin begründeten unverzichtbaren und unveräußerlichen Freiheitsrechten des Einzelnen ergibt. 5. Der Anspruch auf Würdezuschreibung und der damit verbundene Schutz von Leib und Leben hängen nicht von bestimmten, erst nachzuweisenden Eigenschaften von Individuen ab. Wie Personsein der Grund, so ist Menschsein das einzige empirische Indiz der Würdezuschreibung. Würde kommt mithin ausnahmslos allen Menschen in all ihren Lebensphasen zu." (102f.) Zur Menschenwürde als Rechtsbegriff siehe auch: M. Hong, Der Menschenwürdegehalt der Grundrechte. Grundfragen, Entstehung und Rechtsprechung, Tübingen 2019.

636 I. Kant, Grundlegung zur Metaphysik der Sitten, Gesammelte Schriften, Preußische Akademie der Wissenschaften (Hg.), Berlin 1900f, AA04, 4:428f.

von Würde immer nur rechtlich, nie nur individuell gelingt, nämlich vorzugsweise durch den Rechtsschutz des Staates.

Der Begriff der Würde kann wegen seiner inhärenten, objektiven Substanzbehauptung nicht von seinem konstitutiven Rechtsgehalt gelöst werden, ebenso wenig wie seine Träger sich von ihm entäußern können. Denn Würde gehört zur menschlichen Existenz als solcher dazu und ist – auch in medizinischer und psychiatrischer Hinsicht – konstitutiv für menschliche Identität und sein/ihr (Selbst-)Bewusstsein. Wenn Würde in der subjektiven Wahrnehmung der Person – z.B. unter Folter oder bei Misshandlungen – verloren geht, werden Menschen psychisch krank, geben sich selbst auf oder gehen in einen psychischen Tod.[637] Nachweislich inhäriert die Tätigkeit in der Institution der Prostitution genau diese akute Gefahr, dass Menschen gemäß ihrem subjektiven Empfinden ihr eigenes Würdebewusstsein verlieren, da sie aufgrund von Demütigungen, beständiger Instrumentalisierung und Entfremdung zu Dissoziationen gezwungen werden und sich in der Folge desintegrieren. In diesem Zustand besitzen sie nach Auskunft von Experten aus der Psychiatrie und Traumaforschung nicht mehr die Möglichkeit eines freien Willens.[638] Diese Gefahr ist vor allem bei Prostituierten gegeben, wenn sie sich selbst jahrelang einer für sie degradierenden, demütigenden und missachtenden sexuellen Befriedigung von fremden Dritten zur Verfügung stellen mussten. Gerade die Tatsache der akuten Gefahr des schrumpfenden individuellen Würdeempfindens in der Prostitution bestätigt ja die Notwendigkeit einer rechtsphilosophischen und rechtlichen Substanzbehauptung des Würdeprinzips. Dieses beinhaltet nämlich, dass der Staat in objektiver Hinsicht die Würde der Menschen zu schützen und zu gewährleisten hat.

Würde hat also notwendigerweise einen Substanzgehalt, der eine allzu enge oder formale Auslegung – auch gemäß der Tradition des Grundgesetzes und dem Sinngehalt, den die Mütter und Väter des Grundgesetzes mit dem Artikel verbanden – verbietet. Denn das Menschenbild des Grundgesetzes steht nicht in der rechtsphilosophischen Tradition eines individualistischen Individualismus, in dem eine einfache Willenserklärung eine Selbstverfügung über die eigene Instrumentalisierung oder Versklavung er-

637 Siehe dazu: https://psylex.de/stoerung/psychosomatik/psychogener-tod/ (abgerufen am 25.3.2023); D. Barton/J. Fishbein/F. Stevens, Psychological Death: An Adaptive Response to Life-Threatening Illness, in: The International Journal of Psychiatry in Medicine 3/3 (1972), 227–236.

638 Vgl. Kap.3.4.2.

lauben würde. Auch eine verfassungsrechtlich erlaubte Selbsttötung würde genau diese Instrumentalisierung ausschließen, da durch das Urteil des Bundesverfassungsgerichtes eine autonome Entscheidung vorausgesetzt ist, jedoch unter der Voraussetzung, dass fremde Dritte genau diesen Willen nicht grundsätzlich missachten.[639]

Denn auch eine potenzielle vordergründige Einwilligung des Einzelnen zu seiner bzw. ihrer Verobjektivierung und ggf. Versklavung rechtfertigt nicht ein vermeintliches Recht eines Dritten, diesen Menschen zum Objekt zu reduzieren und zu seinem Eigenvorteil wie ein Objekt zu benutzen. Insoweit könnte zwar *de jure* der oder die einzelne ihrer Verobjektivierung und Instrumentalisierung zustimmen, *ipso facto* gelten jedoch immer deren Menschen- und Grundrechte, insbesondere deren unveräußerliche Würde.

Von Seiten des Staates stellt jedoch die gesetzliche Erlaubnis einer Institution, die *per se* eine grundsätzliche Instrumentalisierung von Menschen durch Dritte gestattet, eine rechtliche Verletzung der aktiven Würdeschutzverpflichtung der Verfassung dar. Denn der Rechtsstaat darf kein eigentlich zu strafendes Verhalten legitimieren, reglementieren oder auf irgendeine andere Weise begünstigen.

Die Menschenwürde mit den aus ihr abgeleiteten Menschenrechtsansprüchen steht in der gesamten westlichen Philosophiegeschichte bis heute für einen sozial gebundenen Freiheitsanspruch gegenüber Dritten. Die Freiheit des einen endet im bürgerlichen Recht ebenso wie im Verfassungsrecht an der Freiheit der anderen, weshalb die Würde des jeweils anderen als *die* nicht zu verletzende Grenze der Instrumentalisierung zu respektieren ist.

Wenn also das Verfassungsgericht die Würde menschlicher Personen als Norma Normans begreift, besteht darin eine Verpflichtung der Staatsgewalt zur Abwehr, wenn die Menschenwürde von Menschen durch Dritte bedroht ist. Dies impliziert Art. 1 Abs. 1 S. 2 GG, der eine klare und indisponible staatliche Gewährleistungspflicht nach sich zieht, Menschen, die durch strukturelle Entwürdigung betroffen sind, zu schützen. Insofern gehört die schlichte Regulierung einer menschenentwürdigenden Institution, wie es die Prostitution darstellt, auch zum Inhalt dieser Schutzpflicht dergestalt, dass Dritte im Rahmen dieser Institution niemanden mehr entwürdigen können. Dies ist auch im Sinne einer sich immer weiter schärfenden zivilisatorischen Entwicklung und Schärfung eines egalitären und humanitären

639 BVerfG, Urt. v. 26. Februar 2020 – 2 BvR 2347/15, Rn. 232.

Bewusstseins der westlichen Welt im Kontext von Prostitution und Sexualität – analog zu anderen westlichen Ländern – mehr als überfällig.

In Bezug auf sexuelle Interaktion existiert nach unserer Einschätzung eine verfassungsrechtliche Pflicht zur Abwehr von struktureller sexueller Unterdrückung und struktureller Diskriminierung durch serielle, fast exklusiv männliche, einseitige Triebbefriedigung an einer anderen Person, im Sinne der Gleichberechtigung und gleichen Würdigung aller Geschlechter und Gender (Art. 3 GG). Insbesondere in der Prostitution gibt es, qua Sexkaufvertrag, de facto keine Gleichberechtigung. Die Gleichberechtigung während des Geschlechtsverkehrs wird implizit durch den Kauf eines sexuellen Dienstes der Prostituierten und die Wahrnehmung einer einseitigen Freiheit dem Wesen nach ausgeschlossen.

Es existiert kein verfassungsrechtlich geschütztes Recht auf Befriedigung sexueller Bedürfnisse an anderen Menschen jeden Geschlechtes, vorzugsweise an Frauen, das dem gegenübersteht. Insofern liegt keine Grundrechtskonkurrenz vor, sondern vielmehr eine Grundrechtsergänzung. Es lässt sich im Sinne von mindestens zwei Grundrechtsartikeln eine staatliche Pflicht begründen, der Entwürdigung von Menschen durch Dritte Einhalt zu gebieten. Denn andernfalls wären die Art. 1 GG und Art. 3 GG nur unbestimmte Normen ohne rechtliche Folgewirkung.

Insofern lässt sich eine staatliche Unterlassungspflicht argumentativ begründen, wenn die Infrastruktur für gewerbliche Unternehmen der Prostitution gemäß ProstG als legal gilt – ohne wirksame Kontrollmöglichkeiten der Durchführung konkreter sexueller Akte (die auch immer wieder Gewaltakte sind) und bei gleichzeitiger hoher Gefahr der Ausbeutung durch Zuhälter und kriminelle Unternehmer. Insofern muss zukünftig ausgeschlossen werden, dass der Staat in der derzeitigen Gesetzeslage an der Verobjektivierung von Menschen indirekt mitwirkt bzw. ihr durch die Legalisierung des Sexkaufs Vorschub leistet. Die akute medizinische und psychische Gefährdung der betroffenen Menschen in der Prostitution wurde bereits durch Vorlage von internationalen Studien, Gutachten und Aussagen von Fachleuten in allen relevanten Bereichen hier belegt.

Ein effektiver Würdeschutz ist, gemäß internationaler Erfahrungswerte, nicht anders zu erreichen als durch eine Bestrafung der Wahrnehmung der Prostitution und durch ein Verbot von gewerblicher Prostitution im Rahmen von Unternehmen und Organisationen der Prostitution, wie dies in vielen anderen demokratischen Rechtsstaaten der westlichen Zivilisation bereits geschieht. Die menschenrechtlich kompatible Lösung, auch im internationalen Raum, liegt in einem Sexkaufverbot, weil die Grundrechtsverletzung durch Dritte (Zuhälter und Freier) klar verboten wird.

Die Würde des Menschen zu schützen wird dem Gesetzgeber gelingen, wenn er die Vorteile des Nordischen Modells prüft und sie gegebenenfalls auch nutzt. Der Erfolg für die Einhaltung der Grundrechte von Prostituierten besteht in der abschreckenden Wirkung der Strafbarkeit der Verursacher der Würdeverletzung, nämlich der verantwortlichen Profiteure in der Prostitution (Zuhälter und Freier). Der Vorschlag der gesetzlichen Strafbarkeit der Wahrnehmung und der unternehmerischen Organisation der Prostitution geschieht nämlich aus einer eindeutigen Rechtsgüterabwägung heraus. Selbst wenn Prostituierten hierdurch eine wesentliche Erwerbsgrundlage entzogen und ihre Berufsfreiheit eingeschränkt würde, überwiegt der Schutz ihrer grundlegenden Menschenwürde, ohne die Freiheit der Prostituierten in der Substanz einzuschränken oder sie zu stigmatisieren. Deshalb ist die Ausnutzung einer instrumentalisierenden und würdeverletzenden Tätigkeit, wie die der Prostitution, als unvereinbar mit der Europäischen Erklärung der Menschenrechte und anderen von der Bunderepublik Deutschland ratifizierten Völkerrechtsabkommen zu betrachten.[640]

4.4. Schlussfolgerungen zur Prostitutionsgesetzgebung

Die Hauptthese dieser Arbeit ist, dass gekaufte sexuelle Akte grundsätzlich zu den grundrechtsverletzenden instrumentalisierenden sexuellen Akten gehören, in denen die einseitige Befriedigung von Seiten des Käufers, jedoch nicht das Wohl der Prostituierten im Vordergrund steht. Serielle prostitutive Akte sind nämlich mit sicherer Wahrscheinlichkeit mit der grundsätzlichen Verletzung des Körpers und der Psyche der dienstbaren Person und mit fundamentalen Gefahren für deren Würdeerhalt verbunden. Schlussfolgernd ist von einer strafrechtlich relevanten Täterschaft der sexkaufenden Person auszugehen.

Denn aufgrund der Bezahlung für die sexuelle Befriedigung des Käufers an die Verkäuferin steht nicht das wechselseitige Wohl und die autonome gleichberechtigte Interaktion im Vordergrund des sexuellen Aktes, sondern eine asymmetrische, einseitige und in Teilen gewaltsame Aktion der Selbstbefriedigung der Freier durch vaginale, anale oder orale Penetration des

640 Vgl. Kap. 1.1.

Körpers Dritter. Durch den vorgängigen Kauf- bzw. Dienstleistungsvertrag *wird nachfolgend das affirmative, fortwährende Kontrollrecht des Zugangs zu sich selbst – hier zum eigenen Körper – als Kernelement der personalen Autonomie des Rechtssubjekts*[641] *und damit die Verfügungsbefugnis über die körperliche Integrität der Prostituierten außer Kraft gesetzt.* Dies führt dazu, dass der sexuelle Akt in der Prostitution grundsätzlich mit einseitiger Kontrollbefugnis des Freiers, unter Absehung der Bedürfnisse, Interessen und Rechte der betroffenen Prostituierten, häufig auch mit Gewalt, durchgeführt werden kann.[642] Deshalb steht die grundgesetzwidrige Verobjektivierung der sich prostituierenden Person im Vordergrund der gewerblichen Organisation der Prostitution ebenso wie im Vordergrund der sexuellen Wahrnehmung von Prostitution. Weiterhin wird die Instrumentalisierung der Prostituierten bewusst in Kauf genommen oder diese sogar angezielt. Als Beweis wurden repräsentative Freier-Studien angeführt bzw. wurde der nachgewiesene Zusammenhang von Menschenhandel und Prostitution in internationalen Studien und Rechtsdokumenten angeführt.

Es wurden akute Gefahren für Leib und Leben der Betroffenen bei kontinuierlicher, serieller Ausübung prostitutiver Tätigkeiten durch medizinische Studien und psychiatrische Studien zu Traumatisierungen angeführt. Dies löst rechtlich nicht nur konkrete Gewährleistungspflichten des Staates aus, die sich laut Bundesverfassungsgericht grundsätzlich aus dem Bestehen besonderer Gefährdungslagen ergeben.[643] Diese Gewährleistungspflichten müssen neben der Abwehr von akuten Gefahren für Leib und Leben auch garantieren, dass personale Autonomie während sexueller Interak-

---

641 Vgl. D.-S. Valentiner, Das Grundrecht auf sexuelle Selbstbestimmung. Zugleich eine gewährleistungsdogmatische Rekonstruktion des Rechts auf die freie Entfaltung der Persönlichkeit, Baden-Baden 2020, 183, 235–236. An diesen Stellen definiert Valentiner, wie existentiell die Zugangskontrolle für das Selbstbehauptungsrecht der menschlichen Person und ihre freie Persönlichkeitsentfaltung ist und kommt zu dem Schluss, dass das ungeteilte und kontinuierlich fortwährende Verfügungsrecht über den eigenen Körper Kernbestand der Autonomie der Person ist. Man kann sich nur eine Aussetzung dieses Rechts im Rahmen von medizinisch notwendiger Behandlung mit vorheriger qualifizierter konsensueller Zustimmung vorstellen, weil beispielsweise bei einem operativen Eingriff der Nutzen für die betroffene Person die Aussetzung der Verfügung über den eigenen Körper überwiegt. Der Aussetzung der Verfügungsgewalt über den eigenen Körper, das mit akuten Gefahren für Leib und Leben verbunden ist, steht im Falle der Prostitution jedoch kein Grundrecht eines Dritten gegenüber.

642 Vgl. die internationalen Studienergebnisse in 3.5.

643 Vgl. BverfGE 54, 148 (153); 79, 256 (268).

tionen nicht qua Dienstleistungsvertrag außer Kraft gesetzt wird. Denn eine grundsätzliche Drittwirkung von Grundrechten ist zu berücksichtigen, weil ohne sie die Unverletzlichkeit der Würde von Menschen und deren Freiheits- und Persönlichkeitsrecht in dieser konkreten Lebenslage nicht gewährleistet werden kann.[644] In Verbindung mit dem Nachweis dieser Arbeit, dass es zu einer systemischen und strukturimmanenten Entwürdigung und Verobjektivierung von Menschen in der Prostitution kommt, die durch das ProstG erst ermöglicht wird, liegt folgende rechtliche Schlussfolgerung nahe:

Die Wahrnehmung der Prostitution, ebenso wie die Organisation der Prostitution zu Gewerbezwecken durch Dritte, ist, analog zu anderen Staaten der EU, strafrechtlich zu verfolgen[645] und ihre grundsätzliche Legalisierung durch das ProstG zu widerrufen, weil die Wahrnehmung der Prostitution dem Sinn der Grundrechtsbestimmungen aus Art. 1, gegebenenfalls auch Art. 2 und 3 GG, zuwiderläuft. Ein Verbot von Sexkauf ist – ähnlich wie in vielen anderen demokratischen Rechtsstaaten – auch in Deutschland erforderlich, weil im Kontext der Prostitution kein der Würde entsprechendes Recht auf personale Autonomie in und während der gekauften sexuellen Interaktionen staatlicherseits gewährleistet werden kann. Der Staat hat mit der Regulierung und expliziten Legalisierung der Prostitution im Jahr 2001 einen rechtlichen Graubereich geschaffen, in dem das Recht auf körperliche Unversehrtheit, die Autonomie der Prostituierten und die Würde der menschlichen Person kontinuierlich verletzt werden. Es wird aus ethischen und rechtlichen Gründen im Sinne des Würdeschutzes der Betroffenen deshalb gefordert, diese Grundrechtsverletzung unverzüglich verfassungsrechtlich zu prüfen und möglichst umgehend die Prostitutionsgesetzgebung so zu verändern, dass Täter zur Rechenschaft gezogen werden und keine weiteren Menschen mehr zu Schaden kommen.

644 Vgl. BVerfG 1 BvR 400/51.

645 Das Verfassungsgericht konstatiert selbst: Es besteht „ein Anspruch auf eine effektive Strafverfolgung dort, wo der Einzelne nicht in der Lage ist, erhebliche Straftaten gegen seine höchstpersönlichen Rechtsgüter – Leben, körperliche Unversehrtheit, sexuelle Selbstbestimmung und Freiheit der Person – abzuwehren und ein Verzicht auf die effektive Verfolgung solcher Taten zu einer Erschütterung des Vertrauens in das Gewaltmonopol des Staates und einem allgemeinen Klima der Rechtsunsicherheit und Gewalt führen kann." (BVerfG, NSTZ-RR 2015, 347)

Teil 2: Verfassungsrechtliche Prüfung der geltenden Prostitutionsgesetzgebung in Deutschland – Ulrich Rommelfanger

> Durch Rechtsetzung kann ein Wandel des Rechtsbewusstseins, d.h. der Wert-, Gerechtigkeits- und Richtigkeitsvorstellungen bewirkt werden.
>
> Thomas Würtenberger, Zeitgeist und Recht, Tübingen 1987

Vorbemerkung

Zweifellos hat das durch das Prostitutionsgesetz (ProstG) des Jahres 2001 aufgehobene Verdikt der Sittenwidrigkeit der Prostitution zu einer liberaleren Handhabung derselben geführt. Ob dadurch auch ein Wandel in den Wertvorstellungen der Mehrheit der Deutschen bewirkt wurde, steht auf einem anderen Blatt.

Auf ein Phänomen im Zusammenhang damit und dem Krieg in der Ukraine sei aufmerksam gemacht. Im Zusammenhang mit der Flüchtlingsbewegung von Frauen und Kindern aus der Ukraine nach Westeuropa hat sich beispielhaft gezeigt, wohin die Legalisierung der Prostitution seit Inkrafttreten des Prostitutionsgesetzes (ProstG) vor 20 Jahren in der Fassung des Prostituiertenschutzgesetzes (ProstSchG) im Jahre 2016 insbesondere in Deutschland geführt hat. An Grenzübergängen und den Ankunftsbahnhöfen wie Berlin, Dresden und Hannover wurden junge Ukrainerinnen im Beisein oft ihrer Kinder ganz ungeniert von Männern aus dem Prostitutionsgewerbe angesprochen und ihnen ein kostenloses Nächtigen in der eigenen Wohnung angeboten. Die Hannoversche Allgemeine berichtet, dass die Bundespolizeiinspektion am Hauptbahnhof von Hannover in immer mehr Fällen verhindert, dass geflüchtete Ukrainerinnen in den Händen von Zuhältern und dubiosen Helfern landen.[646] Mit „hübschen Frauen aus der Ukraine“[647] werben daneben verstärkt auch Partnerschafts-Vermittlungen.

---

646 S. Hannoversche Allgemeine, 5.5.2022.

647 Die Vermittlung *dein Glücksfall*, online unter: https://www.dein-gluecksfall.com/die-ukraine/.

Der Vorsitzende der Justizministerkonferenz des Jahres 2022, der Bayerische Justizminister Georg Eisenreich, hat sich anlässlich der 93. Justizminister-Konferenz am 1. und 2. Juni 2022 für härtere Strafen ausgesprochen. Zwangsprostitution sei aktuell eine „große Gefahr für ukrainische Geflüchtete", ließ er ebenso verlauten, wie er die Behandlung des Themas Menschenhandel bei dieser Justizminister-Konferenz ankündigte.[648]

Diese Thematik wie auch das Faktum, dass hinter Menschenhandel und Zwangsprostitution „häufig organisierte Kriminalität steht"[649], haben Bayerns Innenminister Herrmann und Justizminister Eisenreich dazu veranlasst, den Kampf dagegen[650] zu verstärken[651].

Im Folgenden soll eine verfassungsrechtliche Betrachtung, ausgehend von den beiden in Kraft befindlichen Prostitutionsgesetzen, dem Prostitutionsgesetz (ProstG) und dem Prostituiertenschutzgesetz (ProstSchG), diese Thematik näher beleuchten.

A. Gesetzliche Grundlagen

I. Frage der Verfassungsmäßigkeit des ProstG und des ProstSchG

Die Frage der Verfassungsmäßigkeit des Gesetzes zur Regelung der Rechtsverhältnisse der Prostituierten (ProstG) und des Gesetzes zum Schutz von in der Prostitution tätigen Personen

(ProstSchG) aufzuwerfen, erfordert sachgemäß eine Differenzierung hinsichtlich beider Gesetze. Dabei begrenzt sich die Betrachtung auf die weibliche Form der Prostitution.

Der Prüfungsmaßstab selbst wird nachfolgend im Wesentlichen das Grundgesetz sein.[652]

648 Bayerisches Staatsministerium, 28.3.2022.

649 Ebda.

650 Online unter: STMI.Bayern.de/med/aktuell/archiv/2022/22032bok-bekaempfung/de.

651 TOP II 13 des Beschlusses der Justizministerkonferenz vom 1./2. Juni 2022 stellt fest, dass die im Jahr 2016 reformierten Strafvorschiften hinter den damit verbundenen Erwartungen zurückgeblieben sind und weiterhin strafgesetzgeberischer Verbesserungsbedarf bei der Bekämpfung von Menschenhandel, Zwangsprostitution und Zwangsarbeit besteht.

652 Der Beitrag geht davon aus, dass zwischen internationalen Menschenrechten und nationalen Grundrechten „im wesentlichen Deckungsgleichheit" besteht, Stern, in: Handbuch der Grundrechte, hrsg. Merten/Papier, Bd I, § 1 Rdnr. 57;

1. Gesetz zur Regelung der Rechtsverhältnisse der Prostituierten (ProstG)

a. Das vom 20.12.2001 stammende und am 1.1.2002 in Kraft getretene Gesetz zur Regelung der Rechtsverhältnisse der Prostituierten[653] hatte sich zum Ziel gesetzt, die Rechtsstellung der Prostituierten zu verbessern, die freiwillig (Hervorhg. Verfasser) ihren Lebensunterhalt durch Prostitution bestreiten.[654]
Dies sollte insbesondere in mehrfacher Hinsicht erfolgen, im Wesentlichen durch
   - die Einräumung eines rechtlich durchsetzbaren Anspruchs auf das vereinbarte Honorar der Prostituierten nach Wegfall des Merkmals der Sittenwidrigkeit,
   - die Erleichterung des Zugangs zum bestehenden Sozialversicherungssystem und
   - die Ermöglichung bzw. Erleichterung eines angemessenen Arbeitsumfelds.[655]

b. Die im Rahmen des Gesetzgebungsverfahrens durchgeführte öffentlichen Anhörung von Sachverständigen, Juristen aus verschiedenen Rechtsgebieten, der Polizei, Interessenverbänden der Prostituierten, der Arbeits- und Sozialverwaltung und von Beratungsstellen für Prostituierte[656] machte bereits deutlich, dass die gesetzgeberische Vorstellung auf eine Reihe von gravierenden Umsetzungsschwierigkeiten in der Praxis treffen würde.
Sie reichten von der Frage der Arbeitsvermittlungspflicht nach angestrebter Legalisierung der Tätigkeit der Prostitution, des Direktionsrechts des Arbeitsgebers[657] zum Eintritt der Prostituierten in die Sozialversi-

---

Deutsche Rechtsakte, die am Maßstab der Grundrechte kontrolliert werden, kann der einzelne vom EGMR auch an der EMRK überprüfen lassen, Ch. Starck, in: Hierarchie, Kooperation und Integration im Europäischen Rechtsraum, Sammelband (Hrsg. E. Schumacher, 2015), 68; s. auch Teil 1 dieses Buches, Kap. 1.1., 1.2.

653 S. BGBl. I, 3983.

654 S. Bericht der Bundesregierung zu den Auswirkungen des ProstG vom 24.1.2007, S. 6.

655 S. dazu im Einzelnen BT-Drs. 14/5958, S. 2, i.d.F. der Beschlussempfehlung des federführenden Ausschusses für Familie, Senioren, Frauen und Jugend, BT-Drs. 14/7174.

656 S. dazu Protokoll der 69. Sitzung des federführenden Ausschusses v. 20.6.2001, Web-Archiv des Bundestags.

657 S. Morchner (Bundesanstalt für Arbeit), Fn. 656, Protokoll a.a.O.

cherung[658], über Zweifel der Beratungsstellen zur Praktikabilität für die Arbeitslosen-, Gesundheits- und Rentenversicherung angesichts der tatsächlichen „Lebens- und Arbeitsbedingungen von Prostituierten"[659] bis hin zur Frage, ob vertragliche Vereinbarungen über sexuelle Leistungen überhaupt mit dem Grundgesetz, namentlich der Menschenwürde nach Art. 1 Abs. 1 GG, vereinbar sind.[660] Die letztere Thematik, die im Rahmen der Anhörung für die aufgeworfene Frage von maßgeblicher Bedeutung ist, wurde nur punktuell aufgegriffen, im Übrigen im Gesetzgebungsverfahren – soweit ersichtlich – nicht näher thematisiert.[661]

c. Es hat den Anschein, dass die Autoren der Gesetzesinitiative zur „Verbesserung der rechtlichen und sozialen Situation der Prostituierten" davon ausgingen, die prostitutive Hingabe erfolge per definitionem immer freiwillig und selbstbestimmt,[662] was indes zu hinterfragen gewesen wäre. Unbestritten ist der Umstand, dass eine frei verantwortliche und selbstbestimmt getroffene Entscheidung zum gemeinsamen Beischlaf nicht gegen die Menschenwürde verstößt (Stichwort: einvernehmliche Sexualität zwischen Erwachsenen), im Umkehrschluss aber eine unfreiwillige Prostitution „ausnahmslos als Menschenwürdeverletzung" zu qualifizieren ist.[663] Die insoweit häufig vertretene Auffassung einer angeblichen Unmöglichkeit der Unterscheidung ist unzutreffend.[664]

---

658 Heine (Sozialversicherung) zur Frage, ob eine Prostituierte „zur Angestelltenversicherung oder zur Arbeiterrentenversicherung gehört", bzw. den Weg „in die Privatversicherung über Gruppen- oder Einzelverträge" nimmt.

659 J. Geißler-Helke, Mitternachtsmission Dortmund, a.a.O., Fn. 656, „es ist lediglich ein guter Anfang".

660 Insbesondere die Kontroverse zwischen Denninger und Rauscher, a.a.O., Fn. 656, ob zur Verletzung der Menschenwürde das Tangieren deren Schutzbereichs ausreicht.

661 Im Gesetzentwurf selbst fallen weder der Begriff der Menschenwürde noch diejenigen der Selbstbestimmung und der Autonomie.

662 Darauf deutet die nur einmalige Erwähnung im Zusammenhang mit der möglichen Begründung eines „sozialversicherungsrechtlichen Beschäftigungsverhältnisses" hin, BT-Drs. 14/5958, S. 5.

663 J. Renzikowski, in: Reglementierung von Prostitution, Ziele und Probleme, Hrsg. BMFSFJ, Rdnr. 58.

664 Explizit Schüchel, a.a.O., 127, die die freiwillig selbstbestimmte Prostitution als die „klassische" bezeichnet. Sie qualifiziert als Eingriff in Art. 1 GG jeden prostitutiven Akt, wenn bestimmte Praktiken die Grenzen der unzulässigen Selbsterniedrigung überschreiten. Dies selbst dann, wenn sie mit Einwilligung der betroffenen Person geschehen sollten, ebda. 115.

Im Gesetzgebungsverfahren gerügt wurde stattdessen, dass das ProstG mit der Nichtberücksichtigung des Minderjährigen-Schutzes den besonders schutzbedürftigen (minderjährigen) Prostituierten jeden Schutz vorenthalte;[665] ein Einwand, der Jahre später bei den Beratungen des ProstSchG erneut parlamentarisch zur Sprache kam.[666]

d. Bereits wenige Jahre nach Erlass des ProstG wurde offensichtlich, dass zwischen den hehren Vorstellungen des Gesetzgebers des Jahres 2001 und der Lebenswirklichkeit der Prostitution eine teilweise unüberbrückbare Kluft besteht, so dass schon bald der Ruf nach einem neuen regulatorischen Konzept immer lauter wurde.
Die durch das ProstG beabsichtigte Aufhellung der Grauzone der Prostitution ging einerseits einher mit Steuer- und Sozialversicherungspflichten für die Prostituierten, die deren Einnahmen minderten, andererseits führte die Streichung des früheren § 180 a Abs. 1 Nr. 2 StGB („Förderung der Prostitutionsausübung" durch bestimmte organisatorische Maßnahmen) nach allgemeiner Auffassung zur unbeabsichtigten Stärkung der Stellung der Zuhälter.[667] Die Bundesregierung ihrerseits kündigte an, „die bestehenden rechtlichen Instrumentarien effizienter zu nutzen und auszubauen, um die Bedingungen, unter denen Prostitution praktiziert wird, zum Schutz der dort tätigen Personen einer rechtsstaatlichen Kontrolle zu unterwerfen und kriminellen Begleiterscheinungen vorzubeugen"[668].

665 S. nur den Entschließungsantrag der CDU/CSU-Fraktion zum Gesetzentwurf eines ProstG, BT-Drs. 14/6781, S 3; s. auch F.A.Z. zur Verurteilung eines Zuhälters durch das Landgericht Frankfurt wegen Zwingens einer Minderjährigen „zu Sex mit 15 Freiern am Tag", vom 11.11.2021.

666 S. dazu sogleich, Fn. 673, L. Breymaier für SISTERS in der Anhörung vom 6.6.2016.

667 B. Thoma, in: B. Koelges/B. Thoma/G. Welter-Kaschub, Probleme der Strafverfolgung und des Zeugenschutzes, 2001, 21 ff., beklagt den Wegfall des wichtigen Auffangtatbestands für den Menschenhandel, was auch den drastischen Rückgang der Ermittlungsverfahren wegen §§ 180, 180 a StGB in der Polizeilichen Kriminalstatistik für die Jahre 2000–2004 erklären dürfte; s. dazu auch Holm, Der Spiegel 6/2005, 52 f., „Grünes Licht für Menschenhändler".

668 BT-Drs. 16/4146, S. 44, vom 25.12.2007.

2. Gesetz zum Schutz von in der Prostitution tätigen Personen (ProstSchG)

Das am 21.10.2016 beschlossene Gesetz zur Regelung des Prostitutionsgewerbes sowie zum Schutz von in der Prostitution tätigen Personen[669], das am 1.7.2017 in Kraft trat[670], und sich zum Ziel gesetzt hatte „erstmals umfassende Regelungen für das Prostitutionswesen" zu treffen[671], hatte als „Kernelement" eine Erlaubnispflicht für alle Tätigkeiten des Prostitutionsgewerbes eingeführt. Die Erteilung der Erlaubnis war an die Erfüllung gesetzlicher Mindestanforderungen und an die Zuverlässigkeit des Betreibers gekoppelt.[672] Insgesamt sollte „der Zugang von Frauen und Männern in der Prostitution zu Unterstützungs- und Beratungsangeboten nachhaltig gestärkt" werden.

a. Anhörung im federführenden Ausschuss vom 6.6.2016

Anlässlich der Bewertung des Gesetzentwurfs kam es am 6. Juni 2016 zu einer Sachverständigen-Anhörung des federführenden Bundestags-Ausschusses für Familie, Senioren, Frauen und Jugend, in deren Rahmen zwölf Sachverständige zuvor ihre Stellungnahmen eingereicht hatten und anschließend zu Fragen der Ausschussmitglieder Stellung bezogen.[673] Ein Resümee zu dieser Anhörung zu ziehen, würde schon vom Umfang her der gestellten Ausgangsfrage nicht gerecht werden. Es seien drei annähernd repräsentative Anhörungsergebnisse herausgegriffen, die zum einen den Terminus der Menschenwürde der Prostituierten und ihre Selbstbestimmung thematisieren, zum anderen deren Lebenswirklichkeit und physische Konstitution.

aa. Die Ministerialbeamtin Claudia Zimmermann-Schwartz, die über vier Jahre den „Runden Tisch Prostitution NRW" leitete, der sich aus fast 20 Fachleuten aus Wissenschaft, Praxis und Menschen der Prostitution zusammensetzte und dessen Vorschläge in einen Entschließungsantrag an den Bundesrat einmündeten,[674] machte darauf

669 BT-Drs. 18/8556.

670 BGBl. I 2016, 2372.

671 BT-Drs. 18/8556, S. 2.

672 Gesetzesbegründung ebda.

673 Vgl. im Einzelnen dazu „Wortprotokoll" der 64. Sitzung des Ausschusses für Familie, Senioren, Frauen und Jugend v. 6.6.2016, online unter: www.bundestag.de, „Anhörung zum ProstSchG" unter Rubrik Wortprotokoll (zuletzt abgerufen am 29.3.2023).

674 „Maßnahmen zur Regulierung von Prostitution und Prostitutionsstätten", 11.4.2014, BR-Drs. 71/14.

aufmerksam, dass sich das Erscheinungsbild von Prostitution in Deutschland seit Erlass des ProstG massiv verändert hat. Eine große Mehrheit von Prostituierten komme mittlerweile aus Osteuropa. Kennzeichnend für die Situation dieser Prostituierten sind generell prekäre Lebens- und Arbeitsbedingungen neben mangelnder Gesundheitsfürsorge. Eine „freiwillige“ Entscheidung für Prostitution „gebe es fast nie“, und wenn, dann nur von besonders privilegierten Personen, deren Situation „nicht vergleichbar mit der Mehrheit sei“.[675] Im Übrigen seien die Grenzen zwischen den Polen „Prostitution als Beruf“ und „Menschenhandel zur sexuellen Ausbeutung“ fließend.[676] Bei der Armuts- und der Beschaffungsprostitution fände von vornherein keine Identifizierung mit der Tätigkeit statt.[677]
Um Prostitution, die mit „vielfältigen gesundheitlichen Risiken“ einhergehe, ohne Schaden für die eigene physische und psychische Gesundheit auszuüben, bedürfe es erheblicher (intellektueller) Kompetenzen, die „nicht ohne weiteres vorausgesetzt werden könnten“.[678]

bb. Der ehrenamtliche Verein SISTERS, vertreten durch deren stellvertretende Vorsitzende, Leni Breymaier, machte im Rahmen der Sachverständigenanhörung darauf aufmerksam, dass der Gesetzentwurf des ProstSchG zwar „in die richtige Richtung weist“, leider aber „nicht weit genug geht“.[679] Prostituierten werde vom Gesetzentwurf unterstellt, mehr oder weniger gerne ihren Beruf auszuüben; die Erfahrungen von SISTERS e.V. seien demgegenüber aber „gänzlich andere“. Auch diese Sachverständige geht davon aus, dass sich seit der „Liberalisierung“ des Prostitutionsgewerbes die Prostitutionslandschaft in Deutschland „gravierend zum Nachteil der in der Prostitution Tätigen verschlechtert“ habe. Unbedingte Abhilfe sei dahingehend nötig, dass das Mindestalter der in der Prostitution Tätigen auf 21 Jahre heraufzusetzen sei. Denn zunehmend kämen „sehr junge, kindlich aussehende Frauen“ in die Bordelle, die bei den Freiern als sog. „Frischfleisch“ besonders beliebt[680], die aber

675 S. 133/156 des Statements von Frau Zimmermann-Schwartz, Protokoll a.a.O., Fn. 673.
676 Ebda., 134/156.
677 Ebda., 137/156.
678 Ebda., 146/156.
679 Protokoll a.a.O., Fn. 673, 54/156.
680 Ebda.

ihrerseits nicht „auf die extremen sexuellen Wünsche der Kunden vorbereitet seien".[681].

Schließlich hätte die Veränderung der Freier-Wünsche „hin zu extremen Praktiken stark zugenommen", so dass „nur noch wenige deutsche Frauen in der Prostitution zu finden" seien bzw. selbst Sexpartys „mit Hochschwangeren" stark nachgefragt werden.[682] Da „in der Prostitution keine Perversion zu stark ist, um nicht auch nachgefragt und gelebt zu werden", sei es unabdingbar, dass „für Frauen, die sichtbar schwanger sind, es ein Prostitutionsverbot geben müsse, und zwar ohne Wenn und Aber".[683]

cc. Dass die Tätigkeit für Schwangere „ganz zu verbieten" ist, trug auch der Sachverständige Dr. Wolfgang Heide aus Heidelberg vor, der dort als Facharzt für Gynäkologie und Geburtshilfe tätig ist und ehrenamtlich Prostituierte in Mannheim betreut. Er spricht von der „Unerträglichkeit", dass werdende Mütter und Prostituierte an „Sexspielen mit Fäkalien aller Art" teilnehmen und zwischen 15 und 40 Freier täglich bedienen müssen, was eine „unverantwortbare Gefährdung" des Wohls des ungeborenen Lebens des Kindes bedeute.[684] Wolfgang Heide war ersichtlich der einzige Sachverständige der genannten Anhörung, der eine Verletzung der Menschenwürde thematisierte.

Trotz „Darmrissen, Scheidenverletzungen, Wochenfluss und starken Schmerzen beim Verkehr", fänden sich Freier, denen das nichts ausmacht, im Gegenteil, die „so etwas suchen", um hinterher festzustellen: „Dies ist (schließlich) alles legal."

„Ist es auch mit der Menschenwürde vereinbar?", fragte der sachverständige Arzt Wolfgang Heide. „Offenbar ist wirklich alles erlaubt, weil es legal ist", folgert er.[685] Im Zusammenhang mit „jungen Frauen, eigentlich Mädchen" in sog. Laufhäusern stellt Heide die Frage: „Wie kann man von Freiwilligkeit reden, wenn die Prostituierte kein Deutsch spricht und versteht?" – „Wie kann sie einem Geschlechtsakt zugestimmt haben?"

681 Ebda., 55/156.

682 Ebda.

683 Ebda., 58/156.

684 Wortprotokoll Fn. 673, 61/156; dabei berichtet er auch von einer Ausländerin, die ihn „in gebrochenem Deutsch um Hilfe bat, da sie 3 Tage nach der Geburt wieder arbeiten musste", a.a.O., 62/156.

685 Wortprotokoll Fn. 673, 63/156.

„Ich bin aufgrund dieser Bilder fassungslos, dass nicht wenigstens eine Altersgrenze von 21 Jahren im Gesetz festgelegt ist,"[686] Wolfgang Heide schloss seine Ausführungen zu „menschenunwürdigen Arbeitsbedingungen" damit, zu betonen:
„Das Nichthinnehmen ist unser aller Aufgabe; solche menschenunwürdigen Bedingungen darf es nicht geben, für niemanden!"[687]
Die vorgenannten Einwände fanden keinen ausreichenden Eingang ins Gesetz.

b. Gesetzesevaluation
Gemäß § 38 ProstSchG steht aktuell die Evaluation des Gesetzes in den drei Jahren seit dem 1.7.2022 an.
Unsere Ausführungen dienen u.a. auch einer objektiven und angemessenen Ergebnisfindung im Rahmen der genannten Evaluation.

II. Weiterer Untersuchungsgang

Im Folgenden sei namentlich untersucht, ob und inwieweit beide vorgenannten Gesetze vor dem Hintergrund der tatsächlichen Prostitutionsausübung in Deutschland ein weiteres Tätigwerden des Gesetzgebers erfordern.

Ausgehend vom Begriff der Menschenwürde, namentlich bei „dem Genie der Betrachtung seiner Zeit" (Fritz Werner) Immanuel Kant, über die Rezeption der Menschenwürde in der Weimarer Reichsverfassung, dem Parlamentarischen Rat und dem Grundgesetz bis zur aktuell einschlägigen, vorwiegend öffentlich-rechtlichen Rechtsprechung der Verwaltungsgerichte, des Bundesverwaltungs- und des Bundesverfassungsgerichts, wird unter *B.* untersucht, ob Prostitution in ihren aktuellen Auswirkungen Grundrechte der Prostituierten tangiert und verletzt. Daran schließt sich unter *C.* ein Blick auf die tatsächliche Situation der Prostitutionsausübung im Licht der Prostitutionsaussteigerinnen und der mit ihrer „Regulation" befassten Sachverständigen, der Polizei wie auch der Beratungsstellen an.

An die Bewertung unter *D.* schließt sich unter *E.* eine prägnante Zusammenfassung der Untersuchung unter Benennung einer möglichen und

686 Wortprotokoll Fn. 673, 64/156.

687 Ebda., 69/156; die Fachberatungsstelle Solwodi Bad.-Württ. ihrerseits berichtet über den Fall zweier Rumäninnen, die genötigt wurden, sich die Oberkieferzähne entfernen zu lassen, damit sie in der Lage seien, ausgesuchten Freiern einen besonders tiefen oralen sog. „deep throat" (orale Aufnahme des gesamten Penis) bescheren zu können.

inzwischen in acht europäischen Ländern praktizierten rechtspolitischen Alternative zur jetzigen Situation an.

B. Prostitution unter den Aspekten der Menschenwürde, des Allgemeinen Persönlichkeitsrechts, des Gleichheitssatzes und der Berufsfreiheit der Prostituierten

I. Der Begriff der Menschenwürde, insbesondere bei Immanuel Kant als Ausgangspunkt fortwährender Prägekraft

Den Begriff der Menschenwürde vor Kant, seit der Antike nachzuzeichnen, würde dieses Gutachten sowohl nach dessen Umfang sprengen, als auch seiner eigentlichen Zielsetzung nicht gerecht werden.

Erwähnt sei, dass schon Thomas von Aquin den Menschen von allen anderen Wesen dadurch gekennzeichnet sieht, dass der Mensch als Ebenbild Gottes zu betrachten ist und diese Gottesebenbildlichkeit seine Würde ausmacht.[688] Die Ansicht, die Menschenwürdegarantie finde im Christentum ihre Grundlage, stellte über Jahrhunderte die herrschende Auffassung dar.[689] In der Sozialphilosophie der Neuzeit bildeten die Möglichkeit freier Selbstbestimmung und die Fähigkeit vernunftgemäßen Handelns vornehmlich für die Vertreter des Vernunftrechts die maßgeblichen Pfeiler der Menschenwürdegarantie.[690] Klassische Gestalt mit noch heute fortwirkender Prägekraft (Reinhard Merkel) besitzt insbesondere die Rechtsphilosophie Immanuel Kants.[691]

Bei Kant nimmt die Menschenwürde in seinen Schriften zu Ethik und Rechtsphilosophie einen zentralen Stellenwert ein, wenngleich die Häufigkeit des Begriffs der Menschenwürde im Verlauf seiner Schriften ebenso wechselt[692] wie die begriffliche Fassung – ohne inhaltliche Änderung –, u.a.

688 S. R. P. Horstmann, Menschenwürde, in: Historisches Wörterbuch der Philosophie, Band 5, 1992, S. 1124.

689 Dazu Benda, Menschenwürde und Persönlichkeitsrecht, in: Handbuch Verfassungsrecht, 2. Aufl., § 6 Rdnr. 2.

690 S. dazu H. Hofmann, AÖR 118, 353, 364; P. Kondylis, Artikel Würde, in: Geschichtliche Grundbegriffe, Band 7, 1992, 661.

691 S. Dreier, Grundgesetz, Bd. 1, Art. 1, Rdnr. 13.

692 Vgl. die frühe vorkritische Schrift, Kant, Beobachtungen über das Gefühl des Schönen und Erhabenen, 1764, in Kants Gesammelte Schriften (GS), hrsg. von Königlich Preußische Akademie der Wissenschaften, Berlin (AKPAW), Bd. 2, 1905/12, 221, Z. 29,

„Würde der Menschheit"[693] oder „Würde eines vernünftigen Wesens"[694]. Im Zweiten Teil seines Erstwerks, der Metaphysik der Sitten des Jahres 1797, erscheint die „Menschenwürde" an acht selbständigen Stellen, davon fünf Mal in der Variante „Würde der Menschheit"[695].

Diese Würde, verstanden von Kant als ein „innerer Wert" gegenüber einem „reinen Preis"[696] führt Kant zur Formulierung seines 2. Kategorischen Imperativs.

> „Handele so, dass du die Menschheit sowohl in deiner Person, als (auch) in der Person eines jeden anderen jederzeit zugleich als Zweck, niemals bloß als Mittel (ge)brauchst."[697]

Aus diesem Postulat leitet Kant die Forderung ab, niemand dürfe sich „einer Person bloß als eines Mittels zur Erhaltung eines erträglichen Zustands ..." bedienen[698]. Denn der Mensch sei „keine Sache mithin nicht etwas, das bloß als Mittel gebraucht werden kann", vielmehr müsse „bei allen seinen Handlungen jederzeit als Zweck an sich selbst betrachtet werden."[699]

Dahinstehen kann an dieser Stelle die Frage der Einschlägigkeit der von Norbert Hoerster bejahten Gleichzeitigkeit von „Würde" und „Selbstzweckhaftigkeit".[700]

Günter Dürig seinerseits hat frühzeitig zur Menschenwürdegarantie des Grundgesetzes, offensichtlich auf Kant bezugnehmend, festgestellt,

> „Es verstößt gegen die Menschenwürde als solche, wenn der konkrete Mensch zum Objekt eines staatlichen Verfahrens gemacht wird."[701]

Auch das Bundesverfassungsgericht seinerseits hat später im Mikrozensus-Urteil des Jahres 1969[702] geurteilt, es widerspreche der menschlichen Würde, „den Menschen zum bloßen Objekt im Staat zu machen".

„Würde der menschlichen Natur"; eher peripher in: Kant, Die Religion innerhalb der Grenzen der bloßen Vernunft, 1793 in: GS, AKPAW, Bd. IV, Berlin 1907, 183, Z. 24.

693 Kant, Metaphysik der Sitten, 1785, in: GS hrsg. AKPAW ebda., 420, Z. 16.

694 Kant, Grundlegung zur Metaphysik der Sitten, 1785, in: GS, hrsg. Ebda., 434, Z. 29.

695 Kant spricht dabei von der „dritten Formel", Kant, GS, Hrsg. Ebda., Bd. IV., 432, Z. 2.

696 Kant ebda., Bd. IV, 434 f., Z. 8 ff.

697 Kant ebda., Bd. IV., 429, Z. 10 f.

698 S. ebda.

699 S. Kant ebda., 430, Z. 12.

700 Seine These der „Leerformel" (JuS 1983, 93 ff.) ist überdies weitgehend vereinzelt geblieben.

701 Dürig, 1956 in AÖR 81, 128.

702 BVerfGE 27, 1, 6; ähnlich bereits vorher in BVerfGE 5, 85, 204.

II. Menschenwürde in der Weimarer Reichsverfassung (WRV) und in den Beratungen des Parlamentarischen Rates

1. Weimarer Reichsverfassung (WRV)

Bis auf eine Erwähnung eines „menschenwürdigen Daseins“ in Art. 151 WRV enthält die Weimarer Reichsverfassung nicht den Begriff der Menschenwürde.[703]

Mit der Formulierung „Die Ordnung des Wirtschaftslebens muss den Grundsätzen der Gerechtigkeit mit dem Ziel der Gewährleistung eines menschenwürdigen Daseins für alle entsprechen“ nimmt die Weimarer Reichsverfassung den Leitbegriff der Gerechtigkeit aus seiner Präambel auf und formuliert nach Ernst Rudolf Huber die „Grundsätze des Sozialstaats“[704].

Die Betonung der Menschenwürde „verblieb“ im Erfahrungsraum des Wirtschaftslebens der 20er Jahre mit seinem Elend der Industriearbeiterschaft verhaftet. Die Beschwörung der Menschenwürde zielte in der WRV auf die Abwendung der Missstände bei der Arbeitszeit, der Wohn- und Arbeitsverhältnisse der Arbeiter und der Lohnregulierung, die dem evangelischen Theologen Julius Kaftan zufolge den „Grundsatz von der Menschenwürde verletzen“.[705]

Die sog. Objektformel der späteren Grundgesetzinterpretation gewissermaßen vorwegnehmend heißt es bei Kaftan weiter: „Der Mensch darf nie und in keinem Fall zum bloßen Objekt herabgewürdigt werden, darf es selbst dann nicht, wenn er sich selbst dazu erbietet.“[706]

2. Parlamentarischer Rat

Ähnlich wie bei Kaftan hatte – nach der gerade beendeten NS-Zeit und den Erfahrungen eines unvorstellbaren Zivilisationsbruchs in Deutschland – noch der Herrenchiemsee-Entwurf eines Grundgesetzes in Art. 1 Entw. GG anfangs wie folgt formuliert:

---

703 In Art. 162 WRV heißt es demgegenüber nur, dass das Reich „für die ... arbeitende Klasse der Menschheit ein allgemeines Mindestmaß der sozialen Rechte erstrebt“.

704 E. R. Huber, Deutsche Verfassungsgeschichte, Bd. 6 (1981), 1084.

705 J. Kaftan, „Christentum und Wirtschaftsordnung“, in: Zeitschrift für Theologie und Kirche 3 (1893), 248 ff., 275.

706 Ebda.

„Der Staat ist um des Menschen willen da, nicht der Mensch um des Staates willen“[707], Abs. 1.
„Die Würde der menschlichen Persönlichkeit ist unantastbar. Die öffentliche Gewalt ist in allen ihren Erscheinungsformen verpflichtet, die Menschenwürde zu achten und zu schützen“, Abs. 2.

Nach der 4. Sitzung des Grundsatz-Ausschusses des Parlamentarischen Rates vom 23.9.1948 lag folgende Fassung von Art. 1 S. 1 vor:

„Die Würde des Menschen ruht auf ewigen, einem Jeden von Natur aus eigenen Rechten.“

In der Folge „drehte sich“ die Diskussion um die Bezugnahme auf das überpositive Naturrecht. Theodor Heuss erschien die Bezugnahme in Abs. 1 wegen der Missverständlichkeit der Konsequenzen nicht zweckmäßig.

Dr. Carlo Schmid war der Auffassung, das Naturrecht absolut zu setzen, sei zu gefährlich.[708] Noch am 16.11.1948 hatte der Allgemeine Redaktionsausschuss Art. 1 S. 1 GG – Entwurf – wie folgt gefasst:

„Die Würde des Menschen zu achten und zu schützen ist Verpflichtung aller staatlichen Gewalt.“[709]

Im Anschluss an die 2. Lesung des Hauptausschusses ergab sich im Allgemeinen Redaktionsausschuss in seiner Sitzung vom 25.1.1949 im Wesentlichen die Fassung des Art. 1 GG – Entwurf –, wie sie mit dem Grundgesetz am 23. Mai 1949 in Kraft trat.

Für von Mangoldt wird die Menschenwürde „zum Maßstab für alle einzelnen Grundrechtsbestimmungen und deren Auslegung und damit zu einem elementaren Verfassungsgrundsatz“. Im Ergebnis umfasst die Normierung das, „was den Menschen im spezifischen und wesenhaften Sinn ausmacht“[710]. Würde als Wertbegriff setzt nach Dürig einen Wertträger als Subjekt voraus, also „nicht den zum Objekt des Kollektivs degradierten

707 Die Literaturnobelpreisträgerin Herta Müller empfindet diese Formulierung als „trocken formelhaft“, während sie die jetzige Fassung des Art. 1 GG als „völlig anders – wärmer und dennoch ernster“ qualifiziert, in: Das Grundgesetz – Ein literarischer Kommentar (Hrsg. G. M. Oswald), München 2022, 21.

708 S. im Einzelnen dazu JÖR n.F.1, S. 1 ff. zu Art. 1.

709 Drs. 282 v. 16.11.1948 des Parlamentarischen Rates, Bundesarchiv (Hrsg.), Der Parlamentarische Rat 1948–1949, Protokolle, München 1975–2009.

710 Mangoldt-Klein, Das Bonner Grundgesetz, 2. Aufl. 1957, Art. 1 Anm. III 3a, 147 unter Hinweis auf Wernicke in Bonner Kommentar, Hrsg. B. Dennewitz, Erl. II 2e zu Art. 1.

Menschen des verflossenen Systems" im Status nur eines „kollektivierte(n) Befehlsempfänger(s)".[711]

Nach von Mangoldt ist die Würde des Menschen an seine „Fähigkeit zum geistig-seelischen Werterlebnis geknüpft", eine Eigenschaft, die weder dem „völlig Asozialen", noch dem „entmenschten Verbrecher" oder der „schamlosen Prostituierten" abgesprochen werden könne[712] und die – so Süsterhenn – eine „absolute Feststellung" beinhalte, die „sich gegen jedermann wendet, sowohl gegen die staatliche Gewalt wie gegen jeden Privaten und gegen jede Institution"[713].

Hatte die Menschenwürde als Verfassungsnorm vor 1949 in Deutschland – bis auf die Erwähnung in Art. 151 WRV – keine Tradition, wurde sie 1949 als Staatsfundamentalnorm im Grundgesetz verankert und den zentralen rechtsstaatlichen Verfassungsbegriffen Freiheit und Gleichheit hinzugefügt. Dies geschah nach dem Vorbild von Art. 1 der Allgemeinen Erklärung der Menschenrechte.[714]

III. Rezeption der Menschenwürde des Art. 1 des Grundgesetzes in der Rechtsliteratur sowie der Rechtsprechung der Verwaltungsgerichte und des Bundesverfassungsgerichts

1. Rechtsliteratur

Es ist in der Rechtsliteratur bislang nicht gelungen, ein allgemein akzeptiertes Verständnis von Menschenwürde zu begründen. Eine Vielzahl sich teilweise gegenseitig ausschließender juristischer Auffassungen wird diskutiert. Nachfolgend sei auf drei Ansätze rekurriert:

711 Dürig, Die Menschenauffassung des Grundgesetzes, in: Juristische Rundschau 1952, 259 f.

712 v. Mangoldt, in: v. Mangoldt-Klein, a.a.O., Art. 1 Anm. III 3c, 150.

713 Mitglied des Parl. Rates Dr. Süsterhenn, Stenographisches Protokoll der 32. Sitzung des Grundsatzausschusses des Parlamentarischen Rates vom 11.01.1949, 2 ff., zitiert nach v. Mangoldt, a.a.O., 151.

714 Erlassen als Resolution 217 A III vom 10.12.1948 von der UN-Generalversammlung.

a. Verschiedene Konzeptionen

aa) Mitgift- bzw. Objekttheorie

Eine Staatsfundamentalnorm[715], wie die Menschenwürde nach Art. 1 GG, erfuhr im Laufe von über 70 Jahren in Literatur und Rechtsprechung viele Deutungen und Kommentierungen.

Als einer der ersten Kommentatoren ist es neben Hermann v. Mangoldt und Josef Wintrich vor allem Günter Dürig, der in mehreren Artikeln ab 1952[716] den Weg für die Kommentierung des Art. 1 GG im Maunz-Dürig'schen Grundgesetzkommentar von 1958 an bereitete.

Für Dürig ist – mit Kant – die Menschenwürde betroffen, wenn „der konkrete Mensch zum Objekt, zu einem bloßen Mittel, zur vertretbaren Größe herabgewürdigt wird"[717]. Der Mensch solle durch Art. 1 GG vor Erniedrigung und Entmündigung und vor der Inanspruchnahme als bloßes Mittel geschützt sein.

Die Menschenwürde ist ein von Gott bzw. der Natur mitgegebener Wert, der sich an der Lehre Kants vom Ausschluss des Menschen als bloßes Objekt und der Naturrechtslehre orientiert.

Diese ältere, auf metaphysischen Voraussetzungen beruhende Würde-Anschauung, die auch theologische und philosophische Begründungsstränge beinhaltet, wurde zeitlich „abgelöst" durch einen liberalistischen Deutungszweig, dessen Verfechter davon ausgehen, dass es bei der Menschenwürde um individuelle Selbstbestimmung im umfassendsten Sinne des Wortes geht. Der Würde-Grundsatz verpflichte

715 Die überragende verfassungsrechtliche Bedeutung der Menschenwürde steht außer Frage. Vielfältig sind die Bezeichnungen: „oberster Wert", BVerfGE 5, 85, 204; „höchster Rechtswert", BVerfGE 45, 187, 227; „unverfügbares oberstes Prinzip der neuen Ordnung", K. Hesse, Grundzüge des Verfassungsrechts, 18. Aufl.,S. 51, Rdnr. 116.

716 Grundrechte und Grundsatzfragen des Bonner Grundgesetzes, AÖR 75 (1949/50), 273 ff.; Juristische Rundschau 1952, 259 ff., ders. in Festschrift zum 75. Geburtstag von Hans Nawiasky, 1956, 157 ff.; Wintrich in Festschrift Laforet 1952, 222 ff., 247; die früheste Publikation nach dem Krieg stammt von Carlo Schmid, der 1946 ausführte, es komme darauf an, eine neue Rechtsordnung zu schaffen, die das Individuum als eine Person anerkennt, die niemals zu einem Mittel zu Zwecken irgendeiner Art herabgewürdigt werden dürfe. In: „Die Legitimität der Verfassung", DRZ 1 (1946), 2 ff.

717 Dürig in Maunz-Dürig, Grundgesetz, Kommentar, 1958, Art. 1 Abs. 1 Rdnr. 28.

den Staat, die größtmögliche gleiche Freiheit zu erschaffen und zu erhalten.[718]

Diese Auffassung fand später Eingang in den traditionellen Großkommentar zum Grundgesetz von Maunz-Dürig-Herzog-Scholz durch Herdegens Kommentierung des Art. 1 Abs. 1 GG.[719]

Exkurs

Schon Jahre vor den Verfechtern der liberalistischen Deutung hatte Peter Badura in einem Beitrag für die Juristenzeitung eine neue Richtung der Auslegung des Menschenwürde-Begriffs propagiert.[720] Ausgehend davon, dass es praktisch unmöglich sei, den Begriff der Menschenwürde inhaltlich immer und hinreichend konkret zu bestimmen, schlug Badura vor, den Menschenwürde-Begriff nur von Fall zu Fall aus einer „Kasuistik klarer Verletzungstatbestände" zu gewinnen und damit zu einer Auslegung „in Ansehung des konkreten Falles" zu gelangen.[721]

Die im Zusammenhang mit der Mitgifttheorie häufig erwähnte Leistungstheorie konnte sich nicht durchsetzen. Die Auffassung, der Mensch müsse seine Würde in einem Prozess der Identitätsbildung und Selbstdarstellung erst gewinnen, ist bereits im Hinblick auf handlungsunfähige und -unwillige Personen unanwendbar und wird vom BVerfG nachvollziehbar abgelehnt.[722]

bb) Heteronome Konzeption

Nach den zuvor unter a. vorgestellten Deutungen der Menschenwürde lässt sich auch eine Deutung unter dem Aspekt entwerfen, wonach sich die Würde des Menschen darin äußert, dass einzig er in der Lage ist, sein Leben in Übereinstimmung mit normativen Ansprüchen zu entwerfen, die ihrerseits von außen, damit heteronom, an das Individuum

718 Verfechter dieser Auffassung sind u.a.: Peter Häberle, Menschenwürde und Verfassung am Beispiel von Art. 2 Abs. 1, Verfassung Griechenland 1975, in: Rechtstheorie 11, 1980, 389 ff.; A. Bleckmann, Probleme des Grundrechtsverzichts in: JZ 43 (1988), 57 ff.; W. Brugger, Menschenwürde, Menschenrechte, Grundrechte, Baden-Baden 1997.

719 M. Herdegen im GG-Kommentar a.a.O., Bd. 1 (55. Lfg. 2009) mit seinem Hinweis auf die „situationsgebundene Gesamtwürdigung", a.a.O., Rdnr. 46.

720 S. Badura, Generalprävention und Würde des Menschen in JZ 19 (1964), 337 ff.

721 So im Ergebnis auch das Bundesverfassungsgericht, U. v. 15.12.1970, 2 BvF 1/69, 2 BvR 308/69, Leitsatz 6: „Behandlung, die Ausdruck der Verachtung des Wertes, der dem Menschen kraft seines Personenseins zukommt," berührt die Menschenwürde.

722 Vgl. BVerfGE 88, 203, 252.

herangetragen werden und deshalb seine Objekthaftigkeit legitim relativieren.[723]

cc) Autonome Konzeption

Im Gegensatz dazu stellt die autonome Konzeption nicht auf die Stellung des Menschen zu den Anforderungen ab, die von außen bzw. Autoritäten (Gott, Schöpfung) an den Menschen gestellt werden, sondern auf seine Fähigkeit, sich das Gesetz seines Handelns selbst zu geben.[724] Die Menschenwürde gründet danach in der Fähigkeit zur Selbstbestimmung des Menschen. Damit kommen beide Deutungen (b. und c.), von verschiedenen Polen ausgehend, zum im Wesentlichen gleichen und vorzugswürdigen Ergebnis: Die Achtung der Menschenwürde wird gleichgesetzt mit dem Verbot, einen Menschen seiner eigenen, inneren Selbstbestimmung zu berauben.

b. Menschenwürde als höchstes wertsetzendes Verfassungsprinzip

Wie bereits ausgeführt, findet Kants Konzeption der Würde in der verfassungsrechtlichen Formel Ausdruck, der Mensch dürfe nicht zum bloßen Objekt staatlichen Handelns gemacht werden. Diese Formel ist der kleinste gemeinsame Nenner aller Verfassungsinterpreten und Ausgangspunkt auch der Prüfung durch das BVerfG. Bei den Folgerungen daraus verstummt die Einigkeit hingegen.[725]

In der Abkehr vom Praktischen Konkordanzdenken, dessen Ziel in einer harmonisierenden Lösung von Spannungen und Widersprüchen

---

723 Vgl. stellvertretend für diese Auffassung E. Benda, der darauf hinweist, „Die industrielle Massengesellschaft erfordert ein hohes Maß intensiver staatlicher Daseinsvorsorge, planender Eingriffe und lenkender Ordnungen. In ihr ist der Mensch unvermeidlich auch Objekt staatlicher Regelungen, so wie er in seinem beruflichen und privaten Leben weithin von anderen abhängig ist und vielfältigen Umwelteinflüssen unterliegt", in: Benda/Maihofer/Vogel, Handbuch des Verfassungsrechts Bd. 1, Berlin 1984, 107 ff., 115.

724 Vgl. Maihofer, Naturrecht als Existenzrecht 1969; ähnlich Gröschner, Menschenwürde und Sepulkralkultur in der grundgesetzlichen Ordnung, 1995, wonach Menschenwürde in der Fähigkeit zum Entwurf einer Lebensform gründet, unabhängig davon, ob und in welcher Weise diese Fähigkeit genutzt werde und zu welcher Realisierung sie führt, S. 33.

725 Die „Dürig´sche Objektformel" ist nach P. Häberle der gewissermaßen erste Schritt, anhand dessen „erfahrungswissenschaftlich am Fallmaterial orientiert bereichsspezifisch die Menschenwürdegarantie in einem zweiten Schritt rechtspraktisch zu konkretisieren" ist, Häberle, in: Handbuch des Staatsrechts, 1987, Bd. I, § 20 Anm. 100.

zur Entfaltung einer Identifikation stiftenden Wirkung der Verfassung besteht, nahm Michael Stolleis zufolge eine bestimmte Literaturfassung den Bruch mit dem sich formenden Rechtsstaat in der „frühen und mittleren Bundesrepublik" billigend in Kauf.

Die Richtigkeit von Stolleis´ These mag im Ergebnis dahinstehen. Jedenfalls bleibt nach überkommener, zutiefst erfahrener Unmenschlichkeit und dem millionenfachen Vernichten von Leben im Nationalsozialismus, die gemeinsame Erkenntnis, dafür Sorge tragen zu müssen, dass die Menschenwürdekonzeption des Grundgesetzes im 21. Jahrhundert für die Rückkehr „zur Gleichwertigkeit alles dessen, was Menschenantlitz trägt"[726], steht.

Die Väter und Mütter des Grundgesetzes haben sich, in Abkehr von den Erfahrungen des Nationalsozialismus, erkennbar ganz der Idee der Realisierung der Grundrechte im weitestgehenden Sinne verschrieben bis dahin, ihnen „ein das gesamte geltende Recht durchdringendes System abzugewinnen"; bildlich gesprochen entstand eine „gewissermaßen flächendeckende Schutzschicht" mit der Menschenwürdegarantie an der Spitze gegenüber staatlichen Eingriffen.[727]

Vor diesem Hintergrund ist die vorzugswürdigste Auslegung diejenige, die, ähnlich zur autonomen Konzeption, für die Bestimmung der Menschenwürdegarantie auf die individuelle Selbstbestimmung des Einzelnen abstellt. Denn sie sieht in ihr das Kernelement der Menschenwürde als höchstes wertsetzendes Verfassungsprinzip. Will der Staat seinen Auftrag aus Art. 1 Abs. 1 S. 2 GG ernst nehmen, stellt die Achtung der Menschenwürde ihn in den Dienst der Verwirklichung der Selbstbestimmung seiner Bürger.[728]

Im Folgenden wird zur weiteren Erhellung des Begriffs der Menschenwürde die spezifische Rechtsprechung insbesondere der Verwaltungsgerichte betrachtet.

---

726 Stolleis, Geschichte des öffentlichen Rechts in Deutschland, Bd. IV, 2012, 220.

727 S. Stolleis, ebda., 217; Stern, Menschenwürde als Wurzel der Menschen- und Grundrechte; in: Festschrift für Ulrich Scupin, 1983, 266 ff.

728 S. Bilgen, Der Staat im Dienst der Selbstbestimmung, in: Verantwortung und Recht, Hrsg. O. Ammann, Nomos 2022, 35ff.; nach Stern ist das „Rechtsgut der Würde des Menschen für die gesamte staatliche Tätigkeit richtungsgebend", ebda. 634; zum Menschen „als selbstverantwortliche Persönlichkeit", s. BVerfGE 45, 187, 227.

2. Rechtsprechung, insbesondere der Verwaltungsgerichte

a. Öffentliches Wirtschaftsrecht

Namentlich das öffentliche Wirtschaftsrecht hat sich in der jüngeren Vergangenheit als das Referenzgebiet erwiesen, in dem im Zusammenhang mit dem Gewerberecht Sittlichkeitserwägungen eine gewisse Renaissance erfuhren. Es ergingen gerichtliche Entscheidungen, von der Zurschaustellung von Frauen in einem Gitterkäfig[729] über den sog. Zwergenweitwurf[730], Liveshows mit offenem Geschlechtsverkehr auf der Bühne[731] bis hin zu zwei Peep-Show-Urteilen des Bundesverwaltungsgerichts[732], in denen sich die Verwaltungsgerichte mit der sozialethischen Beurteilung dieser Vorgänge vor dem Hintergrund der Menschenwürde befassten.
Daneben hatten bereits in den 60er Jahren Bundesgerichte, vor allem der Bundesgerichtshof und der Bundesfinanzhof festgestellt, dass Prostitution den guten Sitten widerspreche[733].

b. Entscheidungen verschiedener Verwaltungs- und Sozialgerichte

Herausgegriffen und näher erörtert werden im Folgenden die Entscheidungen des Verwaltungsgerichts (VG) Neustadt, des Bundesverwaltungsgerichts (BVerwG), eines Urteils des Verwaltungsgerichts Berlin aus dem Jahre 2000 und aus jüngster Zeit des Sozialgerichts Berlin.

aa) Das *VG Neustadt*, das im Jahre 1992 das Verbot einer Veranstaltung eines sog. Zwergenweitwurfs zu beurteilen hatte, ging unter Rückgriff auf u.a. die Entscheidung des BVerwG aus dem Jahre 1981 (Peep-Show I) davon aus, dass für die rechtliche Beurteilung „maßgeblich die vorherrschende, sozialethische Überzeugung“ sei, wenngleich diese nicht notwendigerweise von „sämtlichen Mitgliedern der Rechtsgemeinschaft“ getragen sein müsse. Darüber hinaus komme es für die Bestimmung der Würde des Menschen als unverfügbaren Wert nicht darauf an, ob die betroffene Person freiwillig in diese Verletzung einwillige, hier also sich als kleinwüchsiger Mensch selbstbestimmt

729 BayVGH, GewArch 1992, 228, 229.
730 VG Neustadt, GewArch 1992, 296 f.
731 BVerwGE 64, 280, 284; OVG Berlin, GewArch 1989, 162.
732 BVerwGE 64, 274 bzw. 84, 317 ff.
733 BFH NJW 1965, 79, 80; BGHZ 67, 119, 123.

werfen zu lassen. Denn als unverfügbaren Wert könne man auf die Beachtung der Menschenwürde „nicht wirksam verzichten".[734]

bb) Das *BVerwG*, auf dessen Erwägungen im Peep-Show-Urteil I[735] sich das VG Neustadt explizit bezogen hatte, erfuhr seinerseits eine starke Kritik in der Literatur, blieb aber bei seinem Ansatz auch im Peep-Show-Urteil II[736] rund zehn Jahre später. In dieser Revisionsentscheidung aus dem Jahre 1990 setzte sich das Gericht mit der entgegengesetzten Berufungsentscheidung des OVG Hamburg aus dem Jahre 1986 auseinander.[737] Das BVerwG betonte dort, ohne „die dem geschichtlichen Wandel unterworfenen sozialethischen Wertvorstellungen" zu verkennen, dass sich nach wie vor eine „sozialethische Billigung der Peep-Shows" nur „wenigen Stimmen entnehmen" lasse, während eine „gewerbsmäßige Schaustellung" ganz überwiegend „als anstößig empfunden" werde. Dafür spreche auch – gewissermaßen empirisch – die Angabe einer vom Berufungsgericht vernommenen Peep-Show-Darstellerin selbst.[738] Das BVerwG neigt im Übrigen der Auffassung zu, die ihrerseits schon beim VG Neustadt Anklang gefunden hatte, dass selbst eine etwaige Freiwilligkeit der Betroffenen unter den aus seiner Sicht erfüllten entwürdigenden Umständen unerheblich sei.
Sowohl das OVG Hamburg, das im Vergleich von Peep-Shows zur Prostitution erstere als wenig negativ prägend ansah, als auch das BVerwG stimmen dahingehend überein, dass das Phänomen der Prostitution „schwerwiegender" im Sinne eines „absoluten sozialethischen Unwert-Urteils der Gesellschaft" zu werten ist.[739]

Exkurs: Der noch im gleichen Jahr dazu im Rahmen einer Urteilsverfassungsbeschwerde angerufene 1. Senat des Bundesverfassungsgerichts hatte durch Beschluss vom 16.5.1990 festgestellt, dass die angefochtene Entscheidung des BVerwG „keinen verfassungsrechtlich erheblichen Verstoß gegen die geltend gemachten Grundrechte erkennen lässt".[740]

---

734 VG Neustadt, GewArch 1992, 296 f.
735 BVerwGE 64, 280, 284 vom 15.12.1981 – 1 C 232.79-.
736 BVerwGE 84, 314 ff. vom 30.1.1990 – 1 C 26.87-.
737 S. OVG Hamburg, v. 16.12.1986, Bf VI 78/85.
738 S. BVerwG, v. 30.1.1990, a.a.O., Urt.-Anm. 9.
739 Zit. nach BVerwG v. 30.1.1990, a.a.O., Urt.-Anm. 6.
740 BVerfG 1 BvR 450/90.

Erneut wurde vom BVerwG die Menschenwürdegarantie im Rahmen einer Entscheidung aus dem Jahre 2001 (Laserdrome) beleuchtet.[741]
In ihr hebt das Gericht hervor, dass die Freiwilligkeit der Teilnahme und das gegenseitige Einvernehmen der Beteiligten in einem gegen die Menschenwürde verstoßenden Spiel „rechtlich unerheblich" ist, weil die aus Art. 1 Abs. 1 und Art. 2 Abs. 2 S. 1 GG herzuleitende Werteordnung der Verfassung nicht im Rahmen eines Unterhaltungsspiels, das simuliertes Töten impliziert, „zur Disposition steht".[742]
Das Gericht stützt sich dabei auf den Umstand, dass das Spiel ein sadistisches Vergnügen an dem Geschehen vermittele und das „beim Spielteilnehmer eine Einstellung erzeugt oder verstärkt wird, die den fundamentalen Wert- und Achtungsanspruch leugnet" und zudem die „Vorstellung von der Verfügbarkeit des Menschen als bloßes Objekt" einschließt.[743]
Mehrere Entscheidungen des BVerwG in der jüngeren Vergangenheit, die „prostitutive Maßnahmen" aus Bereichen des Besonderen Verwaltungsrechts (Bau-, Beamten- und Gewerberecht) betrafen, thematisierten die Menschenwürdegarantie hingegen nicht.[744]

cc) Das *VG Berlin* hat mit einem Urteil aus dem Dezember 2000[745] insoweit eine rechtliche Zäsur in der Thematik bewirkt, als es im Rahmen eines gaststättenrechtlichen Konzessionsverfahrens und ausgehend von einer Beweisaufnahme einschließlich der Erhebung empirischer Befunde zum Ergebnis gelangte, Prostitution sei – unabhängig von der moralischen Beurteilung – im Sinne des Ordnungsrechts „nicht mehr als sittenwidrig anzusehen, wie sie von Erwachsenen freiwillig und ohne kriminelle Begleiterscheinungen

---

741 Beschluss v. 24.10.2001, 6 C 3/01 = BVerwGE 115, 189 (Laserdrome) betreffend eine Halle, in der mit Laserstrahlen auf Gegner „geschossen" werden kann.

742 BVerwG, a.a.O., Urt.-Anm. 68.

743 BVerwG ebda., Urt.-Anm. 65.

744 S. Beschluss vom 2.11.2015 -4 B 32.15-, Bordelle als Unterart der Gewerbebetriebe aller Art i.S.d. § 8 Abs. 2 Nr. 1 BauNVO; Beschluss vom 20.4.2017 -2 B 69.16-, Abweisung einer Nichtzulassungsbeschwerde in einem beamtenrechtlichen Fall; Urteil vom 9.11.2021 -4 C 5.20-, zur Frage der bauplanungsrechtlichen Zulässigkeit eines Wohnungsbordells im Mischgebiet

745 vom 1.12.1990 Az 35 A 570.99, GewArch 2001, 128 ff.

ausgeübt wird".[746] Ob einzig die Einnahme von (flüchtigen) Äußerungen Betroffener insoweit geeignet ist, wurde vielfach kritisiert. Maßstab für die Beurteilung der Prostitution sollten primär die Anforderungen der Art. 1, Art. 2, Art. 3 und Art. 12 GG sein.

Das von der Rechtsprechung des BVerwG abweichende Urteil des VG Berlin ist indes unter zwei Aspekten bemerkenswert,

- zum einen vor dem Hintergrund des Sachverhalts, der sich durch seine von der „normalen" Prostitution abweichenden „Edel-Prostitution" und dem Fehlen von Kriminalität und milieu-typischer Konstellation unterschied[747], sowie
- zum anderen dadurch, dass das VG sehr wohl eine Verletzung von Art. 1 GG für den Fall annahm, dass die Tätigkeit der Prostituierten nicht freiwillig und eigenverantwortlich getragen ist.[748]

Christoph Gusy, der dieses Urteil im Jahre 2001 kommentierte, ist grundsätzlich darin zuzustimmen, wenn er es im Jahre 2000 dahin zurückwies, „wohin es gehört, ... in den demokratisch legitimierbaren, diskutierbaren und verantwortbaren Prozess"[749], was in der Folge in das Verfahren zum Erlass des ProstG führte.

dd) Sozialgericht Berlin

Das *Sozialgericht Berlin* hat im Juni 2022 ein aufsehenerregendes Urteil erlassen, das mittlerweile in Rechtskraft erwachsen ist und Prostitution im Verhältnis zu Art. 1 GG klarer positioniert.[750]

Zum Hintergrund:

Hatte im Jahr 2004 noch zu Hartz IV offenbar die Auffassung vorgeherrscht, dass langzeitarbeitslose Frauen in „seriöse Bordelle vermittelbar" seien, nachdem die Tätigkeit einer Prostituierten seit dem ProstG nicht mehr als sittenwidrig einzustufen war[751], sollte im o.g. Fall eine bulgarische Prostituierte in Berlin, die nach der Geburt ihres 2. Kindes aus der Prostitution ausgestiegen war, von SGB II-Leistungen zur Sicherung des Lebensunterhalts ausgeschlossen werden.

746 VG Berlin, a.a.O., Leitsatz 2.
747 Zit. nach Benöhr/Vival, Forum-Recht-online.de/2001.
748 VG a.a.O., Urt. Anm. 14 f.
749 Gusy, EWiR 2001, 375, 376.
750 SG Berlin, Urt. v. 15.06.2022 – S 134 AS 8396/20.
751 S. nur Fachanwältin Mechtild Garweg, zit. nach TAZ v. 18.12.2004.

Sie habe sich – so das beklagte zuständige Jobcenter – bewusst und freiwillig entschieden, sich beruflich neu zu orientieren, was eine unfreiwillige Arbeitsaufgabe ausschließe und ihr Aufenthaltsrecht deshalb im Übrigen nur noch zur Arbeitssuche bestehen bleibe.
Das Gericht kam zur Auffassung, dass die Prostituierte sehr wohl unfreiwillig im Sinne des SGB II die prostitutive Tätigkeit aufgegeben habe. Denn die Aufgabe beruhe auf den objektiv unzumutbaren Umständen der prekären Armutsprostitution, die „keinem Menschen" zugemutet werden könnten. Das Sozialgericht führte aus, dass „eine Tätigkeit in der Prostitution nicht mit einer gewöhnlichen Erwerbstätigkeit vergleichbar" sei, vielmehr das Erbringen sexueller Dienstleistungen die Intimsphäre berührt und damit die „Menschenwürde in besonders starker Weise" betreffe, was die Wahrnehmung der Schutzpflicht gem. Art. 1 Abs. 1 S. 2 GG auslöst. Das Gericht erkannte vor diesem Hintergrund darauf, dass der Staat weder eine „Arbeitsvermittlung in die Prostitution" vornehmen darf, noch es der betreffenden Person zumutbar ist, dazu verpflichtet zu sein, eine „Arbeit in der Prostitution anzunehmen, um ihre Hilfsbedürftigkeit zu verringern".
Das Gericht führte weiter unter Bezug auf das BSG vom 6.5.2009 aus[752], dass die Schutzpflicht des Staates für die Menschenwürde „objektiv und unabhängig von einem etwaigen Verzicht einzelner Arbeitssuchender auf die entsprechende Schutzwirkung gilt".

c. Vom Aspekt der „sozialen Unwertigkeit" zur Betonung der „Würde des Menschen als Gattungswesen"

Vor Erlass des ProstG im Jahre 2001 war die Rechtsprechung der Bundesgerichte gegenüber allen zuvor aufgeführten unterschiedlichen Beurteilungen des den Intimbereich des Einzelnen betreffenden Eingriffen noch „fast ausnahmslos"[753] geprägt durch die Annahme des Modells der Sittenwidrigkeit.

752 BSG B 11 AL 11/08 – R.
753 S. nur BVerwGE 64, 274 (Peep-Show I).

Die Prostitution selbst wurde als „entwürdigend“[754] empfunden; ihre gewerbsmäßige Förderung war mit Strafe bedroht, § 180 a StGB[755]. Dass die Prostitution namentlich in Vergnügungsvierteln toleriert wurde, ändere an dieser Feststellung nichts.[756] Die Erlaubt- oder Tolerierbarkeit einer Tätigkeit richte sich – so die damals herrschende Meinung – nicht allein nach dem Vorliegen eines gesetzlichen Verbots, sondern unabhängig davon, ob sie als „sozial unwertig“ angesehen werden müsse.[757]
Die nachfolgenden 80er und 90er Jahre waren insbesondere in der Literatur zu dieser Frage geprägt durch das Bemühen, möglichst moralische Erwägungen zugunsten verfassungsnormativer Argumente zurückzudrängen.[758] Diese Erwägungen hatte sich das BVerwG in seinem Peep-Show-Urteil I des Jahres 1981 zwar teilweise zu eigen gemacht. Die Literatur in Gänze zu überzeugen, vermochte das Gericht indes nicht. Neben der geänderten Argumentation in seinem Peep-Show-Urteil II des Jahres 1990, bei der das Gericht die Würdenorm nicht mehr zur Frage der Verträglichkeit einer Peep-Show mit den guten Sitten heranzog, stellte es später vielmehr im Zusammenhang mit der Frage der Zulässigkeit von Swingerclubs im Jahre 2002 auf das durch Art. 2 Abs. 1 GG i.V.m. Art. 1 Abs. 1 GG geschützte sexuelle Selbstbestimmungsrecht des Einzelnen ab. Unsittlichkeit sei nur dann gegeben, wenn das Verhalten schutzwürdige Belange der Allgemeinheit berühre, was insbesondere dann anzunehmen sei „wenn es nach Außen in Erscheinung tritt und dadurch die ungestörte Entwicklung junger Menschen in ihrer Sexualsphäre gefährden kann oder andere Personen, die hiervon unbeteiligt bleiben wollen, erheblich

754 BVerwG ebda.
755 Die Vorschrift sei mittlerweile überholt, da das Unrecht „bereits im Wesentlichen von § 232a StGB und § 181a erfasst wird“, vgl. nur Eisele in KriPoZ 2017, 330, 333. Sie könne im Rahmen einer Neukonzeption vollständig gestrichen werden. Andererseits wird die Umsetzung der Freierstrafbarkeit (Kauf sexueller Dienstleistungen), die im Rahmen des Gesetzes zur Bekämpfung des Menschenhandels vom 11.10.2016 Eingang in das StGB fand, in ihrer Ausgestaltung nach § 232a Abs. 6 StGB als praxisuntauglich bewertet, Ofosu-Ayeh, ZJS 2020, 109 ff., 112.
756 BVerwG ebda.
757 So die ganz h.M., vgl. nur Ebner in GewArch 1979, 177, 178, auch Ehlers in Achterberg/Püttner/Würtenberger, Hrsg. Besonderes Verwaltungsrecht, § 2 Rdnr. 12, prononciert Pauly in Michel/Kienzle, GastG, 14. Aufl. § 1 Rdnr. 34: „Eine Tätigkeit, die nach den Wertvorstellungen der Rechtsgemeinschaft ... allgemein als gemeinschaftsschädlich betrachtet wird, wie etwa die Prostitution, liegt ... außerhalb der Freiheitsverbürgungen der Art. 12 Abs. 1 GG und des § 1 GewO und kann deshalb nicht als Gewerbe angesehen werden.“
758 Vgl. nur Zippelius/Würtenberger, Deutsches Staatsrecht, 2005, 270.

belästigt, was für den Betrieb eines Swingerclubs in einem abgeschirmten Bereich nicht erfüllt sei“[759]. In den zuvor erwähnten Fällen der Laserdrome- und Paintball-Spiele verlagerte das BVerwG schließlich seinen Beurteilungsaspekt vom Schutz der Menschenwürde des Individuums unter Rückgriff auf die Rechtsprechung des BVerfG[760] hin zum abstrakten Schutz der „Würde des Menschen als Gattungswesen“[761]. Der Begriff der öffentlichen Ordnung seinerseits wurde mit der aus Art. 1 Abs. 1 i.V.m. Art. 2 Abs. 2 S. 1 GG „hergeleiteten Werteordnung der Verfassung“ verknüpft, die nicht „im Rahmen eines Unterhaltungsspiels zur Disposition“ des Einzelnen stehe.[762] Ein solches „simuliertes Töten zu Unterhaltungszwecken“ könne dem „gebotenen Respekt vor der Individualität, Identität und Integrität der menschlichen Persönlichkeit nicht gerecht“ werden.[763]

Diese Ausführungen leiten über zur Betrachtung der Rechtsprechung des Bundesverfassungsgerichts in seiner Stellung als Letztinterpret und „Hüter des Grundgesetzes“[764].

3. Rechtsprechung des Bundesverfassungsgerichts

a. Versprochene Menschenwürde

Bei der Eröffnung des Bundesverfassungsgerichts im Jahre 1951 durch Bundespräsident Heuss stellte er dem überkommenen „mit primitiven Machtsadismus vollkommen realisierten totalitären Staat“ den neuen Staat entgegen, der charakterisiert sei durch das Bekenntnis des Grundgesetzes „zu Menschenrecht und Menschenwürde ... als das Lebensbedürfnis eines Volkes, das die Qual und die Scham als Erfahrung hinter sich hat“.[765]

Das Gericht hat in der Folge, in den vergangenen fast 71 Jahren, eine auf dem Grundgesetz fußende weitreichende Rechtsprechung entwickelt, die

759 BVerwG, Urteil vom 6.11.2002 -6 C 16.02 = NVwZ 2003, 603, 604.

760 BVerfGE 87, 209, 228.

761 BVerwGE 115, 189, 199.

762 BVerwGE 115, 189 ff., Rdnr. 52.

763 BVerwG ebda.

764 Ulrich Herbert, Der Hüter der Verfassung. Das BVerfG in der Geschichte der Bundesrepublik, Freiburg 2018.

765 Zitiert nach WDR 2 vom 28.9.1951, „BVerfG nimmt Arbeit auf“.

der „phrasenhaften Deklamation“[766] des Artikels 1 GG eine Bedeutung vermittelt hat, die geeignet ist, die „versprochene Menschenwürde“[767] zu konturieren.

b. Subjektives Grundrecht

Früh hat das Gericht die Weichen dafür gestellt, die Menschenwürde zu einem selbstständigen subjektiven Grundrecht zu machen. Stand im Jahre 1951 für das Gericht noch einzig der „negative, gegen Angriffe“ ab(zu)schirmende Schutz im Vordergrund[768], hat das Gericht bereits im Jahre 1956 im Zusammenhang mit dem Verbot der KPD ausgeführt, dass die Würde des Menschen in der freiheitlichen Demokratie „der oberste Wert“ sei, sie sei „unantastbar, vom Staate zu achten und zu schützen. Der Mensch ist danach eine mit der Fähigkeit zu eigenverantwortlicher Lebensgestaltung begabte Persönlichkeit.“[769] Der Würde des Menschen willen müsse „ihm eine möglichst weitgehende Entfaltung seiner Persönlichkeit gesichert werden“[770]. Vice versa ist die Ausgestaltung als individuelles subjektives Grundrecht unabwägbar. Im Fall der „Strauß-Karikatur“ hat der 1. Senat am 3. Juni 1987 aus der Unantastbarkeit der Menschenwürde auf deren Unabwägbarkeit geschlossen.[771]

c. Offenheit des Menschenwürdebegriffs

Nach wie vor vermeidet das Gericht aber einen gegenüber anderen Grundrechten abgrenzbaren konkreten Norminhalt zu bestimmen, um für neue Entwicklungen, sei es in der Gentechnik oder anderen Technologien, „offen zu bleiben“.

aa) Um eine positive inhaltliche Bestimmung des Schutzbereichs der Menschenwürde gleichwohl in Umrissen erkennbar zu machen, wendet das Gericht in einem 1. Schritt die Dürig'sche Objektformel

766 Dürig, JR 1951, 259.
767 H. Hofmann, AöR 118, 353 ff., „Die versprochene Menschenwürde“.
768 Beschluss vom 19.12.1951 – 1 BvR 220/51 = BVerfGE 1, 97.
769 BVerfGE 5, 85, 204 f.
770 BVerfG ebda.
771 Soweit das allgemeine Persönlichkeitsrecht (von F.J. Strauß) „unmittelbarer Ausfluss der Menschenwürde ist, wirkt diese Schranke absolut, ohne die Möglichkeit eines Güterausgleichs“, BVerfGE 75, 369.

an. Sie eröffnet die Möglichkeit, einen Eingriff in Art. 1 GG schon ohne nähere Inhaltsbestimmung festzustellen.[772]
Deutlich wird das im Fall der Verurteilung zu lebenslangen Freiheitsstrafen, wenn das Gericht unter Rekurs auf Dürig und Kant formuliert: Es widerspreche der „menschlichen Natur, den Menschen zum bloßen Objekt im Staate zu machen …". Der Satz, „der Mensch muss immer Zweck an sich selbst bleiben", gilt uneingeschränkt für alle Rechtsgebiete, denn die unverlierbare Würde des Menschen als Person besteht gerade darin, dass er „als selbstverantwortliche Persönlichkeit anerkannt bleibt".[773]

bb) Später hat das Gericht Modifikationen der Objektformel gebraucht,[774] wiewohl diese Formel nach wie vor die Auslegung des Art. 1 GG maßgeblich bestimmt.[775] Verstärkt „nähert sich" das BVerfG dem Menschenwürde-Gedanken auch wieder vom fallbezogenen „Verletzungsvorgang"[776] her, wofür die zuvor genannte Wohnraum-Überwachungsentscheidung des 1. Senats vom 3. März 2004 im 109. Band beispielhaft steht.
Vor diesem Hintergrund ist der Charakterisierung von Bumke und Voßkuhle zuzustimmen, die in Art. 1 Abs. 1 GG eine mehrdimensionale Gewährleistung sehen, die verschiedene Grundrechtswirkungen umfasse, „um ihren Schutzgehalt wirkungsvoll zu verwirklichen".[777]

cc) Diese Mehrdimensionalität umfasst sowohl ein Abwehrrecht, eine Schutzpflicht als auch ein originäres Leistungsrecht, wofür im letzteren Fall auf das „Grundrecht auf Gewährleistung eines menschenwürdigen Existenzminimums"[778] verwiesen sei. Wie bereits zuvor

---

772 BVerfGE 27, 1; 30, 1; 72, 105.

773 BVerfGE 45, 187, 227 f. (lebenslange Freiheitsstrafe).

774 Beispielhaft: „Die Menschenwürde wird nicht schon dadurch verletzt, dass jemand zum Adressaten von Maßnahmen der Strafverfolgung wird, wohl aber dann, wenn durch die Art der ergriffenen Maßnahme die Subjektqualität des Betroffenen grundsätzlich in Frage gestellt wird." BVerfGE 109, 279 – Wohnraum-Überwachung.

775 So auch Degenhardt, Staatsrecht II, Rdnr. 688. Besonders deutlich wird das in der Entscheidung des Gerichts zum Luftsicherheitsgesetz vom 15.2.2006, BVerfGE 115, 118.

776 Zit. nach Bumke/Voßkuhle, Casebook Verfassungsrecht, 8. Aufl., Art. 1 GG Rdnr. 283.

777 Bumke/Voßkuhle, a.a.O., Rdnr. 279.

778 BVerfGE 125, 175 v. 9.02.2010, Hartz IV.

bei den einzelnen Literaturauffassungen zur Skizzierung des Gehalts der Menschenwürde erläutert, kann es im Einzelfall dennoch problematisch sein, den Eigenwert des Menschen und seiner unverfügbaren Qualität einerseits[779] oder der Bildung personaler Identität durch selbstbestimmtes Handeln[780] andererseits fallbezogen zu entscheiden.

Zur Lösung der Dichotomie setzen die einen darauf, den historisch gewachsenen Inhalt des „menschlichen Eigenwerts" durch ein Ensemble von subjektiven Rechten zu erläutern.[781]

Die anderen – wozu wohl auch das Bundesverfassungsgericht selbst neigt[782] –, setzen auf die selbstbestimmte personale Identität des Menschen im Sinne seiner individuellen Selbstbestimmung. Daneben muss seine Menschheit beachtet werden, die nicht verfügbar sei. Nach BVerfGE 30, 274 garantiert Art. 1 Abs. 1 GG „den allgemeinen Eigenwert, der dem Menschen kraft seines Personenseins zukommt". Im Verhältnis zu Art. 2 Abs. 1 GG ... sei Art. 1 Abs. 1 GG „weniger auf die Individualität, als auf die Personalität bezogen",[783] was für eine gebotene Abwägung von Bedeutung sein könne.[784]

779 Wert- bzw. Mitgift-Theorie, dazu BVerfGE 30, 173, 214.

780 Stern, Staatsrecht IV, 22.

781 S. nur Hilgendorf, in: Jahrbuch für Recht und Ethik 1999, 137ff. (148f.), wo er 7 subjektive Rechte benennt, von denen das Recht auf Wahrung der Privatsphäre und auf geistig-seelische Integrität als „neuen Ursprungs und das „Recht auf minimale Achtung" als Auffangrecht versteht, wenn ein Mensch z.B. „in extremer Weise gedemütigt oder seiner Selbstachtung beraubt wird", 148f.; ähnlich Höfling in: Sachs, GG 1996 Art. 1 Rdnr. 19.

782 Soweit es sich um das durch Art. 2 Abs. 1 i.V.m. Art. 1 Abs. 1 GG geschützte allgemeine Persönlichkeitsrecht handelt. Das Gericht weist hier auf die aus dem Gedanken der Selbstbestimmung folgende Befugnis des einzelnen hin (BVerfGE 65, 1, 41 ff.) hin und führt aus, dass individuelle Selbstbestimmung voraussetze, dass dem Einzelnen „Entscheidungsfreiheit über vorzunehmende oder zu unterlassende Handlungen einschließlich der Möglichkeit gegeben ist, sich auch entsprechend dieser Entscheidung tatsächlich zu verhalten".

783 S. zum Mephisto-Beschluss vom 24.2.1971 – BVerfGE 30,173ff. – und die abweichende Meinung des Richters Erwin Stein, als einem von drei dissentierenden Richtern, Anm. 70 ff.

784 Ebda.

d. Wahrung von Identität und Integrität

Nach wie vor problematisch in ihrer Einordnung erscheinen die Fälle einer gefährdeten Wahrung personaler Identität bzw. psychischer, seelischer und intellektueller Integrität. Identität und Integrität bezeichnen dabei einen Prozess möglichst autonomer Selbstdarstellung,[785] also wie der Mensch „sich in seiner Individualität selbst begreift und seiner selbst bewusst wird". Hierzu gehört, dass der Mensch über sich selbst verfügen und sein Schicksal eigenverantwortlich gestalten kann[786].

Als besonders gefährdet sieht Höfling insoweit „stigmatisierte" Minderheiten.[787] Der autonomen Selbstdarstellung entspricht in der Prostitution die Frage der Bestimmung der (vorliegend: weiblichen) Autonomie bzw. der nicht geschlechtsspezifischen Diskriminierung, also ein Themenfeld, in dem die Ambivalenzen und inneren Spannungen von Autonomie „besonders deutlich zutage treten".[788] Während es aus philosophischer Sicht dabei um moralische versus personale Autonomie geht, diskutiert die juristische Sicht das Verhältnis von Freiheit, Gleichheit und Menschenwürde.[789] Dabei stehen sich Befürworter und Gegner des Verbots von Prostitution unversöhnlich gegenüber. Während die einen für das Verbot auf einen „moralisch aufgeladenen" Autonomiebegriff verweisen,[790] wonach a priori keine Frau freiwillig zustimme, von einem Mann zur sexuellen Benutzung gekauft zu werden,[791] berufen sich die Gegner eines Verbots im Wesentlichen auf reine Selbstauskünfte von Prostituierten.[792]

785 Zur Konzeptionalisierung der Menschenwürde als Recht auf Selbstdarstellung, s. Morlok, Selbstverständnis als Rechtskriterium 1993, 69 ff.

786 BVerfGE 49, 286, 298 f. (Transsexuelle).

787 Höfling, in: Sachs, GG, Art. 1 Anm. 41.

788 Baer/Sacksofsky (Hrsg.), Autonomie im Recht, 2018, 22.

789 U. Lembke in Baer/Sacksofsky, a.a.O., 275.

790 Lembke, ebda. m.w.N.

791 S. nur Alice Schwarzer in Emma 09/10 v. 14.08.2014.

792 Selbst die „Frontfrau" der westdeutschen Hurenbewegung der 80er Jahre, Pieke Biermann, so Marie Schmidt in Süddeutsche Zeitung v. 12.3.2020, die bei der Sachverständigenanhörung im Deutschen Bundestag zum ProstG vom 20.6.2001 angehört wurde, bekundet in ihrer o.g. Monographie „Wir sind Frauen wie andere auch!", Hamburg, 2014, indes freimütig, dass Prostituierte allenfalls „*überwiegend*" (Hervorhbg. Verf.) freiwillig und selbstbestimmt in der Sexarbeit tätig" seien, a.a.O., 8. In einem im Anhang zur Monographie Biermans abgedruckten Leserbrief gibt die „Sexarbeiterin" Catherina B. aus Berlin zu, dass etwaige eigene Wünsche gegen eine von den Männern aufoktroyierte Sexualität durchgesetzt werden müssen.

Ausgehend davon, dass – unabhängig von einer liberal-feministischen Position – in der Prostitution nach allgemeiner Auffassung keine „unproblematische Freiheitsausübung“[793] stattfindet, ist das Verhältnis von Autonomie, Geschlechtergerechtigkeit und Menschenwürde rechtlich noch nicht endgültig geklärt. Konkret geht es um die Reichweite des Rechts auf sexuelle Selbstbestimmung jeder Prostituierten.

e. Sexuelle Selbstbestimmung

Das Bundesverfassungsgericht hat sich in den Jahren 2005 und 2008[794] erstmals zur sexuellen Selbstbestimmung des Menschen geäußert. Eine definitive Konturierung der Rechtsprechung zu den Anforderungen für die Annahme einer die Verletzung des autonomen Bereichs privater Lebensgestaltung ausschließenden Freiwilligkeit steht noch aus.[795]
Das Zusammenspiel von Autonomie, Selbstbestimmung und Menschenwürde ist nach der neuen Rechtsprechung des BVerfG geprägt durch zweierlei,

- zum einen das Postulat der grundsätzlichen Unverzichtbarkeit auf die Menschenwürde[796] und
- zum anderen der Frage des eingriffserheblichen Tangierens des Schutzbereichs des Art. 1 Abs. 1 GG durch Abstellen auf den Willen der Betroffenen.[797]

Dezidiert im Sinne des Schutzes der autonomen Entscheidung des Einzelnen zur sexuellen Betätigung bzw. seiner Hingabe lassen sich indirekt auch die Ausführungen des Bundesverfassungsgerichts in seiner Entscheidung vom. 26.2.2020 (Suizidhilfe) anführen.[798] Sie verdeutlichen, dass Ausgangspunkt jedes regulatorischen Ansatzes des Gesetzgebers, die Achtung vor dem grundlegenden, auch das Leben umfassenden Selbstbestimmungsrechts des/der Einzelnen sein muss.

---

793 Lembke, a.a.O., 291. An anderer Stelle spricht Lembke von einer „fragilen Freiheit“.

794 Zum einen Entscheidung v. 6.12.2005, 1 BvL 3/03 = BVerfGE 115, 1, 14 f. -Transsexuellen G.-; zum anderen Entscheidung v. 26.02.2008: 1 BvR 392/07 = NJW 2008, 1137 zum Beischlaf zwischen Geschwistern.

795 Ausführlich und instruktiv zur sexuellen Selbstbestimmung: D.-S. Valentiner, Das Grundrecht auf sexuelle Selbstbestimmung, Nomos 2021.

796 So vor allem im sog. Lügendetektor-Fall, 2 BvR 166/81 v. 18.08.1981 = NJW 1982, 375.

797 Dazu BVerfG, 1 BvR 2202/13 v. 9.05.2016 = NVwZ 2016, 1804.

798 Suizidhilfe 2 BvR 2347/15, 2 BvR 2527/16, 2 BvR 2354/16, 2 BvR 1593/16, 2 BvR 1261/16 und 2 BvR 651/16.

Bezogen auf die dieser Untersuchung zugrundeliegenden typischen Sachverhalte bedeutet dies: Sofern und soweit – diese Einschränkung ist erheblich – dem Freiheitsrecht der Prostituierten die Möglichkeit der Selbstbestimmung über das eigene Handeln auch tatsächlich eröffnet ist, steht dem regelmäßig das psychische „Gefangensein" in einer Situation gegenüber, die von den Erwartungen des Freiers und seiner üblicherweise bereits (zuvor) erfolgten „Vorkasse" geprägt ist. Solchen Gefährdungen muss die Rechtsordnung zugunsten der freien Willensbildung und der Willensfreiheit „entgegentreten"[799], zumal der „Autonomiegehalt" der Menschenwürde und deren „objektive Werthaltigkeit" den Staat verpflichten, der Schutzfunktion des Art. 1 Abs. 1 GG gegenüber den konkreten Betroffenen gerecht zu werden.[800]
Zur Bestimmung des Umfangs der Schutzfunktion vor dem Hintergrund der grundsätzlichen Nichtabwägbarkeit[801] der Menschenwürde sind der Begriffsinhalt von Selbstbestimmung und Autonomie im Folgenden näher zu betrachten.

4. Selbstbestimmung und Autonomie

a. Selbst- und Fremdbestimmung

Kants praktische Philosophie ist in seiner „Grundlegung zur Metaphysik der Sitten" untrennbar verbunden mit den Begriffen der Autonomie und der Freiheit.[802] Im Autonomie-Gedanken Kants geht die Selbstbestimmung als moralisches Prinzip und politischer Grundsatz auf.[803] Ihre Verbindung zum Zweck vernunftgeleiteter Gewissensentscheidungen der einzelnen Staatsbürger führt zur Demokratie als Staatsform, die sowohl

799 BVerfG ebda.

800 Dass dies nicht in jedem Einzelfall grenzenlos sein kann, liegt in der Natur der Sache. Der BayVGH hatte im Jahre 1986 noch geurteilt, dass die rechtliche Selbstbestimmung im Hinblick auf die Gemeinschaftsbezogenheit und die Gemeinschaftsgebundenheit jeden Individuums nicht „prinzipiell unbegrenzt" sei, BayVGH v. 5.06.1986 – 22 B 83 A.2512 und 2702 unter Verweis auf BVerfGE 45, 187, 227 = NVwZ 1986, 1034 ff. Er schloss auf „gewisse justitiable Grenzen für die eigenverantwortliche Lebensgestaltung auch aus dem Sittengesetz gem. Art. 2 Abs. 1 GG".

801 Kritisch zur Handhabung u.a. Will, aus Politik und Zeitgeschichte 2011, 8, 14, „Schein der Absolutheit".

802 Grundlegung zur Metaphysik der Sitten, Hrsg. Karl Vogtländer, Hamburg 1963, Abschn. II Abs. 79, 440.

803 Zippelius, Allgemeine Staatslehre, 14. Aufl., 141.

die individuelle Autonomie am besten, als auch die Respektierung der Menschenwürde im „höchstmöglichen Maße“ gewährleistet.[804]

Begrifflich lässt sich Selbstbestimmung als normativer Wert individuell-personal im Sinne einer Selbstbestimmung jedes einzelnen Menschen, aber auch kollektiv im Sinne eines Selbstbestimmungsrechts von Menschengruppen oder Institutionen (Gemeinden, Religionsgemeinschaften etc.) verstehen.[805]

Die Staatsrechtslehrertagung des Jahres 2022 widmete sich ausführlich u.a. dem Thema der Selbst- und Fremdbestimmung in der liberalen Demokratie.[806]

Selbstbestimmung als Ausfluss des Allgemeinen Persönlichkeitsrechts aus Art. 2 Abs. 1 i.V.m. Art. 1 Abs. 1 GG sichert nach der verfassungsgerichtlichen Rechtsprechung, neben der Entwicklung und Wahrung der Persönlichkeit, des Rechts am eigenen Wort und Bild auch die Privatsphäre jedes Einzelnen. In dieser Hinsicht wird ein Bereich des Individuums geschützt, in den sich der Einzelne zurückziehen kann, ebenso wie er seine höchstpersönlichen oder intimen Lebenssachverhalte in einer Art Geheimnisschutz bewahrt.[807]

Die Rechtsprechung des BVerfG hat diesen Bereich weitergehend konkretisiert in ein Recht auf informationelle Selbstbestimmung (seit BVerfGE 65, 1, 42 f.) und auf sexuelle Selbstbestimmung (seit BVerfG NJW 2008, 1137). In seiner Entscheidung zur geschäftsmäßigen Sterbehilfe verknüpft das Gericht jetzt explizit Selbstbestimmung und Menschenwürde.[808]

804 Zippelius, ebda., 142.

805 Vgl. Differenzierung bei Lindner, AöR 140 (2015), 542 ff., 543 Fn. 1.

806 S. dazu die Referate von Augsberg, Keller und Lindner, abrufbar unter der Seite der Vereinigung der Deutschen Staatsrechtslehrer e.V.

807 S. BVerfGE 80, 367, 373.

808 BVerfGE 153, 182 ähnlich bereits Zippelius, demzufolge die Würdenorm keinesfalls ein Verbot der Selbsttötung enthalte, vielmehr umgekehrt ein Recht auf den selbstbestimmten eigenen Tod, BK Art. 1 Rn. 74, 94, Drittbearbeitung 1989.

b. Gewährleistungsverpflichtung des Staates

Die Kontextualisierung des Begriffs „Selbstbestimmung" kann auch in anderer Weise erfolgen, sei es, indem Selbstbestimmung mit Autonomie gleichgesetzt wird[809] oder sei es differenzierend.

Susanne Baer und Ute Sacksofsky sehen Selbstbestimmung als Forderung, die sich gegen patriarchalische Bevormundung wendet, während demgegenüber Autonomie ein (politisches) Kennzeichen von Bewegungen sei, die sich nicht in vorhandene Ordnungen einschreiben wollen.[810]

Der gegen die patriarchalische Sichtweise gerichteten Selbstbestimmungs-These von Baer und Sacksofsky setzt Isa Bilgen als normatives Leitbild des Grundgesetzes die individuelle Selbstbestimmung gegenüber. Er sieht im Staat des Grundgesetzes einen parentalen Staat, der sich zur Aufgabe gesetzt hat, die Sozialität seiner Staatsbürger zu befördern, d.h. Verantwortung für einander zu übernehmen. Der Staat selbst muss sich „schützend vor manipulierende Fremdbestimmung stellen"[811], da – so Bilgen – die Selbstbestimmung ihrerseits in der Menschenwürde wurzelt und als Verfassungsgut von höchstem Rang ist. Der Staat müsse „Fremdbestimmungspotentiale auf allen gesellschaftlichen Ebenen und in allen Lebensbereichen ausmerzen".[812] Dabei dürfe er sich paternalistischer Mittel unter strikter Wahrung seines freiheitlich-demokratischen Charakters bedienen, solange und soweit diese Freiheitsbedingungen nur optimieren, ohne sie absolut zu gewährleisten zu versuchen.[813]

Denn nur wer frei ist, seinen Willen eigenständig und eigenverantwortlich zu formen und sein Leben danach zu gestalten, kann selbstbestimmt sein und handelt frei.[814] Frei und selbstbestimmt ist nur derjenige, dessen

---

809 Zur Autonomie, s. bereits Brockhaus, Konversationslexikon, Leipzig 1894, 13. Aufl., Band II, als „Befugnis sich
selber das Gesetz zu geben" oder im Sinne Kants, „Eigenschaft des sittlichen Willens, sein Gesetz aus einem ihm eigenen selbständigen Princip zu schöpfen".

810 Baer/Sacksofsky in: Autonomie im Recht, Baden-Baden 2018, 11, 17.

811 Isa Bilgen, Verantwortungsvoller Parentalismus, DÖV, 2022, 840 ff., 847.

812 Ebda. 848.

813 Zum „Verantwortungsvollen Parentalismus" s. auch Böckenfördes Plädoyer für einen vernünftigen sittlichen Staat, der sich auf das Funktionale beschränkt, d.h. der Sicherung und Gewährleistung der äußeren Freiheit und Sicherheit, der Ermöglichung von Wohlfahrt und individueller Entfaltung in: Der Staat als sittlicher Staat, Berlin 1978, 10 f.

814 Lindner, Fremdbestimmung durch Selbstbestimmung, AöR 140, 542, 554, der in seinem Referat anlässlich der Staatsrechtslehrertagung 2022 darauf aufmerksam

Wille kausal-ursächlich wird für sein eigenes Denken, Entscheiden und Handeln.[815]

c. Autonomes Handeln im Bereich des Sexuellen

In eine ähnliche Richtung, wenngleich mit anderer Schwerpunktsetzung, weisen Elisabeth Holzleithners rechtssoziologische Überlegungen, die vom Autonomiebegriff Kants inspiriert, von ihr für die Sphären des Sexuellen aktualisiert werden.[816]
Zusammen mit anderen Autoren entwickelt sie operationalisierbare Elemente, um selbstbestimmtes Handeln zu ergründen. Ausgehend von einer sexuellen Autonomie, basierend auf der „wechselseitigen personalen Anerkennung als gleichermaßen freie Individuen", sei – in Anlehnung an Kant – jede Person „als Zweck an sich selbst" anzusehen und zu achten. Dabei stellt sie – wie auch Joseph Raz[817] bzw. Beate Rössler[818] – drei wesentliche Bedingungen für autonomes Handeln im Bereich des Sexuellen auf, die kumulativ gegeben sein müssen, um überhaupt eine autonome Entscheidung voraussetzen zu können. Im Einzelnen seien dies – die „Verfügbarkeit eines adäquaten Bereichs von (Lebens-)Möglichkeiten", „gewisse Kapazitäten, um diese Möglichkeit wahrzunehmen" sowie die „weitgehende Freiheit von Zwang und Manipulation"[819].
Holzleithner zeichnet so das Leitbild des Herstellens „einer Balance zwischen eigenen und fremden Interessen und Bedürfnissen, die Wachheit

---

macht, dass der Staat Selbstbestimmung dadurch ermöglicht, „indem er den Einzelnen in den Stand setzt, selbstbestimmt zu handeln („empowerment"), Leitsatz 27.

815 Heun, JZ 2005, 853, 859.

816 Sexuelle Selbstbestimmung als Individualrecht und als Rechtsgut in: Ulrike Lembke (Hrsg.), Regulierungen des Intimen, 2018, 31 ff., 36.

817 The morality of freedom, 1986, 322f.

818 Autonomie, Berlin 2003, 332ff.

819 Raz, a.a.O., seinerseits bezeichnet diese „three distinct components" prägnant als „appropriate mental abilities, a range of options and independance, a.a.O., 322. Zustimmend Ulrike Lembke, Zwischen Würde der Frau, reduziertem Liberalismus und Gleichberechtigung der Geschlechter in Baer/Sacksofsky (Hrsg.), Autonomie im Recht, 218, 275ff., 281.

und Aufmerksamkeit erfordern".[820] In ähnlicher Weise betont Valentiner den prozeduralen Konsens im Sinne einer „Aushandlung".[821]
Rechtspolitisch ergibt sich für Holzleithner daraus die vorrangige Aufgabe der Verfassungsinterpreten, in Verfahren über die Verletzung sexueller Integrität „soweit wie möglich den Opferschutz zu wahren[822] bzw. – so Rössler – in der Prostitution selbst einen Weg einzuschlagen, der für die Prostituierte immer der „ihre" ist.[823]

d. Contradictio einer Fremd- durch Selbstbestimmung?

Auf die aktuelle Situation in der Prostitution „gemünzt", begnügte sich der Bundesgesetzgeber bei der Normierung des ProstG und des ProstSchG damit, zu unterstellen, dass Prostitution nichts anderes als einvernehmlicher Sex zwischen Erwachsenen sei. Er unterstellte damit eine prinzipielle Willens-, Urteils- und Selbstbestimmungsfähigkeit der Prostituierten, obgleich er um ihre Abhängigkeit und Manipulierbarkeit in einer von Gewalt und Zwang dominierten Umgebung wusste.
Den beiden Gesetzen wohne so ein gewisser „anthropologistischer Optimismus" (Bilgen) inne, der sich damit begnügte, die Prostituierten und die Freier würden sich dem gesetzgeberischen Ideal schon annähern und nur das tun, was legal ist.[824]
Die Realität in Deutschland sieht indes völlig anders aus. Alle Fachleute gehen davon aus, dass die große Mehrheit der Prostituierten in Deutschland nicht frei und selbstbestimmt agiert, vielmehr der von der Organisierten Kriminalität beherrschten Zwangsprostitution unterfällt.[825]

---

820 a.a.O., 45.
821 a.a.O. 149f. Dabei erfordert „Aushandlung" keine formale Übereinkunft als vielmehr eine Kommunikation der Beteiligten als Interaktionsform, wie überhaupt Sexualität ein „hochkommunikativer Vorgang" sei, 150.
822 a.a.O., 46.
823 Rössler, a.a.O., 353f., Fn. 145.
824 Instruktiv allgemein zum Phänomen Würtenberger, Legitimität und Gesetz in: Bernd Rüthers/Klaus Stern, Hrsg. „Freiheit und Verantwortung" in Festgabe für Gesellschaft der Rechtspolitik, 1984, 533, 549.
825 Von, wie gemeinhin angenommen, geschätzt 400.000 Prostituierten in Deutschland sind trotz Anmeldepflicht nur ca. 23.000 registriert und ein noch geringerer Bruchteil davon sozialversichert. Noch geringer ist die Quote der krankenversicherten Prostituierten, s. zum Ganzen instruktiv: Barbara Schmid, in The Pioneer Briefing v. 14.11. bzw. 19.11.2022.

Das Zusammenspiel von Selbst- und Fremdbestimmung bringt J.F. Lindner auf den Punkt, wenn er anhand von Beispielen im Bereich des biomedizinischen und informationstechnischen Fortschrittes das Phänomen von „scheinbar selbstbestimmten, in Wahrheit aber fremdbestimmten“[826] Einwilligungen thematisiert, die tatsächlich eine „Fremdbestimmung durch Selbstbestimmung“ bewirken.
Dass die tatsächlichen Umstände, in denen Prostitution heute in Deutschland liberalisiert „abläuft“, insbesondere in angeblich gegenseitiger „konsensualer Sexualität“ erfolgt, darf mit Fug und Recht bezweifelt werden.[827] Sie sind ein untrüglicher Umstand, der bereits deutlich auf eine Verletzung des Art. 1 Abs. 1 GG hindeutet, gleichgültig welcher Anwendung und Deutung der Würdenorm des Art. 1 GG („Antitotalitäres Versprechen“ oder „omnipräsente Fundamentalnorm“, Manfred Baldus) man auch folgt.
Zu sehr überwiegt nach Auffassung aller Kenner der Szene in der überaus großen Mehrzahl der Fälle vielmehr eine schlicht verobjektivierte Abhängigkeit der Prostituierten, die bar jeder freien Selbstbestimmung ist.

IV. Verletzung des Allgemeinen Persönlichkeitsrechts gem. Art. 2 Abs. 1 i.V.m. Art. 1 Abs. 1 GG

Der gem. Art. 1 Abs. 1 GG unantastbare Intimbereich des sachlichen Schutzbereichs des Allgemeinen Persönlichkeitsrechts wird durch die Regelungen des ProstG und ProstSchG tangiert und prima vista auch verletzt.

Dogmatisch wurzelt die Prüfung insoweit im allgemeinen Persönlichkeitsrecht, wie es vom BVerfG konturiert wird.

1. Sexuelles Selbstbestimmungsrecht

Das sexuelle Selbstbestimmungsrecht als Fallgruppe des Allgemeinen Persönlichkeitsrechts ist im Intimbereich als Kernbereich privater Le-

826 Lindner, AöR 140 (2015), 542ff., 556.
827 „Die Vorstellung eines derart vorgreifenden Konsenses geht an der Realität vorbei“, Valentiner, a.a.O. 151; ausführlich zur tatsächlichen Situation der Prostitution heute, unten C.

bensgestaltung gem. Art. 1 Abs. 1 GG unantastbar.[828] Nach dem BVerfG besteht seit dem sog. Elfes-Urteil ein „letzter unantastbarer Bereich menschlicher Freiheit".[829] Zur Aufspaltung der Privatsphäre nach der Sphärentheorie in einen Kernbereich, die Intimsphäre, und eine weitere Privatsphäre, hat sich das Gericht erstmals ausführlich im Zusammenhang mit seiner Entscheidung zu heimlichen Tonbandaufnahmen geäußert.[830]
Danach umfasst die innerste Sphäre als Intimbereich den „Kernbereich privater Lebensgestaltung", in der der Einzelne „seine Individualität entwickeln und wahren kann".[831] In diesen Kernbereich der Prostituierten wird bei der prostitutiven Tätigkeit eingegriffen. Der Eingriff selbst ist seinerseits nur bei strikt selbstbestimmtem und autonomem Handeln der betroffenen Person legitimiert.[832] In seiner Entscheidung vom 26.2.2020 betont das BVerfG in anderem Zusammenhang erneut die besondere Bedeutung der „autonomen Selbstbestimmung". Sie sei Grundbedingung dafür, dass „der Einzelne seine Identität und Individualität finden, entwickeln und wahren kann"[833].

2. Psychische Zwangssituation

Mit dem prostitutiven Beischlaf ist die Intimsphäre der Prostituierten par exellence betroffen und wird der Schutzbereich des Art. 2 Abs. 1 i. V.m. Art. 1 Abs. 1 GG überdies verletzt, wenn es dabei an der zuvor ausgeführten selbstbestimmten Handlung mangelt.
Demgegenüber wird zwar teilweise die Auffassung vertreten, die geforderte Selbstbestimmung ergebe sich bereits inzident aus dem Eintritt

---

828 Zur Sphärentheorie des BVerfG, der Differenzierung zwischen der Intimsphäre und der einer Beschränkung zugänglichen Sozialsphäre, s. nur Cornils, ZJS 2009, 85ff.

829 BVerfGE 6, 32, 41.

830 BVerfGE 34, 238 Urt.-Anm. 302.

831 BVerfGE 117, 202, 225.

832 BVerfG ebda; s. auch Art. 36 der Istanbul Konvention (Übereinkommen des Europarats zur Verhütung und Bekämpfung von Gewalt gegen Frauen von 2014, derzufolge das Einverständnis nur „freiwillig als Ergebnis des freien Willens der Person, der im Zusammenhang der jeweiligen Begleitumstände beurteilt wird, erteilt werden" kann

833 BVerfG vom 26.02.2020, 2 BvR 2347/15-, BVerfGE 153, 182.

in die Prostitution, die darüber hinaus per se auch die Gestaltung des prostitutiven Aktes mitumfasse.[834]

Diese Auffassung verkennt indes sowohl die bereits zuvor erörterte Situation des psychischen „Gefangenseins" der Prostituierten gegenüber der Erwartungshaltung des Freiers, der sie sich praktisch nicht mehr oder, wenn überhaupt, nur noch mit großen Mühen entziehen kann. Der Freier, der Vorkasse geleistet hat, besteht auf der Erfüllung seiner Wünsche. Darüber hinaus befindet sie sich regelmäßig in der Zwangssituation, „anschaffen" zu müssen, um nicht etwaigen Repressalien Ihres Zuhälters anheim zu fallen.

Insoweit, als teilweise die Freiwilligkeit der Prostituierten zum Geschlechtsakt regelmäßig a priori als zwischen Erwachsenen erfüllt fälschlich angenommen wird, ist jener Auffassung einmal mehr die von Dana-Sophia Valentiner zu Recht verworfene verfehlte Annahme eines angeblichen „vorgreifenden Konsens", der an der Realität vorbeigeht[835], entgegenzusetzen.

3. Chimäre der freien Selbstbestimmung

Denn diese Realität sieht anders aus. Wenngleich die Voraussetzung der autonomen, selbstbestimmten Entscheidung in der Praxis aus ihrer Natur als innerer Beweggrund im Einzelfall nicht direkt ersichtlich sein mag, ist sie „im Zusammenhang" mit den jeweiligen Begleitumständen zu beurteilen.[836] Ihre Bestimmung ist damit auch möglich. Empirische Erkenntnisse lassen diesbezüglich indes darauf schließen, dass sie vor dem genannten Hintergrund der Begleitumstände für eine große Mehrzahl der Prostituierten zu verneinen ist. Dabei kann dahinstehen, ob – wie insb. aus der Polizeipraxis behauptet – 90 bis 95 % der Prostituierten nicht freiwillig tätig werden[837]. Ein Großteil der Prostituierten

---

834 Beispielhaft dafür der Staatsrechtler Denninger, der lapidar meint, die Prostituierte verwirkliche nur „ihre Vorstellungen von ihrer Würde, indem sie freiwillig das tut, was sie tut". Stellungnahme zu den Gesetzentwürfen in BT-Drs. 14/4456 und 14/5958 im Ausschuss für Familie, Senioren, Frauen und Jugend des Deutschen Bundestags vom 20.6.2001, Protokoll zur Sachverständigenanhörung, Fn. 656, 92ff., 96.

835 D.-S. Valentiner, das Grundrecht auf sexuelle Selbstbestimmung, Nomos 2021, 150.

836 Ebda.

837 So M. Paulus, Im Schatten des Rotlichts, Ulm 2016; H. Sporer, Vortrag v. 1.10.2013 in Brüssel, „Reality of Prostitution". Für S. Schüchel, Rechtliche Situation der Prosti-

erfüllt schon entweder als Heranwachsende, als Ausländerinnen ohne genügende deutsche Sprachkenntnisse und Zwangsprostituierte[838] mangels intellektueller und körperlicher Kapazitäten wie auch des Fehlens der „weitgehenden Freiheit von Zwang und Manipulation" nicht die in der Fachliteratur aufgestellten Bedingungen[839] für die begründete Annahme des Vorliegens eines wirksamen autonomen und selbstbestimmten Handelns.

Selbst die Bundesregierung hatte sich in ihrem Bericht zu den „Auswirkungen des ProstG" aus dem Jahre 2007 bereits dahingehend eingelassen, dass eingedenk der „sozialen Realität", der Situation, in der sich Prostituierte meist befinden, „es fraglich ist, ob sie sich wirklich frei und autonom für oder gegen diese Tätigkeit entscheiden können".[840] Dennoch ließ man es damit unverständlicherweise bewenden.

Bis auf Einzelfälle der „hochpreisigen" Prostitution im Escort-(Begleit-)Service-Bereich bzw. in der Wohnungsprostitution, kann im weit überwiegenden Teil der Prostitution, namentlich der Straßen-, der Zwangs-, Elends- und Armutsprostitution, von Freiwilligkeit der prostitutiven Tätigkeit regelmäßig nicht ausgegangen werden.

Für die Bordellprostitution stellte der Sachverständige der Bundestagsanhörung vom 20.6.2001, Thomas Rauscher, denn auch zur Frage der Menschenwürdeverletzung fest, dass – selbst, wenn im Einzelfall formal ein Weigerungsrecht der Prostituierten bestehen sollte – die faktischen Verhältnisse einen „menschenunwürdigen Erfüllungsdruck" (zur prostitutiven Hingabe) erzeugen, weshalb Rauscher zufolge im Ergebnis Prostitution gegen die Menschenwürde der Prostituierten und der Freier verstößt.[841]

Bereits im Jahr 2000, zwei Jahre vor Inkrafttreten des ProstG, hatte das Europäische Parlament durch seine Berichterstatterin Patsy Sörensen festgestellt, dass „im allgemeinen niemand sich frei für die Prostitution

tuierten, a.a.O., S. 75, ist diese Möglichkeit der Trennung zwischen freiwilliger und unfreiwilliger Prostitution auch explizit möglich.

838 Nach dem Polizeipräsidium München betrug der Anteil der Migrantinnen in der Prostitution im Jahre 2016 ca. 89 %, s. Sicherheitsreport 2016, 62f.

839 Nach Holzleithner pp, s.o. B III 3f.

840 Reglementierung von Prostitution, Ziele und Probleme, BMFSFJ, Hrsg., Januar 2007, S. 9.

841 Rauscher, Prot. zur Sachverständigenanhörung, Fn. 656, 8/8. Dass Rauscher andererseits – bei wirksamer Freiwilligkeit – den Schutz der eigenen Menschenwürde der Prostituierten nicht für geboten hält, ist konsequent.

als Lebensform entscheidet ...", im übrigen „diejenigen, die sie ausüben, auf die eine oder andere Weise dazu gezwungen werden und es deshalb nötig ist, größere Anstrengungen und umfangreichere Mittel dem Kampf gegen die Zwangsprostitution und gegen „insbesondere den Frauenhandel, zum Zweck der sexuellen Ausbeutung zu widmen".[842]

Vierzehn Jahre später zeigt sich das gleiche Parlament in einem Bericht vom 3.2.2014 noch stärker besorgt „über die zunehmende Zahl junger Männer, die die Prostitution der Unterhaltung kaufen und so Frauen und Mädchen wie Sexspielzeuge behandeln, was oft dazu führt, dass Gewalt im Spiel ist".[843]

Auch die heutige Praxis der Prostitution bestätigt die vom Europäischen Parlament getroffene Feststellung einer zunehmenden sexuellen und mit Gewalt einhergehenden Verrohung der sexuellen Dienstleistung, wie auch einer brutalen Vermarktung.

Sheila Jeffreys geht in ihrer Untersuchung zur Industrialisierung der Prostitution und des Sexhandels[844] davon aus, dass in Deutschland der Anteil der Frauen, mit denen Handel getrieben wird, „bei 90 Prozent"[845] liege. Für den Bundesrichter a.D. Thomas Fischer wird Sexualität heute in Deutschland in einer ´historischen Einmaligkeit´ vermarktet.[846]

Dieser „historischen Einmaligkeit" entspricht ein Rechtsverständnis des Gesetzgebers, das durch den Umstand der Annahme charakterisiert ist, der jeweilige prostitutive Geschlechtsakt beruhe regelmäßig auf einer selbstbestimmten, freien Entscheidung der jeweiligen Prostituierten. Dieser (fälschlichen) Annahme[847] und die damit verbundene Definition der „Freiwilligkeit" als autonomer Entscheidung der Prostituierten über das „Ob", „Wann" und „Wie" einer „sexuellen Begegnung"[848] widerspricht bis auf wenige Ausnahmen jede Realität von Prostitution in Deutschland. Frauen, denen der Ausstieg aus der Prostitution gelungen ist, widerspre-

842 Bericht des Europäischen Parlaments, Sitzungsdokument v. 2.5.2000, Az.: A 5-0127/2000, 7/26 unter B.

843 Erwägungspunkt 16 des Berichts des EP über sexuelle Ausbeutung und Prostitution und deren Auswirkungen auf die Gleichstellung der Geschlechter, Berichterstatterin Mary Honeyball, Az. 2013/2103.

844 Die industrialisierte Vagina, Hamburg 2014.

845 Ebda., 226 unter Bezugnahme auf Paola Manzini, Sex Traffic, Prostitution, Crime and Exploitation, New York, 2005.

846 In: Zeit Online v. 16.08.2015, 11/12.

847 Zum Nachweis, s. beispielhaft Ausführungen der Sachverständigen Zimmermann-Schwartz, Breymaier, Heide, oben AI2.

848 Bericht der Bundesregierung (Fn.8), a.a.O., 8.

chen vehement dieser Annahme und liefern als „Äußerungen von Fachleuten“ die „objektiven Indizien“,[849] auf die abgestellt werden kann und letztlich – mangels substantiierten gegenteiligen Vortrags – auch werden muss (im Einzelnen dazu sogleich, unter C II).

Mangels selbstbestimmten Einverständnisses der Prostituierten ist für eine übergroße Zahl der prostitutiven „Einlassungen“ ein Eingriff in deren Intimbereich und damit eine Verletzung des Allgemeinen Persönlichkeitsrechts der betroffenen Prostituierten anzunehmen, zumal die jeweilige Einschränkung des Persönlichkeitsrechts gewichtig und Rechte anderer oder die verfassungsmäßige Ordnung im Sinne der Schrankentrias des Art. 2 Abs. 1 GG weder entgegenstehen noch ersichtlich sind.

Art. 2 Abs. 1 GG wird also grundsätzlich verletzt.

V. Spezieller Gleichheitssatz des Art. 3 Abs. 2 GG

Art. 3 GG mit seiner Normierung der Gleichheit ist Ausdruck der weit in die Kulturgeschichte hineinreichenden Idee der Gerechtigkeit und damit Fundament aller modernen Rechtsordnungen.

Die Verletzung des Gleichheitssatzes durch die Prostitution wird in der Lehre teilweise unter dem rechtspolitischen Aspekt der sozialen Diskriminierung von (weiblichen) Prostituierten vertreten.

Beispielsweise sieht Rahel Gugel das ProstG in seinen faktischen Auswirkungen als das Gleichberechtigungsgebot des Art. 3 Abs. 2 GG verletzend an.[850] Das ProstG ist ihr zufolge kein Antidiskriminierungsgesetz[851], das wirksam und erfolgreich gegen geschlechtsspezifische strukturelle und sexuelle Diskriminierung von Frauen in der Prostitution wirkt; es stehe im Widerspruch zur staatlichen Schutzpflicht aus Art. 3 Abs. 2 S. 2 GG, denn es lasse die „geschlechtshierarchische diskriminierende Lebenswirklichkeit in der Prostitution unangetastet“.[852]

Nach Baer ist das Verständnis von Rollenzwang und rollenbezogenen Nachteilen einer Frau nicht geeignet, einen sozialen Unterschied zu rechtfertigen. Insoweit lässt sich ihr zufolge das Problem sexueller Diskriminie-

849 Erbel, in DVBl 2001, 1719.

850 Gugel, Das Spannungsverhältnis zwischen ProstG und Art. 3 Abs. 2 GG, Berlin 2011.

851 Was es wohl auch nicht sein wollte. Erstmals im Entwurf des ProstSchG findet sich der Begriff „diskriminierungsfreie Anmeldung“, BT-Drs. 18/8556, 71.

852 Gugel, a.a.O., 213.

rung nicht durch „eine bessere Verteilung der weiblichen Rolle lösen“[853]. Diskriminierung lasse sich „als gruppenbezogene Benachteiligung“ verstehen und nur in diesem Verständnis „adäquat fassen“.[854]

Ob die unseres Erachtens für die Prostitution von Frauen in ihrer großen Mehrheit geschlechtsspezifische Menschenwürde-Verletzung auch eine Ungleichbehandlung von Männern und Frauen gem. Art. 3 Abs. 2 S. 1 GG indiziert, dürfte bereits aus der Natur ihres Auftretens resultierend zweifelhaft sein.[855]

Ob es sich bei der Behandlung der Prostitution um eine rechtspolitisch „systemische, durch dominante Distanzen legitimierte Realität unterdrückter Gruppen“ (Baer) handelt, kann im Ergebnis ebenso dahinstehen, wie der von Gugel behauptete, aus Art. 3 Abs. 2 S. 2 GG folgende staatliche Handlungsauftrag.

Ausgehend vom „Nebeneinander“ der fundamentalen Menschenrechte in Gleichheit und Würde, dient ein Gleichheitsrecht, das als Hierarchisierungsverbot interpretiert wird, als der „Herstellung derjenigen Bedingungen, die allen ein Leben in Würde gestatten“.[856] Der staatliche Schutz- und Achtungsanspruch gem. Art. 1 Abs. 1 S. 2 GG „konsumiert“ dabei gewissermaßen den konkurrierenden schwächeren Förderauftrag an den Gesetzgeber nach Art. 3 Abs. 2 S. 2 GG, womit Art. 3 Abs. 2 GG also nicht zum Tragen kommt.

VI. Berufsfreiheit gem. Art. 12 Abs. 1 GG

Beruf im Sinne des Art. 12 GG ist jede auf Dauer angelegte und nicht nur vorübergehende, der Schaffung und Erhaltung einer Lebensgrundlage dienende Betätigung.[857] Für einen effektiven Grundrechtsschutz wird der Begriff weit ausgelegt; er orientiert sich nicht an traditionellen Berufsbil-

853 Baer, Würde oder Gleichheit? Berlin 1995, 226, 230.

854 Baer, ebda., 231.

855 Vgl. BVerfGE 85, 191, 207f. („Nachtarbeitsverbot“), wo das Gericht die „Angleichung der Lebensverhältnisse“ betont. Bei einem „typischen Frauenberuf“ (Gugel a.a.O., 214) lassen sich „biologisch faktische Nachteile, die „typischerweise Frauen treffen ...“ nicht unmittelbar durch begünstigende Regelungen ausgleichen. Baer merkt kritisch an, das Gericht wolle nur „Rollenverteilungen ändern, nicht aber Rollen“; ebda, 226.

856 Baer, a.a.O, 329.

857 Statt aller: Scholz in Maunz-Dürig-Herzog-Scholz, GG 2013, Art. 12 Rdnr. 29.

dern.[858] Nicht vom Grundrechtstatbestand erfasst sind aber Tätigkeiten, „die schon ihrem Wesen nach als verboten anzusehen sind, weil sie aufgrund ihrer sozial- und Gemeinschaftsschädlichkeit schlechthin nicht am Schutz durch das Grundrecht der Berufsfreiheit teilhaben können".[859] Als solche wurde vom BVerwG noch im Jahre 1965 die Ausübung der Gewerbsunzucht angesehen.[860] Wenngleich der Gesetzgeber des ProstG sich von dieser Bewertung des BVerwG explizit distanzierte,[861] unterließ er es, die Prostitution als „Beruf, wie jeder andere" zu reklamieren.[862]

Indem das BVerfG in der Ermächtigungsgrundlage zum Erlass von Sperrgebietsverordnungen, Art. 297 Abs. 1 S. 1 Nr. 2 EG-StGB, sowohl für die Prostitution als auch für sonstige Personen, die im Umfeld der Prostitution eine berufliche Tätigkeit entfalten, eine Berufsausübungsregelung sieht[863], geht es implizit für den Fall einer freiwillig und selbstbestimmt durchgeführten Prostitution offenbar von einem Beruf „sui generis" aus.[864]

Andererseits – und daran hat der grundsätzliche Wegfall des Kriteriums der Sittenwidrigkeit durch das ProstG nichts geändert – liegt eine Tätigkeit der Prostitution dann außerhalb der Freiheitsverbürgung des Art. 12 Abs. 1 GG, wenn sie nicht selbstbestimmt bzw. freiwillig erfolgt, bzw. es sich um eine sonstige Art aufoktroyierter sexueller Hingabe handelt,[865] was hiesigen Recherchen nach für die erhebliche Vielzahl der Prostitutionsakte gilt.

In *diesen* Fällen kommt das Grundrecht der Berufsfreiheit gem. Art. 12 Abs. 1 GG, unabhängig davon, dass Träger des Grundrechts nur Deutsche i.S.d Art. 116 GG sind, nicht zum Tragen.

---

858 BVerfGE 7, 377, 379; 78, 179, 193.

859 BVerfGE 117, 126 ff., Urt.-Anm. 32.

860 BVerwGE 22, 286, 289.

861 „entspricht nicht mehr der heutigen Zeit", BT-Drs. 14/5958, 4.

862 Nach A. Schmidt, „Prostitution im Spannungsfeld von Sittenwidrigkeit, Menschenwürde und Geschlechterhierarchien", wird auch bei selbstbestimmter Prostitution „ein intimer, sehr verletzlicher Bereich der eigenen Persönlichkeit verfügbar gemacht", so dass sie „nie ein Beruf wie jeder andere sein wird", Festrede vom 15.3.2016, anlässlich der Verleihung des Nürnberger Frauenpreises, Manuskript, 6/9, https://streit-wert.boellblog.org.

863 BVerfG, B. v. 28.04.2009, – 1 BvR 224/07 in NVwZ 2009, 905, 907.

864 S. dazu jetzt auch SG Berlin, oben III 2 b dd.

865 Ganz herrschende Auffassung. Die dergestalt ausgeübte Prostitution verstößt eklatant gegen die Menschenwürde; vgl. auch Rauscher, Fn. 656, der vom „menschenunwürdigen Erfüllungsdruck" zur prostitutiven Hingabe spricht, a.a.O., S 596.

C. Die Situation der Prostitution heute

I. Aus gesetzgeberischer Sicht

Die Frage der freien sexuellen Selbstbestimmung bei der Prostitution ist im Hinblick auf die Frage der Verletzung der Menschenwürde die erkennbar entscheidende Frage; sie bestimmt, bildlich gesprochen, die Weichenstellung der weiteren rechtlichen Beurteilung des Prostitutionsgeschehens:

Bei Erlass des ProstG, dessen Intention wie gezeigt darin bestand, Prostitution vom Makel der Sittenwidrigkeit zu befreien und dadurch die rechtliche wie soziale Stellung der Prostituierten zu verbessern, spielte die Beurteilung des Art. 1 GG ebenso wenig eine entscheidende Rolle[866] wie die rechtsdogmatische Kernfrage, ob es in der Macht des Gesetzgebers steht, bisher als sittenwidrig eingestuftes Verhalten mit einem Federstrich „für sittengemäß zu erklären".[867] Letzteres dürfte zwar grundsätzlich bejaht werden, wenn der Gesetzgeber dabei die notwendigen Abwägungen mit kollidierenden Schutzgütern, insbesondere den Aspekt des Rechts des Einzelnen zur autonomen Lebensgestaltung unmittelbar zum Ausdruck bringt. Denn nur so kann die Schranke des Sittengesetzes zum Bestandteil der „verfassungsmäßigen Ordnung" i.S.d. Art. 2 Abs. 1 GG werden.[868] Dem erlassenen ProstG fehlt es indes offensichtlich an der zuvor genannten notwendigen Abwägung. Die Intention des Gesetzes hat sich „nicht bewahrheitet".[869] Der Gesetzgeber hat, wie bereits zum ProstG auch zum späteren ProstSchG gewissermaßen unterstellt, er regele einzig den Bereich der freiwilligen Prostitution. Ohne zu differenzieren, schienen ihm die Regelungen keinen Verstoß gegen die Menschenwürde darzustellen.[870] Prostitution sei vielmehr – so der Gesetzgeber – „Ausdruck des Rechts auf sexuelle Selbstbestimmung und auf freie Entfaltung eines jeden Menschen".[871]

866 S.o. A. I. 1. b.

867 Skeptisch auch A. Windel, JR 2005, 85.

868 Grundlegend zum Sittengesetz, vgl. Zippelius/Würtenberger, Deutsches Staatsrecht, 31. Aufl., § 22 III 3, 214.

869 S. dazu S. Schüchel, a.a.O., 162f.

870 „Der Gesetzgeber gab zu erkennen, „dass er den Bereich der freiwilligen Prostitution regeln will", Schüchel, ebda., 163;

871 Zit. nach BT-Drs. 18/8556, 33. Anders als noch im Jahre 2001 hat der Gesetzgeber des Jahres 2016 die Problematik zwar erkannt, wie die 10-malige Erwähnung des Begriffs der „sexuellen Selbstbestimmung" im Gesetzentwurf des ProstSchG vermuten lässt, ohne indes – wie zuvor dargelegt – einen wirksamen Schutz derselben zu normieren.

Diese (fälschliche) Annahme verwundert insoweit, als an fast gleicher Stelle nicht in Abrede gestellt wird, dass einerseits den „verschiedenen Erscheinungsformen der Prostitution" andererseits „Abstufungen von autonomer, aufgeklärter Entscheidung" der betroffenen Prostituierten, aber auch von „organisierten Formen der sexuellen Ausbeutung entgegenstünden".[872] Ernüchternd und frustrierend zugleich ist die Erkenntnis des Gesetzgebers, dass für jene Formen der „sexuellen Ausbeutung" noch keine ausreichenden Erfahrungen" existieren[873] und deshalb jene weiter „unreguliert" zu bleiben hätten.[874]

Deutlich kritisiert wird diese Situation im soeben veröffentlichten Gutachten derOrganisation für Sicherheit und Zusammenarbeit in Europa (OSZE), das Deutschland vorwirft *aufgrund seines Gewährenlassens der erwähnten Online-Nachfrage den Menschenhandel zum Zweck der sexuellen Ausbeutung zu begünstigen. Es schlussfolgert, dass auf diese Weise die Verpflichtung Deutschlands, die Anforderungen von Art. 9 Abs. 4 und 5 des Palermo-Protokolls*[875] *vom 15.11.2000 zur Verhütung, Bekämpfung und Bestrafung des Menschenhandels zu erfüllen, untergraben wird.*[876]

Die Situation der Prostituierten in Deutschland erweist sich aktuell als im höchsten Maße desaströs bzw. entmenschlicht.[877]

Im Folgenden werden unter II. und III. die tatsächlichen Auswirkungen der beiden Gesetze kurz und prägnant unter verschiedenen Aspekten, soweit sie dem Autor unter dem Prüfungsgesichtspunkt als bemerkenswert erscheinen, betrachtet. Wegen weiterer rechtstatsächlicher Schilderungen verbleibt es im Übrigen beim Verweis auf das 3. Kapitel in Teil 1.

Unter IV. wird der Blick auf das Europäische Parlament und seine Sicht der Prostitution gelenkt.

---

872 BT-Drs. ebda.

873 BT-Drs. ebda.

874 BT-Drs. ebda.

875 Ausführlich dazu: Follmar/Rabe (Hrsg. Deutsches Institut für Menschenrechte), Menschenhandel in Deutschland, Berlin 2009.

876 Gutachten vom 15.12.2022, Nr. TRAFF- GERM/417/2021, 25 (deutsche Übersetzung), s. im Einzelnen, Teil 1, 1.1.5.

877 Der in der Prostitutionsszene über fast 30 Jahre ermittlungsführend tätige Kriminaloberrat a.D. Helmut Sporer spricht von schlicht „desolaten Verhältnissen", in: Der neue Deutsche Weg. Hrsg. Hanns-Seidel-Stiftung, 2022, 68; Huschke Mau hat ihre Erfahrungen im Jahre 2022 unter dem Titel „Entmenschlicht" in der Hamburger Edel-Verlagsgruppe veröffentlicht.

II. Aus Sicht der Prostitutions-Aussteigerinnen

1. Mythos der selbstbestimmten freien Entscheidung

Es ist bereits angedeutet worden, dass Prostitution heute allenfalls äußerlich als auf eine sexuelle Dienstleistung gerichtetes privatautonomes Rechtsgeschäft erscheint.
Der bekannte frühere Bundesrichter Thomas Fischer berichtete schon im Jahre 2015 über die Auswirkungen des ProstG u.a. dahingehend, dass in der Prostitutionsszene „viele Ströme der klassischen Unterschichts-Kriminalität zusammenlaufen und Abhängigkeiten produzieren",[878] „ebenso wie Gewalt und nötigender Zwang",[879] weshalb sein Urteil eindeutig ist: „Wir vermarkten Sexualität heute in einem Maße, das historisch einmalig ist."[880]
Dieser „historischen Einmaligkeit" entspricht ein Rechtsverständnis des Gesetzgebers, das durch den Umstand der Annahme charakterisiert ist, der jeweilige prostitutive Geschlechtsakt beruhe regelmäßig auf einer selbstbestimmten, freien Entscheidung der jeweiligen Prostituierten. Dieser Annahme, die von den Interessenvereinigungen der Prostituierten gepflegt wird, widersprechen hingegen Frauen, denen der Ausstieg aus der Prostitution gelungen ist. Sie liefern als „Äußerungen von Fachleuten"[881] die „objektiven Indizien"[882], auf die abgestellt werden kann und letztlich – mangels substantiierten gegenteiligen Vortrags – auch werden muss.

2. Selbstschutz durch Illusion und Dissoziation

Beispielhaft genannt seien insoweit vornehmlich drei Frauen, die nach ihrem Ausstieg aus dem Rotlicht-Milieu sich jetzt teilweise unter Decknamen, denn sie werden bedroht, der wissenschaftlichen Durchdringung der Thematik widmen. Die eine als Juristin, die andere als Promovendin an einer ostdeutschen Universität und die Dritte als praktizierende Psychotherapeutin.

878 Zeit Online v. 18.8.2015, a.a.O., 5/12.
879 Ebda., 7/12.
880 Ebda., 11/12.
881 Erbel, in: DVBl. 2001, 1719.
882 Erbel, ebda.

a. In „Die freiwillige Prostitution als Folge sexueller Gewalt und Zwangsprostitution“ erläutert Sandra Norak[883] die verschiedenen Varianten der sogenannten „freiwilligen“ Prostitution, die Ausgangspunkt von „vielfältigen Traumatisierungen“ der Betroffenen von Gewalt in der Prostitution sind.
Sie resümiert mit dem – wie sie es nennt – „Spruch der Profiteure“: „Sexarbeit ist Arbeit, ohne zu wissen, was bei den Allermeisten hinter dieser *Arbeit* steckt und wie viel (sexuelle) Gewalt ein Mensch ertragen musste, damit er das irgendwann *freiwillig* tut.“
An anderer Stelle fordert sie unverblümt: „Für Frauen in der Prostitution benötigen wir keine vom Staat geförderten verharmlosenden ‚Beratungsstellen für Sexarbeit‘, sondern eine *Kriminalisierung aller Profiteure der Prostitution*“.[884]
b. Huschke Mau[885] geht unter Berufung auf den ehemaligen Chefermittler des LKA Hamburg, Detlef Ubben, und den ehemaligen Leiter des Dezernats Bekämpfung von Sexualdelikten in Ulm, Manfred Paulus, davon aus, dass sich der Anteil der nicht freiwillig in der Prostitution tätigen Frauen auf geschätzt 95 % beläuft.[886] Mau ist der Überzeugung, dass in den allermeisten Fällen keine „freie Entscheidung“ vorliegt, stattdessen vielmehr „sexuelle Ausbeutung und Ausnutzung der Armut von Frauen.“[887] Diese „verkapitalisierte Sexualität“ sei vollständig dem Markt und damit der Kundenmacht unterworfen, woraus sie folgert, „verökonomisierte Sexualität kann niemals frei sein“.[888]
Anhand einer von ihr erstellten Dokumentation von durch Freier begangenen Morden an Frauen aus der Prostitution ab dem Jahre 2002 bis heute[889] kommt sie zur Erkenntnis, dass in der heutigen Prostitution „Frauen keine Menschen mehr sind, sondern verobjektiviert werden wie eine Ware, in der es Männer mithilfe ihres Geldes

883 S. https://mylifeinprostitution.wordpress.com/2022/01/23/von-der-zwangsprostitution-in-die-freiwillige-prostitution/
884 Norak, in: Trauma-Zeitschrift für Psychotraumatologie und ihre Anwendungen, 2022, 16ff.
885 Huschke Mau, Entmenschlicht, Hamburg 2022.
886 Ebda, 144, Fn. 1.
887 Ebda, 145.
888 Ebda, 145.
889 Ebda, 218–230.

umgehen, authentischen sexuellen Konsens herzustellen" und in der die Freier dem Glauben verfallen sind, „ein Recht auf Sex zu haben".[890] Es ließe sich so unschwer die Thematik der angeblich „freiwilligen, selbstbestimmten, durch die Medien tingelnden Sexarbeiterinnen"-Geschichten seitenweise ebenso weitererzählen wie den Umstand der Dissoziation anführen. Bei ihr unterdrücken Prostituierte im Wege der Bewusstseinsspaltung und unterstützt durch Alkohol und Drogenkonsum ihre Gefühle des Ekels und der Scham, um in der Sexarbeit zu funktionieren bzw. die Prostitution durchzustehen."[891]

Prostitution bedeutet deshalb auch „an ständige Fremdbestimmung gewöhnt zu sein, vor allem an sexuelle Fremdbestimmung",[892] Am Ende ihres Buches klagt Huschke Mau an, dass Prostitution „ein unwürdiges Überbleibsel der Sklaverei, des Kolonialwahns und der Frauenunterdrückung" sei, die Mehrheitsgesellschaft sich indes nicht stört, dieses Relikt der Unterdrückung, der „offenen Demütigung und Entrechtung von Frauen in ihrer Mitte zu dulden". „Die Masse schaut weg."[893]

Bestätigt werden die Feststellungen der beiden zuvor genannten Prostitutionsaussteigerinnen durch die Erfahrungen der jetzt als Journalistin tätigen Rachel Moran[894] und der französischen Ex-Prostituierten Rosen Hicher, die davon spricht, „wir sind alle Missbrauchsopfer".[895]

c. Für die Aussteigerin, jetzige Diplom-Psychologin und approbierte Psychologische Psychotherapeutin mit eigener Praxis, Anna Schreiber, sind alle Frauen, „die Prostitution ausüben müssen, schwer in ihrer Psyche erschüttert".[896] Auf die Frage, was sie denke, wenn andere Prostituierte erzählen, dass „Prostitution auf freiwilliger Basis geschieht und keine negativen Implikationen für sie hat oder hatte", antwortet sie:

„Das ist ein Selbstschutzmechanismus, das ist für mich eine völlig klare Sache. Wenn eine Frau das so sagt, dann lasse ich das stehen

890 Ebda., 231f.
891 Ebda., 242f.
892 Ebda., 246.
893 Ebda., 394.
894 R. Moran in „Was vom Menschen übrigbleibt", Tectum 2013, 273: keine „authentische sexuelle Autonomie" in der Prostitutionspraxis gegeben.
895 In: Prostitution, Ein deutscher Skandal, Köln 2013, 168ff.
896 Interview mit Anna Schreiber, in: Was kostet eine Frau (Hrsg. Feministisches Bündnis Heidelberg), Aschaffenburg, 2020, 143ff., 146.

und rede nicht dagegen. Sie braucht diesen Schutz, um mit dem, was sie tut, leben zu können. Bei mir war das damals auch so. Ich habe damals nicht nur gesagt, sondern selbst auch geglaubt, ich würde mich ´freiwillig´ prostituieren"... „Dessen ungeachtet hat es eine fatale Wirkung, wenn eine Frau öffentlich äußert, Prostitution könne frei gewählt sein und Spaß machen. Die potenziellen Freier fühlen sich bestätigt. Allen anderen Menschen, die mit Prostitution nichts zu tun haben, dient es der Beruhigung.[897]

A. Schreiber appelliert: „Prostitution darf nicht legal sein. Es darf nicht sein, dass Menschen mit der Traumatisierung von Prostituierten Geld verdienen."[898] Das, was bei der Prostitution geschieht, ist mit so großem Leid verbunden. „Wenn wir Leid verringern wollen, müssen wir uns auch mit der Situation derer befassen, die es verursachen. Das sind die Männer."[899]

Für Alice Schwarzer schließlich ist deshalb die „Freiwilligkeit ein Mythos, kräftig genährt von denen, die von Menschenhandel und Prostitution profitieren".[900]

III. Aus Sicht von Juristen, Polizei, Staatsanwaltschaft, Medizinern und Beratungsstellen

1. Aus Sicht der Juristen

Nach Erlass des ProstG und des ProstSchG hat sich die Situation der Prostitution in Deutschland nicht verbessert[901]; der Vollzug des ProstSchG ist im Gegenteil – Caroline Mindach zufolge – nach wie vor nicht einmal überall gewährleistet.[902]

---

897 Dergestalt: „Ich verstehe das Ganze zwar nicht, aber wenn die Betroffenen das selbst sagen, wird es wohl stimmen und Prostitution ist gar nicht so schlimm."

898 a.a.O., 160.

899 Ebda.

900 In: Der Spiegel vom 31.10.2007.

901 Glossenhaft Köhler, der im ProstG und im ProstSchG das Ergebnis von „vielen Pirouetten der Rechtspolitik" sieht, die ein „Exemplar für das Zirkuläre im Recht" zeitigen. Er bedauert: „Schade, dass man diese einfache Erkenntnis (altes Geschäftsmodell der Vorkasse in bar) mit drei Paragraphen ProstG und 38 Paragraphen ProstSchG zuschütten muss", in: JR 2017, 613 ff., 619.

902 C. Mindach, NordÖR 2019, 1ff., 14.

Rixen seinerseits stellt fest, dass ein Dunkelfeld entstanden ist, in dem „das Falsche viel ungehinderter Chancen auf Richtiges zunichte (ge)macht hat" und sich auf „harm reduction" als Leitidee statt „harm abolishing" begrenzte.[903]

Für Rixen ist das ProstSchG nur der „verbesserungswürdige" Versuch, Realität zu gestalten.[904] Es bleibe der Evaluation (die bekanntlich am 1.7.2022 begonnen hat) vorbehalten, „etwas Richtiges zu ermöglichen", eine Hoffnung, für die es ihm zufolge „gute Gründe" gibt.[905]

Woraus sich sein Optimismus nach über 20 Jahren „verbesserungsbedürftigen" gesetzgeberischen Wirkens indes speist, wird nicht ersichtlich.

2. Aus Sicht von Polizei und Staatsanwaltschaft

a. Die Feststellung des ehemaligen Leiters der Direktion Spezialeinheiten der Polizei Baden-Württemberg, Klaus Danner, wonach die „große Mehrheit der als Prostituierten Tätigen nicht selbstbestimmt"[906] agiert und Ausbeutungsverhältnisse vorliegen, wird auch von den Staatsanwaltschaften im Wesentlichen bestätigt. Dies, obgleich die Betroffenen ihre eigene Prostitution auf Nachfrage regelmäßig als ausschließlich freiwillig und selbstbestimmt darstellen.[907]

Dies hat unterschiedliche Gründe, die meist darin gründen, dass Zuhälter die Frauen gefügig machen. „Die jungen Frauen werden gezwungen, sich zu prostituieren. Durch List, Gewalt und Drohungen nutzen die Täter die Notlage ihrer Opfer aus."[908] Die dazu verwendeten Maßnahmen sind vielfältig.[909]

---

903 Rixen, Gewerberecht der Sexualität, Wi Verw 2018, 127ff.
904 Ebda, 152.
905 Ebda.
906 So Klaus Danner, Interview vom 1.2.2022, s.o. Teil 1, 3.3.2.5.
907 Darauf weist Fischer, in: Zeit Online v. 18.08.2015, a.a.O., 7/12 hin.
908 Zitiert nach Pressemeldung betreffend Bildung einer Spezialabteilung der Staatsanwaltschaft München zur Bekämpfung der Prostitution. Sie wurde vom Freistaat Bayern im Jahre 2021 eingerichtet, um verstärkt Straftäter zu überführen, die Prostitution erzwingen, nachzulesen unter https://www.justiz.bayern.de/presse-und-medien/pressemitteilungen/archiv/2021/125.php bzw. in der Münchner Abendzeitung vom 2.8.2021, https://www.abendzeitung-muenchen.de/muenchen/spezialabteilung-so-kämpft-die-staatsanwaltschaft-gegen-zwangsprostitution-art-746841.
909 Ebda (Fn. 259); ähnlich H. Mau: Es findet „eine absolute Zurichtung von Frauen auf die sexuellen Bedürfnisse von Männern statt", in: Entmenschlicht, 213.

Weitere Umstände, die diese Frauen, obwohl sie Opfer von Menschenhandel und Zwangsprostitution oder Zuhälterei sind, von einer Anzeige abhalten, sind polizeilichen Erkenntnissen zufolge, finanzielle und soziale Abhängigkeit von den Tätern, fehlende Orientierung in einem fremden Land, fehlende Sprachkenntnisse und fehlende soziale Kontakte.

b. Die frühere Polizeipräsidentin von Duisburg, Dr. Elke Bartels, wo sich der zweitgrößte Bordellkomplex Deutschlands mit „Laufhäusern von über 400 Zimmern" befindet, und der „verwaltungsmäßig" zwischen den Hells Angels und den Bandidos aufgeteilt ist, schildert lesenswert und erschütternd zugleich die Situation der Prostituierten:
Sie würden (in den Herkunftsländern) gewissermaßen „geboren", um dann in den (Duisburger) Bordellkomplex „irgendwann reingeschickt zu werden". Diese Frauen seien „natürlich überhaupt nicht dazu bereit, mit der Polizei zu kooperieren, weil sie wissen, was ihnen blühen würde".[910]
Der Kriminalhauptkommissar Wolfgang Fink des LKA Baden-Württemberg beantwortete die Frage, ob er jemals im Dienst Prostituierten begegnet sei, von denen er absolut überzeugt davon war, dass diese wirklich ausschließlich freiwillig und selbstbestimmt ohne dritte Personen im Hintergrund tätig sind, mit: „Ganz klar: Keiner". Auf die Frage, ob er das ProstSchG für hilfreich halte, antwortete er: Es hätten sich „vielleicht die Arbeitsbedingungen verbessert", aber „echten Schutz oder Ermittlungserleichterungen für die Polizei" habe das ProstSchG „nicht gebracht".
Schließlich sei „der Menschenhandel (nur) ein weiterer Zweig der organisierten Kriminalität, den die Organisation bedient, um finanziellen Erfolg zu erzielen".[911]

3. Aus Sicht der Mediziner und Psychotherapeuten

Verwiesen wird insoweit

a. unter gynäkologischer Sicht auf die Ausführungen zuvor von Wolfgang Heide, oben A. I. 2. a. cc. und von Liane Bissinger[912] sowie

910 Elke Bartels, Interview v. 28.1.2022, s. auch Teil 1, 3.3.2.1.
911 Fink, Interview, s. Teil 1, 3.3.2.4.
912 Ausführlich, s. Teil 1, 3.4.2.3.

b. aus psychotraumatologischer Sicht auf die Ausführungen der renommierten Psychotraumatologin Dr. Ingeborg Kraus[913], ebenso wie die der zuvor erwähnten Diplompsychologin Anna Schreiber[914].
Das Urteil der Mediziner und der Psychotherapeutinnen ist eindeutig. Es lautet zusammengefasst:
Neben einer „extrem hohen posttraumatischen Belastungsstörung (PTBS) – Prävalenzrate“ (I. Kraus) im Sinne einer „komplexen PTBS“ (A. Schreiber) diagnostiziert der Gynäkologe Heide bei den Prostituierten eine Reihe von typischen Verletzungen, wie häufigen Scheiden- und Dammrissen, sowie eine „Unerträglichkeit“ des Ausgeliefertseins insbesondere der schwangeren Prostituierten.[915]
Liane Bissinger zufolge treten von „extrem häufigen bakteriellen Vaginosen“ über Entzündungen im Unterleib, z.B. Eileiter-Entzündungen, bis zu „einer Reihe „weiterer Hauptsymptome“ auf. Erschreckend hoch sei in diesem Zusammenhang auch der „Substanzmissbrauch“, also von Schlafmitteln, Alkohol, Medikamenten und vor allem Drogen, „um den Alltag zu ertragen“.[916]

4. Aus Sicht der begleitenden Sozialarbeit und Beratungsstellen[917]

Eine anonyme und bislang unveröffentlicht durchgeführte schriftliche Umfrage der Autoren bei deutschen Beratungsstellen ergab zur Frage,

- ob die betroffenen Klientinnen in ihrer Prostitutionsausübung „freiwillig/selbstbestimmt“ bzw. „gerne nachgehen“ ein klares und einmütiges „Nein“ aller rückgesandten Fragebögen zu beiden Fragen.

Daneben erwies sich, dass

- der Prostitutionsbereich als sowohl „hoch kriminogen“, als auch dahingehend eingeschätzt wurde, dass Menschenhandel und Zuhälterei „die Regel“ darstellen.

913 S. https://dissoziation-und-trauma.de//neues-aus-psychiatrie-und-medizin/573-prostitution-und-freiwilligkeit.
914 In: Was kostet eine Frau? Aschaffenburg, 2020, 143 ff.
915 In: Stellungnahme im Bundestagsausschuss für Familie, Senioren, Frauen und Jugend am 6.6.2016 – Aussch. Drs. 18(13)/76e.
916 Bissinger, in: Anhörung des Ausschusses für Gleichstellung und Frauen des Landtages NRW am 14.1.2021, in Stellungnahme 17/3453 AO3, AO1.
917 Zu den Studienergebnissen aus der Sozialen Arbeit im Einzelnen, s. oben Teil 1, Kap. 3.5.

Es bestehe im Übrigen ein „überwiegender Ausstiegswunsch", der aber, bedingt durch die Einwirkung Dritter, befürchteter Traumafolgen und mangelnden Alternativen vielfach nicht vollzogen werden könne.

IV. Europäische Sicht

Auch das Europäische Parlament bestätigt die schon zuvor getroffene Feststellung einer zunehmenden sexuellen und mit Gewalt einhergehenden Verrohung der sexuellen Dienstleistung.

Bereits im Jahr 2000, zwei Jahre vor Inkrafttreten des ProstG am 1.1.2002, hatte das Europäische Parlament in einem Bericht durch die Berichterstatterin Patsy Sörensen festgestellt, dass im allgemeinen sich niemand – so das Europäische Parlament – „frei für die Prostitution als Lebensform entscheidet", im Übrigen würden „diejenigen, die sie ausüben, auf die eine oder andere Weise dazu gezwungen", und es sei deshalb nötig, größere Anstrengungen und umfangreichere Mittel dem Kampf gegen die Zwangsprostitution und gegen „insbesondere den Frauenhandel, zum Zweck der sexuellen Ausbeutung zu widmen".[918]

Vierzehn Jahre später zeigt sich das gleiche Parlament in einem Bericht vom 3.2.2014 besonders besorgt „über die zunehmende Zahl junger Männer, die die Prostitution zur Unterhaltung kaufen und so Frauen und Mädchen wie Sexspielzeuge behandeln, was oft dazu führt, dass Gewalt im Spiel ist".[919]

In einem Entschließungsantrag mehrerer Ausschüsse (Justiz und Inneres sowie Rechte der Frauen und Gleichstellung) an das Europäischen Parlament zur Umsetzung der Richtlinie 2011/36/EU zur Verhütung und Bekämpfung des Menschenhandels und zum Schutz seiner Opfer aus dem Jahr 2021 wurde die Kommission aufgefordert, in Zusammenarbeit mit den Mitgliedstaaten zu untersuchen, „wie die Nachfrage nach sexuellen Dienstleistungen dem Menschenhandel Vorschub leistet, da es laut Europol Mitgliedstaaten gibt, in denen Prostitution legal ist, was es den Menschenhändlern sehr viel leichter macht, ein legales Umfeld für die Ausbeutung ihrer Opfer zu nutzen".[920]

918 Bericht des Europäischen Parlaments, Sitzungsdokument v. 2.5.2000, Az. A 5-0127/2000, 7/26 unter B.

919 Erwägungspunkt 16 des Berichts des EP über sexuelle Ausbeutung und Prostitution und deren Auswirkungen auf die Gleichstellung der Geschlechter, Berichterstatterin Mary Honeyball, Az. 2013/2103.

920 S. Bericht über die Umsetzung der Richtlinie 2011/36/EU vom 21.1.2021- A9–0011/2021, Pkt. 21.

In der Beurteilung des Ausschusses für Rechte der Frauen und Gleichstellung vom 23.1.2023[921] kommt jetzt die Befürchtung zum Ausdruck, dass die sexuelle Ausbeutung von Frauen und jungen Mädchen trotz der o.g. Richtlinie weiter anhält, die Menschenhändler selbst ebenso wie diejenigen, die die sexuellen Dienste der (Menschenhandels-)Opfer nutzen, aber unbestraft bleiben, was – so die Umsetzungsbeurteilung – eine Revision der Richtlinie erforderlich mache.[922]

D. Auswertung

1. Legislatives Defizit
   Bereits bei den Beratungen des ProstG hat der Gesetzgeber die Frage einer Verletzung der Menschenwürdenorm des Art. 1 GG nur en passent und im Ergebnis unzureichend geprüft.[923]
   Nach den vorstehenden Erwägungen bestehen ernste Zweifel am Fehlen einer jeweils wirksamen sexuellen Selbstbestimmung bei der Mehrzahl der Prostituierten. Dies umso mehr, als der Gesetzgeber selbst bei bestimmten sexuellen Dienstleistungen (z.B. den sexuellen Dienstleistungen von sog. Cam-Girls) explizit *nicht* ausschließt, dass „auch Personen, die sich in diesem Bereich betätigen, durch organisierte Formen der sexuellen Ausbeutung betroffen sind“.[924]
   Der Gesetzgeber nahm diesen Bereich – wie bereits zuvor erörtert – gleichwohl von einer Regelung bewusst aus.[925]
   Einhergehend mit der Feststellung, dass diesem Bereich zudem „eine hohe Dynamik“[926] innewohnt, ist das Eingeständnis des Gesetzgebers einer Lückenhaftigkeit des von ihm verabschiedeten ProstSchG höchst

921 Dokument PE 740 213.

922 Berichterstatterin Marie-Astrid Huemer: the „implementation appraisal looks at the practical implementation of the directive in light of the expected Commission proposal for its revision“.

923 Dies hat die Richterin Kerstin Trede dazu veranlasst, zu fragen, ob der Gesetzgeber diese Debatte (nur) „versäumt oder gescheut“ hat. Sie wies darauf hin, dass die kaum hinterfragte Prämisse des ProstG „offenbar die Freiwilligkeit der beteiligten Akteure gewesen“ sei. Trede, Auswirkungen des Gesetzes zur Regelung der Rechtsverhältnisse der Prostituierten (ProstG) auf das Straf- und Ordnungswidrigkeitenrecht, Hamburg 2007, S. 103 und Fußnote 331.

924 BT-Drs. 18/8556, 34.

925 S.o. CI.

926 BT-Drs. 18/8556., 13f.

bemerkenswert und kommt einer Offenbarung gleich. Wenn der Gesetzgeber im gleichen Atemzug mitteilt, „nicht alle" Prostituierten (Hervorhbg. Verf.) sind von Ausbeutung, Gewalt und unzumutbaren gesundheitlichen Bedingungen tatsächlich betroffen",[927] gesteht er implizit ein, dass die sexuelle Selbstbestimmung eines nicht unerheblichen Teils schon nach eigener Auffassung sehr wohl potenziell gefährdet ist. Dass er diesen Teil dennoch gänzlich aus seinem Blickpunkt verbannt, weil – wie er vorgibt – „ohne behördlich durchsetzbare fachgesetzliche Vorgaben .... eine Verbesserung der Situation der in der Prostitution Tätigen nicht zu erwarten ist"[928], muss befremden.
Damit ist Prostitution in Deutschland eben nicht – wie eine große Zahl von Apologeten eines unterstellten freiwilligen und autonomen sexuellen Handelns zwischen Erwachsenen zu glauben machen versucht – ein „lupenreiner Akt der Selbstbestimmung".[929]
Der Gesetzgeber selbst weiß darum.

2. Verfassungsrechtliche Konsequenz
Die verfassungsrechtliche Konsequenz dessen liegt auf der Hand:
Dem Gesetzgeber obliegen aus Art. 1 Abs. 1 GG, ebenso wie aus Art. 2 Abs. 1 i.V.m. Art. 1 Abs. 1 GG Schutzpflichten durch die Auferlegung geeigneter Zulassungs- und Berufsausübungsregelungen.[930] Demgegenüber wird durch Beratungs-, Anmeldepflichten und der Normierung einer Kondompflicht im ProstSchG die Schutzpflicht nur lückenhaft und ansatzweise erfüllt.
Besonders bezeichnend und „berührend" zugleich ist, dass sich nach wie vor heranwachsende, besonders schutzwürdige jugendliche Frauen von 18 bis 21 Jahren in der Prostitution betätigen können. Schon der Gutachter der Bundesregierung selbst hatte bereits im Jahre 2007 für die Minderjährigen-Prostitution darauf aufmerksam gemacht, dass das Vorgängergesetz, das ProstG, „einen erheblichen Bereich ausblendet" und sich sehr befremdet gezeigt, weil es sich im Ergebnis insoweit „kontraproduktiv auswirken dürfte, als es den genannten, besonders schutzbe-

927 BT-Drs. 18/8556, 32.
928 Ebda.
929 Auf diesen Widerspruch weist Rixen, a.a.O., Fn. 903, S. 128, hin.
930 Nach herrschender Auffassung in der jur. Fachliteratur kommt Art. 1 Abs. 1 GG eine unmittelbare Drittwirkung, also Geltung auch zwischen Privaten zu, vgl. nur Bumke/Voßkuhle, a.a.O., Rdnr. 204.

dürftigen Personen (den) Schutz vorenthält".[931] Wie das Jugendstrafrecht für Heranwachsende von 18 bis 21 Jahren regelmäßig entwicklungs- oder reifebedingte Umstände unterstellt, kann bei Prostituierten dieses Alters vielfach (noch) nicht davon ausgegangen werden, dass sie die Folgen ihres Tuns überblicken und selbstverantwortlich Konsequenzen tragen können,[932] zumal der Prostitutionseinstieg in der Regel „sehr jung" erfolgt.

Geschehen ist zum Schutz dieser Altersgruppe indes, bis auf wenige eher kosmetische Änderungen in Form von Meldeauflagen und ärztlichen Vorsprachen in kürzeren Zeitintervallen, nichts.

Nach wie vor wird auch die erzwungene Tätigkeit einer schwangeren Prostituierten nicht einmal mit einer Ordnungswidrigkeit geahndet.[933]

Vor allem aber setzt sich das ProstSchG nicht ausreichend mit dem von ihm selbst als „besonders sensiblen Rechtsgut"[934] apostrophierten Selbstbestimmungsrecht in der Prostitution dahingehend auseinander, es wirkungsvoll zu schützen. Es begnügt sich damit, es lediglich vielfach zu benennen.

Nach dem zuvor dargestellten Selbstverständnis des ProstSchG als (nur) „harm-reduction" spielt „harm-abolishing" gerade keine Rolle. In dieses Verständnis passt die – wie selbstverständlich vorausgesetzte – lapidare Annahme, das Menschenwürdeprinzip, das zuvor über Jahrzehnte Ausgangspunkt der rechtswissenschaftlichen Diskussionen und der Rechtsprechung war, sei nicht tangiert.[935] Übersehen wird dabei aber, dass sie zwar in den Hintergrund getreten sein mag zugunsten eines „moderneren Verständnisses im Lichte der Gegenwart und im Reflex der gegenwärtigen Werteordnung".[936] Verkannt wird jedoch, dass die Men-

931 J. Renzikowski in: Reglementierung von Prostitution, Ziele und Probleme, Hrsg. BMFSFJ, Januar 2007, 42. Rdnr. 86.

932 Gangoli/Westmarland, International Approaches to Prostitution. Law and Policy in Europe and Asia, 2006.

933 Büttner, Kommentar zum ProstSchG, Stuttgart, 2017 erzählt die „Geschichte" einer 19-jährigen hochschwangeren Bulgarin, der vom Club-Betreiber aufgeben wurde, „sich einfach nackt hinter den Tresen" zu stellen und „bei Kontrollen zu behaupten, sie ginge der Prostitution nach". Büttner kommentiert: „Kein Mutterschutzgesetz, kein Sozialversicherungsrecht, kein Arbeitszeitgesetz, keine Arbeitsstättenverordnung usw." einschlägig, a.a.O. 7f.

934 BT-Drs. 18/8556 33.

935 Darauf macht aufmerksam Rixen, a.a.O., Fn. 903.

936 So zumindest Schüchel, Rechtliche Situation der Prostitution in Deutschland, 117.

schenwürde nach wie vor keiner Relativierung zugänglich ist, weil sie im Grundsatz „abwägungsfest“[937] ist.
Die fehlende Differenzierung des Gesetzgebers, sowohl beim ProstG wie auch dem späteren ProstSchG[938], gepaart mit seiner Überforderung, die vielschichtigen Probleme der Prostitution juristisch lösen zu können, habe – so zu Recht Rixen – unweigerlich ein „unfertiges Gesetz“ entstehen lassen, das lediglich versucht, „die dunkle Seite, aber auch die Grautöne der Prostitutionsrealität ernst zu nehmen“.[939]
Der untaugliche Versuch des Gesetzgebers hat zur Folge, dass die Prostitution – mag sie sich noch so sehr als „ältestes Gewerbe der Welt“ (Würkner) präsentieren – in den Kern der Selbstbestimmung und damit in die menschliche Intimität als Ausfluss der Menschenwürde eingreift.[940]
In Anbetracht des zuvor unter B. III. und IV. ausführlich dargestellten Schutzbereichs von Art. 1 GG und Art. 2 GG verletzt Prostitution in der großen Mehrzahl der Fälle die Menschenwürdegarantie, wie auch das Allgemeine Persönlichkeitsrecht „in Gestalt“ des sexuellen Selbstbestimmungsrechts dieser Frauen.
Dass vor diesem Hintergrund die ehrenamtlichen Beratungsinstitutionen für Prostituierte davon sprechen, dass die Freiwillige Prostitution „ein Märchen“[941] bzw. „ein Mythos“[942] ist, kann deshalb nicht verwundern, trifft vielmehr die bundesdeutsche Prostitutions-Realität „auf den Kopf“.

---

937 Bereits an anderer Stelle wurde dargelegt, dass nach einer Literaturauffassung sich eine Verletzung der Menschenwürdegarantie prozedural in zwei Schritten feststellen lässt; ausgehend von Dürigs Objektformel in einem ersten und „rechtspraktisch konkretisiert“ in einem zweiten Schritt, stellvertretend dafür Häberle in Handbuch des Staatsrechts, Bd. I, § 20 Anm. 99 („2-Schritt-These“).

938 Rixen spricht davon, „die womöglich höchst irritierende (und destruktive) Kraft der als frei imaginierten Auslieferung des (eigenen) Körpers könne „Rationalisierungen des Erlebten übersteigen“, Rixen, a.a.O., 152.

939 Rixen, a.a.O., Fn. 903, 152.

940 Es fällt auf, dass im gesamten Gesetzentwurf des ProstSchG der Begriff der Menschenwürde einzig einmal im Zusammenhang mit der Versagung der Erlaubnis nach § 12 i.V.m. § 14 ProstSchG (Erlaubnispflicht für Prostitutionsgewerbe) Erwähnung findet.

941 SISTERS, s. SWR Aktuell v. 27.02.2019.

942 SOLWODI, Positionspapier zur Prostitution, April 2015, S. 2, http://www.cap-international.org.

Mit Stimmen in der Literatur[943] und der Rechtsprechung[944] verletzt die Prostitution, wie sie heute in Deutschland nach Erlass des ProstG und des ProstSchG praktiziert wird, die Würde des Menschen im Sinne des Art. 1 GG und verletzt darüber hinaus das Allgemeine Persönlichkeitsrecht dieser Frauen.

Ohne der Evaluation des ProstSchG vorzugreifen, trifft den Gesetzgeber deshalb die Pflicht, die Prostitutionsgesetzgebung zwecks Gewährleistung einer bestehenden notwendigen Autonomie auch während des prostitutiven Akts, einer Totalrevision zu unterwerfen. Prostitution ist de lege ferenda, beispielsweise in „Weiterentwicklung von internationalen Best Practice Erfahrungen"[945] oder – angelehnt an das skandinavische Modell der Strafbarkeit des Sexkaufs für Freier – von Grund auf neu zu regeln (s. unten E).

E. Fazit

Es muss eine gesetzliche Neuordnung des Prostitutionswesens in Deutschland erfolgen.

Dieses Gesetz sollte neben den Erfahrungen aus über 20 Jahren mit dem ProstG und sechs Jahren mit dem ProstSchG auch die Erfahrungen anderer europäischer Länder, namentlich derjenigen, die dem sog. Nordischen Modell folgen, verarbeiten.

Denn die Zustände in der Prostitution in Deutschland sind verheerend (H. Mau: „entmenschlicht") und einem sozialen Rechtsstaat wie dem der Bundesrepublik Deutschland unwürdig. Jedes weitere Jahr ohne eine Neuausrichtung bedeutet zudem die „Inkaufnahme tausender neuer Opfer"[946].

Die beiden zuvor genannten Gesetze haben unstreitig nicht ihr gesetzgeberisches Ziel erreicht, vielmehr klar verfehlt. Die Abschaffung der „Sitten-

---

943 Hagen, in: Gedächtnisschrift für Sonnenschein, Berlin 2003, 581ff., 585, unter Hinweis auf den „Intimbereich als Ware"; Böhme-Nessler, ZRP 2019, 13ff., 16; Rauscher, Protokoll, a.a.O., Fn. 656; tendenziell auch Bautze, Jura 2011, 647, 648.

944 BGH ST vom 01.08.2013, 4 StR 189/13; BGHZ 67, 119, 1224; OLG Schleswig v. 13.5.2004 – 16 u 11/04, „Kommerzialisierung der Intimsphäre von Menschen", BSG vom 6.5.2009, B 1 AL 97/06 zur Frage der Vermittlungspflicht von Prostituierten als Arbeitnehmer.

945 S. dazu Pressemeldung des DIAKA (Deutsches Institut für angewandte Kriminalitätsanalyse) vom 30.5.2022.

946 Sporer, in: Der neue deutsche Weg. Hanns-Seidel-Stiftung 2021, 68; ähnlich „Prostitution produziert Tote und Waisenkinder"; Ella in Anhörung des Bayerischen Sozialausschusses vom 13.5.2022.

widrigkeit" führte nicht – wie beabsichtigt – zu einem „Beruf wie jeder andere", weder im rechtlichen Sinn noch im Bewusstsein der Bevölkerung.

In den Worten Rixens waren beide Normierungen „unfertige Gesetze", die „die dunkle Seite, aber auch Grautöne der Prostitutionsrealität ernst zu nehmen versuchten", ohne letztlich zu überzeugen.[947]

Deutschland hat in den Worten der Bundesverfassungsrichterin a.D. S. Baer mittlerweile sogar eine „hochproblematische Entwicklung" zu verzeichnen, die es „als Magnet für Frauenhandel in der Prostitution weltweit ausweist".[948] Soll überdies nicht eine Prophezeiung A. Voßkuhles aus anderem Zusammenhang in Erfüllung gehen, ist Handeln geboten. Für Voßkuhle löst zwar nicht jedes subjektiv als anstößig empfundene Verhalten, wie es auch für die Prostitution immer mehr zutrifft, eine Handlungspflicht des Gesetzgebers aus. Werden jedoch verfassungsrechtliche oder einfachgesetzlich geschützte Rechtsgüter beeinträchtigt, ist Voßkuhle zufolge, und unabhängig davon, ob „nach außen erkennbare Beeinträchtigungen fehlen" oder der Öffentlichkeit nur verborgen bleiben, zu reagieren, damit die „Gesellschaft bis auf Weiteres sich nicht selbst überlassen"[949] bleibt.

Dies gilt vorliegend umso mehr, wenn – wie eine Allensbach-Studie aus dem September 2020 zeigt – für 76 % der befragten Deutschen die gesetzlichen Bestimmungen, die bezweckten, Prostitution aus der Illegalität zu holen, fehlgeschlagen sind.[950] Es wird ersichtlich, dass es dem normierten Prostitutionsrecht augenscheinlich an seiner Akzeptanz in der Bevölkerung mangelt.[951]

Der Gesetzgeber seinerseits hat aus dem Schutzgehalt der Menschenwürdegarantie und der Schutzpflicht-Judikatur des BVerfG[952] folgend zu

---

947 In WIuVerw., 2018, 27ff., 152.

948 In Podcast „justitias Töchter" des djb v. 8.12.2020.

949 In Festschrift für Rainer Schmidt zum 70. Geburtstag, 2006, 626; vgl. auch BVerfG zur Verpflichtung des Staates, sich schützend und fördernd vor „die Freiheit und die sexuelle Selbstbestimmung des Einzelnen zu stellen und sie vor rechtswidrigen Eingriffen zu bewahren, wo dieser nicht selbst für ihre Integrität sorgen kann", BVerfGE 121, 317, 356 – Rauchverbot mit Sondervotum Masing, 381ff.

950 Allensbach, Archiv, Ifd-Umfrage Nr. 12023.

951 Würtenberger, Zeitgeist und Recht, 205, weist (demgegenüber) auf das „vielfach" entgegengesetzte Phänomen hin, dass ein Gesetz regelmäßig für rechtmäßig gehalten wird (Vermutung der Richtigkeit), was für das ProstG trotz seiner langdauernden Geltung von bereits mehr als 20 Jahre offensichtlich nicht gilt.

952 Einerseits Kalkar (BVerfGE 44, 89) und Mühlheim-Kärlich (BVerfGE 53, 30, 72f.), andererseits, BVerfGE 53, 257, 293 (Versorgungsausgleich), gesetzgeberische Einschätzungsprärogative.

prüfen, ob seine ursprünglichen Entscheidungen durch neue, im Zeitpunkt des Erlasses der Prostitutionsregelungen noch nicht abzusehende Entwicklungen aufgrund zunehmender schwerer Menschenrechtsverletzungen in Folge von Zwangsprostitution und Menschenhandel[953] noch aufrechterhalten werden können.[954]

Das bereits erwähnte OSZE-Gutachten zu den „Deutschen Gesetzen zum Thema Prostitution und Menschenhandel“ vom 15.12.2022 schließt jedenfalls mit „Empfehlungen zum Gesetzgebungsverfahren“, die darin gipfeln, eine „aktive Zusammenarbeit der Behörden mit der Zivilgesellschaft“ zu fordern, „um die Situation von in der Prostitution tätigen Personen zu überwachen, Strategien zu entwickeln und weitere Partnerschaften aufzubauen“.[955]

Mit den geltenden Normierungen des ProstSchG kann nicht einmal diesen eher partizipativen Empfehlungen der OSZE Rechnung getragen werden, geschweige denn die eigentliche Problematik in ihren Erscheinungsformen von Strukturen der organisierten Kriminalität und des Menschenhandels nebst der dem Milieu innewohnenden Begleitkriminalität auch nur ansatzweise befriedigend lösen.

953 M. Ferber, MdEP, in: Der Neue Deutsche Weg, 2f.
954 vgl. auch Kyrill-Alexander Schwarz, Das Gemeinwohl neu bewerten, in: FAZ vom 22.9.2022, 7.
955 Gutachten, Fn. 876, dort Anm. 73 und Empfehlung C.

Schlusswort der Autoren und Herausgeber

Die Würde des Menschen, die in der deutschen Verfassung als oberstes Prinzip festgeschrieben ist, wird gegenwärtig vornehmlich anhand der Frage der Autonomie menschlicher Entscheidungen beurteilt. Sie wurde in Bezug auf die Prostitution unter den Bedingungen geltender liberaler Prostitutionsgesetzgebung in Deutschland untersucht. Das Ergebnis dieser Prüfung ergab, dass die Autonomie der Menschen in der Prostitution zwar unterstellt wird, jedoch durch die geltende Gesetzgebung und Verwaltungspraxis nicht garantiert werden kann. Deshalb ist die geltende Prostitutionsgesetzgebung nicht verfassungskonform.

Zwölf grundlegende Ergebnisse:

1. Keine Prüfung des Würdeschutzes erfolgt

Beim Erlass des Prostitutionsgesetzes im Jahre 2001 wurde der Beurteilung des Menschenwürdeschutzes nachweislich nicht ausreichend Beachtung geschenkt. Auch während der vergangenen 20 Jahre wurde von Seiten des Gesetzgebers allem Anschein nach nicht hinterfragt, ob Prostitution eine Würdeverletzung nach sich zieht.

2. Vorschnelle Annahme der Freiwilligkeit

Beide einschlägigen Gesetze zur Prostitution unterstellen die Freiwilligkeit durch die Betroffenen, ohne diese ersichtlich je einer empirischen Prüfung unterzogen zu haben. Es liegt deshalb ein gravierender Mangel der Prüfung der Freiwilligkeit vor, ebenso wie eine vorschnelle Legalisierung der Prostitution ohne Prüfung der menschenrechtlichen Folgen für die Prostituierten.

3. Kenntnis andauernder Rechtsverletzungen durch gesetzgeberisches Unterlassen

Das geltende Prostitutionsgesetz vom 20.12.2001 wurde bislang nicht grundlegend revidiert, obwohl dem Gesetzgeber bewusst ist, dass es vielfach zu andauernden schwerwiegenden Rechtsverletzungen gegenüber Prostituierten im Rahmen dieses Gesetzes kommt. Auch dem von vielen Seiten geäußerten Verdacht menschen*un*würdiger Bedingungen durch Organisierte Kriminalität im Rotlichtmilieu wurde bis heute nicht genügend nachgegangen. Trotz der Kenntnis schwerwiegender strafbarer Handlungen und der sexuellen Ausbeutung von Menschen in der Prostitution, fehlt es Polizei und Strafverfolgungsbehörden eigenen Angaben nach an wirksamen Eingriffsbefugnissen.

4. Billigende Inkaufnahme von Unrecht und mangelnde Beseitigung

Diese Kenntnis des Gesetzgebers lässt auf eine mit der Gestaltungs- und Einschätzungsfreiheit des Gesetzgebers nicht mehr vereinbare Duldung von sexueller Ausbeutung und unfreiwillig erbrachter sexueller Dienstleistungen schließen.

5. Würdeschutz

Die Menschenwürde ist unveräußerlich. Sie wird verletzt, wenn (durch insbesondere staatliches Handeln) Menschen „verobjektiviert" werden, also im Sinne einer Instrumentalisierung bzw. Herabwürdigung zu Objekten werden. Der Würdeschutz beinhaltet auch eine Garantie der sexuellen Autonomie, da diese für Menschen wesentlich ist. Freier Wille und sexuelle Selbstbestimmung korrelieren miteinander. Sie müssten deshalb nicht nur bei der Vereinbarung der Prostitution, sondern auch *während jeder sexuellen Interaktion* als Bedingung der Menschenwürde gewahrt bleiben.

6. Medizinische und psychische Schäden und Menschenrechtsverletzungen

Es gibt belastbare Hinweise für prostitutionsspezifische, kaum reversible posttraumatische Belastungsstörungen, chronische Erkrankungen der Geschlechtsorgane und schwere Verletzungen anderer benachbarter innerer

Organe bei Prostituierten. Darüber hinaus liegen eindeutige Hinweise für eine überdurchschnittliche Sterblichkeitsrate und stark verkürzte Lebenserwartung bei Prostituierten als direkte Folge der Prostitution vor. Naturwissenschaftliche ebenso wie sozialwissenschaftliche Gutachten bestätigen die nachhaltige Schädigung der Prostituierten, ebenso wie qualifizierte Aussagen aller mit der Prostitution befassten Innenbehörden und Beratungsstellen. Es gibt klare Anzeichen für vielfältige Zwangsprostitution, für Menschenhandel und sexuelle Ausbeutung, insbesondere bei Migrantinnen und weiteren vulnerablen Gruppen in der Prostitution. Insoweit handelt es sich um Auswirkungen der deutschen Prostitutionsgesetzgebung. Deutschland gilt international als *Hort des Menschenhandels in Europa, der Zwangsprostitution und der Geldwäsche durch Organisierte Kriminalität* als Folge der genannten Prostitutionsgesetzgebung. Auch das Prostituiertenschutzgesetz des Jahres 2016 hat daran nichts substanziell geändert.

7. Menschenwürde ist keine Leerformel

Das Grundgesetz Deutschlands steht letztlich durch seine Fundamentalnorm in Art. 1 in der Tradition von Immanuel Kant, der aus der Menschenwürde im Kategorischen Imperativ das ´Instrumentalisierungsverbot´ schlussfolgert und die Menschenwürde als zentrale Anspruchsgrundlage für alle Menschenrechte begreift. Wenn vereinzelt behauptet wird, dass Würde nur eine ´Leerformel´ sei, die nur noch in einem persönlichen Werturteil bestehe, bedeutet dies ein fundamentales Abrücken vom unveräußerlichen Grundrecht jedes Rechtssubjektes auf Schutz seiner Würde und von der eigentlichen Fundamentalnorm der bundesdeutschen Verfassung. Denn die Würde des Menschen lässt sich nicht allein individuell garantieren. Hierzu bedarf es immer auch des Schutzes durch den Staat. Der Gesetzgeber hat bereits aus verfassungsrechtlichen Gründen die Verobjektivierung von Menschen durch Dritte zu verbieten und die Menschenwürde unabhängig von einer Relativierung zu gewährleisten.

8. Bei Verobjektivierung gibt es keine Autonomie

In dem Moment, in dem Menschen durch Dritte verobjektiviert bzw. instrumentalisiert werden, bleibt ihnen keine Wahl mehr für ein freies persönliches Werturteil, denn sie sind nicht mehr autonom. Subjektive Werturteile sind nur möglich, wenn Autonomie und grundsätzliche Freiheit im

Handlungsvollzug vorausgesetzt werden können. Es zeugt angesichts der bekannten und zuvor erörterten Umstände von grundsätzlicher Sachferne, zu behaupten, die repräsentative Mehrheit der Frauen in der Prostitution würde keiner Fremdbestimmung im Sinne der Verobjektivierung unterliegen. Deshalb können nur objektive Untersuchungen, nicht jedoch Einzelmeinungen oder interessengeleitete Äußerungen von Profiteuren der Prostitution, wie Bordellbetreibern und Zuhältern, für die verfassungsrechtliche Beurteilung der Prostitutionsgesetzgebung maßgeblich sein.

9. Unveräußerliche Grundrechte müssen auch bei sexueller Liberalisierung gelten

In Abkehr vom Nationalsozialismus haben sich die Mütter und Väter des Grundgesetzes in vollumfänglicher Kenntnis dieser Unveräußerlichkeit von Würde bewusst der Realisierung der Grundrechte im weitestgehenden Sinne verschrieben. Das Bundesverfassungsgericht lässt erkennen, auch wenn es versucht den Entwicklungen sexueller Liberalisierung gerecht zu werden, dass es grundsätzlich am Instrumentalisierungsverbot festhalten will. Auch eine liberalisierte Prostitution darf keinen Tabuisierungen und Fehleinschätzungen dergestalt unterliegen, dass Grundrechtsverletzungen verdeckt werden. Sexualität kann einerseits befreiend und lustvoll sein, andererseits jedoch auch verletzend und instrumentalisierend. Deshalb darf es keinen rechtsfreien Raum geben, in dem Vergewaltigung und Körperverletzungen gegen den Willen der Betroffenen nicht geahndet werden.

10. Autonomie ist nicht garantiert

Wenn eine Person gegen Entgelt einer anderen Person sexuell zur freien Verfügung stehen soll, ist es von Seiten des Gesetzgebers nicht möglich, Gewaltfreiheit durch den Freier und Würdeschutz durch den Bordellbetreiber zu garantieren. Kriminal-statistisch wird Prostitution regelmäßig von Nötigung durch Zuhälter und Gewalt durch Freier geprägt. Psychotherapeutisch produziert die Prostitution – vor allem weibliche – Opfer, die ganz überwiegend einen Migrationshintergrund besitzen bzw. durch Armut, Sprachbarrieren und niedrigen Bildungsstand gekennzeichnet sind. Mangelnde Autonomie bei der Willenserklärung zur Prostitution ist bei den meisten Betroffenen ein durch Studien belegtes Faktum ebenso wie eine fehlende autonome und freie sexuelle Selbstbestimmung während des prostitutiven Aktes.

11. Verfassungsrechtliche Pflicht zur Aufhebung des Prostitutionsgesetzes

Gemäß dieser Sachlage trifft den Gesetzgeber aus dem Schutzgedanken des Art. 1 Abs. 1 S. 2 GG die Pflicht, das für die Würdeverletzung mitursächliche Prostitutionsgesetz des Jahres 2001 in Gestalt des ProstSchG einer Totalrevision zu unterziehen und nicht nur das spätere Prostituiertenschutzgesetz zu novellieren. Mangelnde Autonomie und Verobjektivierung durch Dritte werden durch die derzeitige Gesetzgebung erst befördert. Die geltende Gesetzgebung erscheint uns deshalb grundgesetzwidrig zu sein. Die Prostitutionsproblematik ihrerseits ist schnellstmöglich normativ so zu fassen, dass keine weitergehende Würdeverletzung mehr bei geschätzt Hunderttausenden vulnerablen Prostituierten in Deutschland stattfindet.

12. Ein Sexkaufverbot garantiert den Würdeschutz

Nach internationalen Erfahrungswerten ist eine sinnvolle Regulierung der Prostitution gemäß dem Nordischen Modell möglich, welches die *Strafbarkeit von Sexkauf als gesetzliche Norm* vorgibt. Menschenhandel, gewaltsame Prostitution sowie Zwangsprostitution können damit nahezu ausgeschlossen werden, denn die Nachfrage nach Prostitution reduziert sich unweigerlich auf ein Minimum; das Geschäftsmodell wird unattraktiv für Organisierte Kriminalität. Die verbleibenden Prostituierten werden nicht kriminalisiert, ihnen werden vielmehr Angebote der Betreuung und des Ausstiegs unterbreitet. Die Einschätzung, dass sich dadurch Prostitution in ein unkontrollierbares Dunkelfeld verschiebt, ist ein Narrativ der Sexkauflobby. Die Dunkelfeldthese hat sich empirisch in den Ländern, die ein Sexkaufverbot eingeführt haben, als unzutreffend erwiesen. Sie wird bislang nach regierungsamtlichen schwedischen Evaluationen ebenso wenig bestätigt wie nach den Erfahrungen der mittlerweile zahlreichen anderen demokratischen Rechtsstaaten, in denen das Nordische Modell bereits geltendes Recht ist. Aus diesem Grund empfehlen wir, in Anlehnung an Art. 9 Abs. 5 des Palermo-Protokolls und unter Berücksichtigung der gewonnenen Erkenntnisse aus dem sog. *schwedischen Modell*, eine gesetzliche Kriminalisierung der Nachfrage und Wahrnehmung der Prostitution.

Literaturverzeichnis

Achler, M.: Gutachten zu deutschen Gesetzen zum Thema Prostitution und Menschenhandel, OSCE Office for Democratic Institutions and Human Rights, Warschau 2022.

Achterberg, N./Püttner, G./Würtenberger, T.: Besonderes Verwaltungsrecht, Heidelberg 2019.

Ackermann, L./Kreutzer, M./Allgäuer, A.: In Freiheit leben, das war lange nur ein Traum. Mutige Frauen erzählen von ihrer Flucht aus Gewalt und moderner Sklaverei, München 2013.

Albert, M./Wege, J.: Soziale Arbeit und Prostitution. Professionelle Handlungsansätze in Theorie und Praxis, Berlin/New York 2015.

Angelina, C.: Prostitution als tabuisierte Realität in Deutschland, Feld der Sozialen Arbeit und Thema von Bildungs- und Präventionsarbeit unter jungen Menschen, in: Angelina C./Piasecki S./Schurian-Bremecker Ch. (Hg.): Prostitution heute: Befunde und Perspektiven aus Gesellschaftswissenschaften und sozialer Arbeit, Baden-Baden 2021, 129–154.

Baldus, M.: Kämpfe um die Menschenwürde. Die Debatte seit 1949, Berlin 2016.

Barton, D./Fishbein, J./Stevens, F.: Psychological Death: An Adaptive Response to Life-Threatening Illness, in: The International Journal of Psychiatry in Medicine 3/3, 1972, 227–236.

Bartsch, T./Greven, N.L./Schierholt, J./Treskow, L./Küster, R./Deyerling, L./Zietlow, B.: Evaluierung der Strafvorschriften zur Bekämpfung von Menschenhandel (§§ 232 bis 233a StGB), Kriminologisches Forschungsinstitut Niedersachsen e.V., Hannover 2021.

Benda, E./Maihofer, W./Vogel, H.-J.: Handbuch des Verfassungsrechts, Berlin 1984.

Benoit, C./Millar, A.: Dispelling Myths and Understanding Realities. Working Conditions, Health Status, and Exiting Experiences of Sex Workers, Victoria 2001.

Bosch, J.: Freierstrafbarkeit – Quo vadis?, in: KriPoZ 6/2022, 294–302.

Brewer, D./ Dudek, J.A./Potterat, J.J./Muth, S./Roberts, J.M./Woodhouse, D.E.: Extent, Trends, and Perpetrators of Prostitution-Related Homicide in the United States, in: Journal of Forensic Sciences 51/5, 2006, 1101–1008.

Brunner, O./Conze, W./Kosseleck, R. (Hg.): Geschichtliche Grundbegriffe, Stuttgart 1992.

Bumke, C./Voßkuhle, A.: Casebook Verfassungsrecht, Tübingen 2020.

Bundesministerium für Familie, Senioren, Frauen und Jugend: Bericht der Bundesregierung zu den Auswirkungen des Gesetzes zur Regelung der Rechtsverhältnisse der Prostituierten (Prostitutionsgesetz – ProstG), Berlin 2007.

Bundesministerium für Familie, Senioren, Frauen und Jugend: Lebenssituation, Sicherheit und Gesundheit von Frauen in Deutschland. Eine repräsentative Untersuchung zu Gewalt gegen Frauen in Deutschland. II. Teilpopulationen – Erhebung bei Prostituierten. „Lebenssituation, Sicherheit und Gesundheit von Frauen in Deutschland. Schröttle, M.:/Müller, U.: Interdisziplinäres Zentrum für Frauen- und Geschlechterforschung der Universität Bielefeld, Berlin 2013.

Bundesministerium für Familie, Senioren, Frauen und Jugend: Reglementierung von Prostitution: Ziele und Probleme – eine kritische Betrachtung des Prostitutionsgesetzes, Berlin 2007.

Bundesministerium für Familie, Senioren, Frauen und Jugend: Vertiefung spezifischer Fragestellungen zu den Auswirkungen des Prostitutionsgesetzes: Ausstieg aus der Prostitution. Kriminalitätsbekämpfung und Prostitutionsgesetz, Berlin 2007.

Bundesministerium für Familie, Senioren, Frauen und Jugend: Zwischenbericht zum Gesetz zur Regulierung des Prostitutionsgewerbes sowie zum Schutz von in der Prostitution tätigen Personen, Berlin 2020.

Burnette, M.L./Lucas, E./Ilgen, M./Frayne, S.M./Mayo, J./Weitlauf, J.C.: Prevalence and health correlates of prostitution among patients entering treatment for substance use disorders, in: Arch Gen Psychiatry 65/3, 2008, 337–344.

Chersich, M./Luchters, S./Malonza, I./Mwarogo, P./King'ola, N./Temmerman, M.: Heavy episodic drinking among Kenyan female sex workers is associated with unsafe sex, sexual violence and sexually transmitted infections, in: International Journal of STD & AIDS 18/11, 2007, 764–769.

Cho, S.-Y./Dreher, A./Neumayer, E.: Does Legalized Prostitution increase Human Trafficking?, in: World Development 41/1, 2013, 67–82.

Choi, H./Klein, C./Shin, M.-S./Lee, H.-J.: Posttraumatic stress disorder (PTSD) and disorders of extreme stress (DESNOS) symptoms following prostitution and childhood abuse, in: Violence Against Women 15/8, 2009, 933–951.

Church, S./Henderson, M./Barnard, M./Hart, G.: Violence by clients towards female prostitutes in different work settings: Questionnaire survey, in: British Medical Journal 322, 2001, 524–525.

Committee on the Elimination of Discrimination against Women, Concluding comments of the Committee on the Elimination of Discrimination against Women: Denmark 2006, CEDAW/C/DEN/CO/6, New York 2006.

Committee on the Elimination of Discrimination against Women, Concluding observations on the seventh periodic report of Finland, 10 March 2014, CEDAW/C/FIN/CO/7, New York 2014.

Cwikel, J./Ilkan, K./Chudakov, B.: Women brothel workers and occupational health risks, in: Journal of Epidemiology and Community Health, 57/10, 2003, 809–815.

Daalder, A.L./Bogaerts, S./Bijleveld, C.: The severity of childhood abuse and neglect in relationship to post-traumatic stress disorder among female sex workers in the Netherlands, in: Journal of Aggression, Maltreatment and Trauma 22/9, 2013, 935–949.

Dudek, J.A.: When Silenced Voices Speak: An Exploratory Study of Prostitute Homicide, Philadelphia 2002.

Dunkle, K.L./Jewkes, R.K./Brown, H.C./Gray, G.E./McIntryre, J.A./Harlow, S.D.: Transactional sex among women in Soweto, South Africa. Prevalence, risk factors and association with HIV infection, in: Soc Sci Med. 59/8, 2004, 158–159.

Edwards, J.M./Iritani, B.J./Hallfors, D.D.: Prevalence and correlates of exchanging sex for drugs or money among adolescents in the United States, in: Sex Transm Infect. 82/5, 2006, 354–358.

Eisele, J.: Reformbedürftigkeit der Strafvorschriften betreffend die Prostitution, in: KriPoZ 6/2017, 330–337.

Elklit, A./Christiansen, D./Palic, S./Karsberg, S./Eriksen, S.: Impact of traumatic events on posttraumatic stress disorder among Danish survivors of sexual abuse in childhood, in: Journal of Child Sexual Abuse 23/8, 2014, 918–934.

EU-Parlament, Generaldirektion Interne Politikbereiche Fachabteilung C: Bürgerrechte und konstitutionelle Angelegenheiten. Gleichstellung der Geschlechter. Sexuelle Ausbeutung und Prostitution und ihre Auswirkungen auf die Gleichstellung der Geschlechter, Brüssel 2014.

Farley, M.: Prostitution and the Invisibility of Harm, in: Woman & Therapy 26, 3/4, 2003, 247–280.

Farley, M.: Theory versus Reality: Commentary on four Articles about Trafficking for Prostitution, in: Women's Studies International Forum 32, 2009, 311–315.

Farley, M./Baral, I./Kiremire, M./Sezgin, U.: Prostitution in five countries: Violence and posttraumatic stress disorder, in: Feminism and Psychology 8/4, 1998, 405–426.

Farley, M./Barkan, H.: Prostitution, violence, and posttraumatic stress disorder, in: Women and Criminal Justice 27/3, 1998, 37–49.

Farley, M./Cotton, A./Lynne, J./Zumbeck, S./Spiwak, F./Reyes, M.E./Alvarez, D./Sezgin, U.: Prostitution and Trafficking in Nine Countries: An Update on Violence and Posttraumatic Stress Disorder, in: Journal of Trauma Practice, 2004, 33–74.

Farley, M./Kleine, I./Neuhaus, K./McDowell, Y./Schulz, S./Nitschmann, S.: Männer in Deutschland, die für Sex zahlen – und was sie uns über das Versagen der legalen Prostitution beibringen: Ein Bericht über das Sexgewerbe in sechs Ländern aus der Perspektive der gesellschaftlich unsichtbaren Freier, Berlin 2022.

Farley, M./Lynne, J./Cotton, A.: Prostitution in Vancouver. Violence and the colonization of first nations women, in: Transcultural Psychiatry 42/2, 2005, 242–271.

Gangoli, G./Westmarland, N. (Hg.): International Approaches to Prostitution. Law and Policy in Europe and Asia, Brüssel 2006.

Geddert-Steinacher, T.: Menschenwürde als Verfassungsbegriff, Berlin 1990.

George, W./Stoner, A.: Understanding acute alcohol effects on sexual behavior, in: Annual Review of Sex Research 11, 2000, 92–124.

Gossop, M./Powis, B./Griffiths, P./Strang, J.: Female prostitutes in South London: Use of heroin, cocaine and alcohol, and their relationship to health risk behaviours, in: AIDS Care 7/3, 1995, 253–260.

Government of Canada: Pornography and Prostitution in Canada: Report of the Special Committee on Pornography and Prostitution, Vol. 1 & 2, Ottawa 1985.

Gu, J./Lau, J./Li, M./Li, H./Gao, Q./Feng, X./Bai, Y./Hao, Ch./Hao, Y.: Socio-ecological factors associated with depression, suicidal ideation and suicidal attempt among female injection drug users who are sex workers in China, in: Drug and Alcohol Dependence 144/1, 2014, 102–110.

Gugel, R.: Das Spannungsverhältnis zwischen Prostitutionsgesetz und Art. 3 II Grundgesetz: eine rechtspolitische Untersuchung, Berlin 2011.

Haratsch, A./Koenig, Ch./Pechstein, M.: Europarecht, Tübingen 2010.

Harrer, T.: Einführung einer Strafbarkeit von Prostitution? Zum Verhältnis von Sex-Arbeit und Menschenwürde, KriPoZ 2/2021, 287–293.

Hengartner, M.P./Islam, M.N./Haker, H./Rössler, W.: Mental Health and Functioning of Female Sex Workers in Chittagong, Bangladesh, in: Frontiers in Psychiatry 6/176, 2015.

Herdegen, M.: Art. 1 GG, in: Manuz, Th./Dürig, G. (Hg.), Grundgesetz Kommentar, München 2009.

Holzleithner, E.: Sexuelle Selbstbestimmung als Individualrecht und als Rechtsgut. Überlegungen zu Regulierungen des Intimen als Einschränkung sexueller Autonomie, in: Lembke, U. (Hg.), Regulierungen des Intimen: Sexualität und Recht im modernen Staat, Wiesbaden 2017, 31–50.

Hong, M.: Der Menschenwürdegehalt der Grundrechte. Grundfragen, Entstehung und Rechtsprechung, Tübingen 2019.

Honneth, A.: Kampf um Anerkennung. Zur moralischen Grammatik sozialer Konflikte, Frankfurt 2021.

Jeffreys, Sh.: Die industrialisierte Vagina. Die politische Ökonomie des globalen Sexhandels, Hamburg 2014.

Jung, Y.-E./Song, J.-M./Chong, J./Seo, H.-J./Chae, J.-H.: Symptoms of posttraumatic stress disorder and mental health in women who escaped prostitution and helping activists in shelters, in: Yonsei Medical Journal 49/3, 2008, 372–382.

Kanayama, Y./Yamada, H./Yoshikawa, K./Aung, K.W.: Mental Health Status of Female Sex Workers Exposed to Violence in Yangon, Myanmar, in: Asian Pacific Journal of Public Health 4/34, 2022, 354–361.

Kant, I.: Grundlegung zur Metaphysik der Sitten, Königsberg 1785, II. Abschnitt AA IV (Hg., Preußische Akademie der Wissenschaften), Berlin 1903.

Kinnell, H.: Murder Made Easy: The Final Solution to Prostitution?, in: Campbell, R./O'Neill, M. (Hg.), Sex Work Now, Cullompton 2006.

Kraus, I.: Menschenhandel und Prostitution aus psychotraumatologischer Sicht – Ein Text zur Einreichung für die Klage am Bundesverfassungsgericht der Bundesrepublik Deutschland, Karlsruhe 2022.

Kumar, M.: A Rapid Situation Assessment of Sexual Risk Behaviour and Substance Use Among Sex Workers and their Clients in Chennai (Madras), south India, Geneva 2003.

Lalor, K./McElvaney, R.: Child sexual abuse, links to later sexual exploitation/high-risk sexual behavior, and prevention/treatment programs, in: Trauma Violence Abuse 2010, 159–177.

Li, Q./Li, X./Stanton, B.: Alcohol use among female sex workers and male clients: an integrative review of global literature, in: Alcohol Alcohol 45/2, 2010, 188–199.

Lindner, Ch./Lupascu, L.: Menschenhandel – Arbeitsausbeutung – Zwangsarbeit. Alphabetisches Glossar für die Praxis der Strafverfolgung, Berlin 2019.

Logie CH, Wang Y, Lacombe-Duncan A, Jones N, Ahmed U, Levermore K, Neil A, Ellis T, Bryan N, Marshall A, Newman PA

Logie, C./Wang, Y./Lacombe-Duncan, A./Jones, N./Ahmed, U./Levermore, K./Neil, A./Ellis, T./Bryan, N./Marshall, A./Newman, P.: Factors associated with sex work involvement among transgender women in Jamaica: a cross-sectional study, in: Journal of the International AIDS Society 20/1, 2017.

Mack, E.: Gerechtigkeit und gutes Leben, Paderborn 2002.

Mack, E.: Prostitution – sexueller Missbrauch an Frauen, in: Stimmen der Zeit 11, 2020, 811–824.

Mack, E.: Prostitution als Menschenrechtsproblem, in: ThG 57, 2014/1, 2–15.

Mansson, S.-A.: The History and Rationale of Swedish Prostitution Policies, in: Dignity: A Journal of Analysis of Exploitation and Violence 2/4, 2017.

Markos, A.: Alcohol and sexual behaviour, in: International Journal of STD and AIDS 16/2, 2005, 123–127.

Mau, H.: Entmenschlicht. Warum wir Prostitution abschaffen sollten, Hamburg 2022.

McClanahan, S./McClelland, G./Abram, K./Teplin, L.: Pathways into prostitution among female jail detainees and their implications for mental health service, in: Psychiatric Services 50/12, 1999, 1606–1613.

Merten, D./Papier, H.-J. (Hg.): Handbuch der Grundrechte, Heidelberg 2013.

Meyer-Ladewig, J./Brunozzi, K.: EMRK Art. 46 Verbindlichkeit und Durchführung der Urteile, in: Meyer-Ladewig, J./Nettesheim, M./v. Raumer, S. (Hg.): EMRK – Europäische Menschenrechtskonvention. Handkommentar, Mainz 2023.

Pati, R.: Der Schutz der EMRK gegen Menschenhandel, NJW 2011.

Paulus, M.: Menschenhandel und Sexsklaverei. Organisierte Kriminalität im Rotlichtmilieu, Wien 2020.

Peterson, A./Joseph, J./Feit, M.: New directions in child abuse and neglect research, Washington D.C. 2014.

Potterat, J.J./ Brewer, D./ Muth, S./ Rothenberg, R./Woodhouse, D./Muth, J./Sties, H./ Brody, S.: Mortality in a Long-term Open Cohort of Prostitute Women, in: American Journal of Epidemiology 159/8, 2004, 778–785.

Puri, N./Shannon, K./Nguyen, P./Goldenberg, S.M.: Burden and correlates of mental health diagnoses among sex workers in an urban setting, in: BMC Womens Health 17/1, 2017.

Ranjbar, F./Sadeghi-Bazargani, H./Pishgahi, A./Nobari, O./Farahbakhsh, M./Farhang, S./Adlnasab, L./Dareshiri, S.: Mental health status among female sex workers in Tabriz, in: Iran. Arch Womens Mental Health 22/3, 2019, 391–397.

Raphael, J./Shapiro, D.: Violence in Indoor and Outdoor Prostitution Venues, in: Violence Against Women 10/2, 2004, 126–139.

Reid, J.A.: An exploratory model of girls' vulnerability to commercial sexual exploitation in prostitution, in: Child Maltreatment 16/2, 2011, 146–157.

Rellini, A./Hamilton, L./Delville, Y./Meston, C.: The cortisol response during physiological sexual arousal in adult women with a history of childhood sexual abuse, in: Journal of Traumatic Stress 22/6, 2009, 557–565.

Renzikowski J.: StGB, § 174, in: Erb V., Schäfer J. (Hg.), Münchner Kommentar zum Strafgesetzbuch, München 2020.

Renzikowski, J.: An den Grenzen des Strafrechts. Die Bekämpfung der Zwangsprostitution, in: ZRP 7, 2005, 213–217.

Renzikowski, J.: Überfällige Reglementierung der Prostitution, ZRP 2014, 75–79.

Report concerning the implementation of the Council of Europe Convention on Action against Trafficking in Human Beings by Germany, Strassbourg.

Ritter, J./Gründer, K. (Hg.): Historisches Wörterbuch der Philosophie, Darmstadt 1992.

Roshanfekr, P./Noori, R./Dejman, M./Geshnigani, Z.F./Rafiey, H.: Drug use and sex work among at-risk women: A qualitative study of initial factors, in: Iran Journal of Psychiatry Behav. Sci. 9/2, 2015.

Rössler, W./Koch, U./Lauber, C./Hass, A.-K./Altwegg, M./Ajdacic-Gross, V./Landolt, K.: The mental health of female sex workers, in: Acta Psychiatr Scand. 122/2, 2010, 143–152.

Roxburgh, A./Degenhardt, L./Copeland, J.: Posttraumatic stress disorder among female street-based sex workers in the greater Sydney area, Australia, in: BMC Psychiatry 6/1, 2006.

Sagtani, R.A./Bhattarai, S./Adhikari, B.R./Baral, D./Yadav, D.K./Pokharel, P.K.: Violence, HIV risk behaviour and depression among female sex workers of eastern Nepal, in: BMJ Open 3/6, 2013.

Sajadi, L./Mirzazadeh, A./Navadeh, S./Osooli, M./Khajehkazemi, R./Gouya, M./Fahimfar, N./Zamani, O./Haghdoost, A.-A.: HIV prevalence and related risk behaviours among female sex workers in Iran: Results of the national biobehavioural survey 2010, in: BMJ 89, 2013, 37-40.

Say, J.-B.: A treatise on political economy or the production, distribution and consumption of wealth, Michigan 2006.

Schlenger, W.E./Kulka, R.A./Fairbank, J.A./Hough, R.L./Jordan, B.K./Marmar, C.R./Weiss, D.: The prevalence of post-traumatic stress disorder in the Vietnam generation: A multimethod, multiscource assessment of psychiatric disorder, in: Journal of Traumatic Stress 5/3, 1992, 333–363.

Schmidbauer, W.: Das Prostitutionsgesetz zwischen Anspruch und Wirklichkeit aus polizeilicher Sicht, NJW 2005.

Schüchel, S.: Die rechtliche Situation der Prostituierten in Deutschland, Berlin 2018.

Schwarzer, A.: Prostitution ein deutscher Skandal. Wie konnten wir zum Paradies der Frauenhändler werden, Köln 2013.

Silber, M./Pines, A.: Sexual child abuse as an antecedent to prostitution, in: Child Abuse & Neglect 5/4, 1981, 407–411.

Simons, R./Whitbeck, L.: Sexual Abuse as a Precursor to Prostitution and Victimization Among Adolescent and Adult Homeless Women, in: Journal of Family Issues 12/3, 1991, 361–379.

Söderberg, M.: Let's talk about freedom and consent. Prostitution in Germany and Sweden, Department of Political Science Centre for European Studies, University of Gothenburg 2022.

Sporer, H.: Der neue Deutsche Weg. Für eine Neuordnung der Prostitutionsgesetzgebung, in: Hanns-Seidel-Stiftung e.V. (Hg.), Aktuelle Analysen 93, München 2022.

Stolleis, M.: Geschichte des Öffentlichen Rechts in Deutschland, München 2012.

Surratt, H.L./Inciardi, J.A./Kurtz, S.P./Kiley, M.C.: Sex work and drug use in a subculture of violence, in: Crime Delinq 50/1, 2004, 43–59.

The European Parliament: The Differing EU-Member States' regulations on Prostitution and their cross border implications on women's rights, Brussels 2021.

Ullman, S./Vasquez, A.: Mediators of sexual revictimization risk in adult sexual assault victims, in: Journal of Child Sexual Abuse 24/3, 2015, 300–314.

Ullman, S.E./Najdowski, C.J./Filipas, H.H.: Child sexual abuse, post-traumatic stress disorder, and substance use: predictors of revictimization in adult sexual assault survivors, in: Journal of Child Sex Abuse 18/4, 2009, 367–385.

Vaddiparti, K./Bogetto, J./Callahan, C./Abdallah, A.B./Spitznagel, E.L./Cottler, L.B.: The effects of childhood trauma on sex trading in substance using women, in: Arch Sex Behav. 35/4, 2006, 451–459.

Valentiner, D.-S.: Das Grundrecht auf sexuelle Selbstbestimmung. Zugleich eine gewährleistungsdogmatische Rekonstruktion des Rechts auf die freie Entfaltung der Persönlichkeit, Baden-Baden 2021.

Valera, R.J./Sawyer, R.G./Schiraldi, G.R.: Violence and Post Traumatic Stress Disorder in a Sample of Inner City Street Prostitutes: A Preliminary Study, in: American Journal of Health Studies 16/3, 2000, 149–155.

Wichterich, C.: Sexuelle und reproduktive Rechte, Berlin 2015.

Wildfeuer, A.: Menschenwürde – Leerformel oder unverzichtbarer Gedanke?, in: M. Nicht, M./Wildfeuer, A.G. (Hg.), Person – Menschenwürde – Menschrechte im Disput, Münster 2002, 19–116.

Wolf, A.: Untersuchung zum Infektionsstatus von Prostituierten in Lübeck, Heidelberg 2007.

Würtenberger, T.: Zeitgeist und Recht, Tübingen 1987.

Zhang, Ch./Li, X./Hong, Y.A./Stanton, B./Chen, Y./Liu, W./Zhou, Y.: Pro-Alcohol-Use Social Environment and Alcohol Use among Female Sex Workers in China. Beyond the Effects of Serving alcohol, in: World Health & Population 13/4, 2012, 15–27.

Zippelius, R., in: Kahl/Waldhoff/Walter, Bonner Kommentar zum Grundgesetz, Bonn 2021.

Zippelius, R.: Allgemeine Staatslehre – Politikwissenschaft, 17. Auflage, München 2017.

Zippelius, R./Würtenberger, T.: Deutsches Staatsrecht, 33. Auflage, München 2018.

Zumbeck, S.: Die Prävalenz traumatischer Erfahrungen, Posttraumatischer Belastungsstörungen und Dissoziation bei Prostituierten. Eine explorative Studie, Hamburg 2001.